互联网金融发展与金融监管问题研究

许传华 徐慧玲 周 文 等著

责任编辑：石　坚
责任校对：潘　洁
责任印制：丁淮宾

图书在版编目（CIP）数据

互联网金融发展与金融监管问题研究（Hulianwang Jinrong Fazhan yu Jinrong Jianguan Wenti Yanjiu）/许传华，徐慧玲，周文等著．—北京：中国金融出版社，2015.4

ISBN 978 – 7 – 5049 – 7870 – 7

Ⅰ.①互…　Ⅱ.①许…②徐…③周…　Ⅲ.①互联网络—应用—金融—研究报告②互联网络—金融监管—研究—湖北省　Ⅳ.①F830.49②F832.763

中国版本图书馆 CIP 数据核字（2015）第 045827 号

出版发行　中国金融出版社
社址　北京市丰台区益泽路2号
市场开发部　(010)63266347，63805472，63439533（传真）
网上书店　http://www.chinafph.com
　　　　　(010)63286832，63365686（传真）
读者服务部　(010)66070833，62568380
邮编　100071
经销　新华书店
印刷　利兴印刷有限公司
尺寸　169 毫米 × 239 毫米
印张　23.75
字数　437 千
版次　2015 年 4 月第 1 版
印次　2015 年 4 月第 1 次印刷
定价　48.00 元
ISBN 978 – 7 – 5049 – 7870 – 7/F.7430
如出现印装错误本社负责调换　联系电话 (010)63263947

序　言

自 20 世纪以来，以互联网为核心的信息技术成为最重要的全球性技术浪潮，并以无法估量的速度和能量改变着各行各业，对政治、经济、文化以及人们的日常生活等都产生了重大影响，正在塑造与农业社会和工业社会完全不同的社会文明形态——网络社会形态。互联网与金融业一直以来息息相关，共生发展。早在 1997 年，世界知名的电子商务领域专家、美国波士顿大学教授玛丽·克罗宁（Mary Cronin）博士所著的《互联网上的银行与金融》一书就形象地描述了互联网可以让资金以光速到达全球的任何角落，在当时的美国，银行、证券、基金、信用卡等金融服务领域都开始与互联网深度结合。

近年来，以互联网支付、众筹融资、P2P 借贷等为代表的互联网金融蓬勃发展，适应了电子商务发展、中小企业和个人融资的需求以及金融创新的需要，显示了旺盛的生命力和持续的创造力。互联网金融正以其独特的经营理念、先进的技术手段和灵活的服务模式，扮演着传统金融业"搅局者"和"激励者"的双重角色。一方面，新兴互联网金融模式对现有金融体系形成有力的冲击，改变商业银行赖以生存和发展的价值网络、客户基础、技术基础和业务结构，冲击着商业银行的负债端、资产端、功能端和盈利端；另一方面，新兴互联网金融模式也极大地激发传统金融的创新潜能，促使其致力于变革业务流程、加强产品创新、改善金融服务、提高运营效率，在银行长期发展过程中发挥"鲶鱼效应"。

传统金融和新兴金融不断利用互联网技术创新发展，互联网金融业务规模的迅猛扩大，金融混业、跨界、脱媒等现象的加剧，同时，诸如法律定位不明、监管存在真空、管理规则不一、行业缺乏自律等问题也逐步显现出来，不仅在一定程度上对金融宏观调控效果带来了影响，对现有的金融监管体系和规则也形成了诸多挑战。

基于此，本书的上篇集中以互联网金融发展与金融监管为主题，该专题研究报告分为六章内容。它们分别是：第一章从互联网金融的兴起与发展、互联网金融的特征、互联网金融对传统金融的影响三个方面对国内外互联网金融的现状进行了分析。第二章从交易成本、金融脱媒、金融创新、普惠金融、金融发展等角度分析了互联网金融发展的理论基础，力图寻求我国互联网金融迅猛发展的真正动因。第三章详细分析了各类互联网金融机构，既包括"触网"的传统金融机构，也包括基于互联网或移动通信技术创新发展起来的非传统金融机构。第四章从互联网金融基础设施的四个重要方面——法律体系、移动支付和第三方支付、征信系统、云服务平台，阐述了中国互联网金融基础设施的现状、问题，提出建设与完善互联网金融基础设施的对策建议。第五章分析了互联网金融监管的四个关键问题：互联网金融监管必要性、互联网金融功能监管、互联网金融机构监管以及互联网金融监管协调。第六章全面、深入地描述了湖北省互联网金融发展现状、主要特征，并结合国内其他先发地区促进互联网金融稳健发展的经验，提出了湖北省推动互联网金融发展的若干建议。

本书的下篇为湖北金融行业分析，根据湖北省金融行业的权威数据，全面分析了2013年湖北省金融业发展情况、湖北省货币政策执行情况、湖北省银行业发展情况、湖北省资本市场发展情况、湖北省保险业发展情况、湖北省金融服务实体经济情况、湖北省科技金融发展情况、湖北省农村金融发展发展情况、湖北省小微企业金融服务情况、湖北省债券融资情况、湖北省创业投资发展情况、湖北省外资银行运行情况、湖北省信托业发展情况、湖北省租赁业发展情况、湖北省财务公司发展情况、湖北省村镇银行发展情况、湖北省小额贷款公司发展情况、湖北省融资性担保业发展情况、湖北省典当行业发展情况、湖北省资本要素市场发展情况、湖北省推进企业上市工作情况、武汉东湖高新区"新三板"试点情况、湖北省社会信用体系建设情况、湖北省金融业组织体系建设情况、武汉区域金融中心建设情况。

在本书编撰的全过程中，得到了吴少新、胡俊明、许传华的规划指导。本书的专题研究由许传华、徐慧玲、周文、林江鹏、张世晓、王国红、戴静、陈义国等合作研究完成，张易超和李丹凤同学参与了部分研究工作。行业分析得到了湖北省人民政府金融办、中国人民银行武汉分行、湖北银监局、湖北证监局、湖北保监局等单位的大力支持，各撰稿人员付出了辛勤的劳动，在此深表感谢。

本书系湖北省高校优秀人文社会科学重点研究基地——湖北金融发展与金融安全研究中心 2014 年度报告。本研究同时得到了湖北省高等学校优秀中青年科技创新团队项目（编号：T201210）、湖北金融发展与金融安全中心重点项目（编号：2014JR006）、教育部人文社科基金项目（编号：10YJC790137、12YJC790292、13YJA630130）的合作支持。

由于时间仓促和研究能力所限，很多问题还有待我们今后进一步深入研究。对于该书中出现的缺陷和疏漏之处，诚请广大读者不吝赐教。

许传华
2014 年 12 月 31 日

目 录

上篇 专题研究报告

第一章 国内外互联网金融发展现状、特征及对传统金融的影响 …… 3
- 一、互联网金融的兴起与发展 …… 3
- 二、互联网金融业务模式及特征 …… 20
- 三、互联网金融对传统金融的影响 …… 23
- 本章参考文献 …… 29

第二章 互联网金融的理论基础研究 …… 30
- 一、交易成本理论 …… 30
- 二、金融脱媒理论 …… 35
- 三、金融创新理论 …… 39
- 四、普惠金融理论 …… 44
- 五、金融发展理论 …… 46
- 本章参考文献 …… 51

第三章 互联网金融机构及其业务探析 …… 53
- 一、互联网金融机构类型 …… 53
- 二、主要互联网金融机构 …… 54
- 本章参考文献 …… 73

第四章 互联网金融的基础设施研究 …… 75
- 一、互联网金融基础设施概述 …… 75
- 二、中国互联网金融基础设施的发展 …… 81
- 三、中国互联网金融基础设施建设的对策 …… 89

本章参考文献 ·· 95

第五章　互联网金融监管探析 ·· 96
　　一、互联网金融监管现状及主要问题 ································ 96
　　二、互联网金融监管特殊性 ·· 99
　　三、互联网金融监管框架制度设计 ·································· 102
　　四、现有互联网金融业务的分类监管 ································ 110
　　五、互联网金融监管应注意的其他问题 ······························ 119
　　附：私募股权众筹融资管理办法（试行） ···························· 122
　　本章参考文献 ·· 127

第六章　湖北省互联网金融发展研究 ···································· 128
　　一、湖北省互联网金融发展现状与特征 ······························ 128
　　二、国内其他省市促进互联网金融发展的做法与启示 ·················· 136
　　三、湖北省互联网金融发展策略 ···································· 142
　　本章参考文献 ·· 149

下篇　2013年湖北金融行业分析

湖北省金融业发展报告（2013）
主报告
　2013年湖北省金融业发展情况 ·· 155
　　一、湖北省金融业运行情况 ·· 156
　　二、湖北省深化金融改革创新与发展情况 ···························· 158
　　三、湖北省金融管理与社会信用体系建设情况 ························ 164
　　四、需要关注的问题 ·· 167
　　五、2014年湖北省金融业发展举措 ·································· 168

湖北省金融业发展报告（2013）
综合篇 ·· 171
　湖北省货币政策执行情况 ·· 171
　　一、湖北省货币信贷运行情况 ······································ 171

目 录

  二、湖北省贯彻落实货币信贷政策情况 ……………………………… 172
  三、2014年湖北省货币信贷工作重点 …………………………………… 173
 湖北省银行业发展情况 …………………………………………………………… 174
  一、湖北省银行业运行情况 ………………………………………………… 174
  二、需要关注的问题 ………………………………………………………… 176
  三、2014年湖北省银行业发展举措 ………………………………………… 177
 湖北省资本市场发展情况 ………………………………………………………… 178
  一、湖北省资本市场发展情况 ……………………………………………… 178
  二、需要关注的问题 ………………………………………………………… 181
  三、2014年湖北省推进资本市场发展举措 ………………………………… 181
 湖北省保险业发展情况 …………………………………………………………… 182
  一、湖北省保险业发展情况 ………………………………………………… 182
  二、需要关注的问题 ………………………………………………………… 184
  三、2014年湖北省保险业发展与监管举措 ………………………………… 185

湖北省金融业发展报告（2013）

运行篇 …………………………………………………………………………… 186

 湖北省金融服务实体经济发展情况 ……………………………………………… 186
  一、湖北省银行业服务实体经济发展情况 ………………………………… 186
  二、湖北省资本市场服务实体经济发展情况 ……………………………… 188
  三、湖北省保险业服务实体经济发展情况 ………………………………… 190
  四、需要关注的问题 ………………………………………………………… 191
  五、2014年湖北省金融服务实体经济发展举措 …………………………… 192
 湖北省科技金融发展情况 ………………………………………………………… 193
  一、推动金融资源与科技资源聚合，促进科技信贷增长 ………………… 193
  二、创新财政投入方式，引导股权投资发展 ……………………………… 194
  三、深化科技金融结合试点，推进"资本特区"建设 …………………… 195
  四、深入实施"路线图计划"，促进企业上市融资 ……………………… 196
  五、2014年湖北省推进科技金融发展举措 ………………………………… 196
 湖北省农村金融发展情况 ………………………………………………………… 197
  一、推进农村金融服务全覆盖 ……………………………………………… 198
  二、加大农村金融创新力度，提高农村金融服务可获得性 ……………… 198

三、建立以贷存比为核心的考核机制，运用货币政策工具，稳步提高
　　金融支农资金实力 ···································· 199
四、持续优化农村金融生态环境，促进农村金融市场健康发展 ······ 200
五、2014年湖北省进一步加强农村金融服务举措 ················ 200

湖北省小微企业金融服务情况 ·································· 201
一、湖北省小微企业融资情况 ································ 201
二、湖北省小微企业金融服务创新情况 ························ 202
三、湖北省推进小微企业金融服务发展情况 ···················· 203
四、需要关注的问题 ·· 205
五、2014年湖北省推进小微企业金融服务发展举措 ·············· 206

湖北省债券融资情况 ·· 207
一、债务融资工具市场继续保持良好发展势头 ·················· 207
二、企业债券市场融资取得突破性进展 ························ 207
三、公司债券市场发展平稳 ·································· 209
四、需要关注的问题 ·· 209
五、2014年湖北省推进债券融资工作举措 ······················ 210

湖北省创业投资业发展情况 ·································· 211
一、湖北省创业投资业发展情况 ······························ 211
二、湖北省推动创业投资业发展情况 ·························· 212
三、需要关注的问题 ·· 213
四、2014年湖北省创业投资业发展举措 ························ 213

湖北省外资银行运行情况 ···································· 214
一、湖北省外资银行运行特点 ································ 214
二、需要关注的问题 ·· 215
三、2014年湖北省推进外资银行发展举措 ······················ 216

湖北省信托业发展情况 ······································ 217
一、资本实力显著增强，盈利水平持续提升 ···················· 217
二、信托业务大幅增长，业务转型稳步推进 ···················· 217
三、风险管理水平显著提高 ·································· 218
四、服务实体经济力度加大，品牌形象进一步提升 ·············· 218
五、需要关注的问题 ·· 218
六、2014年湖北省推进信托业发展举措 ························ 219

目 录

湖北省金融租赁业发展情况 220
 一、湖北省金融租赁业发展情况 220
 二、需要关注的问题 220
 三、2014年湖北省推进金融租赁业发展举措 221

湖北省财务公司发展情况 222
 一、整体运行平稳，规模稳中有升 222
 二、各项业务平稳发展 222
 三、严密防范风险，增强持续发展能力 223
 四、需要关注的问题 223
 五、2014年湖北省推进财务公司发展举措 224

湖北省村镇银行发展情况 224
 一、机构发展加速，业务稳步增长 224
 二、支农支小服务持续深化 225
 三、金融创新不断推进 225
 四、需要关注的问题 226
 五、2014年湖北省推进村镇银行发展举措 227

湖北省小额贷款公司发展情况 228
 一、湖北省小额贷款公司运行发展特点 228
 二、需要关注的问题 231
 三、2014年推进湖北省小额贷款公司发展举措 231

湖北省融资性担保业发展情况 232
 一、湖北省融资性担保业运行特点 232
 二、湖北省促进融资性担保业规范发展情况 233
 三、需要关注的问题 234
 四、2014年推进湖北省融资性担保业发展举措 234

湖北省典当行业发展情况 235
 一、湖北省典当行业运行特点 236
 二、湖北省规范发展典当行业情况 236
 三、需要关注的问题 237
 四、2014年湖北省推进典当行业发展举措 237

湖北省资本要素市场发展情况 238
 一、湖北省资本要素市场发展基本情况 238

二、2014年促进湖北省资本要素市场发展举措 ·········· 240
　湖北省推进企业上市工作情况 ·········· 241
　　一、湖北省企业上市及融资情况 ·········· 241
　　二、湖北省推进企业上市工作情况 ·········· 241
　　三、需要关注的问题 ·········· 242
　　四、2014年湖北省推进企业上市工作举措 ·········· 243
　武汉东湖高新区"新三板"试点情况 ·········· 244
　　一、大力支持和鼓励企业在"新三板"挂牌 ·········· 244
　　二、深入开展挂牌后备企业的改制、申报工作 ·········· 244
　　三、强化政策宣传和企业培训 ·········· 244
　　四、深化"资本特区"建设，培育"新三板"后备企业 ·········· 245

环境篇 ·········· 246
　湖北省社会信用体系建设情况 ·········· 246
　　一、继续深化信用工程建设，推进金融支持经济社会发展 ·········· 246
　　二、全面深化社会信用体系建设 ·········· 247
　　三、2014年湖北省社会信用体系建设举措 ·········· 248
　湖北省金融业组织体系建设情况 ·········· 248
　　一、湖北省银行业组织体系建设情况 ·········· 248
　　二、湖北省证券期货业组织体系建设情况 ·········· 249
　　三、湖北省保险业组织体系建设情况 ·········· 249
　武汉区域金融中心建设情况 ·········· 250
　　一、武汉区域金融中心建设情况 ·········· 250
　　二、需要关注的问题 ·········· 252
　　三、2014年武汉区域金融中心建设举措 ·········· 252

金融政策 ·········· 255
　省人民政府关于加快多层次资本市场建设发展的若干意见（摘要） ·········· 255
　　一、湖北省多层次资本市场建设发展的总体要求 ·········· 255
　　二、湖北省多层次资本市场建设发展的主要任务 ·········· 255
　　三、强化多层次资本市场建设的保障措施 ·········· 259
　湖北省委常委、常务副省长王晓东在银行业机构调研座谈会上的讲话

（摘要） ··· 261
　湖北省委常委、常务副省长王晓东在全省资本市场建设工作会议上
　　的讲话（摘要） ··· 262
　湖北省副省长张通在全省金融工作座谈会上的讲话（摘要） ············ 264

金融数据 ··· 265
　中部六省证券业基本情况统计表 ··· 265
　湖北省期货经营机构经营情况统计表 ······································ 265
　湖北省上市公司经营情况统计表 ·· 266
　湖北省各市（州）原保险保费收入情况统计表 ··························· 268
　湖北省保险业经营情况统计表 ··· 269
　湖北省小额贷款公司发展情况统计表 ······································ 270
　湖北省融资性担保机构发展情况统计表 ··································· 270
　湖北省典当行业发展情况统计表 ·· 271

机构名录 ··· 272
　湖北省金融管理机构及分支机构名录 ······································ 272
　湖北省银行业机构名录 ··· 275
　湖北省证券期货业机构名录 ·· 283
　湖北省保险业机构名录 ··· 287
　湖北省上市公司名录 ·· 291
　湖北省小额贷款公司名录 ··· 296
　湖北省主要股权投资机构名录 ··· 316
　湖北省融资性担保机构名录 ·· 323
　湖北省典当业机构名录 ··· 344
　湖北省主要资本要素市场机构名录 ··· 353

金融表彰 ··· 354
　2012年度"湖北省金融信用市（州）、县"名单 ························ 354
　　一、金融信用市（州）（13个，按考评得分排名） ··················· 354
　　二、金融信用县（市、区）（73个，含省直管市、林区，按考评
　　　得分排名） ··· 354

2012 年度湖北省"保险先进县（市、区）"名单 ……………………………… 354
2013 年度支持湖北经济发展突出贡献奖名单 ………………………………… 355

大事记 ……………………………………………………………………………… 356

2013 年湖北省金融十件大事 ……………………………………………………… 356
- 一、省政府制订《武汉金融改革创新总体方案》………………………………… 356
- 二、全省社会融资规模突破 6000 亿元 ……………………………………… 356
- 三、"新三板"和四板市场试点成效显著 …………………………………… 356
- 四、保险资金投资取得新突破 ………………………………………………… 357
- 五、引进美国史带金融财团 …………………………………………………… 357
- 六、金融创新亮点纷呈 ………………………………………………………… 357
- 七、县域金融服务不断改善 …………………………………………………… 358
- 八、跨境人民币和外汇集中运营试点顺利 …………………………………… 358
- 九、渤海银行武汉分行设立 …………………………………………………… 358
- 十、第六届中国·武汉金博会成功举办 ……………………………………… 358

大事记 …………………………………………………………………………… 359

上 篇
专题研究报告

第一章 国内外互联网金融发展现状、特征及对传统金融的影响

近年来，随着互联网及移动通信等现代信息技术的发展，以互联网支付、P2P 网络借贷、众筹融资等为代表的互联网金融蓬勃发展。尤其是 2013 年，互联网金融发展尤为迅猛，被称为我国的"互联网金融元年"。互联网金融正以其独特的经营模式和价值创造方式影响着传统金融业务，逐步成为整个金融生态体系中不可忽视的新型业态。本章将从互联网金融的兴起与发展、互联网金融的特征、互联网金融对传统金融的影响三个方面对国内外互联网金融的现状进行分析。

一、互联网金融的兴起与发展

（一）互联网金融的定义与内涵

互联网金融这一提法来源于 IT 行业，是指为金融服务商以互联网为平台提供的银行、证券、保险等多种金融服务，对以电脑网络为技术支撑的金融活动的总称。狭义的互联网金融是指以金融服务提供者的主机为基础，以因特网或通信网络为媒介，通过内嵌金融数据和业务流程软件平台，以用户终端为操作界面的新型金融运作模式；广义的互联网金融包括与其运作模式相配套互联网的金融机构、金融市场及相关的监管等外部环境。在最初阶段，互联网企业的存在只为满足电商平台支付的需要，并负责交易结算中与各家银行的对接。但随着电子商务在我国快速发展，互联网企业通过互联网和移动通信等工具，深入挖掘长年积累的"大数据"，将其业务从为金融机构提供技术支持和服务层面，扩展至转账汇款、小额贷款、保险代销、理财产品等银行核心业务领域，为客户提供适应于互联网特征的个人金融服务。也就是说，互联网企业通过交易行为和信息数据的深层挖掘和研究，了解到各类客户在金融服务方面的需求和偏好，进而根据不同的客户和市场需求设计不同的金融产品，从而为其提供相应的金融服务。

阿里巴巴集团董事局主席马云（2013）认为，互联网企业从事金融业务的行为称为互联网金融。谢平、邹传伟（2012）认为，互联网金融模式打破了长

期以来融资市场长期垄断的格局,从传统银行、证券、保险、交易所等金融中介到无中介瓦尔拉斯一般均衡理论之间的所有金融交易和组织形式,是既不同于商业银行间接融资,也不同于资本市场直接融资的第三种金融融资模式。万建华(2013)则认为互联网金融是信息时代的一种金融模式。全国人大财经委副主任委员吴晓灵在 2013 年提出,互联网金融的本质是利用互联网和信息技术,加工传递金融信息,办理金融业务,构建渠道,完成资金的融通。国内互联网金融模式主要包括:第三方支付、P2P 小额信贷、众筹融资网站以及其他网络金融服务平台。例如:以阿里贷款为代表的电商金融,以 Lending Club 为代表的 P2P 人人贷,以 Kickstarter 为代表的众筹模式,以 Bitcoin 为代表的虚拟货币等。[1]

表 1　　　　　　　　互联网金融模式创新的类型

类型	主要内容	行业特点	所处时期	典型企业
支付结算	第三方支付	独立于商户、银行,为消费者和商户进行支付结算业务	成熟期	支付宝、财付通
网络融资	P2P 网络	有资金且有理财投资想法的个人,通过中介机构牵线搭桥,使用信用贷款的方式将资金贷给其他有借款需求的人	成长期	有利网、陆金所
	众筹融资	搭建网络平台,由项目发起人发起资金需求,向网友募集项目所需资金	萌芽期	点名时间、追梦网
	电商小贷	利用电商平台积累的数据,完成小额贷款需求的信用审核并发放贷款	成熟期	阿里小贷、苏宁小贷、百度小贷、腾讯小贷
虚拟货币	电子币	包括游戏币和专用币	成熟期	腾讯 Q 币
	电子货币	网络虚拟货币,主要用于互联网金融投资,也可作为新式货币直接用于生活中	萌芽期	比特币、LTC 等
网络渠道	网上银行	主要包括传统金融机构设立的网上银行	成熟期	工商银行网上银行、中国银行网上银行等
	金融网销	基金、券商等金融或者理财产品的网上销售	成熟期	平安保险、网上车险
网络专业金融公司	互联网保险	不设分支机构,完全通过互联网进行销售和理赔	萌芽期	众安在线财产保险公司

资料来源:莫易娴. 互联网时代金融业的发展格局 [J]. 财经科学(金融论坛),2014 (4):1 - 10.

[1] 莫易娴. 互联网时代金融业的发展格局 [J]. 财经科学(金融论坛),2014 (4):1 - 10.

现代金融理论与金融实践的发展推动了金融中介理论的不断发展，作为信息网络技术与现代金融相结合的产物，随着互联网的快速发展，以互联网为代表的现代信息科技，特别是移动支付、云计算、社交网络和搜索引擎等，将对人类金融模式产生根本影响。因此，加强我国互联网金融发展问题研究，对促进我国互联网金融健康、有序、持续发展具有重要的理论和现实意义。

（二）互联网金融的兴起

在世界经济发展的历史长河中，创新始终是经济发展的主要动力源。16世纪80年代，威尼斯银行的建立开启了现代金融创新的大门，经历了欧洲货币市场的建立、负债业务创新、衍生金融工具创新、表外业务创新、网络银行的产生和欧元创新等一系列金融创新后，信息技术的飞速发展和互联网的普遍应用迫使互联网金融成为广义虚拟经济新时代金融创新的主要方向。未来如何发展？追求技术创新，强调用户体验和感知，成为不容置疑的最佳选项，思维敏锐者已经开始行动，从支付宝到余额宝，从P2P网络信贷平台到众筹模式，广义虚拟经济视角下的金融业已经在传统金融走向互联网金融的道路上开始行动。

任何事物的产生和发展都离不开社会需求和科技进步的推动，互联网金融也不例外。互联网金融的兴起是社会需求推动下时代发展的必然产物，具有深刻的人文、社会和技术背景。

首先，信息和网络技术的进步为互联网金融的飞速发展提供了技术背景。技术层面的突破使得互联网金融的长足发展成为可能，正是以互联网和信息通信为代表的新一代信息技术（云计算、搜索引擎、社交网络、大数据、移动支付）不断完善促进了互联网金融的兴起。

其次，虚拟经济，特别是电子商务的快速发展为互联网金融的发展提供了经济背景。近年来，我国电子商务市场规模持续高速增长，2012年的整体交易规模高达8.1万亿元，且网络购物成为消费的潮流。随着电子商务的发展，其对我国工农业生产、商贸流通和社区服务等领域的渗透不断加深，实现了实体经济与网络经济、网上与网下的不断融合，且跨境合作与全球扩张的趋势明显。电子商务的快速发展引起了对便捷网上支付方式的迫切需求，成为互联网金融发展的初始契机。

再次，居民生活方式与交易习惯的变化为互联网金融的兴起提供了人文社会背景。现阶段，生于20世纪八九十年代的群体开始在银行客户的主体中占据一席之地。不愿意排队、对网络应用和操作熟练掌握的群体特点将挑战我们现有的线下服务模式。根据《2012年NICE消费者渠道偏好调查（英文版）》，互联网已经成为消费者与服务提供商联系的最主要的渠道，有28%的消费者每周至少利用互联网与其服务提供商沟通一次。其中,金融服务类客户使用网络的频率最高:60%的受访者至少每周浏览服务商的网络渠道一次;74%的受访者能够利用网络成功交易。

最后,第三方支付、P2P、众筹等众多新型金融服务模式的创新累积为互联网金融的异军突起提供了时代背景。各大互联网创新企业如雨后春笋般出现,逐步渗透网络和移动支付、个人及小微企业信贷和理财的方方面面,极大地加速了传统金融机构和互联网企业的融合,掀起了互联网金融的时代热潮。①

(三)国外互联网金融发展现状

1. 互联网金融发展的国际模式

1996年是国际互联网金融发展元年,美国嘉信理财集团(Charles Schwab Corporation)开始提供网上股票交易业务以及 Scottrade.com 的上线都标示着互联网金融时代的开启。互联网金融经过了十多年的迅猛发展,业务触角已深入支付、融资和理财等方方面面,涌现了一大批优秀的互联网金融企业。根据业务形式和服务对象的不同来划分,欧美的互联网金融业务模式大致可分为七种:

(1)第三方支付,是指一些和产品所在国家以及国外各大银行签约并具备一定实力和信誉保障的第三方独立机构提供的交易支持平台,杰出代表是美国的 PayPal(贝宝,全球最大的在线支付平台),主要是为网上供货商和拍卖网站提供代收服务,是目前全球使用最为广泛的网上交易工具;

(2)网络理财是指投资者或家庭通过互联网获取商家提供的理财服务和金融资讯,根据外界条件的变化不断调整其剩余资产的存在形态,以实现个人或家庭资产收益最大化的一系列活动,可以分为个人理财(比如 Fundsdirect,是英国首家互联网基金超市)和社区理财(比如 LearnVest,是针对特定的客户群体(女性)设立的基于个人理财咨询、服务、交流的金融社区平台);

(3)网络融资,主要包括众筹、小额借贷和 P2P 三种模式(Bachmannetal, 2011);

(4)服务平台,比如搜索和比较消费金融产品的 Lendingtree、提供地产和按揭市场信息的 Zillow 等;

(5)信用卡服务,由银行或信用卡公司依照用户的信用度与财力发给持卡人,持卡人持信用卡消费时无须支付现金,待账单日时再进行还款的服务模式;

(6)互联网券商,比如 CharlesSchwab 是美国最大的在线证券交易商,为客户提供低价的在线经纪业务;

---

① 王曙光,张春霞. 互联网金融发展的中国模式与创新[J]. 长白学刊,2014(1):80-87.

(7) 互联网交易所，比如 SecondMarket 为客户提供一个可以交易限售股权、破产债权、有限合伙权益、结构性产品（MBS、CDO、ABS）和非上市公司股权转让的平台。①

2. 世界主要国家互联网金融发展情况

互联网金融可划分为传统金融业务的互联网化、网上支付体系、互联网信用业务、虚拟货币四种业态。美国的传统金融业自发与互联网结合巩固自身地位，非传统的网络经纪商、P2P 和众筹业务也占有一席之地；日本是网络公司主导互联网金融创新的典型；英国、法国、德国则另有创新模式。

（1）美国传统金融业通过自发地与互联网结合巩固了地位，独立的互联网金融业态对市场冲击有限。美国的传统金融体系经过长期发展，产品和服务较为完善，而且金融机构自互联网诞生之初就开始了自发的信息化升级，金融互联网化整体上巩固了传统金融机构的地位。例如，美国信用卡市场较为成熟，2012 年人均持有 1.2 张信用卡，其方便快捷的特征抑制了第三方支付的发展。同时，银行业积极推动自主创新，信用卡的移动支付、手机银行等业务在 2012 年增速分别达到 24% 和 20%，这不但没有冲击银行的地位，反而提高了传统业务的覆盖率。

在强大的传统金融体系下，独立的互联网金融企业生存空间较小，只能在传统金融企业涉及不到或暂未涉及的领域里发展。

其一是货币市场基金。典型的例子是 PayPal 于 1999 年推出的将余额存入货币市场基金的服务，也就是我国余额宝的美国版。PayPal 作为第三方支付平台，拥有一张支付牌照，在财政部注册，受联邦及州政府的两级反洗钱监管，其资金托管也受到 FDIC 的监管。在 2005—2007 年利率上行期间，该基金规模曾达到过 10 亿美元，但在 2008 年金融危机后，其流动性和保本两大优势纷纷丧失，该产品最终在 2011 年退出市场。事实上，美国的货币市场基金在 1980—1986 年的利率市场化期间，迎来过爆炸式的扩张，而在 20 世纪 90 年代其与互联网结合并未带来"第二春"，可见，货币市场基金长期是否繁荣并不在于营销渠道，而是主要取决于利率市场的格局。

其二是网络银行。建立于 1995 年的 SFNB 是世界上第一家纯网络银行，受美联储和各级政府监管。由于成本低，费用和存贷款回报率都很有竞争力，创建初期发展迅猛，曾一度通过收购成为全美资产规模第六大的银行。不过，随着花旗、大通等老牌银行加快网络银行布局，SFNB 优势不在，加之内部风险管控不善，于 1998 年被加拿大皇家银行收购。此后，美国的商业银行体系就又回

---

① 王曙光，张春霞. 互联网金融发展的中国模式与创新 [J]. 长白学刊，2014 (1)：80 - 87.

到了传统大银行割据的局面。

其三是网络经纪商。20世纪90年代中期，折扣经纪商嘉信理财（Charles Schwab）在营业部业务的同时推出网上经纪业务，1996年，纯网络经纪商 E-Trade 上线，开创了完全基于互联网交易的模式，1999年，以美林为代表的传统券商全面开展网络业务。美国 SEC 对网络经纪商实行备案制，认为这只是传统经纪业务的延伸。时至今日，这三类经纪商针对不同客户形成了差别的盈利模式。纯网络经纪商通过极低的交易佣金吸引客户，尤其是个人投资者；嘉信则在提供经纪通道服务的同时附加咨询服务；而美林则针对机构投资者提供全套金融服务，收取高额佣金。目前这三种模式三分天下。

其四是 P2P 借贷。美国的 P2P 借贷平台受 SEC 的严格监管，典型的例子是 Lending Club（LC）。成立于 2006 年的 LC 只收中介费不提供担保，借款人主要依靠信用融资，筹款主要用于支付信用卡债。

其五是众筹。在美国，众筹业务由美国证券交易委员会（U.S. Securities and Exchange Commission，SEC）直接监管。典型的例子是 Kickstarter（KS）。KS 于 2009 年成立，主要向公众为小额融资项目募集资金，致力于支持和鼓励创新。2012 年美国通过 JOBS 法案，允许小企业通过众筹融资获得股权资本，使得众筹融资替代部分传统证券业务成为可能。

（2）日本是由网络公司主导互联网金融变革的典型。与美国不同，日本的互联网金融由网络企业主导，并形成了以日本最大的电子商务平台乐天为代表的涵盖银行、保险、券商等全金融服务的互联网金融企业集团。乐天公司是于 1997 年成立的电子商务企业，它于 2005 年通过收购建立了乐天证券，开始打造互联网金融业务。利用其规模巨大的电商客户群，乐天证券建立当年就成为日本开户数第三位的券商。当前，该公司是稳居日本第二位的网络券商，主营业务涵盖股票、信托、债券、期货、外汇等。由于其电商平台七成交易都是通过信用卡来支付，乐天 2005 年开始进入信用卡行业，利用其消费记录作为授信依据。2009 年乐天又开办网络银行，目前乐天银行是日本最大的网络银行。

（3）英国 P2P 借贷发展迅速。英国是 P2P 借贷的发源地，全球第一家提供 P2P 金融信息服务的公司始于 2005 年 3 月英国伦敦的一家名为 Zopa 的网站。Zopa 网贷平台为不同风险水平的资金需求者搜寻适合的资金借出方，资金借出方以自身贷款利率参与竞标，利率低者胜出，这一信贷模式凭借其高效便捷的操作方式和个性化的利率定价机制常常使借贷双方共同获益。此后 Zopa 得到市场的广泛关注和认可，其业务模式迅速在世界范围内被复制和传播。2008 年金融危机爆发后，主导信贷市场的大银行都提升了资本金充足率，应对中小微企业的服务不足。在此背景下，英国 P2P 借贷，以及众筹等互联网金融发展迅猛，为解决小微企业及个人创业者融资难题发挥了较大作用。

（4）法国第三方支付与众筹市场高速增长。法国的互联网金融业以第三方支付、众筹、在线理财、网上交易所、小额信贷等服务类型为代表。在第三方支付方面，PayPal 在法国占据近半的市场份额，为此，法国巴黎银行、兴业银行和邮政银行三大银行于 2013 年 9 月共同研发了新型支付方式以争夺在线支付市场；在 P2P 信贷领域，法国仍处于起步阶段，有盈利和非盈利两种模式，其中非盈利模式的代表是 Babyloan，用户可以选择感兴趣的项目或个人进行公益投资，贷款人不收取利息；在众筹方面，法国起步较晚，但发展很快，2013 年法国境内通过众筹平台共筹集的资金相比 2012 年翻了一倍。

（5）德国的 P2P 借贷有不同的风险承担模式。德国的 P2P 网络借贷处于发展初期，目前该市场主要由 Auxmoney 和 Smava 两家公司垄断，它们均成立于 2007 年。德国的 P2P 公司普遍都不承担信用风险，在 Auxmoney 平台上，由贷款人承担所有风险；而在 Smava 平台上，贷款人可采用两种方式规避风险，一是委托 Smava 将不良贷款出售给专业收账公司，二是同类贷款人共同出资成立资金池来分担损失。第三方支付在德国发展较快，而其众筹融资尚在起步阶段，规模几乎可以忽略不计。①

3. 国际互联网金融监管经验

各国普遍将互联网金融纳入现有监管框架，根据业务性质归口管理，完善法制，建立行业自律标准，强化征信体系。从全球范围看，结合互联网高效性、规模化、普惠性的优势，实现金融资源更有效的配置已是大势所趋，但各国的发展路径略有不同，形成了不同的互联网金融生态。以下列出国际互联网金融监管经验：

（1）作为新生事物，互联网金融监管在全世界都面临挑战。国际上普遍认为互联网金融是传统金融业务信息化的产物，重在渠道的升级，而非产品与内涵的创新，因此互联网金融并未改变金融的本质，从功能上看仍脱离不了支付、金融产品销售、融资、投资的范畴，既然作为金融业务，那么就理应接受监管。因此，国际上普遍将互联网金融纳入现有监管框架。由于国外成熟市场对各类金融业务的监管体制较为健全和完善，体系内各种法律法规之间互相配合协调，能大体涵盖接纳互联网金融新形式，不存在明显的监管空白。因此国际上普遍的做法是，将互联网金融纳入现有监管框架，不改变基本的监管原则。例如，美国证监会对 P2P 贷款公司实行注册制管理，对信用登记、额度实施评估和管

---

① 李加宁，李丰也. 世界主要国家互联网金融发展情况与监管现状［EB/OL］.［2014 - 04 - 18］. 资本市场研究网—北京证券期货研究院.

控。英国将从 2014 年 4 月将 P2P、众筹等业务纳入金融行为监管局（FCA）的监管范畴，德国、法国则要求参与信贷业务的互联网金融机构需获得传统信贷机构牌照。

（2）互联网金融业务交叉广、参与主体来源复杂，以往侧重市场准入的机构监管模式难以完全满足监管需求，因此，注重行为监管，根据业务的实际性质，归口相应部门进行监管十分重要。国际上普遍做法是，针对不同类型的互联网金融业务，按照其业务行为的性质、功能和潜在影响，来确定相应的监管部门以及适用的监管规则。美国、意大利、西班牙将互联网融资分为股权、借贷两种模式，分别由金融市场监管机构、银行监管机构实施监管。法国根据众筹机构是否同时从事支付和信贷发放，来确定负责监管支付行为的金融审慎监管局是否参与。

（3）旧的法律法规在互联网高速发展的过程中已漏洞频出，根据互联网金融的发展形势及时调整和完善法律法规体系势在必行。在将互联网金融纳入现有监管体系的同时，世界各国也在根据形势发展，不断创新监管理念，针对互联网金融出现后可能出现的监管漏洞，通过立法、补充细则等手段，延伸和扩充现有监管法规体系。例如，美国、澳大利亚、意大利通过立法给予众筹合法地位，美国、法国已拟定众筹管理细则。英国 FCA 在正式接受互联网金融监管的同时，配套推出涵盖众筹、P2P 等产品的一揽子监管细则。加拿大计划年内启动《反洗钱和恐怖活动资助法》修订工作，打击利用网络虚拟货币从事洗钱和恐怖融资活动等内容。目前多数发达国家已将虚拟货币纳入反洗钱监管体系。

（4）互联网金融的发展仅依靠行政监管是远远不够的，在行政监管的同时，各国也需要积极发展各类互联网金融的行业自律监管组织，使行业自律标准与企业内控流程相互补充。国际上，很多行业协会通过制定行业标准、推动同业监督、规范引导行业发展。英国三大 P2P 平台就建立了全球第一家小额贷款行业协会，美国、英国、法国等国积极推动成立众筹协会，制定自律规范。很多企业本身，也通过制定企业内部监管规定、规范交易手续、监控交易过程实施自我监管，如澳大利亚众筹网站 ASSOB 注重筹资流程管理，为长期安全运行发挥了关键作用。

（5）充分结合征信体系，促进信息双向沟通。美国、英国利用三家市场化的征信公司建立了完整的征信体系，可提供准确的信用记录，实现机构与客户间对称、双向的信息获取，如美国 P2P 平台 Lending Club 与多家银行实现征信数据共享，将客户信用等级与系统中的信用评分挂钩。德国、法国则发挥政府主导征信体系的权威性和完备性，大大减小了市场的违约风险。①

国际互联网金融监管经验给我国互联网金融监管工作带来如下启示：首先，借鉴国际经验，互联网金融必须纳入监管，不留监管空白；其次，互联网金融对促进我国金融改革、提升金融体系效率有积极作用，应减少管制，放松准入，鼓励互联网金融发展；再次，应推动互联网金融与传统金融的融合与竞争，鼓励金融行业创新发展；最后，监管机构要牢牢守住不发生系统性风险的底线。

（四）国内互联网金融发展现状

1. 我国互联网金融发展概况

互联网金融是金融与互联网技术相结合的产物，自20世纪90年代中期以来，我国互联网金融开始出现并不断创新发展，其中以网络银行、网络证券和网络保险业务的兴起为标志，我国互联网金融经历了第一轮发展阶段。此后随着以社交网络、移动支付、云计算和搜索引擎等互联网现代科技的快速发展，以及金融创新步伐的加快，互联网技术与金融业务在广度和深度上进一步融合发展第三方支付、网络信贷、众筹融资和整合销售金融产品等互联网金融模式开始实现快速发展。

国际上普遍认定1998年美国PayPal公司是最早创立个人对个人网络支付模式的公司。2003年我国的互联网金融开始出现，2013年是我国互联网金融元年，国内互联网金融呈现爆发式增长，2013年6月余额宝凭着收益率高、流动性强、风险性低，实现了用户、支付宝、基金公司三方共赢。余额宝成功后，中国互联网金融遍地开花，百度推出了"百发"，新浪推出了"微财富"，360与易方达、苏宁易购与汇添富和广发基金合作等消息不断传来。2014年1月微信推出理财通，苏宁推出"零钱宝"，中国平安"壹钱包"测版上线。

随着物联网、大数据和云计算时代的到来，一方面，信息对金融行业的影响越来越深入，互联网改变了人们的生活方式，不少人忙着存款大搬家；另一方面，银行面临吸收存款的压力。这让我们更深层次地思考互联网金融与传统金融的本质根源、相互的竞争与合作以及未来中国金融业发展前景等相关问题。②

目前我国市场上大量的资金供给、资金需求和第三方服务机构并存。不论从机构新成立的总数量还是交易总额来说，2013年网络借贷平台总体上呈爆发式增长，我国网络借贷平台总成交额近1000亿元，除了西藏、青海、宁夏、黑

---

① 李加宁，李丰也. 世界主要国家互联网金融发展情况与监管现状 [EB/OL]. [2014-04-18]. 资本市场研究网—北京证券期货研究院.

② 莫易娴. 互联网时代金融业的发展格局 [J]. 财经科学（金融论坛），2014 (4)：1-10.

龙江和吉林之外，中国所有的省市都有 P2P 网络借贷平台。

但目前网络借贷平台呈现"无准入门槛、无行业标准、无监管机构"以及"资金集聚、技术集聚、人才集聚、风险集聚"状态。网络借贷平台的发展参差不齐，有些网络借贷平台非常受人欢迎，其投资甚至出现"秒杀"，如"陆金所"、"开鑫贷"，但90%的网贷平台都在亏损，2013年国庆过后平均每天有1家P2P平台倒闭。

制约金融发展的主要因素是信息不对称导致交易成本高和风险定价难。在互联网金融中，由于信息数据化、大数据的风险定价有着得天独厚的优势，因此极大地降低了交易成本，其中移动支付、第三方支付和网络借贷是互联网金融的核心。互联网金融贷款有两种不同的模式：一类是以电商为基础，在注册客户范围内基于产销贷链条的贷款，也称互联网供应链借贷，国内典型代表有阿里金融，美国典型代表有 Amazon；另一类是 P2P 平台贷款，在中国有陆金所、人人贷，欧美有 Kabbage、Lending Club、Prosper Marketplace。

目前，国内外贷款互联网金融的一个共同点是以小微贷款为主。相对于许多银行把年销售收入1亿元以下、申请贷款金额在1000万元之内的贷款叫小企业贷款。即使是小微贷款，单笔金额也多在50万元以上，远远高于互联网平台上10万元以下的平均贷款金额，互联网企业的小贷模式创新在一定程度上填补了传统金融的空白。互联网金融的"小小微"服务对象正是传统金融领域金融服务的真空。

金融的产生源于互相借贷、资金融通的需求，互联网金融是我国传统金融市场需求无法满足而出现的金融溢出。中国有6000万家企业，其中99%是中小微企业，尤其是小微企业。长期以来，此类客户严重缺乏投融资及金融服务，互联网金融的出现，把一线城市的投资者闲余的资金转投向二三线城市的小微企业，给我国的金融与经济带来了新的发展机遇。作为普惠金融的一种形式，互联网金融符合目前国家金融改革和创新的方向，在推动我国利率市场化、促进金融市场发展、连接社会闲置资本和实体经济的发展与经济结构调整转型升级、缓解中小企业融资难、培育社会财富管理理念等方面具有积极意义，在金融领域的重要性也与日俱增。

2. 当前我国互联网金融发展优势和机遇

（1）电子商务迅猛发展，推动互联网金融服务与时俱进。从本质上说，金融市场是一个信息市场，也是一个虚拟的市场，信息处理是金融体系的核心。根据博弈理论，当市场交易双方都选择诚信时，交易才能顺利进行。因此，电子商务迅猛发展背后蕴含着巨大的金融业务潜力，推动互联网金融服务与时俱进。截至2014年11月，支付宝快捷支付的用户数已达1.9亿。

(2) 互联网及其相关软件技术替代金融业的分工和专业化，为互联网金融实现全功能、个性化的服务模式创造了条件。互联网金融可通过信息处理使之形成时间连续、动态变化的信息序列，并据此进行风险评估与定价，搜索引擎、大数据、社交网络和云计算极大降低市场信息不对称程度、资金期限匹配和风险分担的成本，贷款、股票、债券等的发行和交易以及券款支付直接在网上进行，资金供需信息直接在网上发布并匹配，供需双方直接联系和匹配；同时，客户与银行的关系也远非仅限于单纯的结算及资金服务，更需要的是银行基于其内外部资金流进行衍生增值金融服务。因此，在互联网金融模式下，现在金融业的分工和专业化被互联网及其相关软件技术所替代。在融资与风险管控方面，互联网金融凭借信息处理能力及组织模式方面的优势，极大地降低了金融交易的成本，由此大大拓展了金融服务的生产可能性边界，为互联网金融实现全功能、个性化的服务模式创造了条件，在更广泛的参数范围内，使从前不能获得传统金融支持的群体，也可得到金融支持。目前，阿里巴巴在提供资金结算和融资方面已积累了较为成功的经验，其依托淘宝网交易平台，支付宝每日清算资金笔数已达 3000 万笔，金额超过 3 亿元。[①]

(3) 互联网金融发展的客户基础。2013 年中国互联网络信息中心（CNMC）在第 32 次中国互联网络发展状况统计报告中指出，截至 2013 年 6 月底，我国网民规模达到 5.91 亿，较 2012 年底增加 2656 万人。互联网普及率为 44.1%，较 2012 年底提升 2%。如此庞大的网民群体为网络银行的发展奠定了"人脉"基础，这些人是互联网金融的潜在客户，且客户群体不断扩充队伍。从未来发展的预期看，我国互联网渗透逐步加深的势头不可逆转，网络消费供需面持续积极向好，这些都将推动网络货币市场、在线银行、网络证券、网络保险的应用人群在未来较长时间实现较为稳健的增长。

与此同时，互联网平台公司涉足金融的核心竞争力在于其掌握的海量用户真实消费数据和商户经营数据，能够帮助评估、跟踪用户及商户的信用水平以及还款能力，从而据此提供各式各样针对性的金融产品，形成一个资金闭环。互联网企业金融业务的开展在很大程度上依赖于平台沉淀的大数据，并且是动态数据而非静态，能够及时对用户数据的误差进行不断地修正。

(4) 互联网金融发展的时空便利。互联网金融突破了传统银行业务在时间上的限制，实行 7×24 小时全天候运营，使金融业务更加贴近客户，更加方便顾客。从运营成本来看，虚拟化的互联网金融在为客户提供更高效服务的同时，由于不用承担固定的物理经营场所、分支机构或营业点，因而减少了设施维护、

---

① 谢清河. 我国互联网金融发展问题研究[J]. 经济研究参考，2013 (49): 29-36.

员工等费用开支，运营成本大大降低，具有显著的经济性。此外随着云信息、大数据技术的应用，信息的收集、加工和传播日益迅速，金融市场的信息披露趋于充分和透明。据中国互联网数据平台显示，2013年1月财经金融类网站总访问次数达381539万次；月总页面浏览量达381539万次；月总访问时长达9122万小时，互联网已经成为用户获取金融信息重要的渠道之一。同时，在新增加的网民中，使用手机上网的比例高达70.0%，高于使用其他设备上网的网民比例，我国手机网民规模达4.64亿。典型的移动互联网应用，如手机微博和手机即时通讯等，使用户随时随地查看财经金融信息，金融供需信息几乎完全对称，并可以实现供需双方直接交流沟通。金融市场供求双方之间的联系趋于紧密，可以绕过中介机构直接进行交易，非中介化的趋势明显。客户和银行之间以及银行内部的沟通更加方便快捷，由此可以更容易满足客户咨询、购买及交易多种金融产品的需求，有利于金融服务创新，向客户提供多种类、个性化的服务。这种金融机构与客户的网上交互式联络交流方式不仅缩短了市场信息的获取和反馈时间，而且有助于金融业实现以市场和客户为导向的发展战略，也有助于金融创新的不断深入发展。

与传统金融相比，借助于互联网或移动网络，互联网金融的整个交易过程几乎全部在网上完成，金融交易的"虚拟化"使金融业务失去了时间和地域的限制，交易对象变得难以明确，交易过程更加不透明。此外，随着移动互联网的发展、互联网应用逐步社交化和大数据的广泛应用，将对金融行业带来新的机遇，并将使金融行业逐步"移动化"、"金融社交化"，产生新的具有移动互联网特点、新的金融模式。这种移动金融模式将具有成本低廉、随身便捷的特点，能够使人们不受时间和地点的限制享受金融服务，可以在更大范围内实现规模经济。因此，网络技术的应用使得互联网金融信息和业务处理的方式更加先进，系统化和自动化程度大大提高，突破了时间和空间的限制，而且能为客户提供更丰富多样、自主灵活、方便快捷的金融服务，具有很高的效率。互联网金融的方便、快捷、超时空等优异特点极大地提高了金融运行的效率。通过互联网金融，用户可以享受到方便、快捷、高效和可靠的全方位服务。

（5）企业商业信用和金融信用有效融合，提升了社会资源配置效率。随着高科技的迅猛发展，运作模式趋向虚拟化、智能化，将企业网络信用纳入银行的信贷评价体系，促进企业商业信用和金融信用有效融合，提升了社会资源配置效率。电子商务平台可通过调整企业的违约成本，实现企业信息的自动甄别，从而缓解信息不对称问题。如电子商务平台将客户的网上交易年限、交易活跃度、交易对手评价等建立成一个信用体系和数据库，形成企业的网络信用。银行在决定企业贷款时，会把网络信用作为客户分类、准入的参考标准，通过将事关企业未来发展的声誉和信用资本纳入考量,从而有效弱化了贷款风险和成本约束。网络技术、信息技术和数据处理技术,需求响应、期限匹配、风险定价与管理等业务流程被大大简化,为互联网金融机构带来了规模庞大的业务机会的同时也可能形成新的竞争格局。因此,在互联网金融模式下,金融机构为客户提供的产品与服务是在数据分析上的模块化资产组合,凭借信息处理和组织模式方面的优势,互联网金融在多数金融功能的发挥上较传统金融更加有效率。如美国 PayPal 是世界最大的第三方网上支付服务商,利用其先进的网络技术、风险管理等防范措施,为全球 190 个国家和地区支持多达 24 种货币的交易。

(6) 金融信息和业务处理的方式更加先进,电子商务平台增大企业违约成本的功能可以充当一种筛选机制。在互联网金融模式下,新技术使用户获取金融服务更加灵活便捷,系统化和自动化程度大大提高,突破了时间和空间的限制,客观上存在着系统管理客户所有财务金融信息的需求,客户的银行账户、证券账户和资金资产管理等有融合统一管理的趋势。电子商务平台借助其广泛的网络可及度,可选择对违约企业的惩罚力度来控制企业的违约成本,通过将企业的违约成本控制在一定区间内,如对用户进行"网络公示"和"终止服务"等手段,有效提升了企业的违约成本。数以亿计的网络用户被因特网连接起来,且以 70% 的速度增加,为金融业展现一个全球性的巨大市场。如第三方支付利用自身优势打通产业上下游,为传统行业电子商务化的发展契机。截至 2011 年末,市场规模已达到 7665.8 亿元,年均增长 111.1%,较 10 年前翻了 1393 倍。①

(7) 互联网金融不断创新。互联网金融以客户为中心的性质决定了它的创新性特征。金融市场日新月异、变幻莫测,客户的需求也千变万化,互联网金融唯有将客户的需求当成自己的业务发展的动力,才能冲破传统银行设置的壁垒,在金融市场上赢得应有的阵地。为了满足客户的需求,扩大金融市场份额,增强金融竞争实力,互联网金融必须进行业务创新。这种创新在金融的各个领域都在发生,比如在信贷业务领域,网络银行利用互联网上搜索引擎(Search Engine) 软件,为客户提供适合其个人需要的消费信贷、房屋抵押信贷、信用卡信贷、汽车消费信贷服务;在支付业务项域,新出现的电子账单呈递支付业务(EBPP, Electronic Bill Presentment & Payment) 通过整合信息系统来管理各式账单(保险单据、账单、抵押单据、信用卡单据等)。在资本市场上,电子通信网络(ECNs, Electronic Communication Networks) 为市场参与提供了一个可通过计算机网络直接交换信息和进行金融交易的平台,有了 ECNs,买方和卖方可以通

---

① 谢清河. 我国互联网金融发展问题研究 [J]. 经济研究参考, 2013 (49): 29 - 36.

过计算机相互交流来寻找交易的对象，从而有效地消除了经纪人和交易商等传统的金融中介，大大降低了交易费用。通过互联网金融股票、期货、黄金交易、中小企业融资、民间信贷和个人投资渠道等信息能快速匹配，各种程度化交易的方式能随时随地地交易，极大地提高资本市场资源配置效率。互联网的开放性和虚拟性大大降低了各种金融服务产品和整个金融产业的进入门槛，这就使得一些非银行金融机构凭借其在技术和资金上的优势从事传统银行的业务。纵观全球，混业经营的经营模式是大势所趋，这种模式具有协同效应、风险分散和业务多元化的特点。

总之，互联网金融业务的综合化发展趋势逐渐加强，互联网金融服务进一步被延伸。

3. 我国互联网金融发展面临的问题和存在的风险

互联网金融的影响和规模逐渐扩大，在活跃金融市场给人们带来便利的同时，与之产生的互联网金融问题和风险是不可避免的。互联网金融除了面临传统金融业需要面临的问题和风险以外，还需面临其他特殊问题和风险。这些问题和风险如果得不到很好的控制，带来的社会影响将远远大于传统金融风险。现阶段，我国互联网金融主要存在以下问题和风险。

（1）市场监管风险。互联网金融高速发展，传统金融银行及互联网企业金融产品百花齐放，各类产品形成竞争局面，货币利率实现市场化，监管部门对利率的控制力下降。以余额宝为代表的"宝类"货币型基金的收益并不是固定的，余额宝的收益是来自货币基金市场收益，并非支付宝支付。同时，货币基金并不保障本金的安全，如果货币市场利率下降，货币基金收益也会随之下降，直接影响本金和收益的安全。由于技术和法律的限制，相关部门的监管力度相当有限。

同时，互联网金融的发展创新，挑战现有的金融监管体系。一是现行的"分业经营，分业监管"制度将被"全能经营、统一监管"制度所替代。随着金融业务网络化、虚拟化的发展，金融监管的法律法规和监管手段越来越落后于互联网金融业务的创新与发展。如网络借贷的利率定价更加灵活，随着网络借贷市场份额的扩大，其事实上的市场化利率将对因利率管制而人为压低的资金价格带来越来越大的冲击，银行、证券、保险公司之间的关联交易将带来风险的集中与蔓延，金融监管机构对其交易的合理性和复杂性往往不易辨别，风险难以判断，监管难度将大大增加。二是网络信息技术的发展，进一步加剧了金融市场的不稳定。互联网金融资金的大规模快速流动和互联网金融服务的延伸，也使金融监管的范围变得更广泛，在某种程度上削弱了监管力度。许多金融交易在网上进行，其电子记录可以不留任何痕迹地加以修改，使监管当局对互联网金融业务难以核查，如网络借贷中的资金流动更加难以监控，资金支付引发的套现、洗钱等金融犯罪问题。三是互联网金融发展无国界化与金融监管国家主权化之间的矛盾日益加深。互联网金融的模糊疆界性和相对较低的转移成本，不仅使得各国政府有效抑制商业银行的国际避税行为越来越困难，也使得各国中央银行对金融市场单一监管的有效性大为削弱。金融网络化给投机者带来了机会，汇市、股市、期市大量关联交易，导致金融市场跌宕起伏，从而可能会在极短的时间内给一国经济带来致命打击。

（2）欺诈、信用风险。指客户资金安全、客户信息安全和信息系统安全等，使互联网金融面临较大的法律风险、声誉风险和信息科技风险等操作风险。虽然互联网金融具有低成本、信息透明化等特征，但互联网企业不仅掌握了大量客户真实身份信息，如证件号码等，还掌握了大量客户银行卡敏感信息，如银行卡号、卡片验证码、卡片有效期、个人标识码等。互联网金融在虚拟的网络进行交易，难免会有一些不法分子或互联网企业利用技术和法律漏洞，在互联网金融市场进行套现、洗钱甚至是网络诈骗，少许工作人员将客户的信息资料泄露或出售以获取利益，侵害消费者权益。在互联网金融市场上，投资者只是通过第三方支付平台购买基金，对资金的去向及融资者的信息知之甚少，也有企业利用消费者高度关注投资收益的心理，对相关限制条件及风险信息隐藏甚至不予披露，欺诈、信用风险较大。而且，互联网金融具有高虚拟性，极易爆发系统性故障或遭受大范围攻击，造成整个网络瘫痪，甚至会导致严重的客户资料泄露和交易记录损失，也容易引发安全性问题。

（3）法律纠纷风险。目前，我国互联网金融正处于初级发展阶段，有关互联网金融监管的法律法规滞后，现有的银行法、保险法、证券法等法律法规不适用于互联网金融的监督与管理。互联网金融市场的准入、资金监管、交易双方的身份认证、个人信息保护、电子合同有效性的确认等方面都还没有明确的法律规定。在互联网金融市场上，如果发生纠纷，双方的行为及其结果得不到法律的有效裁决，会产生相应的矛盾并引发社会问题。以余额宝为代表的金融产品为例，在出售过程中都是以高额的投资收益率吸引投资者，对"宝类"的投资风险避而不提。一旦"宝类"产品的收益率发生变化，用户与互联网企业间的争执与法律纠纷在所难免。

（4）技术风险。互联网金融是依托互联网技术和通信技术发展而产生的，在虚拟网络社会运行开展业务，缺乏实体经济作支撑。目前，虽然互联网科技很发达，但计算机病毒、木马、黑客对互联网程序及金融系统的威胁仍然存在。一旦技术出现故障或漏洞，将会对消费者的信息、资金安全造成损害，互联网金融企业将以何种方式来保障和补偿消费者，目前还没有成熟的经验可谈。受互联网技术风险的影响，互联网金融还面临着以技术风险为核心的其他风险的影响，如系统风险、数据丢失风险、信息传递风险等。技术风险作为互联网金融核心风险，正在并将长期威胁互联网金融安全。

（5）电子货币挑战现有货币理论和货币政策操作，增加了金融业的整体杠杆率和风险。电子货币是以电子信息传递形式实现流通和支付功能的货币。在一定程度上改变了传统金融市场的运行及传导机制，增加了金融业的整体杠杆率和风险。其一，由于电子商务的第三方支付具有准商业银行的性质，当第三方支付将更多的客户资金用于放贷和投资，即相应的"存款准备"降低时，其货币创造能力将增强，货币乘数也将相应增大，反之亦然。其二，第三方支付发展和虚拟货币的应用减少了货币和非货币资产之间的转换成本，人们对持有现金的机会成本变得更敏感，将降低货币的交易需求和预防需求，并增加货币需求对利率的敏感性，这导致人们降低持有收益率较低的现金、活期存款的意愿，从而增加货币流通速度。其三，缺少有关互联网金融的配套法规，电子商务的网络借贷规避了对金融特许经营牌照的管制。在利益驱使下，电子商务的网络借贷平台将造就更多游离于正规金融机构之外的、缺乏监管的、难以统计监测的"影子军团"，银行资金直接或间接通过网络借贷平台进入禁止其进入的高风险领域等，在特定条件下甚至可能威胁到原有金融体系的稳定。

互联网金融进一步加速金融脱媒，对传统的金融业务产生了极大的冲击，使商业银行的支付中介功能逐渐弱化。如支付宝和易宝支付等已能够为客户提供收付款、转账汇款、电费与保险代缴、手机话费缴纳等支付结算服务，对商业银行形成了明显的替代效应。随着互联网的迅猛发展，用户对社交网络的黏性越来越强，社交网络对银行形成巨大冲击，带来银行业的"二次革命"。相对于传统融资方式，互联网金融的交易成本极低，交易可能性边界也极度扩大，这些因素都给银行业带来了巨大的挑战。Facebook 有 8.4 亿实名制用户，完全可以尝试直接发行股票和推广信用卡，一旦发行使用，其庞大的用户使用群将对传统银行威胁极大。随着互联网金融的发展，中国的互联网第三方支付平台交易量、虚拟货币的发行和流通量越来越大，涉及的用户越来越多。目前，第三方支付已经成为一个庞大的产业，并以每年高达 100% 的增速发展，形成接近 1 万亿元的规模，对银行传统支付业务产生极大的冲击。同时，随着第三方支付机构的发展壮大，已不满足于只做银行的网关支付平台，而是借助其数据信息积累与挖掘的优势，开始直接向供应链融资、小微企业信贷融资等领域扩张。尽管目前互联网金融由第三方支付所衍生的信贷业务占比仍比较小，但由于其为资金借贷双方之间提供了直接连通的通道，成为商业银行战略和业务转型的重要方向。

互联网金融的发展创新，对金融业务发展与风险管理提出新的要求。其一，网络借贷的发展逐步形成了一种基于网络行为的信用评价体系，对我国而言，互联网金融中的信用风险不仅来自服务方式的虚拟性，还有社会信用体系的不完善而导致的违约可能性。信誉风险可能来自互联网金融出现巨额损失时或出现在互联网金融的支付系统发生安全问题时，社会公众难以恢复对互联网金融交易能力的信心。对于传统金融而言，技术选择失误，只是导致业务流程趋缓，业务处理成本上升，但对互联网金融机构而言，则可能失去全部的市场，甚至失去生存的基础。根据对发达国家不同行业的调查，系统停机对金融业造成的损失最大。其二，由于互联网金融服务方式的虚拟性，金融机构的经营活动可突破时空局限，使互联网金融业务环境具有很大的地域开放性，打破传统金融的分支机构及业务网点的地域限制，互联网金融的经营者或客户通过各自的电脑终端可以随时与世界任何一家客户或金融机构办理证券投资、保险、信贷、期货交易等金融业务，导致互联网金融中支付、结算系统的国际化，在传统金融中，安全风险可能只带来局部损失，但在互联网金融中，安全风险会导致整个网络的瘫痪。因此，基于电子化支付系统的跨国跨地区的各类金融交易数量巨大，一个地区金融网络的故障会影响全国乃至全球金融网络的正常运行和支付结算，从而大大提高结算风险并会造成巨大的经济损失。20世纪80年代，美国财政证券交易系统曾发生不能卖出、只能买入的故障，一夜之间就形成200多亿美元的债务。[①]

加强风险监管与控制，政府、金融行业、互联网企业及消费者个人都应重视和参与。政府应根据互联网金融发展态势尽快完善相关法律法规，填补互联网金融监管方面的空白领域，引导互联网金融健康有序发展。互联网金融行业本身需正身律己，远离非法集资、非法存款、挪用客户资金等行为，自觉遵守银监会及相关监管部门的规定。互联网企业要时刻保证互联网平台及信息传递的安全性，规范用户权限，不断研发更新技术，在最大程度上降低网络技术漏洞带来的风险。除此之外，消费者个人在选择进入互联网金融市场之前，应加强对互联网操作、投资理财、安全风险防范等相关知识的了解，在网上进行操作应注意细节鉴别真假，提高安全防范意识。

---

① 谢清河. 我国互联网金融发展问题研究 [J]. 经济研究参考, 2013 (49): 29-36.

二、互联网金融业务模式及特征

（一）互联网金融业务模式

为了对互联网金融的模式做一个清晰的界定，软交所互联网金融实验室从2012年开始，通过持续对互联网金融领域企业进行调研走访，深度解析互联网金融相关资讯，并对互联网金融创新产品、现象进行认真研究，最终系统梳理出了第三方支付、P2P网贷、大数据金融、众筹、信息化金融机构、互联网金融门户六大互联网金融模式：

1. 第三方支付（Third–Party Payment），狭义上是指具备一定实力和信誉保障的非银行机构，借助通信、计算机和信息安全技术，采用与各大银行签约的方式，在用户与银行支付结算系统间建立连接的电子支付模式。从广义上讲，第三方支付是指非金融机构作为收、付款人的支付中介所提供的网络支付、预付卡、银行卡收单以及中国人民银行确定的其他支付服务。第三方支付已不仅仅局限于最初的互联网支付，而是成为线上线下全面覆盖，应用场景更为丰富的综合支付工具。

2. P2P（Peer–to–Peer lending）网络贷款平台，即点对点信贷。P2P网络贷款是指通过第三方互联网平台进行资金借、贷双方的匹配，需要借贷的人群可以通过网站平台寻找到有出借能力并且愿意基于一定条件出借的人群，帮助贷款人通过和其他贷款人一起分担一笔借款额度来分散风险，也帮助借款人在充分比较的信息中选择有吸引力的利率条件。

3. 大数据金融，指集合海量非结构化数据，通过对其进行实时分析，可以为互联网金融机构提供客户全方位信息，通过分析和挖掘客户的交易和消费信息掌握客户的消费习惯，并准确预测客户行为，使金融机构和金融服务平台在营销和风控方面有的放矢。基于大数据的金融服务平台主要指拥有海量数据的电子商务企业开展的金融服务。大数据的关键是从大量数据中快速获取有用信息的能力，或者是从大数据资产中快速变现的能力，因此，大数据的信息处理往往以云计算为基础。

4. 众筹，大意为大众筹资或群众筹资，是指用"团购＋预购"的形式，向网友募集项目资金的模式。本意众筹是利用互联网和SNS传播的特性，让创业企业、艺术家或个人对公众展示他们的创意及项目，争取大家的关注和支持，进而获得所需要的资金援助。众筹平台的运作模式大同小异——需要资金的个人或团队将项目策划交给众筹平台，经过相关审核后，便可以在平台的网站上建立属于自己的页面，用来向公众介绍项目情况。

5. 信息化金融机构,是指通过采用信息技术,对传统运营流程进行改造或重构,实现经营、管理全面电子化的银行、证券和保险等金融机构。金融信息化是金融业发展趋势之一,而信息化金融机构则是金融创新的产物。

6. 互联网金融门户,指利用互联网进行金融产品的销售以及为金融产品销售提供第三方服务的平台。它的核心就是"搜索+比价"的模式,采用金融产品垂直比价的方式,将各家金融机构的产品放在平台上,用户通过对比挑选合适的金融产品。[①]

(二) 互联网金融的特征

互联网金融是在大数据、云计算、搜索引擎等技术进步的背景下金融体系不断创新、不断突破的过程,是金融创新性活动,具有如下创新性特点:

1. 普惠性。系统的目的性,是在系统与环境的相互作用中,表现出的某种趋向预先确定的状态特性。互联网金融通过互联网、移动互联网、大数据等技术,降低了交易成本和信息不对称程度,让那些无法享受传统金融体系服务的人群获取金融服务,从而提高了金融的普惠程度。

普惠金融是指能有效、全方位地为社会所有阶层和群体提供服务的金融体系。由于小微企业、部分个人客户等大众客户群体信用记录很少,缺乏有效的抵押品,加上交易金额小,难以实现规模经济,运营成本较高,传统金融机构无法有效满足这部分客户的金融需求,从而导致金融排斥。部分传统金融机构囿于网点、人员的不足,往往着力于发展"20%"的高价值客户,互联网金融则更注重发展"80%"的草根客户。在互联网金融下,交易双方通过互联网搜集信息,降低了信息不对称和交易成本,拓展了金融服务边界。

现在的微借贷、微理财、微保险、微投资等,客户门槛较传统金融产品要低很多;余额宝和百度理财的最低认购额仅为一元。

2. 便利化。"客户体验至上"被誉为互联网精神的精髓。互联网时代不仅带来了全新的商业渠道革命,也带来了全新的服务理念——"不是客户来找你,而是你去找客户"。如"余额宝"产品把服务送到客户手边,客户只要轻点鼠标,后续服务都由"余额宝"来完成。

3. 大数据化。互联网金融企业往往具有强大的数据挖掘能力,他们通过社交网络、电子商务、第三方支付和搜索引擎形成庞大的数据仓库,运用云计算和行为分析理论等进行数据挖掘,大幅提高了信息使用效率。

4. 金融资源的可获得性强、配置效率高。Sherman Chan(2004)将金融排

[①] 罗明雄,丁玲. 互联网金融六大模式深度解析 [J]. 中国科技财富, 2013 (9): 38-41.

斥定义为：人们在金融体系中缺少分享金融服务的一种状态，包括社会中弱势群体缺少途径或方式接近金融机构，以及在利用金融产品或金融服务方面存在困难和障碍。在当前经营模式下，传统商业银行无法高效应对小微企业和部分个人客户的业务要求，导致对某些客户的金融排斥。在互联网金融模式下，客户能够突破地域限制，在互联网上寻找需要的金融资源，缓解金融排斥，提升社会福利水平；同时，互联网金融使资金余缺双方突破传统金融的地域和规模等的限制，在互联网上高效地进行金融资源的配置。

5. 交易信息相对对称，资源配置去中介化。在传统融资模式下，资金供求双方信息经常不匹配，资金需求方无法及时得到资金支持的同时，资金供给方也不能找到好的投资项目，金融机构获得投资企业，特别是小微企业的信息成本较高，收益与成本不匹配。互联网金融通过社交网络生成和传播信息，任何企业和个人的信息都会与其他主体发生联系，资金供求双方不再需要银行或交易所等中介机构撮合，可以通过网络平台自行完成信息甄别、匹配、定价和交易，能够较全面了解一个企业或个人的财力和信用情况，去中介化作用明显，同时降低信息不对称，进而减少交易风险。当贷款对象违约时，互联网金融企业可以通过公开违约和降低评级信息等方式增加违约成本。

6. 模式、服务多样化。所谓系统的层次性，是指由于组成系统要素的种种差异，从而形成具有质的、差异的系统等级。从各个组成要素分析，互联网金融系统既包括金融机构互联网化，也包括互联网企业涉足金融领域，可以称为金融互联网子系统和互联网企业金融子系统。根据不同的结构和功能，互联网金融形成了各具特色的业务模式。

金融互联网子系统是互联网金融的基础子系统，具有实力雄厚、基础设施完善、风险控制机制健全等优势，业务模式包括以下几个方面：一是金融机构应用互联网技术，将传统金融产品放到网上销售，比如电子银行、电子保险、电子证券等；二是电商模式，银行、券商等金融机构直接自己搭建电子商务平台，进入电商领域，比如建设银行"善融商务"、交通银行"交博汇"、招商银行"非常e购"等；三是和网络公司合作，在对方的平台上销售产品，比如方正证券在天猫商城开设旗舰店。

互联网企业金融子系统，是互联网金融系统中最活跃的子系统，具有支付便捷、资金配置效率高、交易成本低等优势，已经形成了多个业态模式。一是第三方互联网支付企业，二是小额贷款模式，三是第三方信息平台，四是其他模式。互联网企业大多为民营企业，机制灵活、创新能力强，未来还将不断涌现新的业务模式。

从最初的网上银行到如今的电子支付，以及更多的非传统金融企业涉及互联网金融行业，互联网金融提供了越来越多的金融服务，尤其是近年来，互联网金融的发展改变了传统的金融业务模式，越来越多的第三方支付平台，网络信贷、网络租赁等业务的开展为客户提供了个性化的选择。

三、互联网金融对传统金融的影响

（一）互联网金融给传统金融带来的机遇

1. 为发展普惠金融提供了技术手段。虽然国家已经采取了大量的支持措施，但由于居住分散、收入较低等原因，许多地区的金融服务依然不足。随着手机的普及和广泛使用，基于手机支付的互联网金融可为金融机构解决广大需求者对普惠金融的需求提供有效的技术手段。

2. 为拓宽金融服务人群提供了技术基础。金融服务的核心技术在于数据处理，互联网金融实现了数据处理技术与金融产业发展的完美结合，有助于银行应对低端客户人群风险分散化、多样化的业务特性，提高银行服务中小客户的积极性。同时，基于互联网大数据与便捷信息流而产生的征信手段的创新，也拓宽了金融业服务的目标人群。

3. 为改善客户服务提供了新的解决方案。信息技术的快速变革改变了金融体系的客户接触方式和服务渠道，以及金融机构的资产定价模式、风险管理模式、资源配置模式和支付清算模式。商业银行可以通过数据挖掘和分析，提前发现潜在客户和潜在需求，开发满足客户需求的金融产品和服务，主动向客户提供信息和服务。保险公司、证券公司、基金公司也可以通过网络销售产品，避免开设实体店的大量投入和运行成本。

4. 为加强风险管理提供了新的工具和相关数据。互联网金融由于实现了信息流、物流和资金流的高度融合和在线控制，贷款效率和安全性大大提高。而从互联网技术发展趋势看，云计算的后台智能技术将使得用户识别更加精准，使得金融机构对客户的金融交易信息、行为偏好分析乃至消费和产品的偏好分析变为现实，极大地提高了金融机构风险管理的能力和水平。[1]

5. 拓展银行业务和客户的渠道。对于传统的银行业务来说，客户是传统银行业务等金融机构运营的基础，互联网金融模式对于传统的银行业务来说，更有利于拓展客户。2012年我国的网购人数就已经达到了1.9亿人，在这样庞大的客户群体中，传统银行可以与互联网金融模式进行战略性的结合，一方面挖掘新方向的客户，另一方面增加对旧客户的业务粘合度，让客户与业务之间的

---

[1] 周慧. 互联网金融背景下商业银行的发展策略［J］. 青海金融（金融观察），2013（12）：4-7.

关系产生质的改观。在互联网金融模式下，传统银行的客户可能会逐渐转移，互联网技术中面对中小企业和个体客户实现了更方便快捷的服务。由此，传统银行的业务和服务价值会逐渐发生改变，像互联网金融这样能够提供便捷服务的金融机构才会逐渐占有绝大部分的市场。

6. 提高资源配置效率。在互联网金融模式中，云计算和庞大数据库的技术支持可以让互联网金融企业更全面地面向中小型企业和个体客户，了解其经营过程中的数据信息和信用评判，建立起准确的数据信息库和网络信用评价体系。在面向客户进行信贷审核时，投资者可以通过数据库和网络信用评价体系进行了解分析作出判断。贷款的对象如果在贷款的过程中出现违约的情况，互联网金融企业还可以通过网络平台进行信息通告，提高贷款对象的违约成本，同时也降低了投资者对贷款对象的风险，在面向中小型企业和个体客户时优势更加明显。互联网金融在这样的情况中就可以更好地提高资源配置的效率，更大幅度减少交易的成本和风险，对实体经济的发展作出更有力的支持。

7. 强化传统金融的价格发现功能。在互联网金融模式的运营过程中，对于市场供求双方的价格偏好能作出更好的客观反映，这对于传统的银行业务来说是一个巨大转折与进步，在传统银行等金融机构中，对于利率的市场化不能很有效地作出应对措施。互联网金融模式作为一个开放的交易平台，风险程度低、选择范围更广，对于自己借方的报价和贷放的选择都很对称，这样就让交易完全形成了市场化。在互联网金融模式下，金融机构对于市场利率走向的判断应该区分客户群体，通过对数据的深入研究和发现形成一个由市场来决定的利率，这样就让贷款的定价判定基础有更完善的依据。

8. 加速了金融机构脱离媒体。传统的银行主要以资金中介的功能存在于金融机构的业务往来之中，互联网金融的诞生让金融机构逐渐脱媒，这也让传统银行的中介功能逐渐失去本质价值和功能，走向边缘化。在互联网金融模式的影响下，资金供求双方通过互联网金融平台可以完全省去中介的角色，从融资方面来看，资金供求双方对于交易对象的寻求也只需要通过平台的搜索引擎来完成，这样也从功能上省去了中介一方。从互联网金融的支付角度来分析，具有支付功能的第三方支付平台可以为客户进行全方位的收款付款服务，转账汇款等功能也已经进行大范围的普及，这样就可以逐渐替代传统银行的业务。

（二）互联网金融发展给传统金融带来的冲击和挑战

1. 冲击传统存贷款业务。尽管银行收入来源趋向多元化发展，传统的商业银行仍旧依靠吸收存款、发放贷款来获取利差作为其收益，互联网金融的发展会导致商业银行收入来源的减少。首先，会使银行存款业务量萎缩。例如，根据天弘基金数据显示，截至 2014 年 1 月 15 日，余额宝的资产规模已逾 2500 亿元，天弘基金管理有限公司超越连续 7 年蝉联中国最大基金管理公司的华夏基金管理有限公司，已跃升为我国第一大基金公司。由于余额宝拥有相当于银行活期存款利率 10 余倍的高收益、T+0 实时赎回、利用手机客户端可随时随地进行操作、操作流程简单、与普通货币基金相比对最低投资额不设限制等诸多特点，使得银行活期存款量大幅下降，银行客户分流。此外，近日五大国有商业银行公布存款利率上浮到顶也存在存款业务受到互联网金融冲击的因素。另外，据调查中小企业和个人投资者对"网贷"的追捧程度日益加深，令银行的贷款业务也受到一定量的冲击。以平安陆金所推出的稳赢——安 e 贷为例，8.4% 以上年化利率营造高收益，平安担保公司全额本息担保确保低风险，60 天后即可转让保证高流动性，外加低门槛准入以及便利的全天候投资，足以提供给资金需求方高效安全的优质服务，使银行陷入激烈的竞争中。①

2. 冲击银行支付结算业务。支付是商业银行最原始的业务，商业银行由支付起家，当初，客户出于支付的目的将钱存于银行，银行有钱之后才去放贷，可以说，银行现行的存、贷、汇等业务都是从支付业务衍生出来的。可见，支付业务在银行所有业务中的地位。然而，互联网金融正是以支付业务发端的，直接威胁到在支付领域商业银行的重要性，商业银行面临被边缘化的困境。

在支付结算业务中，互联网金融的渗透首先体现为依托自有网站的综合性支付平台，这类平台依托自有购物网站或与综合性支付平台签约，提供在线支付、转账汇款、担保交易、生活缴费、移动支付等服务功能；其次是独立的第三方支付平台，这类平台主要通过各式各样的支付业务为其合作商户提供生活类支付业务、网游支付业务、支付返现、线下支付以及远程收单服务。

3. 弱化银行的金融中介角色。商业银行作为经营存款、贷款、汇兑、支付等金融业务的信用中介机构，资金融通是其运营的基本职能，其操作主要依赖于在债权债务清偿活动中人们在空间上的分离和时间上的不吻合。然而，互联网技术的发展，打破了传统金融支付业务在时间与空间上的限制，在相当程度上冲击着商业银行的支付中介地位。

首先，互联网金融的发展分流了传统银行的融资中介业务。互联网技术的发展，改变了信息的传递方式和传播途径，为金融交易储备了大量的信息基础。有大数据，有云计算和云存储，企业的蛛丝马迹都会被存储起来，判断一个企业的财务状况、信用状况，不仅依据更多，成本也更低。比如阿里巴巴想给淘宝商

---

① 庞雅心. 互联网金融对传统商业银行发展的影响 [J]. 金融经济（金融观察），2014（8）：38 - 40.

家放贷就很容易,这些商家虽然小,但销售状况、客户情况阿里巴巴一清二楚。

其次,互联网金融的发展冲击了传统银行的支付中介地位。支付中介原本是商业银行的基本职能之一,商业银行作为传统支付服务的中介,方便了债权债务人在时间和空间上的不匹配,利用自身网点多的优势,快速实现资金的转移。然而,新兴的互联网支付手段层出不穷,不断侵蚀着银行的中介业务。随着互联网技术的发展,打破了时间与空间的限制,冲击着商业银行的支付中介地位。随着互联网技术的发展和网络购物的兴起,电子商务获得了蓬勃发展,面对支付场景由原来的实体店转为网络上的虚拟店、支付渠道由银联或银行的 POS 终端转为网络支付。第三方支付和移动支付借助具有互联网特色的灵活经营模式,为用户提供了良好的支付体验,对商业银行的传统支付产生了比较明显的替代作用。①

2010 年底以来,多数支付公司都推出各自的快捷支付产品,直接输入账号信息完成支付,整个支付链条绕开了银行的网上银行支付渠道。统计显示,截至 2014 年 6 月,全国使用网上支付的用户规模达到 2.92 亿,较 2013 年底增加 3208 万人,半年度增长率 12.3%,与 2013 年 12 月相比,我国网民使用网上支付的比例从 42.1% 提升至 46.2%;与此同时,手机支付增长迅速,用户规模达到 2.05 亿,半年度增长率为 63.4%,网民手机支付的使用比例由 25.1% 提升至 38.9%;全国电子商务交易额达 5.8 万亿元,同比增长 34.5%,其中,B2B 交易额达 4.5 万亿元,同比增长 32.4%。网络零售市场交易规模达 1.08 万亿元,同比增长 43.9%。

近年来,随着第三方支付的法律地位逐步被认可,"人人"组织外溢效应扩散,互联网金融的交易量与交易额都有了较大的突破。如图 1 所示,2013 年"双十一"淘宝交易笔数 1.88 亿笔,金额 350 亿元,分别是 2012 年的 1.78 倍和 1.83 倍,其中"快捷"和余额宝支付笔数占 63%,网银支付笔数仅占 13%,在这场网络支付的交易战中,支付宝完胜传统银行,冲击了银行的支付结算业务。

4. 冲击传统的投资理财业务。在投资、理财、保险类业务方面,互联网金融主要有两种表现形式:一种是为金融机构发布贷款、基金产品或保险产品信息,承担信息中介或从事基金和保险代销业务,比如余额宝,客户将支付宝余额转入余额宝,则自动购买货币基金,同时客户可随时使用余额宝内的资金进行消费支付或转账;另一种是将既有的金融产品与互联网特点相结合而形成的投资理财产品或保险产品,"众安在线"则主要通过互联网进行保险销售和理赔,目前专攻责任险和保证险,并且已在研发包括虚拟货币盗失险、网络支付

---

① 李勇军. 浅议互联网金融对传统商业银行的挑战 [J]. 财经界(财政金融),2014 (5):8-9.

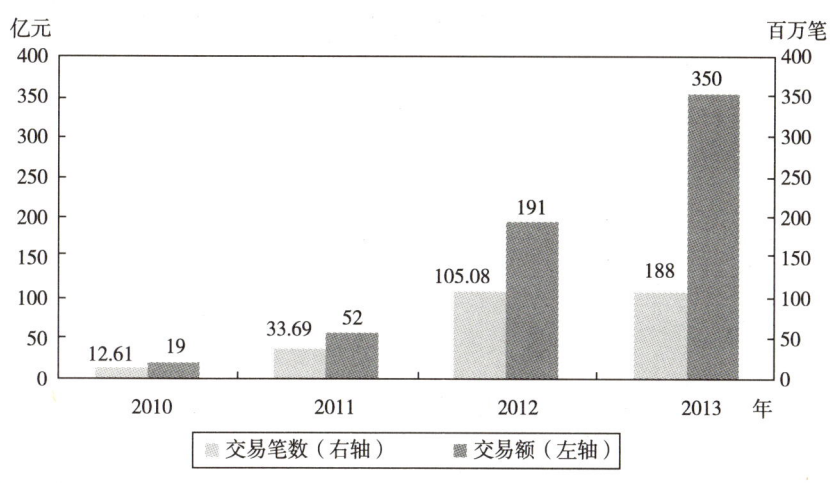

图1 2010—2013年"双十一"支付宝交易量情况

安全保障责任险、运费保险、阿里巴巴小额贷款保证保险等保险产品。

理财平台对于传统银行业的冲击主要体现为两个方面，首先，是对代理业务的冲击。基金、保险等产品通过第三方平台直销比例的上升将降低银行代销渠道的收入，导致银行代理业务手续费收入的下降。一般银行代销基金的费率在0.5%~1%，代销保险的费率在2%~3%；然而若采用第三方平台线上直销的方式，银行仅能获得0.2%~0.5%的在线支付手续费收入。两相比较，银行代销业务手续费收入的下降大幅超过支付结算业务手续费收入的增加。其次，是对银行存款理财的冲击。第三方理财销售平台的便捷性将有可能造成个人存款以及理财资金的流失。一方面，原本习惯于通过银行渠道购买基金、保险等第三方理财产品的客户很有可能会被线上理财销售平台抢夺；另一方面，由于第三方理财销售平台申赎费率低、流程简化，部分风险偏好稍高且注重投资回报的投资者可能更倾向于加入此种模式。

5. 阻碍银行进入小微信贷领域。小微信贷业务是在支付业务基础上发展起来的，是互联网金融对商业银行产生影响的又一领域。我国互联网金融小微信贷的发展以阿里小贷最为典型，阿里小贷是指2010年成立的浙江阿里巴巴小额贷款公司和2011年成立的重庆阿里巴巴小额贷款公司的合称，其主要的服务对象是淘宝店家等中小型企业和个人创业者。2012年7月26日，阿里巴巴集团宣布，阿里小贷的贷款业务发放对象拓展到除温州以外的长三角地区。截至2014年3月底，阿里小微信贷已累计为超过70万家小微企业解决融资需求，投放贷款超过1900亿元。阿里小贷的信用贷款额度为5万~100万元，日利率为5‰~6‰，初步估算，年利率高达18%，这远远高于我国传统银行业的利率水平。作为我国互联网金融的领军者，阿里小贷的前景被业界一致看好，更有甚者还提出"若阿里小贷取得银行牌照，三年之内超过民生银行"这样的言论。

小微信贷业务虽然是我国商业银行抛弃的业务，但作为缓解中小企业融资难问题的最佳解决途径，也是我国商业银行未来必须要发展的业务。随着利率市场化进程的进一步推进，大型企业的存贷利差缩小，而小微信贷具有收益高的特点，这必促使我国商业银行将开发小微信贷作为其发展方向。而互联网科技企业依赖其强大的平台和技术优势率先进入该领域必将对我国商业银行进入小微信贷领域产生不利影响。如果说，互联网金融进入支付领域更多影响商业银行的现在，那么互联网金融进入小微信贷则影响到商业银行的未来。

6. 冲击银行的中间业务。2013年，互联网金融对我国商业银行影响最大的事件莫过于余额宝的推出。余额宝是支付宝与天弘基金共同推出的货币市场基金，其具有收益率比活期存款高、风险小等特点，一经推出给我国商业银行的活期存款业务带来了巨大冲击。余额宝的推出是互联网金融涉足基金代销业务的经典案例，基金代销是商业银行中间业务的重要一项，中间业务是一项表外业务，不用占用银行的资金，却能给银行带来丰厚的手续费收入，是银行增加利润的重要渠道。目前，中间业务已成为除存款业务、贷款业务之外的第三项业务。商业银行开展中间业务最大的优点在于网点分布广、信用度高，然而这些优势正在被互联网金融所取代，依托互联网这个平台，一些互联网科技企业已经开展了充话费、代缴水电费等中间业务，商业银行的利润来源渠道正一步步被互联网金融公司挤占。

7. 减少银行的收入来源。首先，通过对利差收入的影响冲击收入来源。利差收入是传统商业银行的安身立命之本，绝大多数银行的利差收入占总收入的70%以上，互联网理财产品跟银行之间玩了一个"将便宜的钱抢走"，"将昂贵的钱归还"的游戏，其中的绝大部分利润给了散户，银行损失了巨额利差。尽管网络借贷兴起的时间不长，但发展迅速，因其能为较难从传统商业银行借到资金的个人或者小微企业快速筹集资金，而深受普通大众推崇，可能将在小微企业和个人借贷领域与银行形成竞争。其次，通过对银行中间业务的影响冲击收入来源。在国家给多家互联网企业颁发第三方支付牌照后，以支付宝、财付通等平台得以参与到预付卡发行与受理、电话支付、货币汇兑、银行卡收单等众多业务支付环节中来。随着牌照业务类型的多样化，以及个人用户和商户需求的多样化，越来越多的公司将会抢占新的市场，第三方支付线下POS收单业务一旦成熟，将影响银行的POS刷卡手续费收入。

同时，基金已成为第三方支付企业的业务"蓝海"，多家支付公司对这一市场跃跃欲试。如汇付天下、通联支付、银联电子、易宝支付、支付宝、财付通、快钱等多家机构已经通过了证监会的审批，获得基金第三方支付牌照，成为基金公司的直销渠道。基金第三方支付的发展，对银行代销业务形成冲击，影响了银行的基金代销手续费收入。①

8. 冲击实体货币体系。近期，以比特币为代表的网络虚拟货币发展迅速，国外 PayPal 等第三方支付机构已宣布将接受比特币支付，国内部分淘宝卖家也开通类似功能，下一步，若国内第三方支付进一步跟进，则将进一步扩大比特币的适用范围。由于虚拟货币匿名流通的特点，其日益成为非法交易的温床，同时，虚拟货币发行监管体系尚未确立，可能对现有货币体系造成影响。

本章参考文献

[1] 李加宁，李丰也. 世界主要国家互联网金融发展情况与监管现状 [EB/OL]. [2014-04-18]. 资本市场研究网—北京证券期货研究院.

[2] 李勇军. 浅议互联网金融对传统商业银行的挑战 [J]. 财经界（财政金融），2014（5）：8-9.

[3] 罗明雄，丁玲. 互联网金融六大模式深度解析 [J]. 中国科技财富，2013（9）：38-41.

[4] 莫易娴. 互联网时代金融业的发展格局 [J]. 财经科学（金融论坛），2014（4）：1-10.

[5] 庞雅心. 互联网金融对传统商业银行发展的影响 [J]. 金融经济（金融观察），2014（8）：38-40.

[6] 王曙光，张春霞. 互联网金融发展的中国模式与创新 [J]. 长白学刊，2014（1）：80-87.

[7] 谢清河. 我国互联网金融发展问题研究 [J]. 经济研究参考，2013（49）：29-36.

[8] 周慧. 互联网金融背景下商业银行的发展策略 [J]. 青海金融（金融观察），2013（12）：4-7.

---

① 李勇军. 浅议互联网金融对传统商业银行的挑战 [J]. 财经界（财政金融），2014（5）：8-9.

第二章 互联网金融的理论基础研究

第一章介绍了国内外互联网金融发展的现状,分析了其兴起和发展的现实原因,但是,从相关金融理论观察,互联网金融的兴起和发展又有哪些深层次原因呢?本章将从交易成本、金融脱媒、金融创新、普惠金融、金融发展等角度综述互联网金融发展的理论基础,并力图寻求我国互联网金融迅猛发展的真正动因。

一、交易成本理论

(一) 交易成本理论的主要内容

1. 交易成本的概念

交易成本(Transaction Costs)又称交易费用。交易成本理论是由诺贝尔经济学奖得主科斯(Ronald H. Coase,1937)提出,他在《企业的性质》一文中认为交易成本是"通过价格机制组织生产的,最明显的成本,就是所有发现相对价格的成本"、"市场上发生的每一笔交易的谈判和签约的费用"及利用价格机制存在的其他方面的成本。

交易成本理论的根本论点在于对企业的本质加以解释。由于经济体系中企业的专业分工与市场价格机制运作,产生了专业分工的现象;但是使用市场价格机制的成本相对偏高,而形成企业机制,它是人类追求经济效率所形成的组织体。由于交易成本泛指所有为促成交易发生而形成的成本,因此很难进行明确的界定与列举,不同的交易往往就涉及不同种类的交易成本。

科斯提出交易成本的概念,系统化的工作是 2009 年诺贝尔经济学奖得主威廉森做的,威廉森最先把新制度经济学定义为交易成本经济学,他广泛考察和研究了资本主义的各种主要经济制度,包括市场组织、对市场的限制、工作组织、工会、现代公司(包括联合企业与跨国公司)、公司治理结构、垄断与反垄断和政府监管等,并开创性地把交易成本的概念应用到对各种经济制度的比较和分析中,建立了一个全新的分析体系。威廉森在 20 世纪 80 年代初期出版《资本主义经济制度》一书,已成经济学的经典名著,影响至今不衰。可以说,他是科斯思想的集大成者,如同孟子是孔子思想的继承者和集大成者一样。

2. 交易成本的分类

简单的分类可将交易成本区分为以下几项（Williamson，1975）：一是搜寻成本，商品信息与交易对象信息的搜集；二是信息成本，取得交易对象信息和与交易对象进行信息交换所需的成本；三是议价成本，针对契约、价格、品质讨价还价的成本；四是决策成本，进行相关决策与签订契约所需的内部成本；五是监督交易进行的成本，监督交易对象是否依照契约内容进行交易的成本，例如追踪产品、监督、验货等。违约成本：违约时所需付出的事后成本。

威廉姆森（Williamson，1985）进一步将交易成本加以整理区分为事前与事后两大类。事前的交易成本包括起草、谈判和维护一项协议的成本；事后的交易成本包括当交易偏离了所要求的准则而引起的不适应成本；倘若为了纠正事后的偏离而作出双边努力，由此而引起讨价还价成本；伴随建立和运作管理机构而带来的成本；确保各种承诺得以实施的保证成本。同时威廉姆森还对交易成本的决定因素进行了分析，他特别强调有限理性、机会主义和资产专用性这三种因素。按照威廉姆森的见解，倘若上述三个因素不是同时存在的话，交易成本就不会存在。

Dahlman（1979）则将交易活动的内容加以类别化处理，认为交易成本包含：搜寻信息的成本、协商与决策成本、契约成本、监督成本、执行成本与转换成本，简言之，所谓交易成本就是指当交易行为发生时，随同产生的信息搜寻、条件谈判与交易实施等的各项成本。

3. 交易成本发生的原因

威廉姆森（Williamson，1975）认为来自于人性因素与交易环境因素交互影响下所产生的市场失灵现象，造成交易困难，由此而产生交易成本，他具体指出了7项交易成本的来源。

（1）有限理性（Bounded Rationality）

有限理性指交易进行参与的人，因为身心、智能、情绪等限制，在追求效益极大化时所产生的限制约束。

（2）投机主义（Opportunism）

投机主义指参与交易进行的各方，为寻求自我利益而采取的欺诈手法，同时增加彼此不信任与怀疑，因而导致交易过程监督成本的增加而降低经济效率。

（3）资产专用性（Asset Specificity）

资产专用性指在不牺牲生产价值的条件下，资产可用于不同用途和由不同使用者利用的程度，它与沉入成本概念有关。

（4）不确定性与复杂性（Uncertainty and Complexity）

不确定性与复杂性指由于环境因素中充满不可预期性和各种变化，交易双方均将未来的不确定性及复杂性纳入契约中,使得交易过程增加不少签订契约时的议价成本,并使交易困难度上升。

(5) 少数交易 (Small Numbers)

某些交易过程过于专属性 (Proprietary),或因为异质性 (Idiosyncratic),信息与资源无法流通,使得交易对象减少和造成市场被少数人把持,使得市场运作失灵。

(6) 信息不对称 (Information Asymmetric)

因为环境的不确定性和自利行为产生的机会主义,交易双方往往握有不同程度的信息,使得市场的先占者 (First Mover) 拥有较多的有利信息而获益,并形成少数交易。

(7) 气氛 (Atmosphere)

交易双方若互不信任,且又处于对立立场,无法营造一个令人满意的交易关系,将使得交易过程过于重视形式,徒增不必要的交易困难及成本。

4. 交易成本的特征

上述交易成本的发生原因,进一步追根究底可发现源自交易本身的三项特征,这三项特征形成三个构面影响交易成本的高低 (Williamson, 1985)。

(1) 交易商品或资产的专属性 (Asset Specificity)

交易所投资的资产本身不具市场流通性,或者契约一旦终止,投资于资产上的成本难以回收或转换使用用途,称为资产的专属性。

(2) 交易不确定性 (Uncertainty)

交易不确定性指交易过程中各种风险的发生概率。由于人类有限理性的限制使得面对未来的情况时,人们无法完全事先预测。加上交易过程买卖双方常发生交易信息不对称的情形下,交易双方因此通过契约来保障自身的利益。因此,交易不确定性的升高会伴随监督成本、议价成本的提升,使交易成本增加。

(3) 交易的频率 (Frequency of Transaction)

交易的频率越高,相对的管理成本与议价成本也升高。交易频率的升高使得企业会将该交易的经济活动的内部化以节省企业的交易成本。

5. 交易成本的测量方法

在交易成本的测量方面,一般从以下几个角度进行:

(1) 宏观层面——经济主体的交易成本

在宏观层次的交易成本的测量上,Wallis 和 North 的工作颇富开创性,他们对交易成本计量的基本思路如下:

首先,划分经济活动。将整体经济活动划分为交易活动和生产转换活动,生产转换活动是直接把投入转为产出的活动,交易活动是协调、处理人与人之间关系的活动。交易成本就是与进行交换相关的、执行交易功能的成本；转换成本就是把投入转换为产出、执行转换功能的成本。其次，界定测量内容。并非所有的交易成本都能在市场上通过定价反映，所以仅计量可以通过市场定价反映出来的各种交易成本。再次，明确交易活动类型。交易活动包括交易产业的交易服务和非交易产业的交易服务。交易产业是指在公开市场上为产权交换而提供交易服务的各种部门。非交易产业的交易服务是指为内部提供交易服务的职业活动，这些职业人员包括业主、经理、主管等。最后，测量方式。加总交易产业的价值和非交易产业的交易服务人员的薪酬，他们得出一个一般性的结论，即经济越发达，交易部门的规模也越大，交易成本占 GNP 的比重也越大。

（2）微观层面——比较研究

威廉姆森对微观企业层面上交易成本的研究奠定了方法论基础。在威廉姆森看来，"事前成本和事后成本是相互依存的"，尽管直接计量"事前"和"事后"的交易成本很困难，但可以通过对制度的比较来对交易成本作出测量。例如，如果要用 G_1、G_2 表示一组可供选择的制度安排，G^* 是被选中的安排，C_1 和 C_2 是制度安排方案所对应的交易成本，则可以得到如下式子：

若 $C_1 < C_2$，$G^* = G_1$；若 $C_1 > C_2$，$G^* = G_2$。

威廉姆森指出，首先要揭示各类组织制度安排有所区别的组织属性如何影响与组织相关的成本，然后以差别化方式将上述成本的发生与交易的各个可观察维度相联系。

因此可得如下关系式：$C_1 = \beta_1 X + \lambda_1$，$C_2 = \beta_2 X + \lambda_2$。

其中，X 表示影响组织制度成本的可观察的特征向量，β_1 和 β_2 是参数向量，λ_1 和 λ_2 是未被观察到的因素。即使无法观察交易成本，我们仍可以通过具体分析交易如何导致各组织形式的效率差别来设计可检验的假设，并根据 β_1 和 β_2 的相对量建模预测。在实证分析中，观察到制度 G_1 的概率为 $Pr(C_1 < C_2) = Pr[(\lambda_1 - \lambda_2) < (\beta_1 - \beta_2)]$，X 取决于 $(\beta_1 - \beta_2)$ 的符号。以上假设很容易用定性选择模型（如 PROBIT 模型和 LOGIT 模型）加以检验。

（3）间接测量——交易效率的衡量

"交易效率"最先由经济学家杨小凯于 1988 年提出，假若一个人购买一单位（元）商品时，他实际只得到 k 单位（元）商品，那么这 1 - k 单位为交易成本，而 k 单位（元）可称为该笔交易的交易效率。

交易成本的测度问题一直是交易成本理论研究进展中的关键和难点。如果我们无法准确地对现实交易成本进行计量，那么我们就无从评价交易效率的高低以及制度的优劣。尽管学者们从不同层面、利用不同方式对交易成本进行了测量，然而每种测量方式都存在一定局限。

（二）互联网金融的本质是降低交易成本

改革开放以来，我国金融行业取得了与经济相媲美的成就。但是也存在非常多的问题和障碍，企业、研究者和政府对金融的种种抱怨和非议，融资难、融资贵等问题还比比皆是。其中原因之一就是交易成本极高，很多交易行为扭曲。传统交易的成本一般包括时间成本、信息收集成本、人员开支成本、网点建设成本、日常运营成本（房租、水电、设备等），签约成本、交易维护成本、社会（网络）外部负效应、信用等级评价成本、低效率成本（客户经理对客户的一对一）、风险管理成本以及坏账处理成本等。另外，交易手段的网点依赖性增加了额外的交易成本，技术和市场的垄断增加了交易的垄断成本，而大量的融资需求得不到满足从而增加了寻租成本，交易期限的单一性增大了交易的机会成本。

互联网金融在大数据、云计算和移动互联网的支撑下，成功实现交易的网络化、去中心化、脱媒化，打破了信息的不对称性，弱化了交易中介的作用，摆脱了对大量专业人员和物理网点的依赖，可能极大地降低交易成本。

首先，新的交易方式降低了金融的显性成本。金融机构的网点建设成本、人员开支成本、日常运营成本以及签约成本等成本，同时降低了客户的时间成本，上门办理的交通等额外费用，中介成本等成本。在互联网金融模式下，交易方式通过互联网和移动通信网络进行，对金融机构来说，既减轻网点、人员和配套费用等的巨额开支，也可以实现一对多的服务，显著提高交易效率，降低资源浪费成本；对客户来说，不必跑网点、不必排队，实现随时随地的交易，节省了额外的开支和时间成本，而且互联网金融的脱媒性，导致中介环节的弱化，节约了中介交易费用和时间，从而降低了交易成本。

其次，新的信息处理方式降低了金融交易的隐形成本。金融机构的信息采集处理成本、客户信用评级成本、风险管理成本等成本，也降低了客户由于信息不对称支付的额外成本等成本。在互联网金融模式下，大数据和云储蓄技术作用于信息处理，打破了信息壁垒，降低了信息的不对称性。一方面，金融机构可以以极低的成本，快速地收集云量的客户信息，并进行精准地筛选分析，增加信用评级的可信度，降低信用评级的成本，加强数据管理的灵活性，降低交易维护成本，增强风险的准确度和敏感度，减少交易的风险管理成本；另一方面，客户不但不必四处奔波寻找交易渠道和对象，而且交易信息沟通充分、交易透明，定价完全市场化，可以实现最优交易，从而降低信息不对称性带来的额外成本。

再次，多元的产品组合降低了金融机构的客户开发成本、坏账处理成本、风险管理成本等成本，降低了用户的机会成本。互联网金融的特点之一就是产品的多元性，对金融机构来说，一是可以有效吸引客户，增加客户粘性，减少传统手段，如不正当竞争，增加的额外支出；二是通过多元的产品组合能够满足不同客户的不同需求，减弱需求变动刚性带来的较高坏账率，降低坏账的处理成本；三是多元的产品组合有效地实现风险的分散，稀释风险的破坏力，同时增加了应对风险的灵活性。产品种类的多元性可满足客户对持有产品的预防需求、支付需求和投机需求，避免了传统金融产品品种单一可能带来的交易损失。同时，产品期限的灵活性，使客户自由决定持有时间、可以随时赎回，在不减少收益、增加成本的前提下，进行金融交易，从而降低了交易的执行成本和机会成本等。

最后，互联网金融打破了技术的垄断性、市场的垄断性和客户的垄断性，使技术、市场和客户充分分享，产品趋于同质性、市场更加开放、客户群充分分散，降低了交易的垄断成本、寻租成本和新进入者成本等。

此外，互联网金融引发了大量的金融创新服务。过去因为交易成本巨大造成金融服务缺失，互联网金融降低了过去交易中的巨额成本，甚至填补过去交易中大量空白，因此也可认为是一种降低成本行为。

二、金融脱媒理论

（一）金融脱媒理论的主要内容

1. 金融脱媒的含义

脱媒理论的产生首先源于学者对现实的观察，D. D. Hester（1969）通过观察发现美国银行的净业务收入在 1960 年达到顶点，此后十年一直处于下降趋势；银行存款保险的净值与总资产的比值在 1961 年达到 8.4% 之后也不断下降，由此他最早提出了金融脱媒的概念。

"脱媒"一般是指在进行交易时跳过所有中间人而直接在供需双方间进行。"金融脱媒"又称"金融非中介化"，在英语中被称为"Financial Disintermediation"。

所谓"金融脱媒"是指在金融管制的情况下，资金供给绕开商业银行体系，直接输送给需求方和融资者，完成资金的体外循环。随着经济金融化、金融市场化进程的加快，商业银行主要金融中介的重要地位在相对降低，储蓄资产在社会金融资产中所占比重持续下降，由此引发的社会融资方式由间接融资为主向直接、间接融资并重转换的过程。金融深化（包括金融市场的完善、金融工具和产品的创新、金融市场的自由进入和退出、混业经营和利率、汇率的市场化等）也会导致金融脱媒。金融脱媒是经济发展的必然趋势。

2. 金融脱媒成因理论

(1) 交易成本成因论

交易成本成因论认为金融中介机构分为货币系统（如货币发行银行）和非货币系统（如保险机构），前者供应货币，后者提供非货币的间接证券，非货币的中介机构的发行会与任何形式的货币激烈竞争。这一观点强调了银行与其他金融机构、资本市场之间的替代关系，而这种替代关系的关键在于资本市场允许股票和债券自由转换，从而更好地节约交易成本。

(2) 风险成因论

投资组合理论的研究认为，由于投资者的风险偏好不同，金融中介要在投资者之间发挥风险转移的功能，减少风险和风险的配置实现"转型效应"（Transmutation Effect），这种"转型效应"主要是指金融中介从一种特点的合约向另一种完全不同特点的合约转化的能力，它成为选择金融方式的重要标准。在银行脱媒现象中，银行稳定性主要源于银行解决潜在资金提供者与资金借用者之间的信息不对称问题。

(3) 金融监管成因论

该理论认为脱媒产生于19世纪60年代的重要原因是：这一时期金融监管制度比较严格，导致利用银行融资的成本过高，促使金融资源实现了市场化配置，从而规避管制。从金融监管角度来理解脱媒的原因基本上成为一种主流解释。戈德史密斯在《金融结构与金融发展》一书中测算了金融中介比率，并以各国金融中介比率的差异从供需两方面来解释金融脱媒。从供给来看，不同类型金融机构资金实力大小和金融工具发行额存在差异；从需求来说，不同金融机构的偏好和国家法律与管理条例对金融中介机构投资的规定不同。商业银行受到政策监管特别是市场利率限制，导致银行体系的供给曲线缺乏弹性，从而使银行资金产生了向其他金融机构和资本市场转移的可能性，金融脱媒也就随之产生了。

3. 金融脱媒风险管理理论

随着脱媒理论的不断发展和丰富，从20世纪80年代开始，在延续脱媒与风险考察的基础上，研究的重点转向了银行内部经营管理风险。Diamond 和 Dybvig (1983) 认为，由于银行存在的内部风险使银行为存款者提供流动性保险的能力减弱是银行脱媒的原因之一。这种流动性保险是指银行以活期存款合约在不同时间进行消费的存款人提供有效的风险分担为形式。这一时期银行体系的困难最终转移到银行资产负债上了，实质上是银行内控能力和经验能力的危机，必须实现内部功能的调整。因而从政策措施来看，这一时期美国等西方国家大都加强了对银行内部经营风险的监管,金融监管政策由价格监管向机构监管转变。进入20世纪90年代,特别是90年代中期以后,脱媒理论的研究进一步深化,出现了两个与以往不同的特征:第一,更加重视脱媒现象与作用过程的动态演化分析,从最初将金融机构与资本市场以及银行与非银行金融机构放在对立的角度上考察,转为寻求其相互融合与共生作用,强调金融资源配置之间的动态互补性,从而为金融体系的结构研究提供了较为宽阔的思路。R. H. Schmidt、A. Hackethal 和 M. Tyrell(1997)研究发现,相对银行提供资金的功能,银行聚集资金的功能更容易弱化,这说明银行将更少地充当资金聚集的角色而更倾向于成为一个资金提供者,对资金的使用进行监督。因此 Schmidt(1997)等人认为,脱媒并不能说明银行的整体功能减弱了,只是使以下两个方面更具现实意义:其一是强调脱媒是银行功能在结构上的一种调整,部分原有的功能会被新发展起来的非银行金融机构以及资本市场取代,如负债方揽储和提供流动性的服务会弱化,而其他一些功能如银行提供信贷、企业咨询、企业评级、投资咨询以及投资审核等会得到加强;其二是表明银行和非银行金融机构在市场不断分化中其专业化分工趋势加强了,同时也表明银行的混业经营将成为未来发展的趋势。第二,在对脱媒动因分析的基础上加强了脱媒对宏观经济与微观经济影响及产生后果的分析。由于信息不对称,使得小企业相对于大企业而言对银行的依赖性更大,一旦银行出现脱媒,首先受到损失的就是实力较弱的中小企业。这一现象促使美国、英国、日本等国加强了对中小企业的政策支持以及金融制度的创新。

4. 金融脱媒功能理论

20世纪90年代末至今,随着经济全球化、信息化的到来,对脱媒问题的研究也在不断扩展延伸,在这一时期,脱媒理论的发展呈现以下特征:

首先,从单纯资本市场对银行功能替代角度的研究转向在信息化和网络化条件下,供应链的形成所导致资金体外循环增大而产生新的脱媒问题的研究。作为代表 R. Gellman(1999),Alan Ching – biu Tse(2003)等的研究都是将原有脱媒理论与新经济相结合,探讨脱媒在其他行业中的表现以及新脱媒的产生导致对不同产业的影响。该研究的发展已经从以往经济学或金融理论的研究领域扩展到管理学中。

其次,从一般动因角度的研究,转向对作用机制和对宏观经济作用方面的研究。许多研究脱媒问题的专家如 M. Nissen(1997)和 Alan Ching – biu Tse(2003)等人,在对脱媒的研究中发现脱媒的结果并不是媒介作用的消失或危机,反而会在促使媒介更好地发挥自身功能的同时,使新的中介组织被不断创新出来,形成脱媒校正效应,"脱媒校正"是"银行脱媒"的一个正效应结果。

(二) 互联网金融热是金融脱媒的表现

金融脱媒,具体表现为跳开所有的传统金融机构中介人,而在供需双方之间进行,完成资金在传统金融机构之外的体外循环。因此,包括 P2P 和众筹在内的互联网金融创新,之所以能够在近期如此火爆,事实上也是符合了金融脱媒的大趋势和内在逻辑。

从理论上分析,随着以资本市场为中心的新金融商品的开发和需求的创造,特别是随着资本需求的超强劲增长,使证券市场的功能日趋凸显,而银行的媒介作用则趋于萎缩。这种现象最早出现在具备完善的金融体制和发达的资本市场的美国,从 1933 年至 1966 年 9 月,美国出台 Q 条例促使银行纷纷出现利润下降,市场不断萎缩,利差收入减少,依靠传统的业务难以维持生存的状况,即出现了所谓的"银行脱媒"现象。

"银行脱媒"现象具体表现为:第一,居民在信贷管制、利率管制、外汇管制或因物价上涨导致存款资产出现负收益的环境下,为寻求更高的回报率和更为多样化的资产形式,脱离银行等受到管制的金融中介机构,在金融市场上购买并持有股票、债券、保险、基金等直接证券。第二,企业为寻求更为便利的融资渠道和更低的融资成本,脱离银行等受到较强管制且融资成本较高的金融机构,通过在金融市场上发行股票、债券、商业票据和融资票据等直接证券来筹措资金。

"银行脱媒"给不同经济主体带来影响。从居民户的角度来看,金融脱媒表现为家庭金融资产构成从以银行储蓄为主转为以证券资产为主。从企业的角度来看,金融脱媒表现为更多的企业选择通过股票、债券市场进行直接融资,因为活跃的资本市场将大大降低它们的融资成本和财务风险。从银行的角度来看,一是由于证券市场的发展,一些业绩优良的大公司通过股票或债券市场融资,对银行的依赖性逐步降低,银行公司客户群体的质量趋于下降,对银行业的公司发展产生了一定的影响;二是随着大型企业集团财务公司的迅速崛起,企业资金调配能力加强,不仅分流了公司客户在银行的存、贷款量,而且开始替代银行提供财务顾问、融资安排等服务,对银行业务造成了强有力的冲击;三是短期融资券的发行造成了大企业客户的流失和优质贷款被替换,直接导致了贷款利息收入的下降。

以上为金融脱媒早期形态的具体成因和情况,结合互联网金融发展来看,第一,人们在技术手段上,实现需求匹配的方法极其便利。第二,人们脱媒后,获得了更低的成本。第三,互联网的透明与技术升级,使得人们获得更为安全的投资机会。金融机构面对的对手在便捷性、成本、收益三大方面均出现明显的超越时，金融脱媒的力度就会大于以往。

从这个角度分析，互联网金融貌似使得互联网和传统银行之间形成了竞争关系，但是事实上，互联网金融从来没有摆脱银行的影响，原因在于，虚拟货币在短期内，不可能取代国家法定货币，未来因为新虚拟货币的出现，也不大可能出现虚拟货币取代法定货币的可能。银行所拥有的通道仍然是最强大和安全的，互联网金融这种开放体系在安全上，具有先天的缺陷，必须依赖银行等传统金融机构完成支付等流程，而且银行的背书，有助于提升互联网金融的安全度。

事实上，传统金融机构对于金融的把控，是有着不可撼动的地位的。但是存贷汇银行传统三大业务之间所占比例，却可能发生很大的转换，比如中间业务规模可能大幅提升。中间业务又称表外业务，商业银行的中间业务主要有本外币结算、银行卡、信用证、备用信用证、票据担保、贷款承诺、衍生金融工具、代理业务、咨询顾问业务等。

在国外，商业银行的中间业务发展得相当成熟，美国、日本、英国的商业银行中间业务收入占全部收益比重均在40%左右，而我国现阶段商业银行表外业务的规模一般占其资产总额的15%以上。换言之，随着发展，中国的商业银行表外业务所占业务比例尚有大幅提升空间。而互联网金融或许有朝一日将成为中国商业银行提高表外业务所占比例的关键和突破点。因此互联网技术将最终推动现代金融服务的推广与普及。

互联网金融的未来，就在于通过对价值洼地的准确判断，利用显著降低的交易成本，把投资方和融资方尽可能地对接，真正实现"直接融资"。

三、金融创新理论

西方金融创新理论是自第二次世界大战后，特别是20世纪70年代以来逐渐发展起来的。创新概念首先是由著名经济学家熊彼特于1912年在他的著作《经济发展理论》中提出的，并在其1939年所著《经济周期》中系统完成的。依据熊彼特的说法，创新就是建立一种新的生产函数，把一种从来没有过的生产要素和生产条件的生产组合形式，引入到社会生产体系中的过程。西方金融创新理论就是在金融领域对创新理论的一种应用，沿用熊彼特关于创新的说法，"金融创新就是在金融领域中建立一种新的生产函数，是各种金融要素新的组合，是为了追求利润机会而形成的改革。"学界在此基础上发展了熊彼特的创新理论，逐步形成了金融创新理论体系。学界对于金融创新成因所进行的有关理论探讨和分析多种多样，由此产生了许多不同的流派，形成了金融创新理论体系。

(一) 金融创新理论的主要内容

1. 主流流派金融创新理论

(1) 技术型金融创新

以韩农 (T. H. Hannon) 和麦道威 (J. M. Mcdwell) (1984) 为代表的技术型金融创新学派认为高科技在金融业的广泛应用,为金融创新提供了物质上和技术上的保证,引发诸多以电子化、网络化为特征的金融创新,大大缩小了金融活动的时间和空间距离。这样金融创新使交易成本降低成为可能,并能使人们采用新的手段,更好地将风险分散在经济运行之中。

(2) 约束诱导型金融创新

西尔伯 (W. L. Siber) (1983) 主要是从供给角度来探索金融创新的成因。西尔伯从寻求利润最大化的金融公司创新这个最积极的表象开始进行研究,由此归纳出金融创新是微观金融组织为了寻求最大的利润,减轻外部对其产生的金融压制而采取的"自卫"行为。西尔伯认为,金融压制来自两个方面。其一是政府的控制管理。由于外部条件变化而产生的金融压制,使金融机构的效率降低,所付出的机会成本越来越大。金融机构必须努力通过创新提高效率来弥补这部分损失,同时创新也可以逃避压制尽量降低其机会成本的增加所带来的损失。其二是内部强加的压制。为了保障资产具有流动性的同时还有一定的偿还率,以避免经营风险,保证资产营运的安全,金融企业采取了一系列资产负债管理制度,这些规章制度,一方面虽然确保了金融企业的营运稳定,另一方面却形成了内部的金融压制。两个方面的金融压制,特别是外部条件变化所产生的金融压制会使实行最优化管理和追求利润最大化的金融机构,从机会成本角度和金融企业管理影子价格与实际价格的区别来寻求最大限度的金融创新,这就是微观金融组织金融创新行为的诱因。

(3) 制度型金融创新

以戴维斯 (S. Davis)、塞拉 (R. Sylla)、诺斯 (North) 和维斯特 (West) 为代表的学者认为,作为经济制度的一个组成部分,金融创新应该是一种与经济制度互为影响、互为因果的制度改革。在计划经济制度下,虽然也存在通货膨胀、财富增长、内外制约等可以触发金融创新的因素,但由于在高度的集中和严格的管理下,金融创新无法展开;在自由经济制度下,金融创新的种类少,且不可能出现那些回避管制的金融创新;只有在有管制的市场经济中才能出现全方位的金融创新。基于这种观点,在有管制的市场经济中,金融体系的任何因制度改革的变动都可以视为金融创新,因此,政府行为的变异都会引起金融制度的变化。如政府货币政策为金融稳定和防止收入分配不均等而采取的金融改革，虽然是以建立一些新的规章制度为明显的特征，但它的意义已不是以往的"金融压制"的概念，而是带上了"创新"的印记。最明显的例子是，1919年美国联邦储备体系和1934年存款保险金制度的建立，它们都是作为政府当局为稳定金融体系而采取的有力措施。它们虽然是金融管制的一部分，但也可认为是金融创新行为。

（4）规避型金融创新

凯恩（E. J. Kane）（1984）提出了"规避"的金融创新理论。所谓"规避"就是指对各种规章制度的限制性措施实行回避。"规避创新"则是回避各种金融控制和管理的行为。它意味着，当外在市场力量和市场机制与机构内在要求相结合，回避各种金融控制和规章制度时就产生了金融创新行为。规避型创新在某种程度上是西尔伯的诱导型创新和制度创新的折中。凯恩设计了一个制定规章制度的框架，在这个框架中，管制者制定经济规章制度的程序和被管制者规避的规章的过程是相互作用的，管制者与被管制者之间存在一个对峙博弈的过程。通过双方不断地博弈形成了比较成熟和实用的规章制度。

（5）交易成本说

希克斯（J. R. Hicks）和尼汉斯（J. Niehans）（1976）认为金融创新的支配因素是降低交易成本。交易成本的内涵虽然复杂，但希克斯把交易成本和货币需求与金融创新联系起来考虑，得出了以下逻辑关系：交易成本是作用于货币需求的一个重要因素，不同的需求产生对不同类型金融工具的要求，交易成本高低使经济个体对需求预期发生变化。交易成本降低的发展趋势使货币向更为高级的形式演变和发展，产生新的交换媒介、新的金融工具。不断地降低交易成本就会刺激金融创新，改善金融服务。可以说金融创新的过程，就是不断降低交易成本的过程，交易成本的降低又会不断地推动金融创新。因此，金融创新和降低交易成本之间是相辅相成的。

2. 其他流派的金融创新理论

（1）财富效应理论

格林鲍姆（S. I. Greenbum）和海伍德（C. F. Haywood）（1973）在研究美国金融业的发展历史时认为，"二战"以后经济的高速发展所带来的财富增长是决定对金融资产和金融创新需求的主要因素。财富的迅速增长加大了对金融资产和金融交易的需求，改变了人们对于金融服务的偏好，人们持有金融资产的动机也就多样化了，由此激发了金融业通过创新来满足这些需求。

（2）特征需求论

德塞（Desai）和考（Kow）（1987）的特征需求论是从投资者的角度来解释对新的金融产生的需求，特别是由于环境的变化、风险增加和多样化，通过新金融工具的需求,即对金融工具的新特征或传统特征进行新组合的需求来达到弥补由于各种变化所带来的损失。对新的特征的需求有两个动因:一是通货膨胀和名义利率飙升,提高了不附带利息的现金余额的机会成本,新的金融产品将流动性和通常与市场利率接近的收益结合在一起;二是利率和汇率的易变性使投资和交易风险增加也刺激了金融创新。

(3) 货币因素说

货币学派的代表人物弗里德曼(Milton Friedman)(1973)在《通货膨胀与金融创新》中认为,"前所未有的国际货币体系的特征及其最初的影响,是促使金融创新不断出现并形成要求放松金融市场管制压力的主要原因。"20 世纪 50 年代以后各国普遍发生的通货膨胀,特别是 70 年代通货膨胀的恶化和利率汇率的频繁波动,引起了经济的不稳定,促使人们通过金融创新来维护自身利益。例如货币市场互惠基金、收益化和指数化证券的创造,就是为了逃避利率管制、抵御通货膨胀。

(4) 金融中介创新理论

格利(J. Gurley)(1955)和肖(E. Shaw)(1956)认为,金融中介是经济增长的重要推动力量,金融创新是盈余或赤字企业的需求和偏好与金融部门提供的服务相匹配的结果。肖还认为,当旧的融资技术不适应经济增长的需要时,它表现为短期金融资产的实际需求静止不变,因此必须在相对自由的经济环境中,用新的融资技术对长期融资进行革新。事实上,经济增长本身又为长期融资创造了市场机会,而金融创新是对这种机会作出的反应。"需求是创新之母",金融自由化或金融深化可以扩大金融机构满足需求或增强适应需求的能力,从而有利于金融创新的开展。

(5) 结构变化说

该理论认为金融创新作为一种并非偶然和暂时的现象,与世界经济深刻的结构性变化有关。这些结构性变化表现在经济一体化、金融电子交易、金融市场、金融机构的不断国际化和发达化上,以及电子工业的崛起、第三产业的兴盛、科学技术日新月异的进展等方面。金融创新就是这些变化因素综合的结果,而不是某一方面能实现的。

3. 简单评述

单就某个领域的金融创新,各种金融创新理论关于金融创新的剖析都有其一定的合理性。但对于整个宏观经济环境和金融领域来说,又具有一定的片面性。

技术型金融创新强调科技进步,但是进行实证研究的资料过于具体,仅限于自动提款机,对电子计算机和电子通信设备的技术革新与金融创新的相关性研究未能取得充分证据，因而他们提出的技术创新理论是局部的，不具有一般代表性，而且该理论也无法解释许多政府放宽管制而出现的金融创新。

西尔伯的约束诱导型金融创新理论对于从供给角度研究金融创新的成因具有重大理论意义，但它却过于一般化和特殊化。一般化是指该理论虽然本质指出了金融企业创新就是为了使利润最大化，而且是一种"逆境创新"。但这样解释金融创新的成因失去了金融创新的特征和个性，即金融创新的内涵通过这种"逆境创新"相对缩小了。特殊化是因为这种理论仅仅适用于金融企业，而对于其他与之相关联的市场及其他企业不适用，对于由宏观经济环境变化而引发的金融创新也不适应。事实上，金融创新并非是孤立的金融行为。确切地说，金融创新是经济活动在金融领域内各种要素重新组织的反映。

凯恩的"规避"理论在某种程度上可以说是约束诱导理论和制度创新理论的综合。该理论一方面同意约束诱导理论的观点，认为政府对金融企业的种种限制和管制实际上等于隐含的税收，金融企业进行种种创新是为了规避这些管制。另一方面也赞同制度创新理论的说法，认为政府当局在金融创新足以阻碍货币政策或危害金融稳定时会作出反应，加强管制，金融企业的创新行为和这种管制之间的对抗构成金融创新的动因，但是凯恩的规避理论比西尔伯的理论涵盖更广泛，更重视外部环境对金融创新的影响。他不仅考虑了市场创新的起因，而且还研究了制度创新过程以及二者的动态过程，把市场创新和制度创新看做是相对独立的经济力量与政治力量不断斗争的过程和结果。但规避理论似乎太绝对和抽象化地把规避和创新逻辑联系在一起，与现实有一定的差距，主要表现为凯恩内心设想的制度创新总是向管制型发展，而现实却是制度创新一直主要向以自由放任为基调的市场创新退让。

制度创新学派理论的特点在于抓住制度创新这一关键因素来探讨金融创新成因，这是上述各理论流派所忽略的。众所周知，制度创新学派的一个优势在于它把成本—效益方式引入制度变革过程的分析，开创了一种新的经济分析方法，并显示出比其他分析方法具有更强的说服力。但是，建立新的金融制度本身就是一种创新行为的观点是值得商榷的。因为，在多数情况下，金融管制是金融创新的阻力和障碍，作为金融管制的规章制度无疑是金融创新的对象。

财富效应论、特征需求论和金融中介论都是从金融需求的角度来探讨金融创新的成因，有一定的片面性。

(二) 互联网金融是金融创新和"去监管化"的必然产物

管理部门的创新、政府的创新，投资者的创新是推动互联网金融发展的重要力量。政府的创新是给予互联网金融健康发展的空间，出台各种方针政策支持它发展，监督金融市场的各种行为，遏制邪恶势力的猖獗。作为一门新生事物，人们对其认识并不成熟，只着眼于其高收益与低成本，而忽视其背后的高风险，这需要国家来正确指引。投资者同样需要更新观念，在新生事物出现时能够理性地对待，批判地看待。互联网金融的发展需要依靠整体社会的认可，市场各部门的共同努力。

金融创新的出现与金融对监管的规避息息相关，纵观世界，几乎所有的金融产品都是在不断寻找新的方式来脱离监管对自身发展的束缚中涌现和成长的，中国的金融产品也不例外。中国金融行业真正的"去监管化"开始于2013年，起步晚却以一股涌流之势席卷着中国的所有金融市场，互联网金融也乘势得以快速发展起来。而早在20世纪70年代的美国，就出现了大规模的"去监管化"——美国储贷危机。毋庸置疑，互联网金融的出现给我国传统银行业的发展带来了巨大冲击。在"去监管化"的过程中，所有的银行为了扩张业务，就必须放宽借贷条件，从这个层面上看，互联网金融正是对传统金融的一次挑战，让传统金融市场不断更新其发展模式来满足市场的多样化需求，而不是形成垄断力量，断开中小市场的资金链。

四、普惠金融理论

（一）普惠金融理论的主要内容

1. 普惠金融的含义与特征

（1）普惠金融的含义

2005年5月，联合国在瑞士日内瓦召开的全球普惠金融启动大会对此给出了一个简明定义，即普惠金融是指能有效、全方位地为社会所有阶层和群体提供服务的金融制度和体系。目前此定义已被我国和其他大多数国家所接受。

（2）普惠金融特征

普惠金融是在小额信贷和微型金融的基础上逐步发展起来的，与传统金融相比，普惠金融具有两个本质特征：

其一，平等性。它强调金融服务"广覆盖"，即覆盖社会所有阶层和群体，绝不能把某些弱势群体排斥在金融服务之外。其理由主要有两个：第一，从产业划分来看，金融业属于服务业，金融服务属于基本公共服务，决定了它不仅要服务于高收入阶层和中产阶层，而且要服务于低收入阶层和其他弱势群众，主要包括小微企业、个体经营者、各种类型农业经营主体以及需要社会救助的弱势群体等。这是普惠金融必须重点服务的特定目标客户。因为只有借助"广覆盖"才能使它们平等享受金融服务的机会和权利；第二，从保护人权来看，人们要维系生存权和发展权,无时无处都离不开金融服务。世界著名的穷人银行家穆罕默德·尤努斯之所以提出"贷款应当作为一种人权加以推进",其道理就在于此。

其二,优惠性。金融服务虽然分为有偿与无偿两种类型。但是,普惠金融强调它在国家财政资助下,必须将更多的实惠给予前面所述的特定目标客户群体。这是因为扶助弱势群体是一种社会公德,也是金融机构应当承担的一种社会责任,而强调普惠金融的优惠性是与此要求相吻合的。实践经验表明,世界银行提出"与贫困作斗争"也好,我国政府提出"向贫困宣战"也好,发展普惠金融是不可或缺的利器之一。

2. 普惠性金融体系框架

普惠性金融体系框架微观、中观以及宏观三个层面的有机结合,三个层面必须将贫困群体包括在内,使过去被排斥于金融服务之外的群体受益。

具体而言,该体系包括:

(1) 客户层面

这一金融层面的中心是贫困和低收入群体,他们对金融产品的需求决定了金融体系微观、中观和宏观层面的行动。他们有能力还款甚至愿意付出较高利息,并且数量是庞大的。对于金融机构来说,加强金融创新和保障是关键。

(2) 微观层面

此层面的核心是零售金融服务提供者,包括非正规金融机构、正规金融机构以及位于中间的各种金融机构类型。它们为贫困和低收入者提供金融产品和服务。因此,金融机构如何选择网店、保持自身可持续性以及机构间分工合作成为这一层面的重点。

(3) 中观层面

这一层面包含了基础金融设施和能降低金融服务提供者交易成本的各种规则和要求。它们能扩大金融服务广度和深度、提高服务技能、促进透明度。行业协会、征信机构、信息技术、评级机构、专业业务网络、结算支付系统、技术咨询服务等都包含在此。

(4) 宏观层面

金融监管当局、财政部和其他相关政府机构是这一层面的主要参与者。政府在政策引导、为穷人提供可持续金融服务方面有着重要作用,如要使小额信贷业繁荣发展,就必须有适宜的法规和政策框架作为保障。

(二) 互联网金融价值在于普惠

真正的互联网金融,并不是简单地把金融产品平移到互联网平台。其最大意义在于用先进的网络技术手段降低金融服务成本,改进服务效率,提高金服务的覆盖面和可获得性，使边远贫困地区、小微企业和社会低收入人群能够获得价格合理、方便快捷的金融服务，使得人人享有平等融资权。

当前的金融服务依然存在高端化、精英化的倾向，这种倾向在投资端和融资端均有所体现。在投资端，一些高收益的金融产品门槛居高不下，例如信托产品的门槛大多在100万~300万元，协议存款最低起存金额一般为人民币3000万元，使得普通大众很难有效获得高附加值的服务，限制了居民财产性收入的提高。在融资端，大中型企业往往能得到金融机构的全方位服务，而小微企业的融资需求长期以来得不到有效满足，一般认为我国小微企业融资需求满足率仅在20%~25%。

造成这种金融服务高端化、精英化的原因在于金融机构能够通过传统的高端业务获取足够多的利润，没有动机为小微企业提供更多的服务；而且服务小微企业客户的成本过高，金融机构没有能力提供此类服务。前者随着利率市场化的推进和民营资本加快进入金融领域将得到有效缓解，后者则成为普惠金融的最大障碍。而互联网金融能够解决这一问题，在互联网金融模式下，市场参与者更为大众化。企业家、普通百姓都可以通过互联网进行各种金融交易，风险定价、期限匹配等复杂交易都会大大简化、易于操作。

事实上，金融作为一种服务业本身并不直接创造价值，实体经济依然是国民财富增长的源泉。目前企业直接或间接融资的成本至少包括两个部分：一是资金成本，即支付给资金提供方的费用；二是交易成本，即金融机构运行的成本，包括网点、人员费用以及识别风险、管理风险的成本等。对于资金成本，应交由市场定价；对于交易成本则应尽可能压缩，以降低实体企业的融资成本，促进经济增长。

互联网所具有的公开透明特性能够降低信息不对称，从而减少交易成本，这使得互联网金融具有天生的普惠属性，对于推进金融体系的扩大化、平民化和人性化，实现普惠金融具有重要意义。首先能从资金供给方作为一种高效率的渠道解决"人人享有平等投资权"的问题。互联网的时空压缩特征使得交易不再受到地域和时间的限制，且在运行成本上，互联网边际费用极低的特性以及互联网所具有的公开透明特性能够降低信息不对称，从而减少交易成本，这使得互联网金融具有与生俱来的普惠属性，对于推进金融体系的扩大化、平民化和人性化，实现普惠金融具有重要意义。

五、金融发展理论

（一）金融发展理论的主要内容

金融发展理论，主要研究金融发展与经济增长的关系，即研究金融体系

（包括金融中介和金融市场）在经济发展中所发挥的作用，研究如何建立有效的金融体系和金融政策组合以最大限度地促进经济增长及如何合理利用金融资源以实现金融的可持续发展并最终实现经济的可持续发展。

"二战"后，一批新独立的国家在追求本国经济发展的过程中，都不同程度地受到储蓄不足和资金短缺的制约，而金融发展滞后和金融体系运行的低效是抑制经济发展的深层次原因。20世纪60年代末至70年代初，一些西方经济学家开始从事金融与经济发展关系方面的研究工作，以雷蒙德·W.戈德史密斯（1969），格利（1955）和E.S.肖（1956），罗纳德·麦金农（1973）等为代表的一批经济学家先后出版了以研究经济发展与金融发展为主要内容的专著，从而创立了金融发展理论。

1. 金融发展理论的萌芽

（1）金融在经济中的作用

格利（1955）和E.S.肖（1956）分别发表《经济发展中的金融方面》和《金融中介机构与储蓄——投资》两篇论文，从而揭开了金融发展理论研究的序幕。他们通过建立一种由初始向高级、从简单向复杂逐步演进的金融发展模型，以此证明经济发展阶段越高，金融的作用越强的命题。继而他们在1960年发表的《金融理论中的货币》一书中，试图建立一个以研究多种金融资产、多样化的金融机构和完整的金融政策为基本内容的广义货币金融理论。格利和E.S.肖在《金融结构与经济发展》一文中，对上述问题进行了更深入的研究，他们试图发展一种包含货币理论的金融理论和一种包含银行理论的金融机构理论，他们相信金融的发展是推动经济发展的动力和手段。

Patrick（1966）在《欠发达国家的金融发展和经济增长》一文中提出需求带动和供给引导的金融问题。他认为，由于金融体系可以改进现有资本的构成，有效地配置资源，刺激储蓄和投资，在欠发达国家，需要采用金融优先发展的货币供给带动政策。与需求推动的金融发展政策不同，它不是在经济发展产生了对金融服务的要求以后再考虑金融发展，而是在需求产生以前就超前发展金融体系，即金融发展可以是被动的和相对滞后的，也可以是主动和相对先行的。

（2）金融结构理论——金融发展理论形成的基础

雷蒙德·W.戈德史密斯（1969）的杰出贡献是奠定了金融发展理论的基础，他在《金融结构与金融发展》一书中指出，金融理论的职责在于找出决定一国金融结构、金融工具存量和金融交易流量的主要经济因素。他创造性地提出金融发展就是金融结构的变化，并采用定性和定量分析相结合以及国际横向比较和历史纵向比较相结合的方法，确立了衡量一国金融结构和金融发展水平的基本指标体系。通过对35个国家近100年的资料研究和统计分析，雷蒙德·

W. 戈德史密斯得出了金融相关率与经济发展水平正相关的基本结论，为此后的金融研究提供了重要的方法论参考和分析基础，也成为20世纪70年代以后产生和发展起来的各种金融发展理论的重要渊源。

2. 金融发展理论的建立

1973年，罗纳德·麦金农的《经济发展中的货币与资本》和E. S. 肖的《经济发展中的金融深化》两本书的出版，标志着以发展中国家或地区为研究对象的金融发展理论的真正产生。罗纳德·麦金农和E. S. 肖对金融和经济发展之间的相互关系及发展中国家或地区的金融发展提出了精辟的见解，他们提出的"金融抑制"（Financial Repression）和"金融深化"（Financial Deepening）理论在经济学界引起了强烈反响，被认为是发展经济学和货币金融理论的重大突破。许多发展中国家货币金融政策的制定及货币金融改革的实践都深受该理论的影响。

（1）金融抑制

罗纳德·麦金农认为，由于发展中国家对金融活动有着种种限制，对利率和汇率进行严格管制，致使利率和汇率发生扭曲，不能真实准确地反映资金供求关系和外汇供求关系。在利率被认为被压低或出现通货膨胀，抑或两者都有的情况下，一方面，利率管制导致了信贷配额，降低了信贷资金的配置效率；另一方面，货币持有者的实际收益往往很低甚至为负数，致使大量的微观经济主体不再通过持有现金、定活期存款、定期存款及储蓄存款等以货币形式进行内部积累，而转向以实物形式，其结果是银行储蓄资金进一步下降，媒介功能降低，投资减少，经济发展缓慢，该状况被罗纳德·麦金农称为"金融抑制"。

这种金融抑制束缚了发展中国家的内部储蓄，加强了对国外资本的依赖。但是，在罗纳德·麦金农提出的金融抑制论中，他对货币的定义是混乱和矛盾的。他把货币定义为广义的货币M_2，即不仅包括流通中的现金和活期存款，而且还包括定期存款和储蓄存款。但他在模型中又强调所谓的外在货币，即由政府发行的不兑现纸币，这样就排除了银行体系的各种存款，因而在同一货币理论中存在着两种相互冲突的货币定义。

（2）金融深化

E. S. 肖（1973）认为，金融体制与经济发展之间存在相互推动和相互制约的关系。一方面，健全的金融体制能够将储蓄资金有效地动员起来并引导到生产性投资上，从而促进经济发展；另一方面，发展良好的经济同样也可通过国民收入的提高和经济活动主体对金融服务需求的增长来刺激金融业的发展，由此形成金融与经济发展相互促进的良性循环。

E. S. 肖（1973）指出金融深化一般表现为三个层次的动态发展：一是金融

增长，即金融规模不断扩大，该层次可以用指标 M_2/GNP 或 FIR 来衡量；二是金融工具、金融机构的不断优化；三是金融市场机制或市场秩序的逐步健全，金融资源在市场机制的作用下得到优化配置。这三个层次的金融深化相互影响、互为因果关系。

根据罗纳德·麦金农（1973）和 E. S. 肖（1973）的研究分析，适当的金融改革能有效地促进经济的增长和发展，使金融与经济发展形成良性循环。

3. 金融发展理论的发展

自 1973 年以来，罗纳德·麦金农和肖的金融深化论在西方经济学界产生了极大影响，金融发展理论研究不断掀起研究的新高潮。许多经济学家纷纷提出他们对金融发展问题的新见解。

（1）第一代金融发展理论

第一代麦金农、肖学派盛行于 20 世纪 70 年代中期到 80 年代中期，代表人物包括卡普、马西森、加尔比斯和弗赖伊等，他们主要的研究工作是对金融深化论的实证和扩充。

卡普研究了劳动力过剩且固定资本闲置的欠发达封闭经济中金融深化问题。他认为固定资本与流动资本之间总是保持着固定比例关系，在固定资本闲置的条件下，企业能获得多少流动资金便成为决定产出的关键因素。卡普接受麦金农的观点，认为实际通货膨胀率除受其他因素影响之外，还受通货膨胀预期的影响。同时，卡普放弃了麦金农着重内源融资的观点，认为流动资本的净投资部分一般完全通过银行筹集，商业银行对实际经济的影响主要就是通过提供流动资本实现的。能提供的流动资本量取决于实质货币需求、货币扩张率与贷款占货币的比率。

唐纳德·马西森的观点与卡普相似，也是从投资数量的角度讨论金融深化的影响。但他在设立假设时，有两点不同于卡普的假设。第一，唐纳德·马西森假设所有的固定资本都被充分利用，即在现实生活中并不存在卡普所说的闲置的固定资本。第二，唐纳德·马西森假设企业通过向银行借款筹集的是所用的全部资本的固定比率，即不仅需要向银行借入部分流动资本，而且需要向银行借入部分固定资本。他指出经济增长归根结底是受银行贷款供给的制约，而银行贷款的供给又在很大程度上要受到存款实际利率的影响。为使经济得以稳定增长，就必须使实际利率达到其均衡水平。因此，必须取消利率管制，实行金融自由化。

维森特·加尔比斯也是基于发展中国家经济的分割性假定，认为发展中国家的经济具有某种特性，这种特性是因为低效部门占用的资源无法向高效部门转移，使不同部门投资收益率长期不一致，从而导致资源的低效配置。他提出，金融资产实际利率过低是金融压制的主要表现，是阻碍经济发展的重要因素。为了克服金融压制，充分发挥金融中介在促进经济增长和发展中的积极作用，必须把金融资产的实际利率提高到均衡水平，即提高到使可投资资源的实际供给与需求相平衡的水平。

韦尔·J. 弗赖伊认为，投资的规模与投资的效率是经济增长的决定因素，而在发展中国家，这两者又都在很大程度上受货币金融因素的影响。他认为，在静态均衡的条件下，实际增长率等于正常增长率。但是在动态经济中，二者却未必相等。这是因为，实际增长率由两部分构成，即正常增长率和周期性增长率。弗赖伊还把时滞因素引入其模型中，从而能更准确地反映储蓄与投资的变化对经济增长的实际影响。

(2) 第二代金融发展理论

本斯维格、史密斯、列文、卢卡斯、格林·伍德等是代表人物。这一时期的金融发展理论对金融机构与金融市场形成机制的解释是从效用函数入手，建立了各种具有微观基础的模型、引入了诸如不确定性（流动性冲击、偏好冲击）、不对称信息（逆向选择、道德风险）和监督成本之类的与完全竞争相悖的因素，在比较研究的基础上对金融机构和金融市场的形成做了规范性的解释。

(二) 金融抑制是互联网金融发展迅猛的根本原因

中国现实的金融环境下，在大部分行业，客户获得资金的成本和资金收益之间存在较大利差，确实存在着资金和收益都不是双轨制、三轨制，国内的金融是处于一种抑制的状态，表现为效率低下。在整个金融体系下，一些本该通过市场风险定价来完成的资金流动，由于严格的监管而被切断。资本的流动在一定程度上被抑制，或者是受制于监管体制内，又或是通过影子银行进行成本更高的融资。这样一来，融资的效率低了，同时投资者的收益渠道也被部分阻断，整个金融体系的效率就降低了。

因此，国内的金融抑制，促使互联网金融大热，同时对互联网金融构成了一定的红利。互联网金融的创新模式增多，门槛普遍低，使得以往被压抑许久的收益率和投资门槛限制被逐步打破。互联网金融产品的增多，也倒逼传统银行体制对营销和管理方式进行改革。众多传统金融机构开始考虑自己的互联网战略布局。

回顾之前的金融抑制，体制环境下所要牺牲的是金融服务的效率和大众储蓄者的低回报。然而，2014年随着利率市场化和金融改革的推进，互联网金融业务的冲击，银行的温室环境也将逐渐转变成接受考验的战场。银行存款利率在同业竞争中刷新高，贷款利率上下浮动不定，在这样的情景下，银行或与互联网金融拉开一场战争,抢一抢客户,进行一个全面反击战。那么,这个时候,面对银行竞争的紧逼,相对之前宽松的环境下,互联网金融的红利或将消失。

从管理层的角度出发,互联网金融业务能满足中小融资者的需求,也是传统金融改革的催化剂。因此,从目前的情况来看,管理层对互联网金融还是抱着一种鼓励的态度。但是,从互联网金融自身出发,后期行业的经营成本,如监管成本、竞争成本的上升,行业的发展趋向成熟、规范,那时候投资者的收益或将有所降低,如果只是按照现阶段投资者所投入的财力与精力相比较。

从国际的角度来看,互联网金融在中国掀起的热潮在其他国家是不多见的。原因在于,市场利率化的发展,从投资者和融资者两个渠道实现了资金定价和收益的市场化,真正打破了传统金融的抑制状态。互联网金融的创新模式,在理财和融资上表现得尤为突出。

本章参考文献

[1] 爱德华·肖. 经济发展中的金融深化 [M]. 上海:生活·读书·新知三联书店, 1988.

[2] 道格拉斯·C. 诺斯. 经济史中的结构与变迁 [M]. 上海:上海三联书店、上海人民出版社, 1994.

[3] 道格拉斯·C. 诺斯. 制度、制度变迁与经济绩效 [M]. 上海:上海三联书店, 1994.

[4] 雷蒙德·W. 戈德史密斯. 金融结构与金融发展 [M]. 上海:生活·读书·新知三联书店, 1994.

[5] 李通禄, 郑长德. 普惠金融理论文献研究 [J]. 武汉金融, 2010 (8): 38-40.

[6] 罗纳德·麦金农. 经济发展中的货币与资本 [M]. 上海:上海人民出版社, 1997.

[7] 牛金勇. 金融脱媒及其对我国商业银行的影响研究 [D]. 山东财经大学硕士学位论文, 2012.

[8] 彭涵祺, 龙薇. 互联网金融模式创新研究——以新兴网络金融公司为例 [J]. 学术论坛, 2008 (4): 100-103.

[9] 王仁祥, 喻平. 金融创新理论研究综述 [J]. 经济学动态, 2004 (5): 90-94.

[10] Coase, Ronald, "The Problem of Social Cos", Journal of Law&Economics, 1960 (3): 1-44.

[11] Greenbaum, S&C. Haywood, "Secular Change in the Financial Services Industry", Journal of Money, Credit&Banking, 1973 (5): 571-603.

[12] Hester D. D. "Financial Disintermmediation and Policy", Iournal of Money, Credit and Banking, 1979: 110-119.

[13] Hodgson G. "Transaction Costs and the Evolution of the firm." In Transaction Costs, Market and H ierarchies, C. Pitelis, ed. Oxford and Cam bridge: Blackwell. 1993: 86.

[14] Kane E, J., "Accelerating Inflation, Technological Innovation and the Decreasing Effectiveness of Banking Regulation", Journal of Finance. 1981 (36): 355 – 367.

[15] Merton R. C., "Financial Innovation and Economic Perforrmance", Journal of Applied Corporate Finanee, 1992, 4 (4): 12 – 22.

[16] North D. C., "Transaction Costs, Institutions and Economic History," Zeitschrift fur die Gesamte Staatswissenschaft, 1984 (140): 7 – 17.

[17] Ross S., "Insititutional Markets, Financial lMarketing and Financial Innovation", Journal of Finance, 1989 (3): 541 – 556.

[18] Silber W., "Process of Financial Innovation", American Economic Review, 1983, 73 (2): 89 – 95.

第三章　互联网金融机构及其业务探析

资金需求方和资金供给方之间的互联网金融交易，往往是在各类互联网金融机构的撮合下达成的。在这些互联网金融机构中，既包括"触网"的传统金融机构，如银行、证券、保险公司等，也包括基于互联网或移动通信技术创新发展起来的非传统金融机构，不同的机构提供不同的服务，形成了丰富的互联网金融业态，本章将详细介绍各种互联网金融机构。

一、互联网金融机构类型

互联网金融机构是指以不同形式运用互联网从事金融业务的机构主体，广义的互联网金融机构包括所有以不同方式运用互联网技术提供金融服务的机构类型，狭义的互联网金融机构主要指传统金融机构之外由于互联网技术的发展而新出现的运用互联网提供金融或类金融服务的机构，因此，按照广义标准，目前中国的互联网金融机构大体可以分为两类：第一类是传统金融机构，包括主要通过网上银行方式提供互联网金融服务的商业银行、主要提供网上证券交易服务的证券公司和利用互联网开展营销的保险公司等传统金融机构；第二类是非传统金融机构开展的金融或类金融业务，包括利用互联网优势提供第三方支付、资金众筹等服务的电子商务企业，以及发挥资金中介功能的P2P互联网借贷平台等。

（一）商业银行、证券公司和保险公司等传统金融机构

商业银行、证券公司和保险公司等都是传统的最主要的金融机构形式，在互联网技术广泛应用的背景下，商业银行、证券公司和保险公司等也将它们的传统业务转移到了互联网上，或以互联网技术改造了传统业务形式，利用原有的客户群体优势，为客户提供更加便利的服务，使客户获得更好的业务体验。因此，严格来讲，商业银行、证券公司和保险公司等并不是真正意义上狭义的"互联网金融机构"，而仍然属于"传统金融机构"，只是通过互联网技术的嫁接成了广义的"互联网金融机构"。

（二）非传统金融机构

通过各种类型的专业互联网金融平台，借助于互联网技术开展金融或类金

融业务,电商企业、基金销售公司、担保机构、金融集团等是非传统金融机构,它们是真正意义上狭义的"互联网金融机构"。由于这些新型的互联网金融机构刚刚兴起,对于如何进行监管尚不明确,因此,这些互联网金融机构处于监管的空白地带,给了它们监管套利的机会,也使得传统金融机构处于不公平竞争的地位。

二、主要互联网金融机构

(一)商业银行、证券公司和保险公司等传统金融机构

1. 商业银行

目前国内各大商业银行均推出了网上银行业务,个人和企业客户可以通过网上银行完成账户开立、账户查询、账款核对、行内转账结算、跨行转账结算、投资理财甚至小额贷款申请等基本业务。基于这种发展趋势,甚至有人提出了传统商业银行将会逐渐消亡的论断,认为随着互联网技术的进一步成熟,将不再需要传统有形的商业银行模式,代之以虚拟、无形的商业银行,个人与企业客户可以在家里、办公室或者利用移动终端在任何地方和任何时间选择办理自己需要的业务。1995年10月,没有任何经营服务网点完全依靠互联网经营的第一家纯粹虚拟网上银行在美国成立,最初只有19名员工,负责网站的管理维护。目前,我国工商银行、农业银行、中国银行、建设银行、交通银行五大行以及十几家业务覆盖全国的商业银行均已经推出了网上银行业务,但纯粹的虚拟网上银行尚未出现,但是,随着国家降低银行业准入门槛、允许民营资本进入银行业等政策的放开,会有更多银行业经营业态的出现,特别是一些原有的互联网企业逐步进入金融业,相信未来会出现完全互联网模式的商业银行形态。

2. 证券公司

证券公司也是一类传统的金融机构,但在互联网技术发展的基础上,证券公司也广泛应用互联网为客户提供网上交易、上网发行等基于互联网的金融市场业务,将传统的证券发行、证券交易转移到了互联网上。《证券公司开立客户账户规范》于2013年3月发布,证券公司将会更加深入地运用互联网开展业务。

除了将证券开户、证券交易、证券资讯、投资咨询业务转移至网上外,证券公司开始利用互联网的数据优势,发掘更加丰富的服务内涵。海通证券在2012年推出了《基于数据挖掘算法的证券客户行为特征分析技术》,在动态分析交易数据基础上,将6个月上百万客户信息使用聚类分析法建立了相关的行为特征模型,为客户投资提供参考。

证券公司利用移动互联网技术通过提供更加便利的随时随地业务服务进一步扩大客户群和交易量。美国的互联网证券经纪商 TD Ameritrade 利用移动互联网技术将其交易量从 1998 年的 1.8 万笔提高到了 2012 年的 36 万笔。

3. 保险公司

保险公司运用互联网技术主要体现在其营销领域，即运用互联网技术开展保险营销业务活动，从而产生了所谓互联网保险的概念，出现了人保保险网、平安直通保险、太平洋保险在线商城、泰康在线等网上平台。

(二) 非传统金融机构

不同类型的互联网金融机构平台有着不同的业务模式，我们将按互联网金融机构平台模式分类分别进行分析。目前主要的互联网金融机构平台可以按照其业务模式将其划分为第三方支付机构、P2P 机构、众筹机构、P2B 机构、P2C 机构、第三方基金销售机构、信息服务机构以及第三方保险互联网平台机构等几大类型，以下将进行各类主要互联网金融机构业务模式的分析。

1. 第三方支付机构

第三方支付机构平台为电子商务活动提供服务，帮助解决买卖双方的信用问题，从而排除电子商务发展中的一个瓶颈。国内支付宝最早实践第三方支付模式，其他第三方支付平台还包括拉卡拉等；国外的第三方支付平台主要有 PayPal 等，"PayPal (www.paypal.com)" 建立于 1998 年，目前拥有 1.52 亿活跃注册用户，在美国较为流行使用。

"支付宝 (www.alipay.com)" 隶属于支付宝 (中国) 网络技术有限公司，为国内最早的第三方支付平台，2004 年开始建立，提供电子商务支付解决方案，用户覆盖 C2C、B2C，以及 B2B 等领域。一方面从产品上保障用户在线支付安全，另一方面通过担保交易等创新方式让用户通过在网络间建立信任的关系。2013 年 11 月，支付宝手机客户端"支付宝钱包"宣布成为独立品牌进行运作，为用户提供移动支付服务。在线下，支付宝钱包内置了余额宝，实现"移动理财"，目前，支付宝钱包"当面付"功能已覆盖零售百货、电影院线、连锁商超、出租车等多个行业。截至 2013 年 12 月，支付宝单日交易笔数峰值达到 1.88 亿笔，其中，移动支付单日交易笔数峰值达到 4518 万笔，移动支付单日交易额峰值达到 113 亿元人民币。目前，支付宝已经和国内外 180 多家银行以及 VISA、MasterCard 国际组织等机构建立了战略合作关系。在支付宝交易中，买家先付款到支付宝，买家不必担心把款直接付给卖家而卖家不发货的问题，支付宝收到买家付款后即时通知卖家发货，买家收到货物满意后通知支付宝付款给卖家，为了保证买卖双方的利益，在交易过程中有超时机制启动，所以买卖双方必须关注交易的超时时间。

"拉卡拉（www.lakala.com）"隶属于拉卡拉集团，成立于2005年，属联想控股成员企业，该集团为首批获得央行颁发《支付业务许可证》的第三方支付企业。拉卡拉集团下设拉卡拉支付公司、拉卡拉移动公司、拉卡拉商服公司、拉卡拉营销总公司、拉卡拉电商公司、拉卡拉电销公司、拉卡拉金融公司。截至2013年，拉卡拉已有5000余万用户，月交易额近千亿元。拉卡拉开发了国内第一个电子账单服务平台，实现在统一平台上跨行、跨领域进行支付，开发了手机刷卡支付、手机钱包支付、商户收单服务、个人及企业移动支付等业务，成为同时覆盖线上线下以及个人金融服务、收单服务、社区电商的第三方支付企业。目前，拉卡拉已经与中国银联以及工行、农行、中行、建行、交行五大行在内的数十家金融机构建立了战略合作伙伴关系，实施"差异化终端、开放式平台"的策略。目前，拉卡拉在全国300多个城市投资了5万多台自助终端，覆盖知名品牌便利店、商超、社区店，每月为1500多万人提供信用卡还款、水电煤气缴费等公用费用支付服务，在沃尔玛、7-11、物美、快客、好德、海王星辰、华润万家、国美电器、中国石油、中国石化等建立了支付网络；另外，拉卡拉与各大电子商务网站合作购物、旅游、票务、游戏等内容，包括驴妈妈、淘宝网、乐淘网、糯米网、尚品网等近千家电子商务网站接入了"拉卡拉支付"。手机拉卡拉是拉卡拉公司研发的移动支付产品，通过拉卡拉手机刷卡器连接移动互联网，在智能手机平台中使用拉卡拉客户端即可使用其多种支付业务，包括信用卡还款（支持账单分期）、转账汇款、还贷款、手机充值、余额查询、账单号付款、支付宝付款、财付通充值、支付宝充值、游戏卡充值、账户直充、水电煤缴费、通讯缴费等，Android系统的客户端还支持公益捐款业务。

"财付通（www.tenpay.com）"是隶属于腾讯集团的第三方支付平台，2005年成立，为个人用户提供200多种便民服务和应用场景，同时为40多万家大中型企业提供资金结算解决方案。目前财付通服务的个人用户已超过2亿，服务的企业客户也超过40万家，覆盖的行业包括游戏、航旅、电商、保险、电信、物流、钢铁、基金等。结合这些行业特性，财付通提供了快捷支付、财付通余额支付、分期支付、委托代扣、EPOS支付、微支付等多种支付产品。2009年财付通启用品牌主张"会支付，会生活"，强调"生活化"为财付通独特的品牌内涵。手机财付通是财付通官方推出的集支付和生活化应用于一体的手机支付软件，通过手机证书、安全键盘、支付密码、业务和传输双重加密等综合安全保障体系，用户可在无线网络环境下使用财付通。

"盛付通（www.shengpay.com）"隶属于上海盛付通电子支付服务有限公司，是国内独立第三方支付平台之一，由盛大集团创办。盛付通用户可免费使用"账户管理、充值、提现、收付款、信用卡还款"等支付产品。线上用户可以使用银行网银、手机固话、银联手机等支付方式进行付款；线下用户可通过数十万售卡网点，上百万 PC 机售卡终端购买盛大一卡通。其合作商户除了盛大集团内的平台之外，还包括了虚拟游戏、数码通讯、商业服务、机票等行业，这些商户可以使用盛付通进行即时到账收款、批量付款、大额收付款、分润、退款、订单管理等。"盛付通钱包"是盛付通面向客户推出的交易账户，可以支持账户储值、付款、购买，也支持账户余额提现；"盛付通卡"是多功能储值卡片，持卡人可在盛付通卡特约商户处凭卡消费，并可享受盛付通联合特约商户为持卡人提供的折扣优惠活动和其他营销抽奖活动。

"易票联支付（www.epaylinks.cn）"成立于 1999 年，隶属于广东立信企业有限公司，为国内第三方零售支付服务提供商，于 2011 年获得中国人民银行颁发的银行卡收单及互联网支付业务许可证，目前与国内 30 多家主要的银行开展了全面的第三方支付业务合作，成为中国银联（Union Pay）和万事达卡（MasterCard）国际清算组织成员机构。"易票联"为国内各大城市主流的连锁零售行业如 7-11、OK、美宜佳等超过 3 万家商户提供零售支付技术及产品服务，合作业务覆盖银行卡收单、互联网支付、会员卡、便民支付等。易票联支付开发了多元化的零售支付和新型的互联网支付等系统，通过了国际 PCI 及国内 CFCA 安全认证及高新技术企业认证。目前"易票联"在广州、佛山、深圳、东莞、惠州、汕头、中山、湛江、北京、大连、南京、苏州、天津、杭州、武汉、香港等城市设立了分支机构。主要服务包括银联 POS 机、支付网关、跨境结算、会员卡系统、城市通卡、充值缴费、移动收款和代收代付等。易票联的 POS 收单服务支持银联卡、国际信用卡并附送易卡—会员卡系统、便民缴费等增值服务，客户能够通过下载手机 POS 客户端实现移动收款；易票联的全球付网关（Global Pay）提供对接各银行金融网络系统的支付接口，通过该支付接口可实现商户向全球银行卡的在线收款服务，支持银联卡以及 VISA、MasterCard、JCB 等国际卡的在线支付，手机 APP 支付解决方案为智能手机用户提供快捷支付、账户支付、刷卡支付、手机网银等，支持商家 APP 及 WAP 网页的接入；易票联支付的城市通卡业务的合作伙伴主要有广州羊城通、武汉通卡、南京金陵通卡，与银联 POS 机整合后，通过一台 POS 机实现银行卡收单和城市通卡的充值与消费，同时借助会员卡消费卡系统，开展整合营销服务，将城市通卡的持卡人发展成为商家会员，提升店铺流量与服务，另外，与立信电子商务业务体系的广东铭鸿数据处理有限公司共同提供城市通卡系统的建设与运营解决方案。

"易宝（YeePay.com）"于 2003 年 8 月成立，总部位于北京，目前员工规模有上千名，在北京、上海、天津、广东、四川、浙江、山东、江苏、福建等 20

余个省市设有分公司。易宝于 2005 年开始实践行业支付模式，陆续推出了网上在线支付、非银行卡支付、信用卡无卡支付、POS 支付、基金易购通、一键支付等创新产品，为数字娱乐、航空旅游、电信移动、行政教育、保险、基金、快消连锁、电商物流等众多行业提供了行业解决方案。易宝在航空旅游、数字娱乐、行政教育等多个领域具有较好的竞争优势。2011 年 5 月，易宝获得首批央行颁发的支付牌照。2012 年 3 月，易宝获得证监会颁发的基金销售支付结算许可证。2013 年 10 月，易宝支付获得国家外汇管理局批准的跨境支付业务许可证。经过 10 年的业务拓展，易宝服务的商家超过 100 万，其中包括百度、京东、新浪、中国移动、中国电信、联想、搜狐、中国国际航空公司、中国南方航空公司、中国东方航空公司、中国人民保险公司、嘉实基金等企业和机构，并与中国工商银行、中国农业银行、中国银行、中国建设银行、中国银联、VISA、MasterCard 等近百家金融机构达成战略合作关系，交易达到上万亿元规模，收入达 20 亿元。易宝还开展了网络公益模式，2008 年易宝公益圈（gongyi.yeepay.com）成立，已经联合红十字会、扶贫基金会、壹基金等 50 多家公益慈善机构，在汶川地震、舟曲泥石流、救助白血病儿童等捐款活动中发挥作用。2013 年 12 月，易宝公益圈手机捐款平台（juan. yeepay. com）上线，免费午餐、上学路上公益等项目第一批入驻。同月，易宝支付和中国文学艺术基金会启动了朝霞工程专项基金。

"快钱（www.99bill.com）"于 2004 年成立，公司总部位于上海，在北京、广州、深圳等 30 多个城市设有分公司，在天津设有金融服务公司，并在南京设立了创新型金融服务研发中心，服务团队超过 1300 人。目前快钱的商业合作伙伴超过 300 万家。快钱的服务应用于零售、商旅、保险、电子商务、物流、制造、医药、服装等领域；合作伙伴覆盖东方航空、南方航空、平安集团、中国人寿、京东商城、当当网、宅急送、百度、新浪、李宁、联想、戴尔、神州数码等行业，并进一步延伸到中小企业之中。2011 年 5 月，快钱首批获央行颁发的《支付业务许可证》，并在中国支付清算协会银行卡工作委员会中担任副主任单位，同时，快钱是首批获准在自贸区开展跨境人民币结算业务的机构之一。快钱已形成了覆盖电脑、POS、手机、电话等主流支付工具的电子收付款解决方案，推出的支付产品包括创新类产品中的快刷、快钱云端会员管理系统；收款产品中的人民币支付、网银支付、充值卡支付、信用卡分期支付、POS 收款、信用卡无卡支付、分账支付、委托代收、现金归集、电话语音支付、PayPal 国际收汇；付款产品中的付款到银行、批量付款到银行、付款到快钱账户、批量付款到快钱账户；账户类产品中的快钱账户、集团账户；生活服务类产品中的账单管家、信用卡还款、手机充值、彩票中心、房租房贷、生活费、保险续费、跨行转账等。

2. P2P (Person to Person) 机构

2005 年英国的 Zopa 最早开始提供网上借贷服务，美国的 Lending Club 也是较早的 P2P 平台；国内 P2P 机构平台主要有陆金所、宜信、红岭创投等。

"上海陆家嘴国际金融资产交易市场股份有限公司（陆金所）"于 2011 年 9 月在上海注册成立，注册资金 8.37 亿元人民币，是中国平安保险（集团）股份有限公司旗下成员之一，总部位于国际金融中心上海陆家嘴，主要业务包括金融创新产品的咨询、开发、设计、交易等服务；金融类应用软件开发、电子商务；金融市场调研及数据分析。陆金所目前拥有两大平台：网络投融资平台（www.lufax.com）于 2012 年 3 月正式上线运营，是中国平安集团的网络投融资平台，结合全球金融发展与互联网技术创新，在风险管控体系基础上，为中小企业及个人客户提供投融资服务；金融资产交易服务平台（www.lfex.com）通过服务及交易品种与交易组织模式创新，提升交易效率，优化金融资产配置，为机构、企业和合格投资者等提供综合性金融资产交易相关服务及投融资顾问服务。

"宜信（www.creditease.cn）"隶属于宜信公司，该公司创建于 2006 年，总部位于北京，业务内容包括财富管理、信用风险评估与管理、信用数据整合服务、小额贷款行业投资、小微借款咨询服务与交易促成、公益理财助农平台服务等，目前在 133 个城市（含香港），48 个农村地区建立了全国协同服务网络，提供普惠金融与财富管理服务。宜信的普惠金融业务内容包括借款咨询服务、宜学贷、宜车贷、宜房贷、宜人贷、宜信租赁、普惠一号、信翼计划、小微企业信贷服务、农商贷等；财富管理业务主要包括 P2P 理财、公益理财、宜信基金、宜信保险等。其 P2P 理财包括的主要产品宜信宝是将资金出借给信用良好但缺少资金的大学生、工薪阶层、微小企业主、农民，帮助实现教育培训、家电购买、装修、兼职创业等；月息通是按月回收收益的理财模式，本金选择继续出借，利息按月回收；固定期限出借方式是具有较高资金流动性的理财模式，分为 3 个月、6 个月、9 个月、12 个月四档模式，可通过转让债权资产回收出借资金；月满盈是一个短期理财模式；公益理财以出借而非捐赠的方式，实现助农扶贫。宜信普泽是独立基金销售及第三方财富管理机构，产品方面包含传统的公募基金、基金专户、阳光私募及基金专户子公司等提供的专注于股市、债市、非上市交易类的所有权，收益权等多元化产品。

"红岭创投（www.my089.com）"隶属于深圳市红岭创投电子商务股份有限公司，2009 年 3 月正式上线运营。中小企业主与个人根据自身融资需求，通过红岭创投严格的风控审核后，与平台另一端的投资人对接，50 元起投，期限 3

天到 36 个月，安全保障措施为"银行资金存管＋五道风控审核＋还款保障措施＋风险准备金＋信息安全技术保护"，通过"宝葫芦债权转让"可以收回投资。2013 年 12 月，红岭创投与 75 家机构共同成为由央行领导的中国支付清算协会牵头成立的"互联网金融专业委员会"发起成员单位；2014 年 4 月，创办国内首家互联网金融学院，并与平安银行签署全面金融服务战略合作协议；2014 年 5 月，与国内 9 家知名 P2P 网贷平台一起，参加银监会创新监管部在北京召开的座谈会，共同研讨 P2P 行业监管内容；2014 年 6 月，红岭创投首家分公司重庆分公司正式成立。网站融资产品主要有公信贷、房易贷、股权贷、综合贷、开发贷、担保贷等。红岭创投设置的自动投标功能，自动投标是通过用户预先设定投标规则，可以在不登录的情况下系统按用户设定自动代为投标的投资交易流程。红岭创投平台目前的借款标都支持 100% 自动投标，其 VIP 用户自动享有自动投标功能，非 VIP 用户则无法使用自动投标功能。

"人人贷（www.renrendai.com）"隶属于人人友信集团，2010 年 5 月成立，目前人人贷业务已覆盖全国 30 多个省的 2000 多个地区，其几十万名客户通过信用申请获得融资借款，或通过自主出借获得收益。人人贷为国内较早基于互联网的 P2P 信用借贷服务平台和业内较具影响力的品牌之一。人人贷的理财方式包括优选理财计划、散标投资（信用认证标、实地认证标、机构担保标）、债权转让等。优选理财计划理财人加入优选理财计划后，会进入锁定期，在锁定期内，投资的回款本金将继续用于投资直到锁定期结束，充分发挥复利投资的效应，投资所产生的收益可以选择自动提取或随每月回款的本金部分用于再投资，资金利用率高，锁定期结束后，理财人可以自由选择退出优选理财计划，如果选择退出优选理财计划，则理财人在该计划内投资的债权将优先进行债权转让，债权转让所得资金及投资回款所得等将不再继续自动投资，系统将在指定时间将此资金转移到用户的主账户或银行卡里，如果锁定期结束，理财人选择继续优选计划，则将延续之前的计划操作，同时理财人在之后的时间享有随时选择退出计划的权利；信用认证标是人人贷通过对借款用户的个人信用资质进行全面审核后，允许用户发布的借款标；机构担保标是指人人贷的合作伙伴为相应的借款承担连带保证责任的借款标的，所谓连带保证责任即连带保证人对债务人负连带责任，无论主债务人的财产是否能够清偿债务，债权人均有权要求保证人履行保证义务，针对机构担保标借款申请人，人人贷会通过严格的审核系统进行双重审核，严控风险，此外，一旦合作伙伴违背其应承担的连带保证责任，根据合作协议人人贷有权通过法律手段进行追偿；实地认证标是人人贷与友众信业金融信息服务（上海）有限公司共同推出的产品，这一产品在原有严格审核的基础上，增加了友信前端工作人员对借款人情况的实地走访、审核调查以及后续的贷中、贷后服务环节,进一步加强风险管理控制,达到了双重保障的效果,实地认证标相对信用认证标增添了实地认证审核,进一步保障了理财用户资金安全,同时采用本息保障的赔付方式;人人贷平台的债权转让功能在客户债权转让过程中,系统会实时给出转让债权的公允价值,为尽快达成债权转让,用户在公允价值的基础上可以对转让债权的剩余未还本金部分进行相应的折价选择,用户确认转让的债权会在债权列表中展示并等待其他理财人购买,在此期间发起转让的用户可以随时选择撤销尚未转让的债权部分,转让完成后,针对发起债权转让的用户,人人贷平台会收取基于成交金额一定比例的债权转让管理费,用户在购买转让债权的过程中,既可以全部购买,也可以部分购买,即购买一定份额的债权,购买转让债权的用户可以随时对已获得的债权再次发起债权转让,债权在转让过程中并不限制转让次数,人人贷平台对购买债权的用户在债权转让过程中不收取任何费用。

"拍拍贷(www.ppdai.com)"隶属于上海拍拍贷金融信息服务有限公司,成立于2007年6月,总部位于上海,是国内最早的P2P网络信用借贷平台。拍拍贷同时也是最早由工商部门批准,获得"金融信息服务"资质的互联网金融平台。拍拍贷于2012年10月成为最早完成A轮融资的网贷平台,获得红杉资本(Sequoia Capital)投资;2014年4月拍拍贷完成B轮融资,是国内P2P行业首个完成B轮融资的网贷平台,投资机构分别为光速安振中国创业投资(Lightspeed China Partners),红杉资本(Sequoia Capital)及纽交所上市公司诺亚财富。拍拍贷优先计划模式,一般情况下借款人发布借款列表后才可以上传资料,等待初审通过才会放入借出区域供投资者投资,加入优先计划可随时上传资料,不受是否发布借款的限制,方便提前上传并审核资料,提高满标率,有利于最终审核,第一次加入优先计划,账户中扣除199元,再次加入需扣除399元,但是费用金额只是暂时冻结,后续会无条件100%返还到对应的账户。拍拍贷根据借入者提供的资料信息,通过各种第三方权威数据,结合人工审核验证,按照流动性、活动性、盈利性、潜力等基本要素,最终通过逻辑回归、神经网络等信用模型算法,给每个标的进行了信用打分,从而形成了每个标的的信用等级,信用等级综合考虑了借入者的个人信用、资料信息、行为数据等几百个维度,反映了借入者违约不偿还借款本息的可能性。通常来讲,信用等级越高,标的违约率越低,正常还款的可能性越高,其准确性自2007年拍拍贷成立以来进行了几百万用户的数据验证,并进行不断优化。

"有利网(www.yooli.com)"隶属于北京弘合柏基信息科技有限责任公司,已运营10年。有利网于2013年11月获得软银中国资本(SBCVC)投资;2014年6月获得晨兴资本(Morningside Venture Capital)的投资。有利网的商业模式是在线上对接有投资理财需求的投资人，线下与小贷机构合作，小贷机构将承担着对借款人的实地考察、征信、初步信用评估及贷后管理等工作。合作的小贷机构将筛选出借款人推荐给有利网，有利网作为一家 P2P 投资理财平台，仅提供信息服务，不介入交易环节，是纯信息中介平台。有利网目前有定存宝和月息通两款理财产品，定存宝是可进行自动投资并定时自动转让的理财工具；月息通是有利网每月还本付息的投资项目，投资本金和收益将以等额本息的方式每个月返回账户。

"翼龙贷网（www.eloancn.com）"是 P2P 网络借贷平台，由温州翼龙贷经济信息咨询有限公司运营，北京同城翼龙网络科技有限公司是温州翼龙贷经济信息咨询有限公司的企业股东。翼龙贷网于 2007 年成立；2012 年入驻温州民间借贷登记服务中心，开始"同城借贷 O2O"模式，目前已在全国 200 多个城市设立运营中心，并在各地乡镇、社区设立借贷、理财体验店，建立风控管理体系；2013 年 12 月，成为央行支付清算协会"互联网金融专业委员会"发起单位。翼龙贷网 P2P 网络借贷平台，提供互联网环境下点对点、个人对个人的借贷服务。

3. 众筹机构

众筹（Crowdfunding）又称大众筹资或者群众筹资，是指通过互联网方式渠道公布筹款项目和投资计划进行项目筹资，与 P2P 的区别主要在于回报形式更加多种多样，包括股权形式、债权形式、某种奖励形式甚至公益捐赠形式。国外最有名的众筹互联网金融平台为 Kickstarter、Indiegogo、Lucky Ant、Crowdcube 等；国内的众筹网融资平台主要包括点名时间、众筹网、海色网、追梦网、大伙投等。

"Kickstarter（www.kickstarter.com）"于 2009 年上线，为电影、游戏、音乐、艺术、设计、技术等各类、各种规模的项目进行融资，截至 2014 年 3 月，690 万人通过 Kickstarter 筹集了 10 亿美元，支持了 6.9 万个创业项目，手续费用为 5%。

"Indiegogo（www.indiegogo.com）"创始于 2008 年，业务不仅限于美国而是致力于在全球扩展业务，并且不断多元化，手续费用为 4%。

"Lucky Ant（www.fastcoexist.com）"是一家致力于支持投资人本区域内创业企业的互联网金融平台，支持投资人所属区域的创业商店等项目。

"Crowdcube（www.crowdcube.com）"由欧洲最大风险投资公司之一的 Balderton Capital 和数百位私人大众投资者投资，属于股权模式的众筹互联网金融平台，投资者能够成为所投项目公司的股东。Crowdcube 最初由两位发起合伙人 Darren 和 Luke 在 2010 年创立，之后有超过 25 人加入管理团队。

"点名时间（www.demohour.com）"为国内智能新品限时预购模式的众筹网

站，目前有 500 多万智能产品爱好者、国内外超过 1000 家的线上线下渠道、100 多家媒体和 200 多家的投资机构等方面的关注，帮助团队进行智能产品的首次发布和预售。点名时间的智能产品首发是指一个智能产品的首次发布，是正式上市销售前宣传期的开始，同时，首次发布之后，产品还可以用几个月的时间为之后的正式销售造势，并通过预售和互动来收集意见，以便调整产品和市场营销方案。点名时间目前只接受智能产品项目的申请，智能产品的定义为设备必须可采集数据、联网联动，并提供自动化的服务，单纯有设计感的产品无法在点名时间发布。产品发布者必须以注册公司的身份提交项目审核，且商标必须为注册商标，并已获得或即将获得相关质检、3C 认证及其他所需的资格证明。点名时间的工作人员会在 3~5 个工作日内审核发布人提交的产品并与其联系沟通审核结果，如果审核通过，还需要提供样品进行测试，如果一切资料都准备完成，就随时可以上线首发了。点名时间是一个开放、免费的平台，不收取手续费。产品发布团队会在首发时设定一个承诺发货的时间，到那个时候预购者就可以拿到产品。点名时间保证，在首发预订期参与的网友，将会最早一批收到产品。点名时间和所有产品发布团队都签订协议，团队有责任履行他们对发货时间和产品质量所作的承诺。产品的首发预订期结束后，点名时间要求每个团队首先支付首发所获金额的 5% 作为保证金，以保证产品的质量准时发货。如果产品的发货时间延误超过 60 天，或产品质量与承诺有很大出入，点名时间有权扣除部分或全部保证金。在收到保证金之后，点名时间会在 7 个工作日内将 70% 的首发所获金额打给产品发布团队，并在用户确认收货之后将另外的 30% 及全部或部分保证金打给产品发布团队。

"众筹网（www.zhongchou.cn）"隶属于网信金融集团，2013 年 2 月成立，为项目发起者提供募资、投资、孵化、运营一站式综合众筹服务。已上线众筹网、众筹制造、开放平台、众筹国际、金融众筹、股权众筹六大板块。众筹网联合长安保险推出的"爱情保险"项目，筹资额超过 600 万元；"快男电影"项目有近 4 万人次参与。其筹资项目必须在发起人预设的时间内达到或超过目标金额才算成功；没有达到目标的项目，支持款项将全额退回给所有支持者；网友将得到发起人预先承诺的回报。

"海色网（www.highser.com）"隶属于北京海色信息技术有限公司，于 2012 年 11 月上线。北京海色信息技术有限公司发起人有王旭东、徐兢、郭方宇等。海色网是以预支付、预购买为主要模式的筹资平台，年满 18 岁（18 岁以下可由监护人代理）者可以发起设计、科技、影视、摄影、音乐、出版、活动、游戏、旅行等项目。项目正式发布之前，工作人员将会进行审核、沟通、包装、指导。每个项目都有目标金额和时间限制，项目在预定时间内达到目标金额才算成功，项目成功后,海色网将监督项目发起人执行项目,确保支持者的权益;否则项目失败,失败的项目会返还所有支持者的款项以保障支持者的权益。项目发起是免费的,同时不要求任何知识产权,产权归项目发起人所有,项目成功后,海色网会收取最终筹集资金的 10% 作为手续费,如果项目不成功则不收取任何费用。

"追梦网(www.dreamore.com)"于 2012 年 7 月 8 日上线,隶属于上海追梦网络科技有限公司,目前有 5000 多个项目申请,500 多个筹资项目成功融得资金,主要为科技、设计、影像、音乐、人文、出版、活动等几大类项目融资,也在尝试公益活动与上述几类项目以创意的形式结合的项目申请。追梦网的项目模式分为普通众筹模式与灵活模式。所有项目均需设定筹款时长、筹款目标和不同档次的回报。任何对项目感兴趣的用户都可以选择某个档次进行支持。在普通模式下,在设定的时长内完成筹款目标,则项目视为成功,发起者可以拿到梦想资金。如果未能实现筹款目标,则所有已支持的款项会百分之百返还给支持者们,项目发起者不用履行回报。在灵活模式下,无论是否达到预设的目标金额,均可拿到支持者支持的梦想资金,同时也需要履行项目回报当中的承诺。每个项目在筹资时间到期前,项目方不能收到资金。达到或超过筹款目标,追梦网会依据项目发起方项目执行进度与回报寄出进度来分两次打款过去。低于筹款目标,资金将返回支持者账户,筹款者不会获得资金,从而尽量降低支持者的风险,并激励项目发起者尽量设计并宣传好项目。追梦网上项目的筹款时长控制在 10~45 天内。一般情况下,项目上线的第一周和最后一周是筹款的高峰期。

"大伙投(www.faqiwang.cn)"为物权众筹,即以物权为背书的众筹,隶属于合肥六人卓营销(投资)顾问有限公司,提出为企业服务的"筹资金+筹核心顾客群+筹意见领袖群+筹众多社会资源"经营模式,支持的项目包括以物权为背书的合投、合建、合酿、合种、合养、合购、合租、合营。项目发起人根据项目的特点选择回报的方式,包括股权权益、物权权益、产品回馈、服务回报。大伙投接受两大类别的众筹项目:一类以转让股权和物权筹资的项目,回报为股权权益、物权权益比如建设生态农业区或农场,以转让农场的部分股权或物权而筹资;另一类不以转让股权和物权筹资的项目,回报为产品或服务,比如特产预订、尝鲜预订、合种有机粮食自用,按照出资比例分配。上述两类项目筹资,均以物权协议担保为基础。

"淘梦网(www.tmeng.cn)"为提供影视众筹和营销发行服务的平台,公司成立于 2012 年 2 月,是国内首家垂直型众筹平台,通过众筹的方式提供网络融资平台,电影团队可以在平台上发布拍摄计划、列出预算、展示团队、记录进度、沟通交流、寻求合作，最终完成作品创作；在此过程中，吸引观众、投资方、广告主和发行方的资金或资源支持；同时，淘梦网为电影团队提供作品营销发行和版权交易支持，通过与视频平台、电视台、网络运营商、国内外影展和比赛等新媒体渠道的合作提供营销和发行服务；另外，通过手机视频付费、视频平台付费、电视台、比赛等为电影团队获得作品收益；此外，淘梦网作为专业新媒体影视平台，主办、协办或合作微电影节、微电影首映礼、微电影创作扶持等活动，促进行业合作与交流；淘梦网自有品牌活动淘梦开放日，是淘梦网团队营造的聚合电影团队、专业嘉宾、视频渠道、媒体记者、现场观众等资源，以微电影和新媒体电影首映、团队展示、项目合作及投资签约为内容的行业活动。淘梦网的基本运作流程中项目发起人首先将拍摄电影的想法或计划以视频、图片、文字的形式提交至淘梦网；淘梦网将审核项目发起人所提交的项目资料，并返回审核结果及建议；项目成功上线，淘梦网进行宣传推广，让更多网友了解项目；网友对团队项目产生共鸣，支持和预购团队的项目承诺的回报；至项目结束日期，达到目标金额，团队可以执行项目；项目执行完毕，项目发起人兑现对支持者的回报。

"大家投（www.dajiatou.com）"属于股权众筹平台，隶属于深圳市创国网络科技有限公司，是国内"众筹模式"天使投资与创业项目私募股权投融资对接平台。大家投的模式主要包括众帮模式的初期企业股权投融资业务模式，单次跟投额度可以最低到项目融资额度的 2.5%，大大降低中国天使投资人的门槛；以融资项目为主体的直接投资网络平台，与其他以创投为主题的社交 SNS 网站在产品定位有所差异；用户体验上实现融资项目商业计划书真正实现从文档化到数据化、标准化的转变，改变创业者用电子邮件方式重复大量放松商业计划书的状况，同时提高投资人从众多商业计划书中筛选自己感兴趣项目的工作效率；天使投资行业对一个项目的领投加跟投机制，实现职业天使投资人与业余天使投资人的共同支持创业者的行业格局。大家投委托兴业银行深圳分行推出一种面向大家投的投资款托管服务，主要内容是投资人认投项目时把投资款转入托管账户，待有限合伙企业成立后，再按照投资人的意见分批次将有限合伙企业所有合伙人的投资款分批次转入有限合伙企业基本账户，有限合伙企业普通合伙人再将有限合伙企业基本账户的投资款转入目标项目公司基本账户。由于投资人存放在托管账户中的资金是分批次转入被投企业（每季度一次，每次 1/4 或每半年一次，每次 1/2），这样中途投资人根据项目实际运作情况，参与投资的合伙人可以集体投票（少数服从多数）选择继续放款或者终止放款。如果选择终止放款，则剩余未拨付的投资款将会全额退还给投资人。

4. P2B（Person to Business）机构

P2B 是国内 P2P 互联网金融模式的一种新的发展，但是，不同于 P2P 个人对个人，P2B 互联网金融平台主要为个人对非金融企业融资业务。国内 P2B 互联网金融机构平台有中国资本网、企易贷等。票据交易平台是近来兴起的细分 P2B 专业互联网金融平台，如"票据宝"平台。

（1）综合 P2B 互联网金融平台

"中国资本网（www.cnziben.com）"为基于 O2O（Online to Offline）模式的互联网投融资综合性一站式服务平台，2013 年 2 月由元贞财富（北京）资本管理有限公司与北大汇丰 EDP 互联网金融投资专业委员会及其他 VC、PE 投资商投资成立，总部设在北京。中国资本网现有元贞财富（北京）资本管理有限公司、北京元贞财富教育科技有限公司、国投元贞（北京）投资基金有限公司、元贞嘉富（北京）投资基金有限公司等实体，在全国 20 多个省有分支机构和加盟商。该互联网金融平台主要把银行、公私募基金、信托、民间资本等各类资本形态提供者进行资源整合，通过本地化的交互网络平台与中小企业进行资本对接，同时还为企业提供投融资培训、商业模式诊断咨询、资本系统应用等服务。通过线上带动线下，经营泛互联网空间，主要为成长型中小企业提供整体孵化解决方案。资本网的资本平台商业模式，涵盖 B2B、C2B、B2C、C2C 等传统电商模式。通过资本网的 P2B 网络借贷互联网资金交互平台，借款企业经过资本网线下审核、第三方保荐机构担保、信用评级，在资本网发布融资需求；投资人在资本网选择项目进行投资，获得理财收益。资本网引入了第三方保荐机构的概念，为借款企业方提供无限连带责任担保，担保公司事先对融资企业进行实地考察、风控审核及抵押物处置。承诺优先将本金、利息偿付给投资人，实现其本息保障。

"企易贷（www.71dai.com）"隶属于中国镭驰金融控股集团有限公司，是基于 O2O（Online to Offline）模式的 P2B（Person to Business）金融服务平台，平台上的企业用户在通过镭驰金融按照金融行业标准风控规则审核后获得信用评级，可以发布企业借款需求；个人投资会员可以把资金通过"企易贷"平台出借给信用良好、有资金需求并提供全资产抵押或担保的中小微企业，获得资金回报。"企易贷"不同于信托产品或 P2P 信用贷款，是根据广义信任托付理念，投资者委托"企易贷"对借款项目的各项风险要件与抵（质）押条件进行审慎审查，实施贷前核查、贷中管理及贷后处置，并配以三重本息保障措施，在确保投资人本息安全的前提下实现的投资收益。"企易贷"的 P2B 是由 P2P 及 B2B 融资模式演化而来的互联网信托模式；O2O 将线下的商务机会与互联网结合在一起，让互联网成为线下交易的前台，这样线下服务就可以用线上来揽客，客户可以通过互联网来筛选服务，结算也能够在线完成，规模化效应明显，实现了资金的双向互补及风控的双向控制。

(2) 票据专业互联网金融平台

"票据宝（www.zgpjb.com）"隶属于深圳市票据宝金融服务有限公司，为国内首个互联网金融票据专业平台，融资方为国内新兴产业中实体经营和实际项目，能提供银行承兑汇票作质押，同时有融资需求的企业。普通散户投资者一般不具备投资银行承兑汇票的资格，需要通过金融机构途径审批和购买，通过"票据宝"互联网票据理财产品平台，投资者可以实现对银行承兑汇票的间接投资。票据理财到期后由出票银行兑付，风险因素可能包括银行倒闭风险，但根据"票据宝"平台承兑行的实际情况，来自这方面的风险目前较小；票据造假的承兑风险，票据贴现市场较为复杂，存在假票据风险，"票据宝"平台有融资需求的企业将持有的银行承兑汇票质押在银行机构，由银行承担验票、保管、到期托收并结算的责任，从而保障票据的真实有效性；资金安全风险方面，票据宝由国付宝作为票据理财提供第三方资金托管，全程监控投资者的资金流向，国付宝为经认证的第三方电子支付平台，投资者资金安全有较好的保障。票据宝融资端严格控制在有实体经营的企业，即保障银行承兑汇票申请时需要有贸易合同，审查企业的财务报告、跟踪资金用途、了解企业经营情况以及评估企业的盈利能力来降低投资者风险。

"金银猫（www.jinyinmao.com.cn）"隶属于上海金银猫金融服务有限公司，以 P2B、O2O 和社区网点模式开展业务创新。金银猫为持有银行出具未到期兑付凭证的中小企业，提供票据抵押和受益权转让服务，在这种融资过程中，银行承兑汇票到期后由出票银行兑付，风险较小，主要服务产品包括商票贷和银企众盈（票据贷）。商票贷是指在金银猫平台上进行融资的企业，通过质押其持有的商业承兑汇票担保其借款到期归还本息的模式，商业承兑汇票为质押物，且均有银行、国有大型担保公司或大型企业集团出具保函；银企众盈（票据贷）是投资者通过对金银猫平台进行增信项目的投资，在确保投资人本息安全的前提下实现良好的投资收益。

5. P2C (Person to Company) 机构

P2C 机构平台主要针对小微型企业进行融资。国内 P2C 的主要机构平台为"爱投资"，此外，P2C 机构平台还包括积木盒子、爱互融网、花果金融等。

"爱投资（www.itouzi.com）"是较为典型的 P2C 互联网金融交易模式的平台，于 2013 年 3 月 31 日上线。爱投资隶属于安投融（北京）网络科技有限公司，管理团队成员来自于清华、北大、中科院等高校，项目及风控高管来自于花旗银行、民生银行、平安银行等金融机构；技术及运营团队由互联网企业从业者组成。目前已开设 10 多家分支机构，有几十万个互联网用户和几百家实体企业用户。在引入战略投资领域，2014 年 1 月 8 日，中援应急投资有限公司正式宣布与爱投资达成战略合作，并向爱投资平台进行战略投资。其推出的产品中，爱担保系列产品是投资用户将资金出借给有良好实体经营且有借款需求的企业，投资本息由爱投资合作的多家融资性担保公司提供全额担保，且借款企业必须提供足值抵押物作为反担保安全措施。投资当日开始计息，按月付息，到期还本；爱保理系列产品是投资用户支付对价给保理公司，保理公司转让应收账款给用户且到期回购，基础交易中原始债务方为实力雄厚的大型工商企业，用户投资本息由保理公司到期回购及原债务方的优质信誉共同提供有力保障，投资期限一般为 1 周至 6 个月短期；爱融租系列产品是爱投资为投资用户提供以融资租赁业务为交易模式的投资产品，与爱投资合作的出租方（融资租赁公司）通过向投资用户转让收租权，将所融资金用于购买承租方（借款企业）所需设备或资产并出租给承租方使用。承租方按时对投资用户付租还本；债权市场是指用户已投资的爱担保、爱保理、爱融租等产品在持有规定时间后，根据需要可自由定价，放入债权市场中进行转让。

"积木盒子（www.jimubox.com）"前身为 2012 年 7 月上线专注于尽职调查数据服务的平台 76hui；2013 年 8 月积木盒子上线；2013 年 12 月其交易额突破 1 亿元；2014 年 2 月获得来自欧洲的 Ventech 投资；2014 年 5 月交易额突破 10 亿元。

"花果金融（www.huaguo.com）"于 2014 年 1 月 2 日上线，为 70 家企业完成借款筹资超过 4 亿元，为 12742 名投资人获得理财收益 6555 万元。先后与华诚联合融资担保有限公司、上合诚融资担保有限公司、北京首业融通担保有限公司、中鸿联合融资担保有限公司、跃天财富融资担保有限公司、中国银联旗下联动优势电子商务有限公司达成战略合作协议，并接受了蓝基金（蓝色经济区产业投资基金）和首都科技集团的战略投资。花果金融推介的债权理财产品均为经过严格线下金融机构审核和推荐的债权项目，在足额抵押的前提下，由第三方担保机构提供本息的全额担保。所有由花果金融推荐的债权项目均经过线下金融机构、担保机构及花果金融风控团队的三重审核。线下金融机构的审核包括获取、鉴别、审核借款客户的个人信息、征信报告、联系人信息、工作信息、银行流水、实地验证、财产信息等信用信息。金融机构根据自身信审规则及经验确定借款额度。第一道审核完成后，线下金融机构将所推荐的借款客户的所有资料发至合作担保公司进行审核。担保公司将对借款人的借款金额、还款能力和抵押物情况进行再次审核，并办理相关的抵押手续和设置反担保措施，一般借款人需提供足额抵押物，审核通过后，担保公司将出具相应担保法律文件，为此笔借款提供100%本息偿还的连带担保责任。花果金融鼓励投资人尽可能通过多笔的投资分散风险，针对一般用户，为单个项目均设定了投资上限，客户可以通过降低每笔投资的金额来增加投资项目笔数。投资人可以将符合条件的债权通过花果平台进行转让，满足临时现金需求。

"爱互融（www.ihurong.com）"是成都汇众信息技术有限公司旗下专业 P2C 网站，是由一个毕业于西南财经大学、中国科学技术大学、电子科技大学等高校的，同时在金融、互联网行业具有工作经验的团队经营。爱互融打造的 P2C 模式是一种互联网金融创新模式，是一种线上线下（O2O）相结合的概念。爱互融的 5 重 P2C 模式风险控制体系是目前国内较完善的风险控制体系其中的企业尽职调查方面，通过专业的尽职调查团队，按照银行的标准对企业进行 360 度调查，包括企业的管理团队、供应商、销售商、管理水平、行业地位、财务状况、发展战略、资金用途等；与担保机构合作方面，所有的融资企业在通过尽职调查后，都会引入担保公司对企业的融资额进行全额担保；在企业进行反担保方面，融资企业对担保公司进行反担保，即企业必须对担保公司进行资产抵押；在风险准备金制度方面，爱互融平台从每个融资项目提取融资额的 0.5% 作为风险准备金，用于对投资者的本金和利息提供保障；在资金第三方托管制度方面，每一个融资项目都会单独设立一个第三方资金托管账户，投资者的资金直接打入第三方账户，任何个人和平台（包括爱互融）都无法动用第三方账户上的资金，同时对资金用途进行监管，专款专用，保障资金按照企业融资用途使用。

6. 第三方基金销售和综合理财互联网金融平台机构

（1）利用已有互联网金融平台的衍生第三方基金销售平台机构

利用已有互联网金融平台基础进行理财产品的营销活动，"余额宝"是这种模式的典型代表。

"余额宝（financeprod.alipay.com）"是支付宝打造的余额增值服务，如果把资金转入余额宝相当于购买了"天弘基金"提供的"增利宝货币基金"，从而可以获取其投资理财收益。因此，余额宝是支付宝为个人用户推出的通过余额进行基金理财的服务。把资金转入余额宝即为向基金公司等机构购买相应理财产品。余额宝目前支持天弘基金"增利宝"货币基金。货币基金主要用于投资国债、银行存款等安全性高、收益稳定的有价证券，2012 年国内货币基金 7 日年化收益率平均约为 3.8%。总体来看，货币基金作为基金产品的一种，理论上存在亏损可能，但从历史数据来看收益稳定风险较小。

余额宝的转入资金在基金公司确认份额的第 2 天可以看到收益。

当日收益 =（余额宝已确认份额的资金/10000）× 每万份收益。假设客户已确认份额的资金为9000元,当天的每万份收益为1.25元,代入计算公式,客户当日的收益为1.13元。

余额宝的收益每日结算,每天下午3:00左右前一天的收益到账。客户用余额宝消费或转出的那部分资金,当天没有收益。

在风险控制方面,转入余额宝的资金由众安保险承保,被盗100%赔付,赔付无上限;另外,余额宝通过手机操作,若客户手机丢失,客户可以挂失手机号并联系支付宝客服冻结支付宝账户。

余额宝内的资金能够随时用于网购支付,提取也较为灵活便利。用支付宝余额转入余额宝没有额度限制,客户使用借记卡快捷转入余额宝不同银行额度不同,所以需要以收银台提示限额为准。余额宝不支持客户借记卡网银方式转款,因此客户需先开通借记卡快捷,或者用网银充值到支付宝,再将余额转入余额宝,并且客户可以设置自动转入余额宝方式。

(2) 利用已有综合财经门户网站建立的基金销售平台机构

这一类主要包括和讯网的和讯基金、东方财富网的天天基金等。

"和讯基金(funds.hexun.com)"是证监会批准的基金销售机构,主要通过和讯理财客开展相关业务,和讯理财客为北京和讯在线信息咨询服务有限公司的互联网金融业务品牌。和讯网(www.hexun.com)创立于1996年,是国内较早的财经门户网站。

"天天基金网(fund.eastmoney.com)"隶属于上海天天基金销售有限公司,该公司是中国证监会批准的首批独立基金销售机构,公司注册资本5000万元。母公司"东方财富"是A股首家上市的财经网络门户,2013年公司资产总额逾18亿元,流动资金逾15亿元。东方财富网是国内财经门户网站,基金社区"基金吧"有着较为广泛的影响力。

(3) 新建第三方基金销售营销平台机构

"数米基金网(www.fund123.cn)"隶属于数米基金销售有限公司,于2006年开始筹划,2007年由杭州数米基金销售有限公司正式推出,是国内较早面向个人投资者的基金垂直网站。目前,数米基金网先后推出十几类理财功能性产品及资讯、数据、互动等专业服务,现有注册用户近300万。2012年4月,数米基金销售有限公司获得中国证监会核准证券投资基金销售业务资格的批复,2012年4月24日正式获得《基金销售业务资格证书》,从而成为国内较早一批独立基金销售机构。2012年7月13日,数米基金超市上线,数米基金网成为国内较早正式开展业务的第三方基金销售机构。数米网较有特色的网站栏目包括"我的基金"、"净值估算"、"每日净值"等,提供包括基金行情、基金数据、基金资讯、选基工具、微博、论坛、博客、基金大赛等功能频道和互动社区服务，并推出"基金宝"专业基金分析软件，覆盖 PC、手机、IPAD 等终端类型。

"铜板街（www.tongbanjie.com）"隶属于杭州铜板街网络科技有限公司，是国内综合理财交易的手机理财平台。2013 年 6 月 11 日，铜板街推出基于苹果手机的理财交易版，用户可根据自己的需求和风险承受能力选择理财产品，并在手机或网站上完成购买、收益查询、取现等操作。2014 年 2 月，单月的新增交易用户就超过 2013 年全年。截至 2013 年 12 月 31 日，铜板街理财平台交易额超过 2.7 亿元；2014 年 3 月，铜板街 APP 单日交易额则突破 1 亿元；2014 年 6 月，铜板街理财平台交易额已突破 10 亿元。在安全和风险控制方面，用户通过姓名、身份证、银行卡、手机号四重认证。铜板街不接触用户资金，用户的理财资金只能在本人实名认证的同张银行卡内进出；同时，铜板街与平安保险公司合作，一旦出现账户资金被盗等风险，平安保险将全额承保，100% 赔付，赔付金额无上限。

"好买基金网"隶属于上海好买基金销售有限公司（简称"好买基金"），该公司拥有中国证监会颁发的首批第三方基金销售牌照。其母公司为上海好买信投资管理有限公司（简称"好买财富"）是国内较早的第三方投资顾问公司，独立于基金公司、银行、信托公司、券商等机构，为投资人提供独立的投资方案，并协助投资人一站式购买投资产品。好买财富成立于 2007 年，建立起了包括好买基金研究中心、在线交易平台等内部机构，产品包括公募基金、固定收益类信托、阳光私募基金、TOT、PE/VC、海外基金等，线上产品超过 2000 款。"好买财富"除了拥有"好买基金网（www.howbuy.com）"平台以外，还拥有"好买基金交易网（www.chowbuy.com）"和"掌上基金"平台。

（4）综合理财互联网金融平台机构

越来越多的互联网金融平台正在朝综合理财的方向发展，招财宝是较为典型的代表，既提供借款产品，又提供保险产品和基金产品。

"招财宝（zhaocaibao.alipay.com）"隶属于上海招财宝金融信息服务有限公司，中小企业和个人可以通过平台发布借款项目并由金融机构提供本息保障，招财宝平台销售的借款产品是由借入人发布借款申请，由金融机构进行风险管理并且提供还款保障措施，由借出人直接向借入人借出资金的直接融资项目。借款产品包括"中小企业贷"和"个人贷"两个类型。借入人为中小企业的借款产品，名为"中小企业贷"；借入人为自然人的借款产品，名为"个人贷"。两类借款产品主要差异为借入人主体性质不同，两类借款的借出人的本金与约定收益都是由金融机构提供还款保障，金融机构包括银行、保险公司等，如果借入人发生逾期问题，将由金融机构按照保障措施相应条款规定向借出人进行本金与约定收益相应支付。招财宝平台销售的保险理财产品由保险公司发布，主要为万能险产品，万能险是一种同时兼具理财和保障双重需求的寿险产品，设有最低保证利率和预期收益率，最低保证利率一般为 2.5%，超过最低保证利率的部分是不确定的，实际以保险公司每月初公布的结算利率为准，招财宝销售的万能险产品到期后会自动赎回至投保人余额宝账户。招财宝平台销售的基金产品主要是分级债基金，通过对基金收益分配安排，将基金份额分成约定收益与浮动收益的两类基金份额，预期风险和收益均较低且优先享受收益分配的部分，称为"A 类份额"，目前招财宝销售的分级债产品主要为"A 类份额"。

7. 信息服务机构

这一类模式的主要融资平台机构包括融360、好贷网等。

"融360（www.Rong360.com）"据其网站介绍隶属于北京融世纪信息技术有限公司，于 2011 年 10 月成立，属于金融垂直搜索平台。融360 主要提供个人消费者和微小企业金融产品搜索、推荐和申请服务，业务内容包括贷款、信用卡与理财。融360 属于金融信息搜索服务平台。融360 平台的金融产品包括国有银行、股份制银行、外资银行、城市商业银行、小额贷款公司、担保公司、典当行等类型金融机构提供的金融产品。"融360"于 2012 年 3 月进行了第一轮融资活动，光速创投、KPCB（凯鹏华盈）、清科集团三家风险投资公司参与了投资；2013 年 7 月进行了第二轮融资，由红杉中国基金领投，第一轮三家风险投资公司进行了继续投资；2014 年 7 月进行了第三轮融资，新加坡淡马锡集团参与了投资活动。

"好贷网（www.haodai.com）"是同样属于贷款搜索和服务平台。"好贷网"网站介绍其本身不提供贷款，帮助主要是个人、中小企业筛选金融市场上的贷款渠道，帮助实现贷款，其宣传为"找正规贷款，就上好贷网"。其建立业务联系的金融机构包括银行、小贷公司、担保公司、典当行等。金融机构的信贷经理或业务人员可入驻好贷网平台，获得客户机会。好贷网则致力于匹配贷款需求者和贷款业务人员直接沟通，从而成为信贷直销平台。截至 2014 年 3 月，好贷网已在全国超过 100 多个城市开通了本地的在线贷款搜索与咨询服务，并与超过 5000 家银行、小贷公司、典当行等信贷机构建立合作。在技术方面，好贷网通过大数据进行 C2B 的贷款产品反向定制。

8. 第三方互联网保险平台机构

在各保险公司推出互联网平台业务的同时，也出现了中民保险网、保网、网易保险、慧保网、易保网、E 家保险网、慧择网、优保网等独立的第三方互联网保险服务平台；此外，还有中国保险网等保险业综合互联网信息网站。

"中民保险网（www.zhongmin.cn）"由中民保险经纪股份有限公司和中民电子商务股份有限公司共同建设与运营，为经中国保监会批准的保险电子商务网站，于 2008 年正式上线运营。中民保险经纪股份有限公司是经保监会审核批准的全国性、综合性保险经纪公司，公司注册资本 5000 万元。2012 年 1 月，中民保险网首批获得中国保监会批复的互联网保险业务经营资格。中民保险网是投保人角度的主动型保险电子商务平台，在线销售 50 余家国内外保险公司共 1000 多种（款）保险产品，包括意外保险、旅游保险、家财险、健康保险、车险等。目前已经完全实现这些保险产品的在线保费计算、对比、购买、支付与投保功能。中民保险网采用了一键式在线保险产品对比系统，通过一键搜索式产品对比系统，可以将复杂的保险产品通俗化展现给客户，帮助客户选择适合自己的保险产品。

"保网（www.baoxian.com）"隶属于深圳市保网电子商务有限公司，2004 年在深圳建立，属国家"863"、"火炬"计划重点扶持项目，中国保险监督管理委员会推荐的保险中介机构信息化设备软件供应商，主要经营数据库服务、软件服务、网络服务等业务，是中国保险行业"国家级高新技术企业"。2010 年 7 月 29 日，泛华保险服务集团收购保网，建设一站式在线保险比价、交易平台，成为网上保险用户群落和保险产品网上展示平台。在此基础上，建设保险第三方呼叫中心。泛华保险服务集团为财产保险、人寿保险、保险公估、保险经纪、消费者金融、个人财富管理综合金融服务集团，业务涵盖财产险、寿险、金融、理财、健康管理、汽车服务。截至 2011 年 9 月 30 日，泛华的服务网络覆盖全国 23 个主要经济省市，有 4 万多代理人、100 多万客户、47 家保险专业中介机构。"保网"在金融保险销售服务平台的基础上，叠加电子商务平台、呼叫平台，建设"地面 + 鼠标 + 电话"三位一体的第三方金融保险公共交易与服务平台。

本章参考文献

[1] 陈煜涛. 证券公司互联网金融的探索与政策建议 [N]. 上海证券报，2013 - 07 - 25.

[2] 郭长耀. 国内首家互联网保险公司落户上海 [J]. 金融博览，2013（12）：2 - 3.

[3] 刘田. 互联网企业 PK 金融机构 [N]. 第一财经日报，2013 - 07 - 20.

[4] 王方宏. 互联网金融的挑战和银行转型的方向 [J]. 国际金融，2014（8）：21 - 26.

[5] 王英俊. 互联网金融对商业银行的挑战及对策 [J]. 深圳金融，2013（1）.

[6] "支付宝（www.alipay.com）"、"拉卡拉（www.lakala.com）"、"财付通（www.tenpay.com）"、"盛付通（www.shengpay.com）"、"易票联支付（www.epaylinks.cn）"、"易宝（YeePay.com）"、"快钱（www.99bill.com）"、"陆金所（www.lufax.com）"、"宜信（www.creditease.cn）"、"红岭创投（www.my089.com）"、"人人贷（www.renrendai.com）"、"拍拍贷（www.ppdai.com）"、"有利网（www.yooli.com）"、"翼龙贷网（www.eloancn.com）"、

"Kickstarter（www.kickstarter.com）"、"Indiegogo（www.indiegogo.com）"、"Lucky Ant（www.fastcoexist.com）"、"Crowdcube（www.crowdcube.com）"、"点名时间（www.demohour.com）"、"众筹网（www.zhongchou.cn）"、"海色网（www.highser.com）"、"追梦网（www.dreamore.com）"、"大伙投（www.faqiwang.cn）"、"淘梦网（www.tmeng.cn）"、"大家投（www.dajiatou.com）"、"中国资本网（www.cnziben.com）"、"企易贷（www.71dai.com）"、"票据宝（www.zgpjb.com）"、"金银猫（www.jinyinmao.com.cn）"、"爱投资（www.itouzi.com）"、"积木盒子（www.jimubox.com）"、"花果金融（www.huaguo.com）"、"爱互融（www.ihurong.com）"、"余额宝（financeprod.alipay.com）"、"和讯基金（funds.hexun.com）"、"天天基金网（fund.eastmoney.com）"、"数米基金网（www.fund123.cn）"、"铜板街（www.tongbanjie.com）"、"好买基金网（www.howbuy.com）"、"招财宝（zhaocaibao.alipay.com）"、"融360（www.Rong360.com）"、"好贷网（www.haodai.com）"、"中民保险网（www.zhongmin.cn）"、"保网（www.baoxian.com）"等官方网站。

第四章 互联网金融的基础设施研究

金融基础设施是各类金融交易的软、硬件保障,金融基础设施的高效率有助于储蓄向投资的高效转化,有助于金融资源的合理、高效配置,最终推动经济发展。随着中国互联网金融的发展,互联网金融基础设施建设薄弱的弊端日益凸显,亟须加强中国互联网金融基础设施建设。本章从互联网金融基础设施的四个重要方面——法律体系、移动支付和第三方支付、征信系统和云服务平台阐述中国互联网金融基础设施的现状、问题,提出建设与完善互联网金融基础设施的对策建议。

一、互联网金融基础设施概述

金融基础设施是指包括一整套支持金融市场和金融中介有效运行的法律制度、信息披露机制、审计制度、会计制度、交易与清算组织和监管机构等,金融基础设施的一个重要功能就是有效引导储蓄向生产性资本转移,并将生产性资本配置到效用最大化产业中,最终促进经济增长。《中共中央关于全面深化改革若干重大问题的决定》指出:"加强金融基础设施建设,保障金融市场安全高效运行和整体稳定。"金融基础设施建设既是金融改革的重要组成部分,也是改革的基础。金融基础设施的主要功能是确保契约的有效实施,更加规范、优化的金融基础设施建设不仅影响到金融结构优化的深度,也是衡量金融深化发展的尺度。夯实金融基础设施是中国做大做强金融产业的关键环节,也是中国提升全球金融影响力的重要保障。因此,加强对互联网金融基础设施的研究意义重大。

传统的金融基础设施包括综合的法律体系、交易规则和技术、支付和清算系统、规制与监管制度、透明度原则与会计准则、破产法规与合同强制履行机制等。其中法律传统、会计基础设施、监管系统和支付清算系统是金融基础设施建设的主要组成部分。互联网金融是对传统金融的深化与发展,互联网金融基础设施与传统金融基础设施相比,在于其网络云服务、更加虚拟性、智能化和集成性,互联网金融基础设施主要包括法律体系、移动支付和第三方支付、征信体系、网络云服务平台、会计准则、监管系统等方面,本章主要论述前四种基础设施。

（一）互联网金融法律体系

完善的金融法律体系是金融市场正常运转的保证，金融法律系统的范围很广，其中主要指金融领域中的法律法规，诸如银行法、保险法、外汇法、期货法、证券法等，还有实施这些法律的规章制度。互联网金融作为一种全新的生态，只有生长在法治土壤之中，才能让它的经脉长得更加强壮，互联网金融在"野蛮生长"的过程中，伴随的风险不容忽视。很多客户对互联网金融其实没有什么概念，他们一方面很难精确地控制风险，另一方面也难免被"乱花渐欲迷人眼"的各种理财产品所忽悠；且互联网金融往往客户分散，涉及的群体较多，一旦老百姓的资金打了水漂，将产生比传统金融更大、更难以处理的局面。更令人担忧的是，到目前为止，国家层面监管规则和制度的"笼子"还未打造完备。这让许多纯诈骗性质的平台得以顺利进入这个生态圈。从一些第三方机构统计数据来看，网贷平台开"空头支票"现象频发，投资者损失严重。同时，互联网金融介质特殊，动动手指，输个数字，就能实现财富的转移。之前就有谣言称手机丢失会导致支付宝账号被盗，引发网友强烈关注。平台良莠不齐、通信技术存有短板的背后，资金如果受损，谁又该来担责？

例如，P2P 借贷平台属于民间借贷平台，并非没有法律规范可以适用，现行民商法基本上可以对其进行规范。然而，由于部分互联网金融企业没有尊重和维护投资者的应有权利，没有守住法律的底线，导致 2013 年 9 月以来网贷平台倒闭、商家跑路等事件频发。P2P 借贷本属于民间借贷行为，然而 P2P 平台屡屡现出违法苗头，这与 P2P 行业现存的"无准入门槛、无行业标准、无机构监管"的三无状态有一定关系，还和 P2P 行业的"边发展、边规范"的实际困难有关。目前 P2P 等互联网金融的发展尚不成熟，还需要政府及时进行监测预警、风险提示，并严厉打击非法集资等违法犯罪行为。

互联网金融法律在于互联网金融内生的风险，这些风险有：（1）第三方支付及其衍生的风险，包括主体资格和经营范围的风险、在途资金和虚拟账户资金沉淀的风险、洗钱及其他违法、犯罪风险；（2）网络借贷风险，包括信誉风险、法律及政策风险、市场选择风险、系统安全风险、征信系统与信息共享机制缺失（信用风险）等。

解决这些难题，还得靠法治。社会主义市场经济本质是法治经济，任何经济行为，都需要在法治的轨道上运行，互联网金融也不例外。法治不仅是一种规范，更是一种保障。互联网金融作为一种全新的生态，没有一定的基础设施是不可想象的。行业的准入门槛怎么界定，企业的信用评级如何建立，风险监测和预警机制怎样完善，这些都有待于明细的法律条文予以规定。

(二) 移动支付与第三方支付

支付体系是一国金融系统的核心基础设施，如果说金融是经济的血液，那么支付就是金融的血管，它关系到一国金融业的效率与稳定。总之，金融业最重要的组成部分是支付。在互联网金融时代，支付主要表现为移动支付和第三方支付。

1. 移动支付

移动支付也称为手机支付，就是允许用户使用其移动终端（通常是手机）对所消费的商品或服务进行账务支付的一种服务方式。移动支付业务是由移动运营商、移动应用服务提供商（MASP）和金融机构共同推出的、构建在移动运营支撑系统上的一个移动数据增值业务应用。移动支付系统将为每个移动用户建立一个与其手机号码关联的支付账户，其功能相当于电子钱包，为移动用户提供了一个通过手机进行交易支付和身份认证的途径。用户通过拨打电话、发送短信或者使用WAP功能接入移动支付系统，移动支付系统将此次交易的要求传送给MASP，由MASP确定此次交易的金额，并通过移动支付系统通知用户，在用户确认后，付费方式可通过多种途径实现，如直接转入银行、用户电话账单或者实时在专用预付账户上借记，这些都将由移动支付系统（或与用户和MASP开户银行的主机系统协作）来完成。

移动支付主要指通过移动通信设备、利用无线通信技术来转移货币价值以清偿债权债务关系。移动支付存在的基础是移动终端的普及和移动互联网的发展，可移动性是其最大的特色。随着移动终端普及率的提高，在未来，移动支付完全有可能替代现金和银行卡，被人们在商品劳务交易和债权债务清偿中普遍接受，成为电子货币形态的一种主要表现形式。移动支付的特点如下：第一，以移动通信设备为载体，主要表现为手机；第二，运用无线通信技术；第三，电子货币是移动支付存在的基础，电子货币与移动支付是一对孪生兄弟；第四，移动支付是货币形态的表现形式而非货币本质的改变；第五，移动支付的发展依赖于第三方支付；第六，网络正外部性。消费者从消费某种商品（如移动支付）中得到的效用，依赖于其他消费者对该种商品消费的数量。当移动支付前景一片光明时，人们就愿意参与到移动支付中来，同时人们现在也愿意为之付出更高的价格，因为当移动支付使用人数足够大时，其成本就变得非常低，价格也就低了，甚至逼近零。

2. 第三方支付

第三方支付指通过互联网在客户、第三方支付公司和银行之间建立连接，帮助客户快速实现货币支付、资金结算等功能，同时起到信用担保和技术保障等作用。

第三方支付的产生，使得客户不直接与银行进行支付清算，从而具有如下几点好处：一是在电子商务中可以起到担保作用；二是第三方支付可以集成众多银行，且不用开通网上银行和手机银行也能进行支付，方便快捷；三是可以节约交易成本；四是支付与购物、旅游、投资等社会活动相连，具有社会性。

移动支付第三方支付的产生，更是大幅降低了交易成本。移动支付表面上是把支付终端从电脑端向手机端等转移，但就是这一转移，可能会导致支付领域的革命性变革，因为支付是货币在不同账号之间的转移，支付本身就蕴含移动的意思，而手机等终端最大的优势也是可移动性，二者不谋而合，移动支付与第三方支付的融合，放大了这一优势。

在第三方支付产生以前，支付清算体系是客户与商业银行建立联系，商业银行与中央银行建立联系，中央银行是所有商业银行支付清算的对手方，能够通过轧差进行清算。在原有支付清算模式下，由于客户不能与中央银行之间直接建立联系，客户必须分别与每一家商业银行建立联系，支付清算的效率较低。

第三方支付诞生以后，客户与第三方支付公司建立联系，第三方支付公司代替客户与商业银行建立联系。这时第三方支付公司成为客户与商业银行支付清算的对手方，第三方支付公司通过在不同银行开立的中间账户对大量交易资金实现轧差，少量的跨行支付则通过中央银行的支付清算系统来完成。

第三方支付通过采用二次结算的方式，实现了大量小额交易在第三方支付公司的轧差后清算，在一定程度上承担了类似中央银行的支付清算功能，同时还能起到信用担保的作用。而在移动支付产生以前，客户与第三方支付公司建立连接主要通过电脑端实现，移动支付诞生以后，客户与第三方支付公司的联系逐渐向手机端转移。

（三）互联网金融征信体系

1. 互联网金融征信的内涵

互联网征信是由互联网金融衍生出的概念，目前并没有明确定义。我们理解互联网征信是为解决互联网金融客户信用风险评估而对客户在互联网上相关交易信息进行登记、评估，并对这些信息进行使用的过程。

2. 互联网金融征信的特点

由于互联网的虚拟性、跨区域性等属性，互联网征信也天然具有有别于实体征信特点的自身特征。

（1）产生的偶然性

众所周知的事实是，国内互联网征信原始数据的产生和积累起源于电商平台，以阿里最为典型。最初为解决网络交易信息不对称问题，阿里创造提供了诚信通和支付宝两款第三方担保产品，但由于电脑交易的留痕特性使阿里无意间积累了大量的电商交易、支付及评价等有效数据。正是基于这些海量数据，借助新兴的大数据等计算手段，使阿里可以利用这些原始数据掌握客户的信用状况、经营行为、收支状况，并通过与实体商业银行合作、开办小额贷款公司等途径，实现了商业征信在金融领域应用的突破。因此，正是由于电子商务的快速发展，以及数字化交易可以完整记录每项交易痕迹的特性，为互联网征信的产生和发展创造了必要的条件。

（2）数据内容的多样性

由于传统商业模式或金融模式中，对客户评价内容往往需要工作人员主观录入系统，不但耗时耗力，而且数据失真率较高，难以真实反映客户整体经营及信用状况。而互联网征信中，无论是商业信用还是金融信用，其全部交易过程均被电脑真实记录下来，并被纳入服务提供商大数据采集范围之内。这些内容包括原材料采购、销售、收支划转以及付款周期、客户评价等，通过对所有数据根据关键值进行绑定分析，就可以知道每一个特定分析对象的真实经营情况、信用真实度等关键内容，应用于金融领域可以有效防范信用风险。

（3）使用范围的局限性和垄断性

进入大数据时代后，拥有大数据即拥有财富，这必然导致已经积累大量客户相关数据的电商或互联网金融企业敝帚自珍，不肯对外共享。但由于客户在互联网进行各种活动牵涉到多家机构或企业，机构间行为的人为割裂造成无法了解客户全面信息，增大了互联网交易的风险和成本。目前，国内几家大型电商企业交易额占据了电子商务市场的绝对份额，如阿里的天猫和淘宝，分别占据了国内 B2C 和 C2C 两个市场 50% 以上的份额，这就容易造成数据信息的垄断。

（四）互联网云服务平台

1. 互联网云服务平台的内涵

随着互联网成为推动全社会产业再造和转型的重要力量，其基础设施不仅仅是网络，而是"网络＋云资源＋公共平台"的综合体，提供的服务也不限于通信传输，而是实现人、机、物的互联，提供"资源＋通信＋信息应用"的综合服务。基础网络也不再是以传统硬件为主、设备种类繁多的电信网络，而是软件化集约控制、设备通用化和标准化的智能网络。新一代互联网基础设施提供商不再限于电信运营商，还包括互联网企业和大型企业集团。新一代互联网基础设施不仅提供端到端的连接功能，而且其计算、控制和感知功能大大增强，将提供宽带和泛在的网络连接、智能化的运营、平台化的网络云服务（一体化的"网络＋云资源＋公共平台"服务）。宽带和泛在的网络连接将促使新一代互联网上各种应用/服务的广泛普及和易于获取，也是新一代互联网基础设施的基础。

2. 互联网云服务平台的需求特性

随着互联网金融的发展，互联网对基础网络设施提出了新需求。这些需求可以分为四个方面：

（1）更简单

2013 年美国的云通讯公司 Twilio 营收 5000 万美元，估值 5 亿美元。这家公司所提供的服务可以简单地比喻为"打包运营商"。他们给所有应用程序开发者提供 API（应用程序编程接口），让应用程序开发者仅加入几行代码就能够在其应用程序中添加语音电话和短信功能。Twilio 的发展显示了互联网企业的强烈需求：需要能够方便地将网络功能元素与其他功能要素进行组合，从而产生多种新的不同功能、不同性能的系列产品，并最终形成更为优秀的产品形态，这就需要基础网络功能简单易用、界面友好。

（2）更开放

互联网公司业务设计方式已经从"以用户为中心"开始向"用户参与式"转变，通过用户深度地参与业务设计，更快更准确地把控和满足用户需求。因此，互联网企业希望网络更加开放，更简单地实现调用和配置，也能更方便地通过产业链上下游的合作来完成拼图，构建整个系统。Facebook 在 2013 年建立 internet. org 并主动加入了 GSMA，通过这些组织，Facebook 可以增强与运营商的沟通，并联合各国运营商以及多家终端厂商形成合作联盟，最大限度地扩展协作，形成更好的服务体系。

（3）更灵活

互联网业务快速迭代，要求网络必须具备快速灵活的拓展架构，方便配合其业务变化的现实需求。Amazon 的 AWS 服务就更好地满足了自身对网络与流量的灵活扩展需求。在打折季时需要极高流量，而平时流量变化则不明显。通过云技术，Amazon 实现了对网络、存储能力的灵活扩展、动态调度，进而提高了资源的使用效率。目前 Amazon 服务可以在保持原系统可用性基础上，独立地进行扩展操作，不需要大规模的重新配置就可以快速推出新服务。

（4）更广泛

产业互联网将带来工作方式和环境的全新变化。人们可以通过虚拟的、移动的方式开展工作，这就需要将无处不在的传感器、嵌入式终端系统、智能控制系统、通信设施通过 CPS（Cyber–Physical Systems）形成一个纵横交错的智能网络，使人与人、人与机器、机器与机器以及服务与服务之间能够实现横向、纵向和端对端的高度互联与集成，让物理设备具有计算、通信、精确控制、远程协调和自治五大功能，从而实现虚拟网络世界与现实物理世界的深度融合。

二、中国互联网金融基础设施的发展

一般而言，一国金融基础设施越发达，金融体系的弹性越高，应对外部冲击的能力就越强；反之，金融基础设施薄弱不利于识别潜在的金融隐患，不利于及时化解金融风险点。纵观金融危机史，尽管危机爆发的原因各异，但金融基础设施建设滞后是共同的特性。1997年的东南亚金融危机和2008年的全球金融危机，印证了金融基础设施存在缺陷的国家更容易受到金融冲击。近年来，我国互联网金融基础设施建设取得了长足的进展。从网上支付到手机移动支付，从央行大额、小额支付系统的运行到网上支付跨行清算系统的建设，从征信系统到反洗钱系统，互联网金融基础设施的硬件逐步完善。在软实力方面，以央行征信体系为基础的社会信用框架正在逐步形成；部分难以适应形势发展的金融监管法律法规正在修订，"一行三会"的金融监管协调力度进一步加大；为顺应市场的潮流，金融监管工具不断创新，监管手段逐步向国际监管标准靠拢。但是我们也应当清醒地认识到，随着金融改革深化发展，新一轮的金融全球化浪潮来临，都给金融基础设施建设提出了新的要求，需要有更稳健、更高效、更强大的金融基础设施作保证。下面以法律体系、移动支付和第三方支付、征信体系、网络云服务平台四个方面论述中国互联网金融基础设施的发展及面临的问题。

（一）中国互联网金融法律体系的发展

1. 中国互联网金融法律体系的现状

现有的法律规范（含尚未颁行生效的征求意见稿），其中与互联网金融相关的可大致分为如下三类。

第一类是旨在鼓励、扶持互联网金融发展的规范。此类规定零星散见于国务院颁布的行政法规、国务院各部委的部门规章、地方政府规范性文件中。中央层面的，如国务院发布的《国务院办公厅关于金融支持经济结构调整和转型升级的指导意见》、《国务院关于促进信息消费扩大内需的若干意见》、《国务院关于支持小微企业发展的实施意见》，工业和信息化部发布的《信息化和工业化深度融合专项行动计划（2013—2018年）》，中国人民银行发布的《中国金融业信息化"十二五"发展规划》，中国银监会发布的《消费金融公司试点管理办法》等。地方层面的，如《北京市石景山区支持互联网金融产业发展办法》、

《北京市海淀区人民政府关于促进互联网金融创新发展的意见》、《南京市人民政府关于进一步强化金融服务小微企业发展的实施意见》、《天津市人民政府办公厅转发市金融办关于金融支持实体经济和小微企业发展实施意见的通知》等。

第二类是与互联网金融消费者利益保护相关的零星规范。此类条文散见于《消费者权益保护法》、《中国人民银行法》、《商业银行法》、《证券法》、《证券投资基金法》、《保险法》、《银行业监督管理法》、《全国人大常委会关于加强网络信息保护的决定》、《刑法》、《最高人民法院关于审理非法集资刑事案件具体应用法律若干问题的解释》等法律、法规中。

第三类是与互联网金融基础设施建设相关的零星规范。如《电子签名法》、《电子银行业务管理办法》、《非金融机构支付服务管理办法》、《非金融机构支付管理办法实施细则》、《中国人民银行关于推进信贷市场信用评级管理方式改革的通知》、《网上银行义务管理暂行办法》、《网上证券委托管理暂行办法》、《证券账户非现场开户实施暂行办法》、《互联网保险业务监管规定（征求意见稿）》、《保险代理、经纪公司互联网保险业务监管办法（试行）》、《银监会关于人人贷有关风险提示的通知》、《证券投资基金销售机构通过第三方电子商务平台开展证券投资基金销售业务指引（征求意见稿）》等。

2. 中国互联网金融法律体系存在的问题

从互联网金融的开放性、普惠性及其金融产品的专业性、复杂性看，其法律体系至少应当包括打击不正当竞争的市场竞争监管规则、鼓励公平交易的市场诚信监管规则、缓减信息不对称并强化信息披露的审慎监管规则、降低系统风险的稳定性监管规则。而从前述梳理看，我国目前还缺乏比较完整的、明确具体的互联网金融监管规则，互联网金融基本上还处于无规则约束的状态。

一方面，现有金融法律规范规制的是传统金融业态下的传统金融业务，鲜有涉及互联网金融的，即使有涉及的，也因制定时间早，需加以修订。互联网金融发展亟须的金融消费者权益保护、社会征信体系构建、信息网络安全维护、金融隐私权保护等基础性法律规范也尚有待制定或完善。立法的滞后，使得我国互联网金融处于"野蛮生长"状态。以网络借贷为例，由于《取贷人条例》尚未出台，其现行的资金池、居间交易和平台担保等，均背离了网络借贷撮合中介的本质，其业务模式游走于非法吸收公众存款和集资诈骗之间，亟须出台监管规则予以规范。再如余额宝之类的货币市场基金为避免出现兑付风险，监管层应强制要求其提高风险准备金。另一方面，已有的部分互联网金融监管规则，多为宣示性条款，特别是未规定民事法律责任或虽有规定但民事责任较轻，显然不利于对互联网金融的监管。互联网金融监管只有最终回归到法律责任上，尤其是具体落实到民事责任上，通过民事损害赔偿请求权的行使，才能兼收填补损害与吓阻不法之功效,使互联网金融真正步入依法健康发展的快车道。

(二) 中国移动支付与第三方支付的发展

1. 中国移动支付与第三方支付的发展现状

作为银行和运营商之间的衔接环节,第三方移动支付服务提供商(或移动支付平台运营商)在移动支付业务的发展进程中发挥着十分重要的作用。独立的第三方移动支付服务提供商具有整合移动运营商和银行等方面资源并协调各方面关系的能力,能为手机用户提供丰富的移动支付业务,吸引用户为应用支付各种费用。目前我国第三方支付企业可分为六类:第一类是互联网类,如支付宝、财付通、盛付通等,它们依托在阿里巴巴、腾讯、盛大等互联网巨头上,近年发展迅速;第二类是电信运营商类,三大运营商均已有自己的电子支付企业,除联通支付有限公司外还有中国移动电子商务有限公司、中国电信天翼电子商务有限公司等;第三类是银联和银行类,典型企业有银联商务、北京银联、上海银联等;第四类是有地方国有资产背景的企业,如首信易付、通联支付以及各地公交 IC 卡公司;第五类是独立的第三方支付运营商,如快钱、汇付天下、易宝支付等;第六类是发卡公司,如资和信、福卡等,主要发行多用途的预付费卡。

在我国,近年来移动支付发展迅速,中国人民银行近期发布了《2013 年支付体系运行总体情况》,数据显示,2013 年移动支付业务保持高位增长,支付笔数和金额分别同比大涨 212.86% 和 317.56%。而中国青年报社会调查中心近日通过民意中国网和搜狐新闻客户端对 7248 人进行的一项调查也显示,在传统互联网交易支付模式中占主导地位的第三方支付,也是受访者在移动设备上最常使用的支付方式,74.1% 受访者看好移动支付将成为未来主要支付方式。来自艾瑞咨询的数据显示,截至 2013 年第三季度,我国移动支付交易规模达到 2965.1 亿元,环比增长 185.3%,呈爆炸性增长。此外,2013 年我国智能手机的保有量为 5.8 亿台,同比增长 60.3%,移动购物在移动互联网市场规模中占比为 38.9%;2013 年,移动游戏(俗称"手游")也呈爆炸性增长,市场规模达到了 112.4 亿元,同比增长 246.9%。移动互联网市场的发展带动了移动支付的发展。随着移动互联网市场的发展,移动支付自身也在变化,形式更加多样化,出现了短信支付、NFC 近场支付、语音支付、二维码扫描支付、手机银行支付、刷脸支付等移动支付方式。

与此同时,第三方支付也取得了快速发展。来自艾瑞咨询的数据显示,2013 年第三季度,我国第三方互联网支付市场交易规模达 14205.8 亿元,环比增速 26.7%。其中,支付宝占比达 49%,财付通以 19% 居第二位,好易联、快钱、汇付天下、易宝支付、环迅支付等也发展迅速。在2013年底第三方支付市场交易额达到20.7万亿元，其中POS收单和互联网支付两类业务的交易规模分别为12.4万亿元和8.3万亿元。预计2014年交易规模将达到29.1万亿元，环比增长达到40.6%。此外，移动支付与第三方支付的结合物——第三方支付移动支付也取得了快速发展。第三方支付移动支付主要指第三方支付公司通过移动终端完成的支付，提供移动支付的主体是第三方支付公司。来自艾瑞咨询的数据显示，2013年我国第三方支付移动支付市场交易规模达12197.4亿元，同比增速707.0%。其中，远程移动互联网支付在整体移动支付中的占比达到93.1%，近场移动支付占比为0.8%。从中可以发现，近场移动支付的占比还很低，存在很大的发展空间。随着语音支付、二维码扫描等支付方式的发展，以及个人账户的逐步集成，这一现状或将逐步得到扭转。2013年第二季度从第三方支付移动支付业务交易额情况看，支付宝、拉卡拉、财付通为市场交易额规模的前三甲，市场份额分别为58%、21%和6%。2013年第二季度支付宝钱包转账业务增长迅猛，此外阿里外部商户的移动支付交易增长也较快；拉卡拉凭借多年来在便民支付领域积累的品牌认知和用户基础，加上手机拉卡拉推广力度较大，拉卡拉移动支付增长迅速。2013年第二季度财付通与微信平台推出了微信支付，由于其具有社交网络属性，发展迅速。

2. 移动支付与第三方支付面临的问题

第一是安全问题。移动支付已成为恶意程序攻击的新目标。据网秦最新发布报告显示，目前存在30多类专门危害移动支付软件的木马和病毒。随着近年手机钱包越来越火，移动支付蛋糕越做越大，但"支付宝被盗刷"、"二维码中毒"、"QQ群关系数据库泄露"等问题的频发，不仅将移动支付的安全问题推向了风口浪尖，还让人们在心中产生一个疑问：移动支付为何不能"便捷"与"安全"两全？近日，网络上曾曝光这样一条消息，某女士在扫描了一个病毒伪装的二维码之后，银行户头里的十万元不翼而飞，类似这样的消息还有许多，因此，移动应用支付的安全性受到广泛质疑。另有媒体报道，南宁一女子余额宝中2500多元被盗刷，广东省一网店网主余额宝上6万多元30分钟内被盗刷消费……余额宝频频被"盗刷"引起不少用户担忧。腾讯移动安全实验室日前发布《2013年手机安全报告》指出，2013年新增手机病毒包数是2012年的4.47倍，腾讯手机管家用户举报垃圾短信达到7.39亿条，是2012年全年总量的2.4倍。报告称，手机支付类病毒猛增，对互联网金融行业造成威胁。手机病毒、"木马"侵袭以及支付软件自身存在的漏洞，本身就可能造成安全隐患。再加上便捷与安全往往此消彼长，移动支付手续比PC上的互联网支付更简便，也会降低安全性。如微信红包，由于支付认证与使用过于便捷，存在较大的安全隐患，更别提若一个绑定了微信账号的手机被他人捡到和擅用带来的风险。消费者信息的安全同样存在风险。中国对个人信息、隐私的保护机制长期以来严重缺失。在互联网支付中已经出现过用户信息泄露事件，而在场景更开放的移动支付环境下，这一风险就更加突出。另外，刚接触移动支付的消费者安全习惯较弱，也会放大风险。如媒体曾有报道，在微信抢红包最火爆的几天，一些群里有人发出与抢红包极为类似的链接，但点入后却是商户介绍，更有甚者引发木马中毒。

第二是利益分配问题。移动支付所涉及环节尤其多，包括银行、支付企业、软件厂商、手机厂商、电信运营商等。目前在这多方参与者中，尚未形成可持续的、各方共赢的利益分配格局以及明确的权责分担机制，使得现有的业务拓展和竞争往往停留在低水平的"跑马圈地"阶段。

第三是支撑移动支付的"应用场景"目前还不够丰富。作为行业领先者的支付宝，其应用场景的拓展也还处于起步阶段，微信支付更需要创新环境载体。当年POS机的出现，大大促进了信用卡的普及，但其中也经历了多年的改革与利益协调。移动支付要想真正冲击甚至取代传统零售支付工具，必须能够创新出更加丰富的应用场景，而这不是一两家企业能够完成的，需要整个行业的共同努力。

第四是支付标准不统一。养成良好的个人支付习惯固然必要，但破解安全瓶颈更需要改变国内移动支付"乱局"。对应不同的安全技术手段，各家银行、运营商和第三方支付平台的支付流程也不尽相同。业内人士认为，尴尬之处恰恰在于，这种支付方式上的"乱局"在一定程度上加大了用户的安全性疑问。在国外，尽管移动支付技术同样受到种种安全方面的质疑，但很多标准都是统一的，只需要推广在终端范围内使用。

（三）中国互联网金融征信体系的发展

1. 中国互联网金融征信体系的现状

（1）线下征信业发展概况。我国线下征信业务经过近30年的发展，已初步建立了以金融信用信息基础数据库为主体、各类征信机构为补充、征信产品日趋丰富的征信市场体系。截至2014年3月末，金融信用信息基础数据库已累计收录企业和其他组织1931万户，收录自然人8.4亿人。其中，企业征信系统服务的机构用户累计达到812家，累计开通查询用户14.6万个；个人征信系统服务的机构用户累计达到686家，累计开通查询用户14.3万个。日均查询次数分别达到24.5万次和105.1万次。目前，我国已有各类征信机构150多家，实现征信业收入20亿元。其中有政府背景的信用信息服务机构20家左右，社会征信机构50家左右，信用评级机构70余家。随着《个人信用信息基础数据库管理暂行办法》、《征信业管理条例》以及《征信机构管理办法》等法规条例的出台，对被征信主体的隐私保护、异议申请权保护等内容都得到了重视，我国线下征信业务的管理逐渐规范。

（2）线上征信业发展现状。互联网征信是随着电商及新型互联网金融业态的出现而自然产生的，目前主要分为三种形式：一是以阿里等电商为代表的大数据占有者，利用自身数据进行分析、运用，直接或间接应用于金融领域，形成自有的一种信用生态圈。二是以国政通为代表的通过收集、整理、保存来源于第三方的互联网大数据，再通过分析模型和信用评分技术，对大数据进行深度挖掘和加工，形成符合客户需求的征信报告、评级报告等信用产品，提供给第三方的征信类机构。三是以上海资信为代表的"网络金融征信系统（NFCS）"，采集P2P平台借贷两端客户的个人基本信息、贷款申请、开立、还款等信息，并向P2P机构提供查询服务。自2013年7月1日试运行以来，NFCS已签约P2P网贷企业102家，已报数机构累计49家，报送客户数约11.5万人，黑名单1034人，入库记录140.95万条，入库率达到84.63%，已为23家机构开通了查询权限。

2. 中国互联网金融征信存在的问题

互联网金融的发展方兴未艾，创新型金融服务平台如雨后春笋般出现，而现有征信体系建设已滞后于金融业的发展，制约着互联网金融的发展。目前我国互联网金融征信系统建设缺位，互联网金融的信用信息尚未被纳入人民银行征信系统。征信系统的数据主要来源并服务于银行业金融机构等传统意义上的信贷机构，P2P、电商小额贷款机构等新型信贷平台的信贷数据游离于征信体系之外，无法利用征信系统共享和使用征信信息，对借款人的信用缺乏了解，导致坏账率升高，风险加大。

许多公司已经看到互联网金融征信系统缺位产生的机会，并展开行动做P2P咨询平台。2013年3月，安融惠众在北京发布了"小额信贷行业信用信息共享服务平台"（MSP），该平台以会员制同业征信模式为基础，采用封闭式的会员制共享模式，目的是帮助P2P公司、小额贷款公司、担保公司等各类小额信贷组织防范借款人多头借款，降低违约风险和减少坏账损失，提供行业借款信息共享服务，形成业内失信惩罚机制。而上海资信旗下的征信业务已经获得央行颁发的征信牌照，于2013年6月正式上线"网络金融征信系统"（NFCS），服务于人民银行征信系统尚未涉及的互联网金融领域，为网络金融机构业务活动提供信用信息支持。但是，这些信用信息共享平台有着各自的风控模型，数据来源或是通过与线下的小贷公司共享数据的方式获取，或是通过自己的线下团队人工获取数据搭建数据库。而且,这些数据全都是割裂开来的,由每个平台各自使用,截至目前,没有一家平台将数据与其他平台共享。总体而言,自发组织或市场化运营的共享平台的信用信息远远满足不了互联网金融行业发展的需求,征信业的发展脚步已跟不上金融的创新脚步。

(四)互联网金融云服务平台建设的发展

1. 互联网金融云服务平台建设的现状

在人民银行的大力推动和商业银行、中国银联、移动通信运营商的积极参与下,移动金融安全可信公共服务平台(TSM,Trusted Service Manager)已于2013年底建成并通过了验收评审,建设银行、中信银行、光大银行、中国银联、中国移动等7家机构的企业TSM系统已接入试运行。随着我国金融IC卡的广泛应用、移动通信网络的蓬勃发展以及智能手机的不断普及,以移动支付为基础的移动金融已逐渐进入金融服务民生领域。为顺应国内外金融业务创新的发展潮流,落实金融业发展和改革"十二五"规划要求,人民银行坚持高起点规划、高标准建设,于2013年初启动了移动金融安全可信基础设施建设,构建移动金融安全风险防控体系,营造移动金融开放、共赢、规范的联网通用发展局面。

一是建设了以公共服务平台为核心的国家级移动金融基础设施,提供企业TSM的应用共享、实体互信、互联互通等基础服务,建立了多层次的移动金融信息安全的基础防护体系;充分发挥产业各方的多元主体作用,加强产业链上下游协作和跨行业协调,形成科学有效的工作体系和产业协调机制。

二是鼓励和支持企业建设符合金融行业标准和相关信息安全要求的TSM系统,接入公共服务平台,构建互联互通、安全可信的移动金融基础设施体系,为用户搭建安全可信的空中传输通道,为产业各方提供安全载体和金融应用的生命周期管理,形成涵盖数据交换、安全认证、密钥管理、行业应用管理等的一体化服务,构建线上线下业务融合的移动金融公共服务体系。

三是基于移动金融安全可信基础设施,会同发展改革委等通过支持国家电子商务示范工作开展移动电子商务金融科技服务创新试点,验证标准技术成熟度、产品兼容性和系统连通性,探索创新符合民生需求、利于产业发展的移动金融技术方案与商业模式,为产业发展提供示范,促进金融业提升服务水平。

2. 互联网金融云服务平台建设面临的挑战

挑战一:网络功能设计复杂,耦合度高,可扩展性差

现有架构设计过于复杂,进而导致难以快速升级和优化。传统的电信网络与业务是紧耦合,更多考虑标准化、稳定性和安全性。一方面,为了保障业务的不宕机,网络在设计之初就按"5个9"的标准要求建设,设计的网元和接口

众多，整个网络很"重"。以 IMS 系统为例，主要网元和功能实体达到 20 个左右，之间设计的流程和接口则更多。另一方面，系统中存在大量不常用功能。以语音业务为例，95% 以上的功能普通用户既没用过，也没听说过。另外，网络设计为一个封闭的系统，一般先设计规范和标准，然后再进行设备开发测试，很少基于成熟的开源系统设计，一个完整的周期一般需要 5 年以上，即使部分功能的优化和升级也需要以年计的时间才能完成。设备、网络和业务在设计和建设时已经紧紧捆绑在一起，缺乏灵活的应变和调整能力。这为后续的重新调整和开发带来巨大的工作量，导致升级困难和迭代周期长。

挑战二：缺乏集约运营和统一管理

运营商从历史上一直是按省、市、县层层划分的"城邦"体制，业务和网络都是属地化运营为主，骨干网由省公司和集团公司运营，城域网由本地网运营。各省的"被动割据"造成网络如一盘散沙，运营商的核心资源划成了一个个相对封闭的单元，也让各省网络的质量、管理水平、运维能力、开放性、技术路径各不相同，大大降低了基础网络设施的集约性和统一性。这种分割还造成了网络分段管理，业务开通和响应周期长，缺乏提供端到端的服务质量保障和完整解决方案的能力。互联网最重要的就是"无边界运营"，网络资源作为其中重要的承载基础，如果不能形成全国一张网、一盘棋，做不到统一、集约、快速的调度，显然对互联网企业的吸引力和对提升互联网业务的良好体验都将大打折扣。

挑战三：开放性和分离性不足，缺乏产品化和服务化能力

传统电信基础设施从设计到建设都是以"从内向外"提供能力为出发点，都是基于现有网络能力体系结构、业务提供方式进行平台的架构设计，典型的"我有什么你用什么"的思路。另外，现有的网络设施强调整体性，功能分离性不足，缺乏模块化和开放性设计，难以灵活组合。部分网络能力还缺乏标准化的能力调用接口，用户使用时需要适应不同提供商、不同提供方式和接口。最后，网络设施的设计主要面向前向用户，较少考虑面向后向用户的使用要求。由于互联网服务模式的改变，凸显了基础网络能力的服务化、产品化程度不够。例如多种对时延、丢包等质量指标要求不同的业务混在一起承载，导致高质量要求的业务得不到差异化保障。这在语音、短信为主的时代也许不是问题，然而在强调互联网业务体验的今天，显然是无法满足需要的。

挑战四：网络设施动态调整的能力不足

由于网络流量突发性越来越突出，忙时和闲时的流量差别变大，数据中心的流量与运营商网络的流量时时充满变数，没有明显的规律，开发能够"随机应变"的网络就提上了议事日程。雅典信息技术学院研发中心的 Iaonnis Tomkus

指出：现在的峰均流量比为6.5:1，而15年前则为2.5:1，而且不同方向和设备上的负载并不均衡，现有基础网络设施缺乏对这种流量突变的适应性，网络总体利用率不高。只有有效引导流量才能提高网络利用效率，这就需要网络设施能够识别流量的流向和区分不同流量的服务质量要求。现在一方面应用种类繁多，较大的应用一般采取分布式部署，流量流向复杂；另一方面互联网公司大量采用CDN技术，流量流向与用户兴趣点变化密切相关，而这部分网络策略运营商往往并不知晓。现有基础网络设施既不能有效引导流量，平衡设备和网络的利用效率，也不具备根据流量变化的灵活调整能力，很难保障突发事件或热点事件营销时互联网企业对网络的需求。

三、中国互联网金融基础设施建设的对策

随着金融改革深化发展，新一轮的金融全球化浪潮来临，都给金融基础设施建设提出了新的要求，需要有更稳健、更高效、更强大的金融基础设施作保证。作为新兴转轨经济体，面对金融基础设施仍较为薄弱的现状，我们需要进一步提高认识，理顺机制。由于存在成本高、周期长、见效时间慢等特点，我国在金融基础设施建设方面，需要以更加开放的心态，以政府为主导，进行顶层设计，同时充分发挥市场的作用。尤其是在我国金融改革快速推进的过程中，需要将金融基础设施作为一个先导性、系统性、全局性的工程给予重视，将其作为金融改革的配套体系进行统筹管理、协调推进。

(一) 中国互联网金融基础设施建设的要求

2013年以来，我国金融改革已驶入快车道和深水区，新时期的金融改革呼唤更加国际化、市场化、智能化的金融基础设施体系。

其一，国际化。金融全球化是一国经济全球化的内在要求，也是经济全球化发展的助推力。随着金融机构"走出去"步伐加快，我国金融服务国际化的程度进一步提高，金融市场开放程度也随之提升，跨国资本流动日益频繁。这需要我国在金融立法、金融监管标准、信息披露、征信体系、支付清算体系等金融基础设施建设方面逐步与国际接轨。国际金融中心的建设也需要完备的金融基础设施作支撑。对纽约、伦敦等国际金融中心的研究发现，只有拥有国际一流的金融基础设施，才能保障资金安全，加速资金周转，增强资金的吸引力，促进形成"资金洼地"。上海在成长为国际金融中心的道路上，需要在金融基础设施建设方面不断推陈出新，搭建稳健、符合国际标准的金融平台，成为引领中国金融服务业的制高点。

其二，市场化。如果要实现"市场在资源配置中起决定作用"，金融领域仍

需提升利率、汇率等金融资产价格市场化水平,加快推进人民币资本项目自由兑换,逐步打通境内境外两个市场,缩小价格差异。应改变交易所市场和银行间市场分割的现状,逐步形成统一的债券市场,丰富上市交易品种,实现市场参与主体多元化,统一托管清算系统。社会信用记录方面,在采集环节及时引入互利共赢的市场机制,实现企业征信与个人征信系统有效融合,提升信用记录的市场开放程度。通过完善金融市场和金融机构运行机制,减少市场中资源扭曲的现象,提高金融机构的风险管理技巧,提高承受竞争压力和市场冲击的能力。

其三,智能化。金融业作为高端服务业,其飞速发展需要成熟的智能化设施与之相配套,建设具有国际标准的"高速公路",以搭建良好的信息积累平台,提高数据挖掘效率。支付清算是金融服务体系的主要功能之一,作为经济和社会资金流动的主渠道,其发展有利于减少现金使用,加快资金周转,防范支付风险。作为金融业的核心基础设施,支付体系的高效安全运转对维护金融稳定意义重大。在大力推进移动支付终端建设、应对新型支付业务等方面建设的同时,应特别注意,支付体系不仅要做到国内资源共享,还要与国际支付清算系统连接,实现支付体系的安全和高效运转,避免造成社会资源的浪费和影响金融行业的集约化经营。

(二)中国互联网金融基础设施建设的对策

1. 中国互联网金融法律体系建设的对策

(1)公平原则

互联网金融服务合同本质上是私权关系,理应受到私法公平原则的强行法约束。《民法通则》第四条规定,"民事活动应当遵循自愿、公平、等价有偿、诚实信用的原则"。《合同法》第五条规定,"当事人应当遵循公平原则确定各方的权利和义务。"订立显失公平的合同,根据《合同法》第五十四条之规定,当事人一方可诉请法院撤销或变更。同时,鉴于互联网金融服务合同的格式合同属性,交易当事人,尤其是处于强势地位一方的互联网金融机构,须依公平原则合理配置各方的权利义务关系,在利益分配、风险分担等方面不能只考虑自身利益,而应合理平衡金融消费者的利益。

(2)信息充分披露原则和金融交易适合性原则

信息充分披露原则是由善良管理人注意义务中之告知(说明)义务所衍生,实乃告知义务中风险告知之一部分。它要求互联网金融机构在销售金融产品时,应将金融产品的内容及所涉风险,尤其是可能导致金融消费者损失的事项,忠实、详尽地告知消费者,这既是互联网金融合同的格式合同属性使然,也是买者自慎原则的适用前提，同时也是审慎监管消除信息不对称的必然要求。互联网金融机构只有尽到了充分的信息披露和风险揭示义务，要求投资者就其投资损失自负其责才公平合理。金融交易适合性（投资者适当性）原则，是指互联网金融机构在销售互联网金融商品的过程中应当遵循的标准和规定并据此评估其所售出的产品是否符合互联网金融消费者的财务状况和投资需求。评估的项目包括互联网金融消费者的投资知识、投资经验、投资目标、风险承受能力、投资期限等，也包括其理解复杂金融产品的能力。此原则是对信息披露原则的强化，强调互联网金融机构应将合适的商品和服务推荐给合适的金融消费者。实践中，传统金融机构践行的"了解客户"程序，即其适例。我们认为应赋予此两项原则可诉性，使之成为互联网金融消费者可以援引的私法规则。互联网金融机构若违反此两项规则而致使金融消费者遭受损失，原则上应承担损害赔偿责任，除非其能证明损害的发生并非因其未充分了解金融消费者之商品适合度或非因其未说明、说明不实、错误或未充分披露风险之事项所致。

（3）金融隐私权、个人信息权保护原则

互联网金融机构可通过云计算、大数据等技术轻易获取金融消费者的个人信息，包括消费者的资产状况、信用等级、投资偏好、个人身份信息等。这些个人信息，有的仅涉及人格利益，有的则兼涉人格利益和财产利益；有的属于个人隐私，也有的与隐私无涉而仅是反映个体特征的可识别符号。前者涉及隐私权范畴，后者涉及个人信息权范畴。对金融隐私权和个人信息权的保护，应遵循个人同意原则，即除法定目的外，非经个人同意，不得收集、使用其个人数据。但在大数据时代，个人只要使用互联网，其个人信息即有可能为大数据平台所采集，要求互联网金融平台收集金融消费者个人数据需事先征得其同意显然是不现实的。因此，对金融消费者的隐私权和个人信息权保护应更侧重于互联网金融机构的保密义务，即未经金融消费者许可，不得擅自使用其个人信息，并需对因此导致的损害承担赔偿责任。比如，美国《初创企业扶持法案》就规定，众筹融资的中介机构必须采取措施保护从投资者处获得信息，禁止任何人通过将潜在投资者的个人信息提供给众筹融资的经纪商或门户网站而获得收益。

（4）广告、业务招揽禁止不当劝诱原则

此原则旨在确保互联网金融消费者在意志自由的状态下，依其个人理性自主判断投资风险，作出投资决策，从而自负其责。它要求互联网金融机构在从事广告或招揽业务时，须依诚实信用原则，尽到前述信息充分披露的义务，禁止不正当劝诱，不得承诺投资回报率或者收益率，不得暗示其与国家机关及其工作人员有关联。其对金融产品之披露诸如利率、费用、风险等，应以显著的方式表达，应力求浅显易懂，不得使用深奥晦涩的语句误导金融消费者。

2. 中国互联网金融移动支付和第三方支付发展的对策

(1) 解决安全问题

安全无疑是移动支付的最大障碍。安全问题如果可以很好地得到解决，不仅消费者和合作者会增强信心，而且也会大大减少业务运营中会出现的欺诈问题，降低系统运营成本。现在的安全措施都比较简易，主要通过用户的 PIN 进行识别。但是更高级的安全问题需要从以下四个方面着手：

定身份：由支付提供方（即发行方）对用户进行鉴定，确认其是否为已授权用户。

保密性：保证未被授权者不能获取敏感支付数据，这些数据会给某些欺诈行为提供方便。

数据完整性：这个特性可以保证支付数据在用户同意交易处理之后不会被更改。

不可否认性：可以避免交易完成后交易者不承担交易后果。

(2) 加强可用性和互操作

可用性也非常关键，这不仅涉及友好的用户界面，还与用户可以通过移动支付购买的货品和业务是否充足、业务可达的地理范围。而互操作问题也不仅仅局限于用户终端，还包括用户在支付时直接打交道的收款机、POS 机、自动贩售机等，这些都需要制定一些行业标准，与相关行业企业达成共识。

(3) 强化市场认知度与理解

移动支付能否成功关键还在于用户能否接受和习惯这种支付方式，以及哪些用户会最先接受？一般人都已经非常习惯于通过钱包、信用卡等方式支付，对于移动支付这种新的概念仍然需要移动的时间去认识、接受和习惯。要解决这个问题就必须提高移动支付的市场认知度和理解程度。另外对于与移动支付相关的其他行业的企业如银行、零售商等，也需要充分认识移动支付可能给它们带来的好处和商机，这些都与移动支付的发展密不可分。

(4) 选择合适的合作者

移动支付还是个新兴的业务，能否成熟壮大要看今后几年的发展情况。但是有一点是非常明确的，那就是这绝对不是一家能够独吞的市场，而是具有自己的产业链和经营模式，需要多方共同合作经营。而移动运营商也必须和以前没有合作经验的企业如信用卡机构、零售机构、设备厂家等进行合作，因此必须调配好各方利益关系，建立收入分成模式，选择有实力的合作者。

3. 中国互联网金融征信体系建设的对策

(1) 加快互联网金融征信体系建设

如同人民银行征信系统一样，互联网金融征信体系将成为互联网金融乃至整个互联网社会的核心基础设施,有关部门应统筹加快建设进程。加强对互联网金融征信体系方面的研究;加快互联网金融相关法律法规体系,确保《征信业管理条例》在互联网金融行业中的贯彻实施,完善与互联网金融相关的征信制度建设;研究对互联网金融征信行为的监管,建立跨部门合作监管机制,制定并实施符合我国互联网金融实际的监管措施;引导和推动行业自律,以行业自律促进行业初期的有序发展而非"野蛮生长";加强征信宣传教育,提高信息主体的信用意识和自我保护能力。

(2) 探索建立征信系统的互联网金融征信子系统

人民银行征信系统应承担起建设互联网金融征信体系的职责。在充分研究论证的基础上,逐步将新型网络信贷机构中的信贷交易信息纳入人民银行征信系统,逐步打通征信系统与新型网络信贷机构之间的信息通道,实现能反映小微企业及个人信用状况的信贷信息在更大程度上的共享和整合。为规避信息共享中的法律风险,解决新型网络信贷机构的数据缺乏统一的、基础性、关键性的征信标准和归集困难等问题,可探索建立征信系统的互联网金融子系统,以平衡信息分享和信息隔离的关系。

(3) 加强互联网金融征信的隐私保护

应加快明确互联网金融征信的数据采集范围和使用原则。互联网金融征信活动中采集的个人信息,主要以能够识别信息主体,能对信息主体的信用状况充分判断的信息为主,防止信息过度采集。互联网金融机构在采集和使用个人信息时应当经信息主体本人同意,应建立个人不良信息告知制度,明确互联网数据的使用规则,尤其要加强数据安全防范,防止用户信息和数据泄露。

4. 中国互联网金融云服务平台建设的对策

(1) 加强宽带和泛在连接

宽带和泛在连接是新一代互联网基础设施的基础。宽带和泛在的网络连接将促使新一代互联网上各种应用/服务的广泛普及和易于获取。宽带化主要体现在两个方面:一是4G/5G等移动宽带与光宽带的部署和普及,提供超高速宽带服务;二是网络承载的高清语音、视频与富媒体等宽带内容占比高,不再是简单的语音和短信业务。超高速宽带网络为云服务的应用和普及提供了基础,4G/5G或者FTTH的宽带网络为"云"和"端"之间的通信提供保障;云数据中心的跨域部署与灵活调度需要骨干网络的提速和更广泛的覆盖。泛在化也体现在两个方面:一是越来越多的终端设备接入网络,如智能家居、可穿戴设备、工业智能机器人、传感器等,无线、有线能更好地协同以提供无所不在的连接;二是泛在连接的不仅仅是人与人、人与机器、机器与机器之间的通信,还包括应用与内容,表现为通过门户、搜索、超级App、Web链接、语音入口等获取各种具体的应用与内容以及应用内容之间的交叉连接。

（2）强化云服务的智能化运营

它是新一代互联网基础设施的核心突破。新一代互联网基础设施的智能化运营主要体现在以下四个方面：一是软件定义的网络；二是云资源的智能调度；三是生态化的演进；四是大数据的深度应用。

①软件定义的网络

摩尔定律引发的IT计算能力指数级的提升、器件的微型化和高密度集成发展为网络设备融入了更多计算、存储功能，降低了对硬件的要求并逐步实现硬件的通用化和标准化，减少了网络设备的种类和数量。网络设备的IT化发展促使网络控制功能与转发功能分离，控制功能由逻辑集中的软件系统来完成，通过软件定义策略和配置来改变网络的属性和能力，大大增强网络的智能性和灵活性，从而可以将现有分段管理、分域运营模式逐步演进为集中化运营方式，实现一个"轻量级、易调度、可重构、随需而变"的网络。整个网络如同业务平台，能够集约运营管理、能力开放共享、软件模块升级、资源可视化和产品化，从某种角度讲，网络即平台。

②云资源的智能调度

云计算作为新兴的IT技术与交付方式，为各种业务/应用提供集约、虚拟化、可管可控的计算和存储资源，改变了网络流量模型，是新一代互联网基础设施的流量超级出入口。云资源池包括IDC内部、IDC之间和IDC跨域的高速网络互联，未来将提供跨地区、多数据中心统一协作的资源池服务。根据业务及用户需求实现动态分配、迁移等智能调度，高效地支持业务/应用的弹性扩展和就近服务。

③生态化的演进

新一代互联网基础设施会更加强调客户的参与，不断从客户、应用中得到反馈去循环改进。它不再是一个事先确定好的、标准的、封闭的体系，而是由电信运营商、互联网公司和厂商、客户等共同参与完成，不断优化的学习型服务设施。它会根据互联网业务"随需而配，随需而建"，在适应业务过程中不断完善和动态沉浮。新一代互联网基础设施成功的关键是聚集上下游合作伙伴与用户形成有人气的生态系统，并面向客户和业务快速迭代，实现开发运营服务一体化发展。

④大数据的深度应用

基于云计算的大数据平台将网络、终端和应用等平台产生的数据进行汇聚分析，可推断、感知和预测未来，促使智能决策应用迎来突破。对于普通消费者，既生活在消费互联网世界，也生活在产业互联网、服务互联网的世界，还生活在现实物理世界，大数据是打通这些"世界"的桥梁。新一代互联网基础设施是一个生态系统，大数据则是这个生态系统的神经细胞。

（3）加强网络、云资源、公共平台三部分间的协作

平台化的网络云服务是新一代互联网基础设施的突出特征。目前互联网基础设施中网络、云资源、公共平台三部分是分开运营的，而在新一代互联网基础设施架构下，不同服务提供主体和各部分之间将呈现协同开放、合作共赢的局面。平台化的网络云服务为上层消费互联网/产业互联网等提供完整的应用生态服务，包括通信连接、应用托管、网络资源调度、应用分发、公共能力、运营分析等，并形成"前向+后向"的经营模式，跨专业协同、跨行业合作将成为常态。以智能CDN为例，未来的智能CDN平台节点能根据业务热点预测、用户分布拓扑进行内容的智能推送，并下沉至网络边缘（如基站、网关等）就近为用户服务，而网络为CDN节点动态地调整带宽资源，云资源池根据CDN节点的业务迁移而动态迁移计算、存储等虚拟服务资源。

（4）以人为本和以应用为本

网络的宽带连接、可感知的体验服务（QoE, Quality of Experience）、安全、大数据等能力通过公共平台形成能力产品，并与业务结合，对最终用户提供可感知的体验服务。过去服务质量QoS主要是强调网络连接的分级保障，而在新一代互联网基础设施中，更强调用户QoE。用户体验包含网络连接的分级、云资源池的处理分级、用户服务体验等，这需要业务与网络之间实时互动、动态调配资源并一体化协作。20世纪末提出的"信息高速公路"更多地强调人与人的通信连接、计算机的通信连接能力，核心是个受限制的宽带网络连接。而新一代互联网基础设施将以互联网化应用为核心，更强调以人为本和以应用为本，提供"资源+通信+信息应用"的综合服务。

本章参考文献

[1] 黄志强. 夯实金融基础设施建设，助推新一轮金融改革 [N]. 金融时报，2014-01-03（3）。

[2] 伍爱群. 关于上海建设互联网金融软件基础设施体系的几点意见 [J]. 上海金融，2014（11）：86-89.

[3] 张承惠. 下一步金融改革必须重视金融基础设施建设 [N]. 中国经济时报，2013-08-09（2）.

[4] 张捷，陈皓. 金融基础设施创新与经济发展 [J]. 中国软科学，2001（11）：44-46.

[5] 周小川. 共同推进金融基础设施建设 [N]. 金融时报，2006-06-07（1）.

第五章　互联网金融监管探析

互联网自诞生以来对经济社会发展带来了深刻影响,过去十年,这种近乎颠覆性的影响已经发生在媒体商业信息管理等多个行业,同时快速影响金融行业,逐渐在货币支付和货币融通领域产生了变革性的影响。作为一种金融创新,互联网金融可能引发诸多的金融风险,因此需要从理论和实践出发,在把握互联网金融发展趋势、本质特征和风险结构的基础上,探索互联网金融监管的新模式。特别是在中国,2013年以来互联网金融迅速发展,为金融监管带来一系列挑战。金融创新初期往往多是游离于现有监管体系之外,现有监管体系是分业监管的模式,以机构监管为核心。但是,互联网金融模糊了分业的边界,甚至在创新设计和业务发展上就有意地采用跨界策略,在一定程度上也在规避监管或进行监管套利,对既有金融监管体形成了严峻挑战。当前,互联网金融监管还处在探索阶段,加强研究、完善监管迫在眉睫。本章将分析四个关键问题:互联网金融监管必要性、互联网金融功能监管、互联网金融机构监管以及互联网金融监管协调。

一、互联网金融监管现状及主要问题

互联网金融模式创新层出不穷,但目前其业务集中在电子货币与支付、贷款、金融产品及服务销售等领域,在本质上仍是在执行金融功能,既然互联网金融承担了传统金融的功能,那么它就应该接受监管,特别是应参照和借鉴2008年国际金融危机后金融监管改革的理念和方法,对互联网金融进行监管,并在监管中考虑互联网金融的一些特殊性。

互联网金融业务模式呈多元化发展态势,主要的推动力来自正规金融与非正规金融,两者分别从各自优势领域出发。从发展历程看,互联网信息技术的工具性应用是互联网金融发展初级阶段最为重要的特征,随着互联网金融发展的深入,逐渐表现为金融本身对互联网商业环境的适应。同时,对互联网工具性的应用,既可能来自于正规金融如网银的应用,也可能来自于非正规金融,比如民间金融以及互联网企业。但商业银行等传统金融中介基于既得利益,金融创新动力不足甚至过于被动,而新兴互联网金融企业基于市场驱动,目前已成为助推互联网金融发展的生力军和挑战传统金融的搅局者。新兴互联网金融企业应用互联网信息技术最突出的成果表现为第三方支付、P2P 网络借贷和众筹融资等新兴金融创新模式。第三方支付业务模式中，互联网扮演了资金清算信息传递渠道的角色；P2P 网络借贷和众筹融资业务模式中，互联网则起到为资金供需双方提供融资信息的平台作用。不难发现，互联网所扮演的是金融信息传递者的角色，其作用实质并没有突破工具性的范畴。不管这种工具性在应用中表现得怎样多元或变化，互联网金融背后的金融本质属性非常明显。

作为先进互联网信息技术与传统金融服务相结合的新型金融业态，互联网金融仍属金融的内涵范畴。从概念外延来看，互联网金融包括互联网支付和互联网融资。从互联网支付角度看，在国内整个货币支付体系中，如果说央行大小额支付系统是心脏，各商业银行支付渠道是静动脉的话，那么第三方支付可能是毛细血管，是整个国家货币支付体系中的有益补充，第三方支付的互联网支付业务实质上就是金融业务中的货币资金清算业务。而从互联网融资角度看，属于直接融资的范畴 P2P 网络借贷和众筹融资平台实质上分别是债权和股权交易的平台或场所，因此互联网融资和证券业同属整个直接融资的金字塔体系中。

既然互联网金融的本质仍然是金融，那么就应该按照金融的本质进行监管。特别是互联网金融更具有特殊性，在监管方面有着特殊要求。

在市场完全有效、市场参与者完全理性时，个体自利行为使得"看不见的手"自动实现市场均衡，均衡的市场价格能完全和正确地反映所有信息。在这种条件下，互联网金融监管应采取自由放任理念，关键目标是排除造成市场非有效的因素，让市场机制发挥作用，少监管或不监管。原因在于，如果市场价格信号正确，可以依靠市场纪律来有效控制有害的风险承担行为；问题金融机构破产清算以实现市场竞争的优胜劣汰；市场竞争和市场纪律会淘汰没有必要或不创造价值的金融创新，管理良好的金融机构不会开发风险过高的产品，信息充分的消费者只会选择满足自己需求的产品。从金融创新的价值创造而言，监管当局相对市场不具有优势，监管反而可能抑制有益的金融创新。

但目前互联网金融远未达到这个理想情形，仍存在大量的信息不对称等非有效因素，使得自由放任监管理念不适用。具体表现为如下几个方面。

第一，个体行为非理性。普通消费者不一定能理性识别风险。如 P2P 网络借贷中，投资者购买的是针对借款者个人的信用贷款，即便 P2P 网络借贷平台准确揭示借款者信用风险、投资足够分散，仍属于高风险投资，投资者不一定能充分认识到投资失败对个人的影响。所以 P2P 网络借贷网络贷款一般需要引入投资者适当性监管，英国还要求投资者不能仓促作决策，要三思而后行。

第二，集体行为非理性。比如，在以余额宝为代表的"第三方支付 + 货币市场基金"合作产品中，投资者购买的是货币市场基金份额。投资者可以随时赎回自己的资金,但货币市场基金的头寸一般有较长期限,或者需要付出一定折扣才能在二级市场上卖掉。这里面就存在期限错配和流动性转换问题。如果货币市场出现大幅波动,投资者为控制风险而赎回资金,从个体行为上看,是完全理性的;但如果是大规模赎回,货币市场基金就会遭遇挤兑,从集体行为上看,则是非理性的。在2008年的金融危机中,集体非理性行为频频出现,对一些金融机构形成了巨大冲击。如雷曼兄弟破产后,美国历史最悠久的货币市场基金 The Reserve Primary 对雷曼兄弟的敞口而跌破面值,尽管净值损失不超过5%,但机构投资者仍争先恐后赎回,该基金不得不走向破产清算。受此事影响,整个货币市场基金行业遭遇赎回潮,一夜之间遭到重创。流动性紧缩的局面还蔓延到整个金融系统,主要国家的央行不得不联手推出大规模的流动性支持措施。机构投资者表现出的这种集体非理性行为,完全可能在个人投资者身上出现。互联网金融机构如果涉及大量用户、达到一定资金规模,出问题时很难通过市场出清方式解决。如果该机构涉及支付清算等基础性金融业务,破产还可能损害金融系统的基础设施,构成系统性风险。比如,支付宝和余额宝的涉及人数和业务规模如此之大,一定程度上已经达到系统重要性标准。

第三,信息机制约束。互联网金融的发展本质上得益于以优越的信息集合及处理能力,并在此基础上形成融资、信息分解及风险监管等功能,并没有改变金融活动的核心。同时,与传统金融模式相比,互联网金融对信息数量和质量的要求更高。因此,互联网金融模式只是提供了一种新的可能性,但这种可能性能否实现、实现的程度仍然受到多种因素约束。和传统金融模式一样,投资者只有在掌握关于项目风险与价值的有效信息后,才有可能对其进行相应的风险定价,因此合理有效地披露其项目风险信息是投资行动的前提。同时,与传统融资模式相比,互联网投资者的信息完全来源于开放网络平台,对信息披露的依赖程度更高。如何披露信息成为投资者和生产者面临的核心问题。投资者需要足够数量的、持续时间的信息披露,以感知和判断风险的机会或途径,提高自身投资及权益保护的有效性;而生产者需要降低信息披露负担以降低融资成本,同时保护自己创意不被窃取,而这必然影响投资者保护有效性。因此,尽管众筹模式降低了信息不对称程度,但无法改变参与方的信息披露矛盾,其根本原因在于经济交易参与方利益不一致,信息的供给及需求不一致性。鉴于此矛盾引起的私人信息披露不足,通常政府和监管体系会要求筹资者披露真实信息(Mishkin,1995)。

第四,市场约束失灵。鉴于政府在中国经济中的角色,金融体系中针对投资风险的各种隐性或显性担保大量存在(如隐性的存款保险,银行对柜台销售的理财产品的隐性承诺),民众早已默认了"刚性兑付",风险定价机制在一定程度上是失效的。在这种大环境下，部分互联网金融机构推出高风险、高收益产品，用预期的高收益来吸引眼球、做大规模，但不一定如实揭示风险。这里面有巨大的道德风险，金融机构可能开发和推销风险过高的产品，消费者可能购买自己根本不理解的产品。比如，在金融产品的网络销售中，部分产品除了笼统地披露预期收益率外，很少向投资者说明该收益率通过何种策略取得、有什么风险等。部分产品为做大规模，甚至采取补贴、担保等方式来放大收益，"赔本赚吆喝"，已经不属于纯粹的市场竞争行为。而部分消费者因为金融知识有限和习惯了"刚性兑付"，甚至不一定清楚 P2P 网络借贷网络贷款与存款、银行理财产品有什么差异。

第五，互联网金融创新缺陷。如中国 P2P 网络借贷已经数次出现破产和诈骗事件。部分 P2P 网络借贷平台中，客户资金与平台资金没有有效隔离，出现了若干平台负责人卷款"跑路"案例；部分 P2P 网络借贷平台营销激进，将高风险产品销售给不具备风险识别和承担能力的人群；部分 P2P 网络借贷平台触及了非法集资、非法吸收存款的监管红线。再比如，比特币因为有很好的匿名性，被用在洗钱、贩毒等非法活动中。

二、互联网金融监管特殊性

与传统金融相比，互联网金融既具有传统金融风险，同时还具有两个突出的新风险特征：规模风险和信息科技风险。

（一）规模风险

由于互联网模式下的信息生产和传播机制，互联网金融拓展了交易可能性边界，服务了大量不被传统金融覆盖的人群（"长尾"理论），使得互联网金融具有非常不同于传统金融的规模风险特征。第一，互联网金融服务人群的金融知识、风险识别和承担能力相对欠缺，属于金融系统中的弱势群体，容易遭受误导、欺诈和不公正待遇。第二，他们的投资小而分散，作为个体，投入精力监督互联网金融机构的成本远高于收益，所以"搭便车"问题更突出，针对互联网金融的市场纪律更容易失效。第三，个体非理性和集体非理性更容易出现。第四，一旦互联网金融出现风险，从涉及人数上衡量（涉及金额可能不大），对社会的负外部性很大。总的来说，鉴于互联网金融的规模风险，强制性的、以专业知识为基础的、时间持续的金融监管不可或缺，而金融消费者保护尤为重要。

（二）信息科技风险

由于信息技术在互联网金融中的基础作用，信息技术风险在互联网金融中凸显。比如，计算机病毒、黑客攻击、网络金融诈骗、金融钓鱼网站、客户资料泄露、身份被非法盗取或篡改等。信息科技风险可以从风险来源、影响的对象及对责任单位的影响三个角度来理解（阎庆民等，2013）。

信息科技风险的来源分为四类，如自然原因导致的风险；由信息系统相关软硬件缺陷引发的系统风险，包括基础设施和硬件设备老化、应用和系统软件质量缺陷等；管理缺陷导致的风险，主要体现在管理制度的缺失或组织架构的制衡机制不完善、管理流程不足；由人员有意或无意的违规操作引起的操作风险。

而信息科技风险影响的对象分为三类，第一是数据风险，金融数据处理管理不善就容易出现客户信息泄密、资金差错等数据风险。第二是运行平台风险。金融服务涉及的数据处理都需要稳健的运行平台，硬件设备、网络、操作系统、数据库、中间件以及应用系统内在缺陷或管理差错，将影响信息系统运行平台的质量，出现运行平台风险。第三是物理环境风险。信息系统运行平台的安全运行有赖于适宜的物理环境，地震、雷雨、群体事件以及机房设备故障将影响机房供电、温度、湿度等，形成物理环境风险。

信息科技风险对组织的影响包括安全风险，即信息被篡改、盗用或被非授权组织使用的风险；可用性风险，即由于系统的失败、自然灾害等导致信息或应用程序不可用的风险；绩效风险，指由于系统、应用程序或人员的表现不佳，从而导致交易和运营效率降低和金融机构价值下降的风险；合规风险，指对信息的处理加工不能满足法律、监管要求或IT和金融机构政策需求而导致金融机构声誉受损的风险。

（三）货币流通量的风险

即由于互联网金融服务带动了货币流动速率的急剧变化，造成了中央银行控制货币流通量失准的风险。

（四）与传统金融风险叠加

第一，互联网金融将增加金融风险交叉传染的可能性。传统金融领域中信息的传递虽然缓慢，但是准确性和稳定性都要高于互联网，并且危机出现的渠道仅有有限的几条路径，较容易追踪和掌控，而互联网金融则是一种网状的信息传递模式，路径呈几何级数增长，对路径的把握和掌控都会被大大弱化，对于危机就更加难以控制，很有可能出现抱薪救火的尴尬局面。特别是在国内原先可以通过分业、设置市场屏障或特许等方式上，将风险隔离在一个个相对独立的领域内，分而化之，但现在由于互联网金融的跨界性，这种"物理"隔离的有效性正在大大减弱。

第二，互联网金融会放大传统金融风险。由于网络信息传递的快捷和不受时空限制，互联网金融会放大传统金融风险，导致市场价格波动风险、利率风险、汇率风险发生的突然性、传染性增强，危害也更大。金融网络化形成的不同贷款渠道和不同市场给投机者带来了套利机会，他们会在股市、汇市、期市进行大量关联交易，导致金融市场跌宕起伏，网上交易量瞬间剧增，加大了因交易环节中断导致的支付、清算风险。一方面，随着金融交易的实时性、便利性不断提高，参与者不再保持较高水平的超额储备，这时，当一方出现支付困难，比如受到黑客攻击，整个支付清算系统就会像多米诺骨牌一样，出现接连不断的混乱。另一方面，在"纸质"结算中，有一定的时间对偶然性误差进行纠正，而在互联网金融中回旋余地大大缩小，错误的扩散面加大，补救成本增加，从而可能在极短的时间内给一国经济以致命打击。

第三，互联网金融的虚拟性，增加了信用风险。由于互联网金融的虚拟性，交易双方互不见面，只是通过网络发生联系，这使得验证交易者的身份、交易的真实性难度加大，增大交易者之间在身份确认、信用评价方面的信息不对称，从而增大了信用风险。互联网金融的虚拟性导致监管的稽核审查或现场取证等面临技术性困境。在传统金融领域中，由于商业银行有一套非常严格的信息确认机制，即使社会信用体系还不完善，也不至于出现不可挽回的局面，但是在互联网金融下，信息变得更加抽象，在信用体系不完善的情况下，很容易导致大规模的漏洞，形成潜在的威胁。互联网金融就像毛细血管一样密布在社会公众之间，虽然"血量"不如大型商业银行这样的"主动脉"大，但是二者之间也存在千丝万缕的联系，各种引起互联网金融出现差错的情况，都可能传染到本来运行良好的商业银行。

第四，互联网金融加剧了整个金融体系的内在脆弱性。从违法犯罪角度看，攻击银行网站、盗取个人金融信息的情况时有发生，对金融网络安全提出了更高的要求。不仅如此，以2013年光大事件为例，操作风险一触即发，互联网金融提高了整个金融系统的脆弱性。具体来看，很多商业银行对线上信贷业务、保险、理财、网上支付等业务运营风险的监管防范意识不到位，内部经营管理不到位，缺乏一整套成熟的技术风险控制体系与具备专业金融知识、计算机应用及网络技术知识的复合型监管人才。有些银行为了追求较高收益，在超过风险预警指标的情况下仍冒进操作甚至违规操作，增加了操作风险发生的可能性。

第五，虚拟财富的增长加大了互联网金融的传染性。以虚拟货币为代表的虚拟财富总量不断增加，其在互联网中的接受程度也越来越广，并逐渐渗透到实体中。而虚拟财富的价格波动往往较为剧烈，当虚拟财富增长到一定规模后，将会在较大程度上影响互联网价格体系的稳定程度，并有可能因某种重要虚拟货币币值的剧烈波动而导致互联网金融危机的出现，危机也可能会通过虚拟财富与实体的转换渠道传染至实体中。

因此，各国政府有必要认识到互联网金融在发展过程中可能引起的风险和后果，注意协调发展与规范之间的关系，积极将互联网金融纳入监管体系，明确监管措施，在充分考虑潜在风险的基础上，保证互联网金融稳步、可持续发展，实现高效的资金配置以推动实体经济发展。互联网金融的发展使得金融监管体系的消费者保护问题更为明显。最后是互联网金融引致混业经营模式与分业监管体系的制度性错配问题，这是互联网金融对金融监管体系最为实质性的监管挑战。

三、互联网金融监管框架制度设计

（一）互联网金融的原则导向监管

互联网监管应该是以鼓励、规范互联网金融长期可持续发展作为基础原则，鼓励发展与风险防范相结合。互联网金融的发展适应了构建多元化融资体系、多层次资本市场和完善金融市场体系的发展趋势，互联网金融在提高居民和企业存量资金配置效率、促进直接融资体系的发展以及促进传统金融创新发展等具有推动作用。从监管上，鼓励互联网金融发展，同时引导市场主体防范技术风险、法律风险和金融风险，加强消费者保护和信息披露，是较为合理的举措。通过发展互联网金融，建立和完善多层次金融市场和多元化融资体系，是满足经济发展和转型中的多元化融资需求和居民企业多元化、便捷化和低价化的金融服务需求的必然趋势。

互联网金融目前还远未定型，发展方向和模式仍有待观察。鉴于发展初期的现状，金融监管部门实施监管时，应对出现的一些问题保持一定的容忍度和弹性，采取原则导向监管方式，充分吸收以往新兴金融行业发展初期的监管经验和教训。避免一管就死，一放就乱的现象。在保障金融系统性风险安全可控的前提下，支持金融创新，促进互联网金融的稳步发展，原则导向监管和规则导向监管是目前各国金融监管领域普遍应用的监管方式。英国和美国分别是这两种方式的典型代表。美国金融服务圆桌会议指出，规则导向的金融监管体系是指在该体系下，由一整套金融监管法律和规定来约束，即便不是全部也是绝大多数金融行为和实践的各个方面。这一体系重点关注合规性，且为金融机构和监管机构的主观判断与灵活调整留有的空间极为有限。原则导向的金融监管体系重点关注既定监管目标的实现，且其目标是为整体金融业务和消费者实现更大的利益。原则导向监管尽管存在诸如主观不确定性等缺点，但通过2008年金融危机的实践检验来看，相比规则导向监管，原则导向监管方式更适用于对金融创新的监管。英国金融服务管理局指出，原则性监管意味着更多地依赖于原则并以结果为导向以高位阶的规则，用于实现监管者所要达到的监管目标并较少地依赖于具体的规则。通过修订监管手册以及其他相关文件持续进行原则和规则间的不断平衡，我们关注作为监管者所希望实现的更清晰的结果，而由金融机构的高管更多地来决定如何实现这些结果。通俗地说，原则导向监管就是找准地线放开空间，即监管几个重大的原则，这些原则是不能碰的，在此之外就是市场的行为。原则导向监管既有利于规范金融创新，也有利于促进金融创新。对于新兴的互联网金融，监管机构就是要划好业务红线、留好业务创新空间，但原则导向监管方式并非是完全排斥规则性监管内容。原则导向监管强调的是对金融创新的底线坚守，原则性监管对于处理金融创新和监管套利是有益的，但一套与以原则相伴的健全的规则也是必要的。政府监管与自律监管市场约束应保持动态平衡不可偏废，如存在需要条件成熟，原则可与规则相结合，形成具体监管制度保障金融安全。

现代金融市场的特征为复杂的持续创新信息技能的长期不对称、普遍的代理成本，这些特征及监管挑战都体现在互联网金融中。增强对这些挑战的有效回应是金融监管者所面临的艰巨任务。详尽的规则导向金融监管举措已被证明不能胜任这项任务。通过适用结果导向原则、改进的对话关系、深度监管和针对性的比例执行，原则导向监管显示其有能力克服这些挑战，并随之造就更微妙的、回应性的长久有效监管。

（二）互联网金融的功能监管

功能监管的核心是根据互联网金融的业务和风险来设定监管。互联网金融机构，如果实现了与传统金融类似的功能，就应该接受与传统金融一致的监管；不同的互联网金融机构，如果从事了相同业务，产生了相同风险，就应该受到相同的监管。否则，就容易造成监管套利，既不利于市场公平竞争，也会产生风险盲区。与功能监管相对应的是机构监管。尽管对互联网金融而言，从机构监管角度更容易把监管问题说清楚，但功能监管涉及监管基本理论和方法论，所以有必要在机构监管之前讨论。

功能监管主要是针对风险的监管，基础是风险识别、计量、防范、预警和处置。与传统金融一样，在互联网金融中，风险指的仍是未来遭受损失的可能性，市场风险、信用风险、流动性风险、操作风险、声誉风险和法律合规风险等概念和分析框架对互联网金融都适用。互联网金融也存在误导消费、夸大宣传、欺诈等问题。因此，在功能监管方面，互联网金融与传统金融没有显著差异，也可以分成审慎监管、行为监管、金融消费者保护三种主要类型。

1. 审慎监管

审慎监管的目标是控制互联网金融的外部性，保护公众利益。根据微观经济学理论，外部性指的是经济主体的行为可通过价格机制之外的渠道，直接影响其他消费者的福利或其他厂商的生产能力。如果不对市场施加额外限制，在外部性为正时，均衡水平会低于社会最优水平，而在外部性为负时，均衡水平会高于社会最优水平（金融领域一般属于后一种情形）。审慎监管的基本方法论是，在风险识别的基础上，通过引入一系列风险管理手段（一般体现为监管限额），控制互联网金融机构的风险承担行为以及对社会造成的负外部性（特别在事前），从而使外部性行为达到社会最优水平。

目前来看，互联网金融的外部性主要是信用风险的外部性和流动性风险的外部性。对这两类外部性，可以借鉴银行监管中的相关做法，按照"内容重于形式"原则，设计针对互联网金融的监管措施。

（1）针对信用风险外部性的监管

部分互联网金融机构从事了信用中介活动，比如，在 P2P 网络借贷中，一些 P2P 网络借贷平台直接介入借贷链条，或者为借贷活动提供担保，总的效果都是承担了与借贷有关的信用风险，这类互联网金融机构就会产生信用风险的外部性。它们如果破产，不仅会使相关债权人、交易对手的利益受损，也会使具有类似业务或风险的互联网金融机构的债权人、交易对手怀疑自己机构的清偿能力，进而产生信息上的传染效用。根据国务院办公厅 2013 年《关于加强影子银行监管有关问题的通知》（"107 号文"）的精神，从事信用中介活动的互联网金融机构，如果不持有金融牌照，并且完全无监管，就属于影子银行，需要由中国人民银行会同有关部门共同研究制定监管办法。

对信用风险外部性的监管，可以参考银行业的做法。在 Basel Ⅱ 和 Basel Ⅲ 协议下，银行为保障在信用风险冲击下仍具有持续经营能力，需要计提资产损失准备金和资本。其中，损失分为预期损失和非预期损失两种，预期损失是未来可能损失的平均值，不是真实的风险，可以用资产损失准备金来覆盖；非预期损失是指损失围绕预期损失的波动，是真正的风险，必须用资本来覆盖。具体体现为不良资产拨备覆盖率、资本充足率等监管指标。比如，P2P 网络借贷平台普遍划拨部分收入到风险储备池（比如，贷款总额的 2%），用于保障投资者的本金。风险储备池在功能上与银行资产损失准备金、资本相当，那么如何确定风险储备池的适当规模？银行资本充足率要求是 8%，而资本充足率等于资本除以风险加权资产，资产的平均风险权重一般在 50% 左右，因此银行资本约占资产的 4%。依此类推，P2P 网络借贷平台的风险储备池应为贷款总额的 4%。当然，这只是一个"信封背面的计算"（Back-of-the-envelope Calculation），主要为说明相关监管逻辑，风险储备池的具体标准应根据风险计量来确定。

（2）针对流动性风险外部性的监管

部分互联网金融机构进行了流动性或期限转换。比如，信用中介活动经常伴随着流动性或期限转换。再比如，在以余额宝为代表的"第三方支付+货币市场基金"合作产品中，投资者随时可以赎回自己的基金份额，但基金头寸的期限则要长一些，这类互联网金融机构就会产生流动性风险的外部性。它们如果遭受流动性危机，会使具有类似业务或风险的互联网金融机构的债权人、交易对手怀疑自己机构的流动性状况，也会产生信息上的传染效用。此外，金融机构在遭受流动性危机时，通常会通过出售资产来回收现金，以满足流动性需求，短时间内大规模出售资产会使资产价格下跌。在公允价值会计制度下，持有类似资产的其他金融机构也会受损，在极端情况下，甚至会出现"资产价格下跌→引发抛售→资产价格进一步下跌"的恶性循环。

对流动性风险外部性的监管，可借鉴银行业的做法。BaselⅡ和BaselⅢ引入了两个流动性监管指标——流动性覆盖比率和净稳定融资比率。其中，流动性覆盖比率已经开始实施，要求银行在资产方留有充足的优质流动性资产储备，以应付根据流动性压力测试估计的未来30天内净现金流出量。净稳定融资比率的监管逻辑与之类似。

对"第三方支付+货币市场基金"合作产品，应该通过压力测试估算投资者在大型购物季、货币市场大幅波动等情景下的赎回金额，并据此对货币市场基金的头寸构成进行限制，确保有足够比例的高流动性头寸（当然，这会牺牲一定的收益性）。

2. 行为监管

行为监管，包括对互联网金融基础设施、互联网金融机构以及相关参与者行为的监管，主要目的是使互联网金融交易更安全、公平和有效。在一定意义上，行为监管是对互联网金融的运营优化，主要内容如下。

第一，对互联网金融机构的股东、管理者的监管。一方面，在准入审查时，排除掉不审慎、能力不足、不诚实或有不良记录的股东和管理者；另一方面，在持续经营阶段，严格控制股东、管理者与互联网金融机构之间的关联交易，防止他们通过资产占用等方式损害互联网金融机构或者客户的合法权益。

第二，对互联网金融有关资金、证券的存放、托管、交易和清算系统的监管。一方面，提高互联网金融运行效率，控制操作风险；另一方面，平台型互联网金融机构的资金与客户资金之间要有效隔离，防止挪用客户资金、卷款"跑路"等风险。

第三，要求互联网金融机构有健全的组织结构、内控制度和风险管理措施，并有符合要求的营业场所、IT 基础设施和安全保障措施。

3. 金融消费者保护

由于互联网金融服务在需求方和供给方之间可能存在更为明显的委托代理问题或道德风险，只有通过更为完善的强制性信息披露机制才可能保障消费者的利益。比如，网络贷款中存在的非法吸储、转贷、高利贷等问题，如果有强制性的信息披露机制，那么网络贷款平台破产、人员逃跑等问题的严重性可能会大大降低，消费者利益受损也将大大减少。强制性信息披露机制和消费者保护机制是监管当局强化互联网金融监管最为急迫的任务之一。

金融消费者保护的主要背景是消费者主权理论以及信息不对称下互联网金融机构对消费者权益的侵害。要认识到，互联网金融机构与金融消费者两方的利益不是完全一致，互联网金融机构健康发展（这主要是审慎监管和行为监管的目标）不足以完全保障金融消费者权益。

现实中，由于专业知识的限制，金融消费者对金融产品的成本、风险、收益的了解根本没有办法和互联网金融机构相比，处于知识劣势，也不可能支付这方面的学习成本。互联网金融机构掌握金融产品内涵信息和定价的主导权，会有意识地利用金融消费者的信息劣势开展业务。经济学上称之为隐含欺诈倾向（或准欺诈），但不一定构成法律定义上的"欺诈"。此外，互联网金融机构对金融消费者有"锁定效应"，欺诈行为一般比较隐蔽，不能被市场竞争消除（也就是说，金融消费者发现欺诈行为后，也不会另选机构）。

针对金融消费者保护，可以进行自律监管，但如果金融消费者没有很好的低成本维权渠道，或者互联网金融机构过于强势，而自律监管机构又缺乏有效措施，前述准欺诈行为一般很难得到制止和处罚，甚至无法被披露出来。在这种情况下，自律监管面临失效，政府监管机构就需要作为金融消费者的代理人实施强制监管权力，主要采取以下措施。

一是健全投资者适当性制度，严格投资者适当性管理。投资者适当性制度是投资者保护中不可或缺的一项重要制度性保障，其核心在于将适合的产品和服务提供给适当的投资者。监管机构有必要建立规范的投资者分类标准和统一的投资者适当性管理规范，同时，明确互联网金融企业的适当性管理责任，健全各类自律规则的要求。

二是建立多元化的纠纷解决和赔偿机制。互联网金融的投资者大多为中小投资者，其在资金实力、法律专业能力等方面受到制约，往往无法正确使用法律手段进行纠纷处理。因此监管机构有义务完善投诉处理机制，加强与司法机关的协调配合，建立健全互联网金融投资者的维权渠道，并重视发挥行业自律组织作用，为互联网金融投资者权益保护提供专业服务、咨询和援助。

要赋予金融消费者维权的渠道。第一是赔偿机制。买电器碰到"假冒伪劣"可以赔偿，买金融产品遇到误导消费、夸大宣传、欺诈等问题也应该可以索赔。第二是诉讼机制。美国原来规定只有股票投资可以集体诉讼，在这轮国际金融危机后允许金融消费者在遭遇金融产品欺诈时，可以告银行、保险公司和证券公司，代销者也被规定负有连带责任，这一诉讼机制可以用在互联网金融的消费者保护中。同时，利用互联网平台扩大金融消费者"维权投诉"的信息扩散效果。一个金融消费者发现某个互联网金融机构的某个产品有问题后，一旦在网上公布，可使其他消费者"搭便车"，扩大保护作用。这相当于利用了社交网络和大数据的原理。

第三是强化投资者教育。成熟的投资者群体有利于互联网金融市场的理性和健康发展，适当机制的投资者教育，可以帮助互联网金融投资者增加金融知识、提高投资技巧、增进理解风险的信心，使他们更理智地作出决策，知悉如何寻求帮助，提高金融消费水平。因此相关机构应积极开展教育宣传，普及互联网金融知识，帮助投资者提高风险意识和自我保护能力，并督促互联网金融企业将投资者教育纳入业务流程的各个环节。

（三）互联网金融的监管主体

将新兴的互联网金融逐步纳入金融监管体系是各国规范和促进互联网金融发展的趋势，国内也将如此。实施监管的一个关键问题是，监管由谁来负责，即监管主体是谁。这一问题至关重要。目前国内除第三方支付已被正式纳入央行监管体系外，P2P网络借贷和众筹融资仍游离于监管体系之外，监管主体仍待确定。从P2P网络借贷和众筹融资产生与发展的历程来看，它们起源于民间，根植于地方，呈多元化发展态势。为因地制宜较好地规范和促进互联网金融的发展，互联网金融监管应接地气，不宜采取类似对传统金融机构的集中式统一监管模式，监管权限应逐步下放到地方政府。赋予地方政府相应的金融监管权限也符合国务院"十二五"规划中有关金融规划的内容，《国民经济和社会发展"十二五"规划纲要》明确提出要完善地方政府金融管理体制，强化地方政府对地方中小金融机构的风险处置责任。伴随着地方金融活动的日益活跃，地方政府对地方金融的管理也日益频繁，地方政府已逐步开始在地方金融监管中扮演越来越重要的角色，中央与地方统分结合的金融监管模式已初露端倪。在地方金融监管的实践中，部分省市已经开始了有益的探索，以浙江为例，2013年11月22日，浙江省人大常委会通过了《温州市民间融资管理条例》。作为我国首部民间金融地方性法规，它在某种程度上赋予了地方政府金融监管权。2008年以来，随着新一轮地方机构改革的深入，全国省市两级政府普遍加大了金融办建设的力度。现在全国省市两级政府普遍设立了金融办，在经济较发达的地方，许多市辖区和县级市也设立了金融办。金融办在地方各级的陆续设立，为地方政府行使地方金融管理职能提供了组织保障，在中国区域经济发展差异巨大的情况下，地方政府金融办对地方金融活动更为熟悉和了解，建立由地方政府金融办主导的地方金融监管体系框架已成为目前国内金融监管的发展趋势。将P2P网络借贷和众筹融资等互联网金融划归地方政府金融办统一监管，符合这一趋势和潮流。当然全国性的监管指导和统筹也是不可或缺的，"一行三会"可根据相应法定职责负责互联网金融指导性规则的制定风险监测和预警。

（四）互联网金融的监管协调机制

互联网金融监管在防范互联网金融自身的特定风险之外，更要防范互联网金融对传统金融体系的风险外溢效应，守住不发生区域性和系统性风险的底线。互联网金融自身存在操作风险、技术风险、法律风险以及监管失效等风险，需要监管机构出台相应的政策措施加以防范，杜绝监管漏洞和监管失败。虽然互联网金融从总量上仍然是金融体系的一小部分，但是其风险的内在关联性和空间传染性很强，将与银行主导的传统金融联系在一起，而中国仍然是一个银行主导的金融体系，系统性风险可能更加集中在银行业，但是互联网金融的风险可能作为一个触发机制或者是"蝴蝶效应"的起点，最终导致系统性风险。这是需要金融监管当局加强对互联网金融风险及其外溢效应的跟踪、研究及应对。

互联网金融兼具互联网和金融两个行业的双重特征，且普遍存在跨界、跨领域经营的情况，从国际通行实践看，不宜对互联网金融采取单一主题监管和机构监管的方式，而是应以功能监管和行为监管为主，加强部门之间的合作，以避免出现监管的真空地带，同时保证监管的灵活性。例如，美国证券监管机构从功能监管的角度，将个人房贷人购买网络信贷机构的贷款份额、参与放贷的行为认定为证券投资行为而非普通的借贷行为，要求其接受美国证券法律的约束。

不仅如此，未来随着各国金融市场的不断开放，以及金融全球化趋势的不断发展，互联网金融必然不仅仅局限于为某一国家或地区的客户提供服务，它的服务对象将遍及全球。这一方面有利于行业发展，使客户能够在全球范围内进行资金配置，另一方面也意味着金融风险跨境传播的速度将不断加快。届时如果没有统一的监管标准，互联网金融企业往往会不断突破监管底线，进行监管套利，增加全球金融体系的系统性风险。

由于互联网金融兴起的时间并不太长，目前各国的互联网金融监管均处于探索期，这为各国监管机构共同参与互联网金融监管国际标准的制定提供了绝佳的契机。因此，亚洲各国应积极推动互联网金融的国际标准制定和监管合作，充分利用金融稳定理事会（FSB）、国际证监会组织（IOSCO）等国际组织的纽带功能，依据本国互联网金融发展过程中所遇到的情况和问题，提出在互联网金融国际监管合作中的诉求，促使国际监管标准能够照顾各方关切、平衡各方利益。同时，监管机构应逐步完善双边或多边安排，以促进各互联网金融监管机构交换有关互联网金融市场和参与者的信息，有效防范跨境市场操纵和监管套利行为。

对于中国而言，现有的金融业监管体系主要是按照银行、证券与基金公司、保险公司等来划分的，随着经济以及金融市场的发展，这些不同的金融机构之间日益呈现混业经营的发展趋势，已经给现有的分业监管的金融监管体系带来了一定的挑战。互联网金融监管需要防范混业经营模式与分业监管模式的制度性错配。互联网金融自身的综合混业经营趋势已经非常明显，但是其对传统金融混业经营趋势的催化作用并没有引发监管机构的高度关注。比如余额宝发展起来之后，银行机构也纷纷创设了银行类的"宝宝"产品，这实际上使得银行的混业经营边界被进一步扩大，同时银行等金融机构也更加依赖短期资金市场，期限错配和管理压力更为巨大。而现有监管体系则是分业监管模式，在面对互联网金融产品可能涉及多个分业领域时，监管缺陷、监管漏洞就可能出现，而这可能成为互联网金融风险。另外，互联网金融机构大量涌现，规模小而分散，业务模式层出不穷，统一的中央金融监管可能"鞭长莫及"。所以，互联网金融机构的牌照发放、日常监管和风险处置责任，在不同政府部门（主要是"一行三会"和工信部）之间如何分担，在中央与地方政府之间如何分担，是非常复杂的问题。

对于金融监管机构来说，互联网金融是一个全新的领域，具有明显的跨行业、跨市场、跨区域的特征，参与的市场主体非常多元化，同时数量庞杂，相关监管涉及多个金融监管机构。因此，在互联网金融的监管方面，迫切需要明确现有金融监管机构之间的分工。在明确各自分工的同时，还要加强相互之间的协作，建立一个有效沟通和协调机制。没有分工，就会出现"三不管地带"或者"多头监管"的格局；没有协作，监管的有效性以及专业性就值得怀疑。我们认为，在当前，需要由央行牵头来协调不同金融监管机构对互联网金融的监管。与此同时，除了金融监管机构以外，互联网金融的监管还需要与工信、工商、税务以及地方政府（金融办公室）等部门开展合作。

2013年8月，中国国务院为进一步加强金融监管协调，保障金融业稳健运行，同意建立由中国人民银行牵头的金融监管协调部际联席会议制度，职责之一就是"交叉性金融产品、跨市场金融创新的协调"。十八届三中全会提出"完善监管协调机制,界定中央和地方金融监管职责和风险处置责任"。应该说,互联网金融的监管协调的制度框架已经初显雏形。

四、现有互联网金融业务的分类监管

在互联网金融的六种主要类型中,急需建立监管的是 P2P 网络借贷和众筹融资。2014 年 12 月 18 日中国证监会出台了《股权众筹融资管理办法(试行)》,对股权众筹融资进行了初步界定。需要说明的是,机构监管隐含的前提是,同类机构从事的业务和产生的风险类似,因此适用于类似的监管。但互联网金融已经出现了混业迹象。在这种情况下,就需要根据互联网金融机构具体的业务、风险,从功能监管角度制定监管措施,同时加强监管协调。

(一)目前已有的监管框架

第一,在金融互联网化方面,网络银行、手机银行、网络证券公司、网络保险公司和网络金融交易平台,核心是互联网对银行、证券公司、保险公司和交易所等传统金融中介和市场的物理网点和人工服务的替代。大数据在信用评估、网络贷款(不管是以银行为载体,还是以小贷公司为载体)、证券投资、保险精算中的应用,主要是改进相关金融活动的信息处理环节。相对传统金融中介和市场而言,这些互联网金融机构尽管信息更透明、交易成本更低、资源配置效率更高,但金融功能、风险特征变化不大,所以针对传统金融中介和市场的监管框架和措施也都适用,但需要加强对信息科技风险的监管。相关法律法规和监管框架可以在"一行三会"网站上查到。

第二,对移动支付和第三方支付,中国已经建立起一定的监管框架,包括反洗钱法、电子签名法和《关于规范商业预付卡管理的意见》等法律法规,以及中国人民银行的《非金融机构支付服务管理办法》、《支付机构预付卡业务管理办法》、《支付机构客户备付金存管办法》和《银行卡收单业务管理办法》等规章制度,这些都可以在中国支付清算协会网站上查到。

第三,对金融产品的网络销售,监管重点是金融消费者保护,严控误导消费、夸大宣传、欺诈等问题。《证券投资基金销售管理办法》第三十五条规定:"基金宣传推介材料必须真实、准确,与基金合同、基金招募说明书相符,不得有下列情形:(一)虚假记载、误导性陈述或者重大遗漏;(二)预测基金的证券投资业绩;(三)违规承诺收益或者承担损失……(五)夸大或者片面宣传基金,违规使用安全、保证、承诺、保险、避险、有保障、高收益、无风险等可能使投资人认为没有风险的或者片面强调集中营销时间限制的表述;(六)登载单位或者个人的推荐性文字。"银监会对理财产品和信托产品等也有明文规定，绝对不能保证收益率，只能是预期收益率，并要向投资者反复强调，投资有风险，买者自负的基本原理。2014 年 1 月，浙江证监局开出了针对互联网理财产品的首张罚单，认定数米基金公司宣传资料中存在"最高可享 8.8% 年化收益"等不当用语，责令其限期改正。

对以余额宝为代表的"第三方支付+货币市场基金"合作产品，鉴于可能的流动性风险，应参考美国在这轮国际金融危机后对货币市场基金的监管措施。

一是要求"第三方支付+货币市场基金"合作产品如实向投资者揭示风险，避免投资者形成货币市场基金永不亏损的错误预期。《证券投资基金销售管理办法》第四十三条规定："基金宣传推介材料中推介货币市场基金的，应当提示基金投资人，购买货币市场基金并不等于将资金作为存款存放在银行或者存款类金融机构，基金管理人不保证基金一定盈利，也不保证最低收益。"

二是要求"第三方支付+货币市场基金"合作产品如实披露头寸分布信息（包括证券品种、发行人、交易对手、金额、期限、评级等维度）和资金申购、赎回信息。

三是要求"第三方支付+货币市场基金"合作产品满足平均期限、评级和投资集中度等方面的限制条件，确保有充足的流动性储备来应付压力情景下投资者的大额赎回。

（二）第三方支付风险及监管

1. 金融系统性风险

由于第三方支付金融风险本身的放大与传导作用，导致第三方支付的金融风险不是单个公司的风险，有可能造成整个金融系统的风险，具有较大的负外部性。因此，需要有监管的介入，设计出防范金融系统风险的制度，从而从源头上降低金融系统性风险发生的可能。除此之外，第三方支付还会对基础货币、货币乘数、货币流通速度产生影响，从而改变了货币政策的一些前提、实施环境、微观基础，对货币政策效果产生扰动。

2. 信息系统风险和操作风险

信息系统风险包括物理风险、外部风险、数据传输风险、内部风险、系统运行维护风险、管理风险、安全技术防护风险和应用程序开发的质量控制风险。操作风险包括流程风险、人员风险和外部风险。流程风险是因支付业务的流程、制度管理不完善而导致操作或执行困难，甚至给不法分子留下漏洞并造成损失的风险。

3. 市场环境风险

第三方支付服务作为零售支付的一部分，其发展是以需求为导向的，市场环境的变化会影响整个行业的发展，同时支付机构间、支付机构和银行间的竞争加剧也会带来相应的风险。具体来说包括两个方面：第一，市场竞争风险。随着市场竞争的加剧，会产生价格战、利用垄断地位破坏市场自由竞争等恶性竞争行为。第三方支付机构在发展过程中，同质化业务发展一直是难以规避的问题，这一问题也直接导致支付机构间以价格战为代表的恶性竞争加剧。第二，洗钱、套现、赌博等风险。第三方支付在一定程度上为不法分子实施洗钱、信用卡套现、诈骗以及逃税漏税等活动提供了通道。

4. 市场退出潜在风险

没有取得行政许可的机构，由于其并不受监管部门监管，经营情况、客户沉淀资金情况都是不公开的，退出第三方支付服务市场的随意性很大，给社会带来的风险也更加不可预知。已经取得行政许可的公司，其业务经营情况和客户沉淀资金是由监管部门进行监管的，应当在监管部门的统一安排下有序退出。

5. 第三方支付监管现状

第三方支付机构开展支付业务，从最初的起步阶段发展成为一个行业，推动了我国支付体系的发展，其监管法律也经历了一个从无到有的过程。与银行业等金融机构不同，第三方支付机构接受中国人民银行监管。第三方支付机构向所在地中国人民银行分支机构提出申请，并经所在地中国人民银行分支机构初审通过后，报中国人民银行审批。中国人民银行负责支付业务许可证的颁发。中国人民银行的监管体现在以下六个方面。第一，经营许可。第三方支付机构从事支付服务，务必取得支付业务许可证，并开展支付业务许可证核准的支付业务；第二，业务外包限制。针对网络支付、预付卡发行与受理、银行卡收单三种支付服务，中国人民银行规定了各项支付服务的核心业务。第三方支付机构必须在规定内经营核心业务，对于非核心业务，可以外包给第三方开展，但必须履行对第三方的资质审核和报备；第三，完善的风险管理和内控制度。第三方支付机构要有足够的意愿和能力，防范和处理在经营中出现的风险事件；第四，信息安全。第三方支付机构需要具备一定的技术手段，确保支付指令的完整性、一致性和不可抵赖性，确保支付业务处理的及时性、准确性和支付业务的安全性；第五，备付金存管。为确保用户权益受到保障，中国人民银行要求第三方支付机构对备付金进行存管；第六，反洗钱。第三方支付机构必须建立完善的反洗钱内部控制制度文件，载明反洗钱合规管理框架、客户身份识别和资料保存措施、可疑交易报告措施、交易记录保存措施、反洗钱审计和培训措施、协助反洗钱调查的内部程序和反洗钱工作保密措施，对反洗钱岗位设置及职责进行阐述,同时,报告第三方支付机构开展可疑交易监测的技术条件说明。

(三)对 P2P 网络借贷的监管

以美国 Lending Club 和 Prosper 为代表的 P2P 网络借贷具有以下特点:(1)投资人和借款人之间不存在直接债权债务关系,投资人购买的是 P2P 网络借贷平台按美国证券法注册发行的票据(收益权凭证),而给借款人的贷款,先由第三方银行提供,再转让给 P2P 网络借贷平台;(2)票据和贷款之间存在镜像关系,借款人每个月对贷款本息偿付多少,P2P 网络借贷平台就向持有对应票据的投资人支付多少;(3)如果借款人对贷款违约,对应票据的持有人不会收到 P2P 网络借贷平台的支付(P2P 网络借贷平台不对投资人提供担保),但这不构成 P2P 网络借贷平台自身违约;(4)个人征信发达(比如 FICO 信用评分),P2P 网络借贷平台不用开展大量线下尽职调查。在这些情况下,美国 SEC 监管的重点是信息披露,而非 P2P 网络借贷平台的运营情况。P2P 网络借贷平台必须在发行说明书中不断更新每一笔票据的信息,包括对应贷款的条款、借款人的匿名信息等。这里面特别要注意美国证券法提供的资本工具灵活性——收益权凭证既是 P2P 网络借贷运行框架的核心,也是对 P2P 网络借贷进行监管的"抓手"。

1. 美国 P2P 网络借贷需要接受的监管

P2P 网络借贷公司通过银行或其他金融机构发放贷款时,机构需要严格遵守消费者保护方面的法律。例如要用消费者可以理解的方式来提供贷款的标准信息,保证信息披露的方式合乎规范;禁止交易中的不公平和欺诈行为。对于贷款条款的具体披露要求有:不得对提前付款有过度的惩罚;特定情况下需要补偿借款人损失;禁止贷款公司基于种族、人种、性别、年龄、宗教、国籍、婚姻状态作出信贷决定。在催收账款方面的规定有不能过度扰民;如果借款者申请了破产,公司不可以继续催收。此外,法律还对催收通知和应收账款的确认以及和第三方分享信息方面有具体要求。

P2P 网络借贷公司最主要的监管者是美国证监会(SEC)。由于确认了 P2P 网络借贷公司发行性质为债券,所以需要遵守交易法、证券法。消费者金融保护局(CFPB)是贷款机构的监管者,这两个机构监管重点不一样。SEC 考虑更多的是投资人的保护,消费者金融保护局更多考虑的是借款人。美国 P2P 网络借贷公司未来是否也会转到侧重消费者的保护下也在讨论之中。消费者金融保护局在美联储之内,但不受美联储管辖,或国会的预算制约。金融危机后,多德—弗兰克法案给予了消费者金融保护局很大的权力,包括授权州律师在 CFPB

同意的前提下按照联邦消费者保护法提请诉讼。

P2P网络借贷债券为公司无抵押债券，存在借款人不能还款和P2P网络借贷公司破产两层风险。如果P2P网络借贷公司破产，借款人的还款作为公司资产，需要偿还其他债权人的义务，或者需要与其他还款糅合在一起承担整个贷款池的风险。美国对于破产情况有保护措施，基本上所有的P2P网络借贷公司在第三方银行进行资金托管，例如Lending Club将资金托管至富国银行。托管后投资者的钱存在集合投资账户中，平台无权占有，账户与平台资金不混合，受到美国联邦存款保险公司（FDIC）的保护。但是在借款人还款时，还款还是会先转入P2P网络借贷公司账户上，在一段时间内还是会和公司资金混在一起。Lending Club承诺在收到还款四天后将钱打入投资者账户，所以有四天风险敞口。另外，如果在此期间公司破产，服务商平台无法运转，将影响收款和支付。为减少此风险，Lending Club与Portfolio Financial Service Company签订了后续服务协议，如果Lending Club破产，这家公司可以在五天内继续服务现有借款，减轻了投资者的风险。此外，破产法中的自动滞留条款使投资者不能采取合法方式获得还款。所有资金将全部被冻结，投资者无法按时收到还款。

与美国情况相比，中国P2P网络借贷有很大特殊性，主要表现为：（1）在个人征信系统不完善的情况下，线上信息不足以满足信用评估的需求，普遍开展线下尽职调查；（2）老百姓习惯了"刚性兑付"，没有担保很难吸引投资者，P2P网络借贷网贷平台普遍划拨部分收入到风险储备池，用于保障投资者的本金；（3）"专业放贷人+债权转让"模式，目标是更好地连接借款者的资金需求和投资者的理财需求，主动、批量开展业务，而非被动等待各自匹配；（4）大量开展线下推广活动，金融消费者保护亟待加强。总的来说，中国P2P网络借贷网络贷款更接近互联网上的民间借贷。

目前，中国P2P网络借贷无论在机构数量上，还是在促成的贷款金额上，都超过了其他国家。P2P网络借贷在"中国化"过程中产生了很多特有的商业模式、运营机制和风险隐患。针对P2P网络借贷行业鱼龙混杂的局面，一些监管者已经表示了担忧。中国人民银行刘士余副行长在2013年12月4日支付清算协会互联网金融专业委员会成立大会上指出，作为政府部门，绝不姑息违法犯罪和欺诈行骗，央行和金融监管部门一定会配合公安机关和各级政府出重拳打击，以促进正常互联网金融健康发展，非法集资、非法吸收公众存款两条红线不能碰，尤其P2P网络借贷平台不可以办资金池。

2. 中国P2P网络借贷平台"适度"监管的政策建议

第一，明确"谁来管"。目前，关于P2P网络借贷平台并没有明确的监管主体，"都想管，又都怕管"的格局使得想规范发展的P2P网络借贷平台成为监管空白区。明确"谁来管"应是最先启动的监管流程。由谁来监管,应该从其业务本质和监管便利性来考虑。我们认为,P2P网络借贷平台的监管可以借鉴小额贷款公司的经验。

2008年人民银行、银监会联合发布《关于小额贷款公司试点的指导意见》就明确提出:"凡是省级政府能明确一个主管部门(金融办或相关机构)负责对小额贷款公司的监督管理,并愿意承担小额贷款公司风险处置责任的,方可在本省(区、市)的县域范围内开展组建小额贷款公司试点"。

类似地,P2P网络借贷的监管也可以考虑由人民银行、银监会联合发布一个指导意见,建立全国统一的规范标准。在具体管理上,则可以授权地方金融办作为主管部门。

第二,把握"怎么管"。明确了监管主体后,面临的首要问题就是监管原则。我们认为,对P2P网络借贷进行监管的总体原则是:鼓励创新、控制风险。也就是说,既要防范风险,但也要避免管得太多、太死,束缚该行业的发展与创新,甚至导致监管寻租行为。

为了实现这样的"适度监管",应把握以下具体原则:一是法律关系。P2P网络借贷平台应该立足于信息中介定位,发挥信息发布、交易撮合的核心功能,避免直接与投资者或借款人发生债权债务关系。二是避免非法集资。为帮助投资者分散风险,一些P2P网络借贷平台将单个投资者的资金分散借给多个借款人,而单个借款人也从多个投资者处获得资金。这种机制具有一定的合理性,但可能触发非法集资。三是风险承担与收益分配对称。在这一业务中,投资者、P2P网络借贷平台、担保公司都承担一定的风险,相应地,风险与收益分配应该对称。P2P网络借贷平台对投资者承受的风险应进行客观、充分的揭示,并通过风险准备金、本金担保等机制实现风险的合理分担。只有实现了风险与收益的对称,才能实现可持续地发展,避免风险过度积累。四是透明度原则。无论是美国的次贷危机,还是中国理财产品市场出现的风险,透明度低都是风险积累的重要原因。P2P网络借贷监管应坚守透明度原则,即投资者应该对借款人情况拥有充分的信息。平台的创新不能突破这一原则。

第三,清晰"管什么"。科学的监管需要寻求操作上的可行性。建议尽快制定《P2P网络借贷业务指导意见》,管理办法应具体化、可操作。一是在用户识别环节,应对用户身份、资信状况、借款用途、业务范围等进行了解和审核,并应规定在业务关系存续期间及时更新用户的身份信息资料,承担反洗钱义务。二是规定资金必须实现第三方托管。目前虽然大多数平台与第三方电子支付有合作,但第三方电子支付并不承担资金监管的义务。三是要求网络平台内部建立严格的内控制度,明确资金转账流程,且企业要定期向监管部门报送资料,接受监管部门的监督。四是在业务过程中,明确各方法律关系,平台不与借贷双方发生债权债务关系等。五是依据现行的法律,P2P 网络借贷平台在强制分拆配比时,一定要坚持小额,注意《商业银行法》司法解释的金额和人数限制(20 万元和 30 人)。六是平台应建立必要的风险控制机制,例如提取风险准备金或者引入担保。

第四,行业自律先行。我们认为,鉴于 P2P 网络借贷属于金融创新,仍处于快速成长阶段,在监管部门出台有关规定之前,行业协会的自律规范应该先行。

2012 年 12 月 20 日,国内首家网络信贷服务业企业联盟在上海成立。但尚未形成全国统一的、正规的行业协会,而 P2P 网络借贷业务性质却是全国性的。因此,应着手建立全国性的 P2P 网络借贷行业协会,更好地协调、监督行业的行为,促进行业的健康发展。

第五,突破信用瓶颈。针对一些借款人利用各个 P2P 网络借贷公司之间缺乏信息共享的漏洞,协会可针对其会员建立信息共享平台和黑名单机制,常态化地对平台信息进行共享。行业协会对有关客户信用资料进行整合后,统一与央行征信中心进行对接,也是可行的努力方向。建议推出相应的政策措施,尽快允许网络借贷平台与央行征信中心建立对接,实现信用数据共通,从而进一步提升民间信贷活动的安全性、便捷性和规范性,同时,民间信贷信用信息也可对央行征信体系起到补充作用。

(四) 对众筹融资的监管

众筹是近年来逐渐流行的一种通过网络平台进行投融资的方式,其主要形式是利用互联网和社交网络服务平台向公众发布和展示小企业、艺术家或个人的创意和项目,争取大众的广泛关注和支持,进而获得所需要的资金完成创意和项目,并对投资人予以一定形式的回报。众筹网站是将投资方和筹资人撮合到一起的中介平台。根据回报形式的不同,众筹可以分为以下四类:一是奖励众筹,指投资者对创意和项目进行投资,最终获得产品或服务,实质上就是商品或服务的预购。二是债权众筹,指投资者对项目或公司进行投资,获得其一定比例的债权,未来获取利息收益并收回本金,P2P 网络借贷或 P2B 的网络借贷可归为债权众筹。三是股权众筹,是指投资者对创意项目或公司进行投资,获得其一定比例的股权。股权众筹类似于风险投资和天使投资。四是捐赠众筹,投资者对项目或公司进行无偿捐赠,主要获取社会尊重和名誉。

目前,以上四种众筹平台在中国都有运营。这对于促进中国的经济结构转型、支持中小企业融资、推动创意经济发展起到了一定作用。但总体来看,众筹在国内仍处于萌芽期。除了众筹的社会认知度仍有待提高、自身行为有待规范外，现行法律法规对众筹的发展构成了一定制约。一是被判定为非法集资的风险。根据《最高人民法院关于审理非法集资刑事案件具体应用法律若干问题的解释》，非法集资的4个要件为未经审批、通过网站和手机短信等公开推荐、承诺一定的回报（货币、实物和股权等）、向不特定对象吸收资金。因此，除捐赠众筹外，其他众筹形式或多或少有非法集资之嫌。二是受到公开发行证券相关规定的约束。《证券法》要求，当出现向不特定对象发行证券，或向特定对象发行证券累计超过两百人，或法律、行政法规规定的其他发行行为三种情形之一时，发行人须报证监会等监管部门核准。这大大限制了股权众筹、债权众筹等潜在投资者人数，使其规模难以做大。

目前，众筹已纳入证监会的监管范围，这将是国内众筹规范发展的重要一步。但在如何监管问题上，有必要借鉴他山之石，在一些重要的问题上明确监管思路。2014年12月18日，证监会出台了《私募股权众筹融资管理办法（征求意见稿）》，对股权众筹融资进行了初步界定，对发行人、投资者和平台的条件和职责进行了规范。但由于本次意见稿主要是针对私募股权众筹融资，为保护投资者权益，参与门槛条件较高。而公开募集以及针对商品众筹的监管条例暂时还未出台。

引导和规范众筹发展应成为监管的主要目标。考虑众筹的发生发展有其合理性，目前关键的问题是使之真正地为实体经济服务，不能因为众筹活动当中存在的一些风险简单地抹杀其功能和作用，也不能简单地套用现有法律法规来压制众筹。2013年9月，美国颁布了《促进创业企业融资法》（JOBS法案），允许私人企业可以在各种媒介以各种形式公开融资需求，并向"合格的"投资人进行募集资金，解决了股权众筹的合法性问题。美国对众筹的监管主要内容包括以下几点。

第一，对发行人的限制。包括要求在美国SEC备案，并向投资者和众筹融资平台披露规定的信息，主要是财务报告（根据募资的多少披露不同程度的财务报告），高管、董事和持股20%以上股东的信息，募资用途、发行额、募资截止期限以及募资达标过程中的定期通报。不允许通过广告进行宣传，但是可以在众筹融资平台上进行宣传。披露支付给众筹融资平台的报酬。每年应向SEC和投资者提供公司运营情况和财务情况的报告。每年通过众筹融资平台募资总额不超过100万美元。

第二，对众筹融资平台的限制。必须在SEC登记为经纪商或者"集资门户"（Funding Portal）。必须在自律监管性组织登记注册（Self Regulatory Organization, SRO）。必须向投资者披露募资风险的相关信息并进行投资者风险教育。必须采取措施减少众筹融资中的欺诈现象。在融资预定目标未能完成时，不得将所筹资金给予发行人（融资阀值机制，见第八章）。确保投资者没有超过投资额度的限制。采取必要措施保护投资者的隐私。禁止他人通过提供潜在投资者个人信息给众筹融资平台而获利。禁止众筹融资平台与发行人有利益关联。允许投资者在证券发行时取消购买承诺。

第三，对投资者的限制（即投资者适当性监管）。如果个人投资者年收入或净资产少于10万美元，则投资限额为2000美元或者年收入或净资产5%中孰高者。如果个人投资者年收入或净资产中某项达到或超过10万美元，则投资限额为该年收入或净资产的10%。

清晰界定众筹平台的功能角色，加强自律。根据美国的实践，众筹平台主要发挥的是中介作用，本身不能直接进行融资以及经手资金管理。因此，中国的众筹平台监管也应要求众筹平台的核心功能是充分展示创意或项目信息以及发起人资信等信息，具体的投资决策应在信息充分披露的情况下，由投资者自己作出。在资金流转问题上，为了保护投资者利益，如果实际筹资额达不到筹资目标，众筹中介不能将所筹资金交予筹资人，同时还有必要引入第三方托管，确保资金使用透明和可控。此外，监管部门应鼓励众筹平台加强自律，支持建立行业协会，要求众筹平台在信息披露、风险揭示、资金运作、发起人和投资人行为准则等方面制定行业规范。

明确规定投资人的资质。投资人对众筹运作和风险的认知和承受能力是众筹业平稳健康发展的重要保障。就股权众筹来说，一是要规定普通投资者的资质。JOBS法案就要求普通个人投资者在12个月内可在所有众筹融资平台上投资的资金不得超过一定比例。二是对实行"领投+跟投"模式的股权众筹来说，考虑领投人对于跟投人的投资决策有重要影响，并可能还负责管理所筹集的资金，因此跟投人的投资知识和经验、行为记录、资信状况等应有更严格的要求。

规范筹资人的行为。作为资金的接受者和项目执行者，筹资人行为必须加以规范。例如，JOBS法案规定了众筹融资者的四项义务。一是在发行时向美国证券交易委员会备案，并对投资者及中介机构进行信息披露；二是向美国证券交易委员会及投资者提交企业年度财务和运行报告，持续进行信息披露；三是不得以广告形式促销证券，防止出现劝诱和误导投资者的情形；四是说明如何补偿中介平台，否则美国证券交易委员会将禁止其发行。这些我们都可以在国内的众筹监管中加以吸收借鉴。

总的来看，我们的监管框架应在结合中国自身国情特点的前提下，保护和规范众筹这样一种商业模式和金融创新，使之真正服务于国家战略需要，助力创意经济和中小企业发展。

五、互联网金融监管应注意的其他问题

互联网金融是一种创新模式，金融监管机构在监管方面既要坚持原则，即守住底线，不碰红线、"高压线"，同时又要保持一定的灵活性，为互联网金融的发展保留一定的空间。建议相关监管机构可设定相对粗线条的、原则性的行业监管办法或者指导意见。

（一）互联网金融安全港制度构建

互联网金融是未来金融发展的重要方向，但作为后来的搅局者，互联网金融在各国都不同程度地与既存法律制度存在不吻合的现象。在国内，互联网融资平台风险问题不断与非法集资等非法金融活动相互交织，如影随形，这在一定程度上影响了互联网金融的声誉。因此在互联网融资监管方面，构建安全港制度厘清互联网融资活动合法与非法的边界，将其与非法集资活动区分开来意义重大。安全港制度应包含四项核心机制：

第一，构建会员邀请机制，避免不特定性。互联网融资平台具有天然的涉众性，容易被界定为非法集资中的向不特定对象公开宣传。最高人民法院《关于审理非法集资刑事案件具体应用法律若干问题的解释》第一条第二款将通过媒体推介会、传单、手机短信等途径向社会公开宣传作为向社会公众吸取资金的四条件之一。尽管其中没有明确列举互联网平台属于向社会公开宣传的途径，但互联网平台具有面向不特定人的公开宣传效果是毋庸置疑的。在现有法律框架下，如何把这一特性控制在法律安全边界之内，是互联网融资安全合法开展的首要问题。会员邀请机制的构建为这一问题的破解提供了出路。会员邀请制度包括三个步骤：会员注册，会员筛选和会员邀请。首先招募会员注册，开展风险评估，评估内容可包括投资经验、年龄、收入状况等因素。其次依据风险评估结果，筛选出合格投资者，最后对合格投资客户发相应投资邀请并开展投资人真实身份核查。经过三个步骤的处理，互联网融资平台面对的就是特定的、合格投资者，避免向不特定对象公开宣传的法律风险。当然即使是面向特定对象，互联网融资平台也须注意我国证券法和公司法对人数的限制。

第二，构建资金第三方托管机制避免集合资金。互联网金融的融资领域无论是P2P借贷还是众筹，其扮演的都应是信息中介而非资金中介角色。P2P借贷和众筹融资平台本质上分别是直接债权融资和直接股权融资的信息撮合平台，在业务中不应承担任何中转客户资金的角色，资金池模式更应成为禁区。否则互联网融资平台将成为非法集资的工具。但事实恰恰相反，国内的P2P借贷平台大量地借用资金池模式开拓业务，这是目前P2P借贷平台常遭人诟病为庞氏

骗局的根本原因所在。实行资金第三方托管制度有利于解决这一问题。资金第三方托管是指客户资金的收付完全由独立的第三方机构直接管理,第三方角色通常是由具有托管资质的银行来担当。有了第三方托管后,借款人的资金进出根据用户指令发出,且每笔资金的流动都需要有用途和记录,这样就能有效防范借贷平台挪用客户资金或者卷款跑路的风险。资金第三方托管制度不仅有利于解决互联网金融企业恶意挪用资金或破产导致投资人血本无归的问题,也从根本上有助于互联网融资平台摆脱非法集资的恶名。

第三,构建简易信息披露机制保护投资人权益。P2P网络借贷和众筹融资与证券发行交易具有类似性,都属直接融资的概念范畴。P2P网络借贷和众筹融资平台可以理解为微型的互联网证券市场,都是沟通资金供需双方的信息桥梁。但不同的是,在监管制度方面目前P2P网络借贷和众筹融资基本毫无规则制度可言,而证券市场的运行则具有一套缜密的制度安排。交易所运行、融资方发行证券或上市资金和证券的结算,都是建立在各种精密制度之上的。其中信息披露制度在证券制度中处于核心地位,信息披露也称信息公开是证券发行人或上市公司按照法定要求将自身财务经营等情况向证券管理部门报告并向社会公众投资者公告的活动。《证券法》第六十三条规定,发行人上市公司依法披露的信息必须真实、准确、完整,不得有虚假记载、误导性陈述或者重大遗漏。信息披露制度不仅适用于证券市场,而且也应适用于整个直接融资体系。互联网融资平台作为信息中介,融资人作为资金使用方,都具有如实披露融资相关信息的义务,以确保投资人作出投资决策之前有获取真实准确信息的机会。当然对互联网融资信息披露的要求标准应大幅度低于证券市场,否则高成本将使互联网融资失去存在的价值,但至少应包括融资人真实身份、资金用途、押品法律权属或担保人真实身份等基本信息,以保护投资人的合法权益,互联网融资的信息披露机制应确切称为简易信息披露机制。

第四,构建信息安全保护机制保护合法权益。互联网融资平台作为信息的交互平台,存在大量身份和交易数据,涉及融资人、担保人、投资人等各互联网融资参与方,构建信息安全保护机制目的是进一步保护参与个人的隐私和参与企业的商业秘密。2009年颁布的《侵权责任法》第二条规定,侵害民事权益应当依照本法承担侵权责任,本法所称民事权益包括生命权、健康权、姓名权、名誉权、荣誉权、肖像权、隐私权、婚姻自主权、监护权、所有权等人身财产权益。这标志着我国从法律上正式确立了隐私权概念。按照《反不正当竞争法》第十条规定,经营者不得采用下列手段侵犯商业秘密。本条所称的商业秘密是指不为公众所知悉、能为权利人带来经济利益、具有实用性并经权利人采取保密措施的技术信息和经营信息。《合同法》第六十条规定,当事人应当遵循诚实信用原则，根据合同的性质目的和交易习惯，履行通知协助保密等义务。显然隐私权和商业秘密的保护已具有基础性的法律依据和安排，但在具体的金融活动中基础性的法律安排对信息安全保护力度还是远远不够的。为此央行为保护个人信用信息，还另外颁布了个人信用信息基础数据库管理暂行办法、个人信用信息基础数据库数据金融机构用户管理办法、个人信用信息基础数据库异议处理规程等一系列规章制度对信息采集保存及运用等方面进行了规范，并规定了授权查询限定用途，保障安全查询记录以及违规处罚等监管措施严格保护信息安全。保护互联网融资参与各方的信息安全，可充分借鉴央行的做法，构建具体的适应互联网融资活动特点的信息安全保护监管机制，进一步明确各参与方特别是融资平台的信息安全保护义务。

（二）处理好创新与监管的关系

互联网金融是一种创新模式，金融监管机构在监管方面既要坚持原则，即守住底线，不碰红线、"高压线"，同时又要保持一定的灵活性，为互联网金融的发展保留一定的空间。在互联网金融发展的初期，在相关法律、法规相对缺失的情况下，监管既要给予相关市场参与者以充分的发展空间，又不能完全放任自流。

在监管的原则性与灵活性方面，还要把握好对于一些风险事件的处理。一个风险事件的出现是偶然的还是必然的，是个别事件还是系统性事件，需要认真分析和判断。不能因为一些偶发事件而对原则性和灵活性的平衡监管理念作出频繁调整，或者来一个180度的大拐弯。

另外，需要处理好短期与长期监管之间的关系。从短期看，互联网金融正处于发展初期，此时许多情况以及存在的问题有待进一步认识。但需要认识到，市场参与者的做法、行为是有惯性的。因此，在当前这个阶段，即使某些互联网金融产品和服务还只是新生事物，监管者应该告诉这些互联网金融的参与者，哪些是坚决不能碰的，哪些是倡导的。金融监管同样存在"路径依赖"。阶段性的、短期的监管会给互联网金融的发展以及参与者形成惯性思维，这些惯性累积起来会形成一定的依赖。监管机构需要处理好短期与长期监管之间的关系，只有这样才能防止陷入"头痛医头、脚痛医脚"以及"一管就死、一放就乱"的怪圈。

附：私募股权众筹融资管理办法（试行）
（征求意见稿）

第一章 总则

第一条 【宗旨】为规范私募股权众筹融资业务，保护投资者合法权益，促进私募股权众筹行业健康发展，防范金融风险，根据《证券法》、《公司法》、《关于进一步促进资本市场健康发展的若干意见》（国发〔2014〕17号）等法律法规和部门规章，制定本办法。

第二条 【适用范围】本办法所称私募股权众筹融资是指融资者通过股权众筹融资互联网平台（以下简称股权众筹平台）以非公开发行方式进行的股权融资活动。

第三条 【基本原则】私募股权众筹融资应当遵循诚实、守信、自愿、公平的原则，保护投资者合法权益，尊重融资者知识产权，不得损害国家利益和社会公共利益。

第四条 【管理机制安排】中国证券业协会（以下简称证券业协会）依照有关法律法规及本办法对股权众筹融资行业进行自律管理。证券业协会委托中证资本市场监测中心有限责任公司（以下简称市场监测中心）对股权众筹融资业务备案和后续监测进行日常管理。

第二章 股权众筹平台

第五条 【平台定义】股权众筹平台是指通过互联网平台（互联网网站或其他类似电子媒介）为股权众筹投融资双方提供信息发布、需求对接、协助资金划转等相关服务的中介机构。

第六条 【备案登记】股权众筹平台应当在证券业协会备案登记，并申请成为证券业协会会员。

证券业协会为股权众筹平台办理备案登记不构成对股权众筹平台内控水平、持续合规情况的认可，不作为对客户资金安全的保证。

第七条 【平台准入】股权众筹平台应当具备下列条件：

（一）在中华人民共和国境内依法设立的公司或合伙企业；

（二）净资产不低于500万元人民币；

（三）有与开展私募股权众筹融资相适应的专业人员，具有3年以上金融或者信息技术行业从业经历的高级管理人员不少于2人；

（四）有合法的互联网平台及其他技术设施；

（五）有完善的业务管理制度；

（六）证券业协会规定的其他条件。

第八条 【平台职责】股权众筹平台应当履行下列职责：

（一）勤勉尽责，督促投融资双方依法合规开展众筹融资活动、履行约定义务；

（二）对投融资双方进行实名认证，对用户信息的真实性进行必要审核；

（三）对融资项目的合法性进行必要审核；

（四）采取措施防范欺诈行为，发现欺诈行为或其他损害投资者利益的情形，及时公告并终止相关众筹活动；

（五）对募集期资金设立专户管理，证券业协会另有规定的，从其规定；

（六）对投融资双方的信息、融资记录及投资者适当性管理等信息及其他相关资料进行妥善保管，保管期限不得少于 10 年；

（七）持续开展众筹融资知识普及和风险教育活动，并与投资者签订投资风险揭示书，确保投资者充分知悉投资风险；

（八）按照证券业协会的要求报送股权众筹融资业务信息；

（九）保守商业秘密和客户隐私，非因法定原因不得泄露融资者和投资者相关信息；

（十）配合相关部门开展反洗钱工作；

（十一）证券业协会规定的其他职责。

第九条 【禁止行为】股权众筹平台不得有下列行为：

（一）通过本机构互联网平台为自身或关联方融资；

（二）对众筹项目提供对外担保或进行股权代持；

（三）提供股权或其他形式的有价证券的转让服务；

（四）利用平台自身优势获取投资机会或误导投资者；

（五）向非实名注册用户宣传或推介融资项目；

（六）从事证券承销、投资顾问、资产管理等证券经营机构业务，具有相关业务资格的证券经营机构除外；

（七）兼营个体网络借贷（P2P 网络借贷）或网络小额贷款业务；

（八）采用恶意诋毁、贬损同行等不正当竞争手段；

（九）法律法规和证券业协会规定禁止的其他行为。

第三章 融资者与投资者

第十条 【实名注册】融资者和投资者应当为股权众筹平台核实的实名注册用户。

第十一条 【融资者范围及职责】融资者应当为中小微企业或其发起人,并履行下列职责:

(一) 向股权众筹平台提供真实、准确和完整的用户信息;

(二) 保证融资项目真实、合法;

(三) 发布真实、准确的融资信息;

(四) 按约定向投资者如实报告影响或可能影响投资者权益的重大信息;

(五) 证券业协会规定和融资协议约定的其他职责。

第十二条 【发行方式及范围】融资者不得公开或采用变相公开方式发行证券,不得向不特定对象发行证券。融资完成后,融资者或融资者发起设立的融资企业的股东人数累计不得超过200人。法律法规另有规定的,从其规定。

第十三条 【禁止行为】融资者不得有下列行为:

(一) 欺诈发行;

(二) 向投资者承诺投资本金不受损失或者承诺最低收益;

(三) 同一时间通过两个或两个以上的股权众筹平台就同一融资项目进行融资,在股权众筹平台以外的公开场所发布融资信息;

(四) 法律法规和证券业协会规定禁止的其他行为。

第十四条 【投资者范围】私募股权众筹融资的投资者是指符合下列条件之一的单位或个人:

(一)《私募投资基金监督管理暂行办法》规定的合格投资者;

(二) 投资单个融资项目的最低金额不低于100万元人民币的单位或个人;

(三) 社会保障基金、企业年金等养老基金、慈善基金等社会公益基金以及依法设立并在中国证券投资基金业协会备案的投资计划;

(四) 净资产不低于1000万元人民币的单位;

(五) 金融资产不低于300万元人民币或最近三年个人年均收入不低于50万元人民币的个人。上述个人除能提供相关财产、收入证明外,还应当能辨识、判断和承担相应投资风险;

本项所称金融资产包括银行存款、股票、债券、基金份额、资产管理计划、银行理财产品、信托计划、保险产品、期货权益等。

(六) 证券业协会规定的其他投资者。

第十五条 【投资者职责】投资者应当履行下列职责:

（一）向股权众筹平台提供真实、准确和完整的身份信息、财产、收入证明等信息；

（二）保证投资资金来源合法；

（三）主动了解众筹项目投资风险，并确认其具有相应的风险认知和承受能力；

（四）自行承担可能产生的投资损失；

（五）证券业协会规定和融资协议约定的其他职责。

第四章　备案登记

第十六条　【备案文件】股权众筹平台应当在设立后 5 个工作日内向证券业协会申请备案，并报送下列文件：

（一）股权众筹平台备案申请表；

（二）营业执照复印件；

（三）最近一期经审计的财务报告或验资报告；

（四）互联网平台的 ICP 备案证明复印件；

（五）股权众筹平台的组织架构、人员配置及专业人员资质证明；

（六）股权众筹平台的业务管理制度；

（七）股权众筹平台关于投资者保护、资金监督、信息安全、防范欺诈和利益冲突、风险管理及投资者纠纷处理等内部控制制度；

（八）证券业协会要求的其他材料。

第十七条　【相关文件要求】股权众筹平台应当保证申请备案所提供文件和信息的真实性、准确性和完整性。

第十八条　【核查方式】证券业协会可以通过约谈股权众筹平台高级管理人员、专家评审、现场检查等方式对备案材料进行核查。

第十九条　【备案受理】股权众筹平台提供的备案申请材料完备的，证券业协会收齐材料后受理。备案申请材料不完备或不符合规定的，股权众筹平台应当根据证券业协会的要求及时补正。

申请备案期间，备案事项发生重大变化的，股权众筹平台应当及时告知证券业协会并申请变更备案内容。

第二十条　【备案确认】对于开展私募股权众筹业务的备案申请，经审查符合规定的，证券业协会自受理之日起 20 个工作日内予以备案确认。

第二十一条　【备案注销】经备案后的股权众筹平台依法解散、被依法撤销或者被依法宣告破产的，证券业协会注销股权众筹平台备案。

第五章 信息报送

第二十二条 【报送融资计划书】股权众筹平台应当在众筹项目自发布融资计划书之日起 5 个工作日内将融资计划书报市场监测中心备案。

第二十三条 【年报备查】股权众筹平台应当于每年 4 月 30 日之前完成上一年度的年度报告及年报鉴证报告，原件留档备查。

第二十四条 【信息报送范围】股权众筹平台发生下列情形的，应当在 5 个工作日内向证券业协会报告：

（一）备案事项发生变更；

（二）股权众筹平台不再提供私募股权众筹融资服务；

（三）股权众筹平台因经营不善等原因出现重大经营风险；

（四）股权众筹平台或高级管理人员存在重大违法违规行为；

（五）股权众筹平台因违规经营行为被起诉，包括涉嫌违反境内外证券、保险、期货、商品、财务或投资相关法律法规等行为；

（六）股权众筹平台因商业欺诈行为被起诉，包括错误保证、有误的报告、伪造、欺诈、错误处置资金和证券等行为；

（七）股权众筹平台内部人员违反境内外证券、保险、期货、商品、财务或投资相关法律法规行为；

（八）证券业协会规定的其他情形。

第六章 自律管理

第二十五条 【备案管理信息系统】市场监测中心应当建立备案管理信息系统，记录包括但不限于融资者及其主要管理人员、股权众筹平台及其从业人员从事股权众筹融资活动的信息。备案管理信息系统应当加入中国证监会中央监管信息平台，股权众筹相关数据与中国证监会及其派出机构、证券业协会共享。

第二十六条 【自律检查与惩戒】证券业协会对股权众筹平台开展自律检查，对违反自律规则的单位和个人实施惩戒措施，相关单位和个人应当予以配合。

第二十七条 【自律管理措施与纪律处分】股权众筹平台及其从业人员违反本办法和相关自律规则的，证券业协会视情节轻重对其采取谈话提醒、警示、责令所在机构给予处理、责令整改等自律管理措施，以及行业内通报批评、公开谴责、暂停执业、取消会员资格等纪律处分，同时将采取自律管理措施或纪律处分的相关信息抄报中国证监会。涉嫌违法违规的，由证券业协会移交中国证监会及其他有权机构依法查处。

第七章 附则

第二十八条 【证券经营机构开展众筹业务】证券经营机构开展私募股权众筹融资业务的,应当在业务开展后5个工作日内向证券业协会报备。

第二十九条 本办法自××××年××月××日起实施,由证券业协会负责解释和修订。

本章参考文献

［1］黄映红. 正确认识和监管众筹［N］. 金融时报,2014-08-19(3).

［2］谢平,谢传伟. 互联网金融模式研究［J］. 金融研究,2012(12):11-22.

［3］谢平等. 互联网金融报告2014——通往理性繁荣［R］. 博鳌亚洲论坛,2014-09-23.

［4］阎庆民,谢翀达,骆絮飞. 银行业金融机构信息科技风险监管研究［M］. 北京:中国金融出版社,2013.

第六章 湖北省互联网金融发展研究

近几年来，在国内各省市，从政府到市场，从管理部门到业务主体都在寻求互联网金融突破式发展的路径，湖北省也不例外。与国内先发省市相比，湖北省互联网金融起步偏晚，发展偏慢，风险暴露相似，但发展速度较快。如何有效因势利导，各方努力促进湖北省互联网金融理性发展是摆在湖北省管理部门和市场从业者面前的一道难题，本章将以事实为依据，分析湖北省互联网金融发展现状与特征，然后在对比国内其他省市互联网金融发展经验的基础上，尝试提出促进湖北省互联网金融发展的若干建议。

一、湖北省互联网金融发展现状与特征

近年来，全国互联网金融领域处于一种"野蛮成长"阶段①，先发地区虽然具有一些优势，但后发地区也不一定没有机会，因此，全面、深入地了解湖北省互联网金融发展现状，分析其特征，是促进湖北省互联网金融发展的基本前提。

（一）湖北省互联网金融发展现状

2013 年被媒体广泛称为"中国互联网金融元年"，但与浙、粤、京、沪等省市相比，湖北省的互联网金融的发展相对落后，在第三方支付、P2P 网贷、众筹融资等主要互联网金融业态发展都是如此。

1. 第三方支付

按照中国人民银行的解释，第三方支付是一些和产品所在国家以及国外各大银行签约并具备一定实力和信誉保障的第三方独立机构提供的交易支持平台。在通过第三方支付平台的交易中，买方选购商品后，使用第三方平台提供的账户进行货款支付，由第三方通知卖家货款到达、进行发货；买方检验物品后，就可以通知付款给卖家，第三方再将款项转至卖家账户。②

从 2011 年 5 月到 2014 年 7 月，中国人民银行分五个批次批准发放第三方支

---

① 黄莹颖. P2P 网贷平台"疯狂生长"[N]. 中国证券报，2014 - 04 - 10（A06）.
② 资料来源：中国人民银行网站（http://wuhan.pbc.gov.cn/publish/wuhan/3250/2013/20130913164843816750528/20130913164843816750528_.html）.

付牌照：2011年5月18日批准27家单位；2011年8月29日批准13家单位；2011年12月22日批准61家单位；2012年6月27日批准95家单位；2014年7月19日批准19家单位。加上其间对个别企业发放的第三方支付牌照，截至2014年7月，获批单位达到269家。其中，湖北获批的第三方支付平台仅5家，占比不到全国的2%（见表2）。由表2可以看出，湖北省5家第三方支付单位中，仅有2014年7月获批的武汉合众易宝科技有限公司的业务类型是"互联网支付"，其他4家单位均为"预付卡发行与受理"，没有单位涉及其他业务类型，如"固定电话支付"、"移动电话支付"、"银行卡收单"、"数字电视支付"等，也没有单位能同时经营多项支付业务。同时，仅有武汉城市一卡通有限公司业务覆盖范围为"湖北省、湖南省、江西省"三省，其他4家单位均仅限于湖北省，没有一家单位业务覆盖全国。

表2　　　　　　　　湖北省获批第三方支付平台一览表

名称	获批时间	业务类型	许可证编号	业务覆盖范围
武汉市金源信企业服务信息系统有限公司	2011年12月	预付卡发行与受理	Z2004742000014	湖北省
中百电子商务有限公司（中百电子支付服务有限公司）	2013年1月	预付卡发行与受理	Z2020542000012	湖北省
武汉城市一卡通有限公司	2013年7月	预付卡发行与受理	Z2024642000013	湖北省、湖南省、江西省
湖北蓝天星投资有限公司	2013年7月	预付卡发行与受理	Z2025042000016	湖北省
武汉合众易宝科技有限公司	2014年7月	互联网支付	Z2025642000010	湖北省

资料来源：根据中国人民银行网站（http://www.pbc.gov.cn/publish/zhengwugongkai/3580/index_13.html）整理。

从支付额来看，中国支付清算协会发布的《中国支付清算行业运行报告2014》显示，2013年，我国第三方支付市场规模达到16万亿元，其中互联网支付业务150.01亿笔，金额8.96万亿元，分别较2012年增长43.47%和30.04%；移动支付业务37.77亿笔，金额1.19万亿元，分别较2012年增长78.75%和556.75%；收单业务19.76亿笔，金额5.78万亿元；预付卡市场业务总量有所增长，160家预付卡发卡机构合计发卡6.4亿张，金额869.8亿元。

而据Enfodesk易观智库的数据显示，2013年全年中国非金融支构支付机构各类支付业务的总体交易规模达17.9万亿元,同比增长43.2%,其中,银联商务交易额份额为42.51%,支付宝为20.37%,财付通、快钱、汇付天均占6%左右,通联支付5.11%,易宝支付2.31%,环迅支付1.07%,其他机构支付金额占比为9.94%。① 显然,湖北的几家第三方支付机构的支付总额占比非常小。

2. P2P网贷

P2P网贷是由中介平台提供信息并撮合成交的个人对个人(Peer to Peer)的网上直接信贷业务,近年来,我国的P2P网贷业务发展迅猛,据统计,2014年第一季度全国P2P网贷参与人数日均4万人,从2013年第二季度到2014年第一季度,季复合增长率为31.23%;2014年第一季度全国P2P网贷总成交额371.27亿元,从2013年第二季度到2014年第一季度,季复合增长率为29.01%②,而2013年P2P网络借贷成交额就已达到1058亿元③。

刘冬姣(2014)指出,湖北互联网金融发展相对缓慢,从网贷行业最近两个月④交易量的市场份额来看,北京、上海、浙江、山东、江苏占了网贷行业的80%,武汉市仅占4%,从平台数量看,湖北只有3家,而全国各省平均数量是13家,从平台活跃人数看,2014年5月,国内平台日均活跃度维持在4.7万人次,湖北的活跃度在全国仅排名第7位。⑤

表3　　　　　　　　　湖北省P2P网贷平台一览表

公司名称	平台简称	所在地	注册资金(万元)	公司网址
武汉一起好金融信息服务股份有限公司	一起好	武汉	2010	http://www.yiqihao.com
武汉长投在线电子商务有限公司	长投在线	武汉	500	http://www.changtounet.com
鄂汇金融服务(武汉)有限公司	鄂汇金融	武汉	2000	http://www.ehjinrong.com
武汉飞速贷投资有限公司	飞速贷	武汉	1000	http://www.feisudai.com
武汉东升阳科技有限公司	黄鹤财富	武汉	500	http://www.huanghecaifu.com
武汉玖珑资产管理有限公司	玖珑财富	武汉	1000	http://www.96caifu.com
武汉浩博民生科技有限责任公司	民生贷	武汉	500	http://www.mscredit.cn
武汉小富金融信息服务股份有限公司	小富金融	武汉	500	http://www.xiaofujr.com

① 资料来源:易观智库.易观分析:2013年中国非金融支付机构交易规模达17.9万亿元[EB/OL]. http://www.enfodesk.com/SMinisite/newinfo/articledetail-id-400947.html,2014-02-19.
② 黄莹颖. P2P网贷平台"疯狂生长"[N].中国证券报,2014-04-10(A06).
③ 梅俊彦."扫雷"风暴劲刮P2P网贷新一轮倒闭潮隐现[N].中国证券报,2014-04-29(A06).
④ 注:由于该观点系2014年7月提出,因此,有理由推测这两个月为2014年5月和6月。
⑤ 刘冬姣.关于引导和规范湖北互联网金融发展的建议[J].世纪行,2014(7):11.

续表

公司名称	平台简称	所在地	注册资金（万元）	公司网址
武汉易融恒信商务顾问有限公司	易融恒信	武汉	300	http：//www.yrhx.com
武汉盈天下投资咨询有限公司	盈天下	武汉	2000	http：//www.yingtianx.com
武汉中金联金融服务有限公司	中金联	武汉	500	上线测试中
湖北多融易信息技术有限公司	多融易	武汉	500	http：//www.duorongyi.com
武汉融众网络技术有限公司	融众网	武汉	1000	http：//www.11186.com
武汉迅泊达电子商务有限公司	迅泊达	武汉	1000	http：//www.xbddai.com
湖北玖玖金融服务股份有限公司	玖玖贷	武汉	1000	http：//www.jojodai.com
武汉基石易贷金融信息服务有限公司	基石在线	武汉	1000	http：//cfjsol.com
武汉安泰惠普投资管理有限公司	月月贷	武汉	1003	http：//www.yueyuedai.com
武汉聚人贷商务咨询有限公司	聚人贷	武汉	500	http：//www.jurendai.com
深圳华信同盛金融服务有限公司	华信在线	武汉	1000	http：//www.hxcfl98.com
湖北湘商盟金融信息有限公司	湘商盟	武汉	500	http：//www.x-s-m.com
武汉环球乐帮投资管理有限公司	乐帮宜贷	武汉	500	http：//www.lbydai.com
京金联（武汉）网络服务有限公司	京金联	武汉	6000	http：//www.jjlwd.com/
武汉盛世乐居电子商务信息有限公司	乐居财富	武汉	2000	https：//www.sslj8.cn/
武汉引航世纪金融信息服务有限公司	投复利	武汉	1500	https：//www.toufuli.com/
武汉中金飞鱼信息咨询有限公司	飞鱼贷	武汉	1000	http：//www.feiyudai.com
武汉丰睿金融服务有限公司	丰睿贷	武汉	5000	http：//www.fengruidai.com
武汉市鑫华士网络服务有限公司	鑫华士	武汉	1000	http：//www.xhsbank.com
武汉飞融金融信息服务有限公司	飞融贷	武汉	2000	http：//www.feirongwang.cn/
湖北好时代资产管理有限公司	好时代	武汉	2000	http：//www.htiming.com
湖北金马财富投资管理有限公司	金马财富	武汉	10000	http：//jinmacaifu.com/
武汉汉泰华泽科技发展有限公司	汉泰华泽	武汉	2010	https：//www.hantaihuaze.com/
湖北巨石资产管理有限公司	巨石财富	武汉	1000	http：//www.jscf8.com
湖北中金高科金融服务有限公司	楚金所	武汉	5000	http：//www.chujinsuo.com
湖北瑞银普惠金融服务有限公司	微易贷	武汉	1000	http：//www.v1dai.com
湖北众金汇通投资有限公司	乾融易贷	武汉	1000	http：//www.qianrongyi.com
起点股权投资基金（湖北）有限公司	起点贷	宜昌	500	http：//www.qdp2p.com
宜昌圣威亚投资有限公司	宜商贷	宜昌	2000	http：//www.yisdai.com
宜昌盈通建材贸易有限公司	盈通投资	宜昌	130	http：//www.ycytt.cn
孝感世宇商务信息咨询有限公司	世宇财富	孝感	1000	http：//www.sycaifu.com
十堰市金诚信业投资有限公司	网乐贷	十堰	5888	https：//wangledai.com/

注：篇幅所限，部分没有投资者评价的平台未列示。

资料来源：根据网贷天眼（http：//www.p2peye.com/）相关信息整理。

从网贷天眼（http：//www.p2peye.com/）公开搜集，截至 2015 年 1 月末，湖北省上线 P2P 网贷平台共有 58 家，含 11 家问题平台，表 2 列示了非问题平台 40 家，其中武汉市内 35 家，宜昌 3 家，孝感 1 家，十堰 1 家。

虽然 P2P 网贷平台数量并不太多，部分平台已关闭或实际上处于运营停滞状态，但这已经是快速发展的结果，据网贷之家初步统计，2014 年上半年，湖北上线平台 14 家，倒闭 3 家，其中 5 月上线 6 家，现在运营平台 21 家，武汉平台占 76%，还有 4 家平台正在测试或公测。2014 年上半年，湖北省网贷成交量 17.26 亿元，其中武汉成交量最高。一起好、起点贷、长投在线成交量位居前三，累计占比高达 80%。上半年湖北省的贷款余额处于快速增长中，复合增长率达 10.8%。截至 2014 年 6 月末，湖北省网贷平台贷款余额约为 9.35 亿元，占全国贷款余额（476.61 亿元）的 2.84%。2014 年上半年，湖北省平台利率波动较大，总体处在全国主流平台利率波动区间内（18% ~ 24%），利率与成交量变动关系明显。而借款平均期限 2.53 个月，低于全国网贷行业平均期限 4.75 个月。网贷之家分析，虽然武汉网贷平台起步晚，但发展较快，平台业务规模较大，主要原因在于武汉小微企业活跃，民间金融历史久远，金融业态丰富。①

一个比较好的动向是，武汉具有国资背景的企业开始涉足 P2P 网贷。2014 年 7 月 12 日，武汉首个拥有国资背景的 P2C 网络借贷平台——"京金联" P2P 网络信贷服务平台正式上线，"京金联"由中国农业科学院下设中农基金控股企业——中农高科（湖北）科技产业投资管理有限公司发起，并持有"京金联" 60% 的股份，2014 年 5 月在国家工商行政管理总局注册成立，注册资本 6000 万元，预设分支机构 100 家，覆盖华中、华南、华北地区，主要涉及农业、汽车产业、机械制造、物流贸易等领域。② 另外一家互联网理财和 P2P 网贷平台——武汉汉信互联网金融服务股份有限公司的第一大股东是武汉国资委，注册资金 3 亿元，已于 2014 年 9 月初完成工商注册，公司还有与联想控股进行资本运作的意向。③ 一般认为，相对于多数民营的 P2P 网贷平台，具有国资背景的 P2P 网贷平台，其资信更容易获得市场认同，因此更具市场号召力。

3. 众筹融资

众筹在国外也是一个新事物，其本质是众人筹集资金共同去做一件事，可以是共同集资办企业，可以是共同集资完成一个项目，也可以是集资买商品或

---

① 沈右荣，周金波，龚卓越. 湖北网贷半年成交 17 亿元［N］. 长江商报，2014 - 08 - 01.
② 郝琦，田轩. 武汉首个国资背景 P2C 网络借贷平台"京金联"上线［EB/OL］. http：// news.cjn.cn/sywh/201407/t2503191.htm, 2014 - 07 - 12.
③ 曾里，陈萌，王盼. 网贷行业迎"拼爹时代"武汉国资首度试水 P2P［N］. 楚天金报，2014 - 07 - 31（A15）.

服务。就国内而言，相对于 P2P 网贷平台的迅猛发展，众筹融资平台的发展显得缓慢许多，其中既有法律风险、外部监管等限制，也有经营动作方面的实际困难。

当前，湖北省的众筹融资实际情况是：有众筹项目，没有业务成形的众筹平台。而在众筹项目中，众筹咖啡馆是湖北省众筹的热点项目。2011 年，何萌发起了武汉第一家众筹咖啡馆——DEMO 咖啡，开办之初 DEMO 咖啡馆有 20 多位股东，平均每人出资 2 万元，后来，DEMO 又相继引入了几名股东，目前股东人数在 30 人左右，运营情况良好。严重捷是 DEMO 最早的一批股东，2014 年初，他发起的"去创吧"咖啡正式成立，以"会员费"的方式开启了众筹。作为回报，"去创吧"咖啡给会员提供一切与创业有关的服务。此外，他正在策划第二个众筹项目——武汉创意天地的创艺咖啡，定位于全国第一家以艺术为主题的创业咖啡，希望打造一个聚集创意人群、跨界服务其他行业的综合型平台。2014 年 3 月 8 日，宋文艳发起众筹，吸引 49 位投资者参与，一个星期筹资 80 余万元，加上宋文艳本人及其他三位工作人员的出资款，合计 100 万元，成立了一家女性主题的咖啡馆。[①] 2014 年下半年，中部创投总经理熊文的众筹项目"蜂巢咖啡馆"吸引了包括小蓝鲸、仟吉以及楚灶王等本土知名品牌创始人在内的 90 名股东入伙。[②]

除了咖啡馆之外，进入 2014 年，体育、农业、智能制造等越来越多的项目进入湖北省众筹融资领域。2014 年 9 月 25 日，在武汉光谷，十位新农人带着华科橙哥、侬家乐秭归土猪肉、香稻嘉鱼、公道土鸡等 10 个品牌参与众筹路演，接受台下投资人、观众及专家的审视，现场探知项目前景。[③] 此前，一位名叫余欢的 80 后已经通过众筹方式收取会费，尝试 CSA（社区支持农业）这一农业运营模式，摸索他的"绿娇娘"农园的发展新路。[④]

2014 年，运营四年的"男人袜"遇到瓶颈，老板陈伯乐希望通过开发一款"穿不臭"的袜子，以提供更有竞争力的产品，由于原材料需要从台湾采购，需要一笔投资。经严重捷建议，采用众筹方式，从 2014 年 4 月 1 日到 6 日，"男人袜"成功征集 500 位微股东，每人 1000 元，50 万元"众筹"成功。[⑤]

2014 年 11 月 15 日进行的武汉众筹马拉松赛，是中国第一场采取众筹方式

[①] 柳骋，曹大鹏. 武汉 49 位女白领合资办咖啡馆 众筹未来需法律护航 [N]. 楚天金报，2014 - 03 - 09.

[②] 刘刚建，邓莉. 武汉"众筹"潮涌 [N]. 楚天金报，2014 - 12 - 03.

[③] 刘刚建. 湖北首场农业众筹路演上演 [N]. 农村新报，2014 - 10 - 09.

[④] 王芳，张赟. 80 后武汉伢的众筹农场梦 [N]. 楚天金报，2014 - 05 - 31.

[⑤] 龚齐飞. 众筹众筹，真的一"筹"就灵？[N]. 武汉晨报，2014 - 04 - 09（A03）.

筹集比赛资金的马拉松赛事，活动共有 423 人支持，众筹总金额达 20.6366 万元，引起了广泛关注。①

虽然参与众筹融资的项目不少，但是湖北却没有一个运营成形的网上众筹融资平台，众筹项目信息大多通过发起者的人脉关系发布。严重捷发起的"去创吧"、"众筹时代"确切地说还是一个线下的创业服务平台，例如 2014 年 7 月 8 日，他们在武汉洪山区野芷湖西路举办了湖北首个众筹项目路演会——众筹时代·火星会。目前，有众多湖北（主要是武汉）的众筹融资项目在一些全国性的众筹网站——如众筹网、众筹中国等进行众筹，众筹以演出、体育类项目为主，湖北省还没有出现区域性或专业性的众筹平台。

4. 其他互联网金融产品与机构

其他一些互联网金融产品与机构包括虚拟货币、网络渠道和网络专业金融公司等。虚拟货币，如游戏币和比特币等，在湖北省还处于零星的尝试阶段，武汉电商"男人袜"开通了比特币支付，并在 2013 年 11 月实际收到了 5 笔比特币付款，共计 0.16 个比特币，价值约为 800 多元人民币。②

网络渠道方面，有一种观点认为：不论是传统银行的网上银行业务，还是基金、保险公司的网上销售业务，都属于"金融互联网"，即传统金融机构运用互联网技术开展传统业务，在业务模式上缺乏新意。而网络专业金融公司则不一样，如 2013 年 11 月 6 日成立的众安在线财产保险股份有限公司，它是一家数据驱动的创新型互联网保险公司，根据互联网电商领域、社交领域及互联网金融等各种场景下产生的保险需求，定制化地设计开发保险产品，产品全程在线，全国均不设任何分支机构，完全通过互联网进行销售和理赔服务。这在很大程度上改变了传统保险公司的业务运作模式，应该属于互联网金融范畴。湖北省目前尚未发现新设的网络专业金融公司。

（二）湖北省互联网金融发展特征

1. 起步相对较晚

从前文介绍可知，与北京、上海、广东、浙江等地互联网金融发展历程相比，湖北省各业态的互联网金融起步均比较晚，其中虚拟货币经营平台和网络金融专业公司尚未起步；众筹融资方面，少数项目通过众筹融资的尝试较早，如 2011 年 DEMO 咖啡即众筹成功，但总的来看，众筹开始被湖北省更多创业者认识是 2013 年、2014 年的事；第三方支付方面，到目前为止，获中国人民银行批准的全国 269 家第三方支付机构，湖北省仅有 5 家，中国人民银行批准的前两

---

① 刘刚建，邓莉. 武汉"众筹"潮涌［N］. 楚天金报，2014-12-03.
② 康鹏. 武汉网店两周收了 5 笔比特币 用虚拟货币直接买袜子［N］. 长江日报，2013-11-27.

批第三方支付机构,湖北省一家都没有;发展相对迅猛的 P2P 网贷方面,目前湖北省发展最好的武汉一起好金融信息服务股份有限公司("一起好"平台),也是 2012 年末 2013 年初起步的,直到 2014 年,新上线的平台才渐渐多起来。由此可见,湖北省互联网金融发展的时间并不长,还有许多新知识需要消化,还有许多新事物需要尝试,还有许多新市场需要开发。

2. 规模相对较小

撇开尚未起步的虚拟货币、网络金融专业公司和众筹融资平台,就第三方支付和 P2P 网贷而言,湖北省在这两大领域的经营规模还相当小。如前所述,湖北省 5 家获批的第三方支付机构中,无论是业务类型、支付总额还是覆盖范围,没有一家机构能在全国的第三方支付机构中有突出表现。以湖北省发展最好的 P2P 网贷企业武汉一起好金融信息服务股份有限公司("一起好"平台)为例,从注册资金来看,其注册资金为 2010 万元,在全国所有 P2P 平台中排名第 43 位,与陆金所(约 8.4 亿元)、88 财富网和一城贷(2 亿元)等相比,资金实力显得不尽如人意;从累计待收金额来看,截至 2014 年 10 月 10 日,一起好累计待收金额约 4.36 亿元,在全国所有 P2P 网贷平台中排名第 26 位,与红岭创投(约 39.1 亿元)、陆金所(约 64.3 亿元)、人人贷(约 31.1 亿元)、爱投资(约 24.9 亿元)等平台相比,还远不是一个量级的对手。①

3. 问题比较类似

与国内其他省市互联网金融发展现状相比,湖北省互联网金融发展过程中出现的问题是比较类似的,主要两大表现:众筹平台举步维艰,P2P 网贷平台上线踊跃、倒闭频繁。

如前所述,截至目前,湖北省还没有正式上线的众筹平台,首先,这是受制于我国的金融业务监管的结果,比如股权众筹有公开募集的特征,存在资质和审批的问题,对非特定群体募集有可能构成非法集资,即便是对特定对象募集,由于有限责任公司股东人数限制,可能需要股权代持,这又可能产生后续的纠纷与转让的不方便;其次,这是因为众筹这一融资模式还需要一个较长的被市场认识和接受的过程,除非是非常了解的人或项目,潜在的投资者基于信息不对称的疑虑,难以及时作出投资决策;最后,这是众筹平台自身发掘项目、发起人运行项目的能力还比较有限,有些操作可能还不够规范,这使得众筹融资平台的经营效率和效益不尽如人意,湖北省内虽不乏勇于创新的投资者,在众筹平台的建立和运营方面也显得比较谨慎。

---

① 资料来源:网贷之家数据(http://shuju.wangdaizhijia.com/indexs - 8 - 0 - 1 - 0 - 0 - 8.html?startTime = 2014 - 10 - 10&endTime = 2014 - 10 - 10)。

近两年，特别是进入 2014 年以来，湖北省的 P2P 网贷平台上线的数量增长很快，2015 年 1 月，中国最大的 P2P 网络借贷行业门户网站——网贷之家发布网贷行业 2014 年报：湖北的 P2P 网贷平台数达 35 家，居全国第 10 位。① 但是，湖北省网贷平台的倒闭数量也很大，从 2013 年 4 月到 2014 年 4 月，1 年间，湖北省有 10 家网贷平台倒闭，截至 2014 年 4 月末，湖北 P2P 平台有 19 家，其中只有 7 家资金交易活跃。② 在倒闭的 P2P 网贷平台中，有部分平台是公开正常地停止运营，对投资者进行了清算，如武汉博览财富网络信息有限公司创办的"大地贷"平台，市场反应平静，投资者基本认可，但有部分平台则是"跑路"倒闭，如湖北天力投资有限公司的"天力贷"平台，则是其法人卷款出逃，在市场上造成了极其恶劣的影响。③ 这种"上线多，倒闭快"的局面，与全国 P2P 网贷市场的表现是一致的，并不是湖北省的特例。网贷之家发布的 2014 年 P2P 行业数据显示，截至 2014 年末，国内 P2P 平台已达 1575 家，较 2013 年上涨 96.88%，但问题平台（失联、提现困难）也剧增，全年问题平台达 275 家，是 2013 年的 3.6 倍，平均约 6 个 P2P 平台中就有一个是问题平台。④

二、国内其他省市促进互联网金融发展的做法与启示

近年来互联网金融的迅速发展引起了各地方政府的高度关注，国内其他省、市在促进本地互联网金融发展方面可谓不遗余力，北京、上海、广东等传统金融强省、市在促进互联网金融发展方面的许多做法对湖北省互联网金融发展有重要启示。

（一）其他省市促进互联网金融发展动态

1. 北京动态

作为中国金融监管中心和金融行政审批中心，北京是金融资源最集中的城市，具备互联网金融发展的坚实基础，目前，海淀区和石景山区都有意将本地区建成一定级别的互联网金融中心。其中海淀区以中关村为核心区域打造互联网金融中心，该区作为中关村国家自主创新示范区的核心区和中关村国家科技金融创新中心的核心功能区，是我国科技创新、金融创新的策源地，在移动互联与下一代互联网、云计算、大数据、搜索引擎、网络通信等领域形成了强大的产业技术核心竞争力，聚集效应和区位优势日趋显著。该区聚集了互联网金

---

① 胡楠. 湖北 P2P 网贷平台数居全国第十 [N]. 长江日报，2015-01-06 (14).
② 沈右荣. 湖北 P2P 网贷平台一年倒闭三分之一 现存仅 19 家 [N]. 长江商报，2014-05-26.
③ 陈白. 天力贷法人卷款在逃 [N]. 新京报，2013-10-22.
④ 苏曼丽. 去年问题 P2P 平台数量暴涨 2.6 倍 [N]. 新京报，2015-01-08 (B12).

融机构近百家，中关村互联网行业协会会员企业50多家，金融电商、融资、商业等互联网金融发展迅猛。2013年末，该区出台了《关于促进互联网金融创新发展的意见》，明确政府将加大财政扶持力度，在工商注册、购租房补贴、互联网金融转型升级、互联网金融研究院等方面予以支持，发起设立互联网金融产业投资引导基金，拓展互联网产业发展空间，优化互联网金融发展环境。充分利用中关村的IT产业优势和海淀区的区位优势，加强信息安全、大数据存储和带宽基础设施建设，鼓励其开展资金融通、支付、机构间交易结算平台等金融业务，支持各类互联网金融机构新设与迁入，鼓励互联网金融业务服务小微企业。海淀区的各项工作卓有成效，"互联网金融中心"、"互联网金融产业园"、"互联网金融基地"于2013年末正式揭牌，京东金融集团、百度小贷等6家互联网金融机构签约入驻。[1] 2013年12月13日，北京中关村互联网金融产业园一期暨宝蓝·金园国际中心正式开园。江川金融、国金租赁、马克金融为首批入驻中关村互联网金融产业园的3家金融机构。

与海淀区相邻的石景山区在建设互联网金融中心方面投入很大，2013年8月，该区就推出了《石景山区支持互联网金融产业发展办法（试行）》，为互联网金融产业发展提供一系列人才、政策、服务保障。包括设立互联网金融产业发展专项资金，每年安排1亿元用于支持互联网金融产业基地的建设，对创新有重要贡献的杰出人才和核心骨干给予奖励。该区还将建设以大数据为基础的新型互联网金融产业园区，重点服务传统金融机构与新型金融机构两大组团。除此之外，该区还规划在中关村科技园区石景山园建设互联网金融产业基地，2013年底，网信金融信息服务有限公司与石景山区政府签署了入驻协议，成为首家入驻互联网金融基地的企业。[2]

北京海淀区和石景山区两地之所以在建设互联网金融中心方面热情高涨，大有并驾齐驱的态势，一方面是因为这两个区域都毗邻北京西城区，地理上的区位优势使得这两个区域与各大全国性和地区性金融机构关系密切，具有较好的金融发展基础；另一方面，这两个区域都是中关村国家自主创新示范区的重点园区[3]，具有较好的IT技术发展基础。当良好的"金融基因"和"IT技术基因"有机会结合时，地方政府花大力气抓住机遇、乘势而上也就不足为奇了。但目前来看，北京如何有效利用得天独厚的金融与技术优势，打好互联网金融这张牌显得缺乏全市层面的规划，这或许与我国互联网金融的定位、监管、政

---

[1] 苏鹏飞. 北京海淀勾勒互联网金融战略蓝图 [N]. 中华工商时报，2013-11-08 (B02).
[2] 苏鹏飞. 北京石景山全方位布局互联网金融 [N]. 中华工商时报，2013-11-22 (B02).
[3] 中关村的空间格局具有"一区多园"特征，在北京各区均有园区。

策等许多重要问题尚不明晰的大环境有关。

2. 上海动态

上海作为我国金融市场前沿，一直致力于构建国际金融中心，对于互联网金融这一蓬勃发展的新业态，上海着力在外滩这一上海金融标志性区域打造互联网金融区域中心。2013年7月20日，《黄浦区关于建设外滩金融创新试验区的实施意见》正式发布，提出在外滩金融集聚带建设以互联网金融和民营金融为主体的外滩金融创新试验区。2013年11月6日，由阿里巴巴董事局主席马云、中国平安保险董事长马明哲、腾讯CEO马化腾联手打造的首家互联网保险公司——众安在线财产保险股份有限公司在上海外滩开业。受此带动，外滩金融创新试验区迎来互联网金融企业的入驻高潮，截至2013年11月，已经有20余家企业明确表达了设立公司参与建设外滩金融创新试验区的意向，其中10家互联网金融企业和民营金融服务公司完成工商注册。①

2014年4月，上海市国际金融中心建设工作推进小组工作会议召开，会议明确了2014年金融中心建设的重点工作，除了黄金国际板、原油期货、股指期权等金融工作重点外，会议透露，上海已经明确将研究制定促进互联网金融发展的政策意见，推动互联网金融机构在上海的聚集。

2014年6月19日，上海证券报举办"2014中国互联网金融高峰论坛"，上海银监局局长廖岷作主旨演讲时提出："面对互联网金融的日新月异，监管者也应该借鉴'互联网思维'，作出监管上的整体安排和适当调整，以实现创新与风控的平衡。"② 这表明上海互联网金融的发展思路具有市场与监管统筹规划的特征。

2014年8月4日，上海市人民政府出台《关于促进本市互联网金融产业健康发展若干意见》，该文件提出要把上海建成互联网金融发展的高地，进一步提升上海国际金融中心的影响力、辐射力、创新力和资源配置能力，推动中国（上海）自由贸易试验区金融改革创新，助力上海打造具有全球影响力的科技创新中心。文件提出互联网金融要坚持服务实体经济，坚持金融创新，完善行业基础设施，营造发展环境，引导规范发展，切实防范风险，加强政策支持，促进集聚发展。

3. 深圳动态

金融产业是深圳的支柱产业之一，该市的金融活跃程度和金融创新程度一

---

① 吴凯，李治国. 互联网金融集聚上海外滩［N］. 经济日报，2013－11－14 (10).
② 颜剑. 上海银监局局长廖岷：顺应互联网金融发展，适当调整监管安排［N］. 上海证券报，2014－06－20 (F04).

直在国内处于领先水平。深圳互联网金融较为活跃,第三方支付的市场占有率方面仅列浙沪之后,P2P网贷平台成交额占到全国的30%~50%,众筹股权融资、互联网财富管理也位列国内前三甲。[1]

在互联网金融发展方面,深圳市先后发布的两份文件在国内引起较大反响。2014年1月,深圳市政府发布了2014年"一号文件",题为《深圳市人民政府关于充分发挥市场决定性作用全面深化金融改革创新的若干意见》,文件提出支持设立民营银行,规范发展互联网金融,争取设立互联网银行、互联网金融公司及互联网保险公司,积极利用前海平台,打造国际财富管理中心,以及率先承担利率市场化改革内容,深化深港两地金融合作等。关于互联网金融,文件要求:出台专项政策,统筹规划互联网金融孵化基地和产业园,加大对网络第三方支付和众筹等互联网金融业态的支持力度,争取设立互联网银行、互联网证券公司和互联网保险公司,加快培育互联网金融龙头企业。通过探索第三方资金托管等模式,建立互联网金融行业管理规范。成立互联网金融行业自律组织,打造具有国际影响力的互联网金融论坛,推动行业健康发展。引导金融机构与互联网企业的深度合作,构建深圳互联网金融产业链联盟,加快形成传统金融与创新金融互补发展的良性格局。支持设立提供数据存储及备份、云计算共享服务、大数据挖掘和服务、销售结算服务的机构,完善互联网金融的配套支持体系。[2] 这在全市层面系统性地就互联网金融发展进行了规划,在国家尚未对互联网的性质、监管以及政策等重大问题尚未给出明确意见之前,该文件的出台在国内十分罕见。

2014年3月19日,深圳市金融办率先公布了《关于支持互联网金融创新发展的指导意见》,包含了互联网金融的运营模式创新、政策支持、风险防控等八个方面。其中,对互联网金融范围作出界定,规定第三方支付、移动支付、网络信贷、股权众筹等金融中介法人企业,以及传统银行、证券、保险机构等设立的创新型网络金融机构、电商、专营机构和研发中心等均属互联网金融企业,并特别提出推动P2P、众筹规范发展规划。[3] 这是我国第一份地方版的支持互联网金融的指导意见,引起了市场极大关注。这份文件对各个可能和互联网发生关系的金融业都给出了支持的表态,比如允许各类机构发起设立网络银行、网络保险、网络证券,允许互联网企业参股银行、证券、基金等。但有业内人士表

---

[1] 朱文彬. 深圳4月底授牌互联网金融产业园 [N]. 上海证券报,2014-04-12 (03).
[2] 苏鹏飞. 深圳规范互联网金融发展 [N]. 中华工商时报,2014-01-10 (B02).
[3] 卓尚进,刘波,官铭超. 深圳欲抢占互联网金融发展先机 [N]. 金融时报,2014-04-18 (05).

示:"深圳的政策好是好,就是出得早了点。"一行三会"分工的文件还没下来,这个时候发,地方政府到底能发挥什么效力,能做什么事,他们说了也不算。"①这从某种程度上反映出业内对国家层面关于互联网金融尚不明确的态度还不敢过于乐观,对深圳这份全面系统的支持性文件持有保留态度。

在上述两份重要文件的指引下,深圳推进互联网金融发展的各项工作快速展开,该市在福田、罗湖、南山三区设立的互联网金融产业园于2014年5月初正式揭牌,各区产业园均提出了近期、远期发展规划,其中,南山区还提出打造成华南互联网金融中心的建设目标。

深圳敢于领先全国在互联网金融方面先试先行,一方面是因为该市是我国改革开放以来最为重要的一个经济特区,在经济金融方面的创新有足够的底气;另一方面该市以腾讯为代表的互联网产业也较为发达,同时以深交所、平安集团、招商银行和众多股权投资机构为代表的金融业也十分发达,这为互联网金融的创新发展提供了坚实的基础。

4. 广州动态

广州对互联网金融的发展也表现出极大的兴趣。2014年1月,中国电子商务互联网金融创新基地在广东金融高新区——佛山市南海区千灯湖畔挂牌成立,这是国内首个以"互联网金融创新"为主题的产业基地,探索"金融+科技+产业"创新融合。② 2014年5月,广州民间金融街挂牌成立互联网金融基地,最大的想象空间在于原有的传统类金融机构,尤其是小贷公司的融资项目,可以嫁接到P2P资金募集平台。③ 2014年5月18日,广东互联网金融协会在广州正式挂牌成立,这是全国第一个正式挂牌的省级互联网金融行业协会,首批共有32家互联网金融企业获得会员资格。该协会成立后,将推动会员对接央行征信系统,并通过制定行业标准和底线、黑白名单等机制,提高企业信用水平,在会员单位内部实现行业自律。④ 在全国性的监管方案尚未出台之前,由行业企业发起设立自律性组织进行自我监管,对互联网金融的健康发展具有积极意义。

(二) 国内其他省市互联网金融发展的共性与启示

从前述北京、上海、深圳、广州四地互联网金融发展的现状及政府的规划

---

① 张飒,姚伟. 上海拟发文促互联网金融发展[N]. 东方早报,2014-04-04 (A25).
② 黄艳姿,欧倩荷. 国内首个"互联网金融创新"主题基地挂牌[N]. 南方日报,2014-01-17 (A06).
③ 钟辉. 广州民间金融街成立互联网金融基地,小贷嫁接P2P新空间[N]. 21世纪经济报道,2014-05-09 (10).
④ 赵锦泓,魏金辉,陈琼泉. 自律监管广东拔头筹,广东互联网金融协会成立[N]. 中国联合商报,2014-06-09 (F02).

扶持措施来看，国内其他省市互联网金融发展具有一些共性，可供湖北省在促进互联网金融发展时参考。

1. 较强的 IT 技术和金融产业实力融合

在这一方面，深圳和北京两地的互联网金融表现得最为突出。作为改革开放时期的一面旗帜，深圳涌现了一大批 IT 公司，其中华为、中兴和腾讯是其中的佼佼者，深圳的金融产业实力也非常雄厚，金融机构总部有 200 余家，其中招商银行、招商证券、国信证券、华安财险、生命人寿是其中较为著名的金融机构。北京是大部分全国性商业银行、证券公司和保险公司的总部所在，中国金融资源最集中的城市，也是中国人民银行、银监会、证监会和保监会的总部所在，是中国的金融监管中心。与此同时，中关村是中国第一个国家级高新技术产业开发区，第一个国家自主创新示范区，第一个"国家级"人才特区，是我国体制机制创新的试验田，被誉为"中国的硅谷"。因此，无论是深圳还是北京，其深厚的 IT 产业积淀和雄厚的金融产业实力更能有效地融合，作为其交集的互联网金融也就具备更好发展的基础。在互联网金融发展比较迅猛的其他地区，如浙江、上海、广州也具有类似的特点。

2. 地方政府的合理规划与扶持

从前文叙述可以发现，互联网金融先发地区政府对本地的互联网金融规划与扶持工作均在以下几方面不懈努力：第一，均注意对本地互联网金融发展的指导，在全国性的指导意见尚未出台之际，深圳、南京①、上海等地率先出台了本地促进互联网金融产业发展的指导意见，表明了政府支持本地互联网金融发展的态度，从各个方面指导、扶持本地互联网金融的发展；第二，均选择了一个或多个地点建设本地互联网金融产业园区或产业发展基地，如北京的海淀区和石景山区，上海的外滩，深圳的福田、罗湖、南山，广东金融高新区等，一个基本的出发点就是试图通过产业集聚发展本地互联网金融；第三，均出台了一些规范扶持本地互联网金融发展的财政、人才及其他配套政策，如北京石景山区设立互联网金融产业发展专项资金，每年安排 1 亿元用于支持互联网金融产业基地的建设；再如南京市秦淮区设立总额为 3 亿元的互联网金融产业发展专项资金，重点用于载体建设、企业培育、人才引进和鼓励创新等方面；② 第四，均重视互联网金融的研究工作，纷纷成立本地的互联网金融研究院或类似研究机构，上海除了于 2011 年 7 月成立的"上海新金融研究院"外，2012 年 12 月又在中欧国际工商学院成立了"上海数字化与互联网金融研究中心"，北

---

① 2014 年 7 月 17 日，南京市政府出台了《关于加快互联网金融产业发展的实施办法》。
② 资料来源：设立 3 亿元资金 扶持互联网金融产业发展 [N]. 南京日报，2014 - 03 - 25（A03）.

京则在海淀区成立了中关村互联网金融研究院。

3. 各地重点企业的参与

在前述先发地区的互联网金融发展过程中，各地具有重要市场影响力的重点企业参与贡献很大。以深圳为例，腾讯公司具有 7 亿 QQ 用户和 4 亿微信用户，如此庞大的用户群体保证了腾讯互联网发展战略的有效实施，腾讯财付通和微信理财通等上线业务具有极为广大的潜在客户群体。除腾讯外，深圳另一家著名的 IT 公司——中兴通讯专门设立的全资控股第三方支付机构深圳市讯联智付网络有限公司，同时获得移动支付、互联网支付和数字电视支付业务许可，成为国内首家一次性获得以上三张牌照的第三方支付机构，进军互联网金融的热情高涨。

从北京来看，2014 年 9 月 22 日，广发银行股份有限公司与百度在线网络技术（北京）有限公司正式签订战略合作协议，双方将在互联网金融服务、大数据业务、地图产品、直达号等创新领域全面合作，这标志着新兴互联网技术与传统金融的深度融合。此前，百度旗下具有支付牌照的互联网支付公司百付宝已经与广发银行在电子支付等领域深入合作。[①] 北京另一家电商巨头京东旗下的京东金融在 2014 年 10 月 10 日正式上线"京东金融街"，精选了理财、支付、众筹、消费金融四大业务中的拳头产品，为用户提供一站式的体验，逛"金融街"，用户将满足从理财到投资，从信用购物到生活服务的几乎所有日常金融需求。[②]

在上海，上海证券于 2014 年 4 月 18 日推出移动证券平台，首款同步上线的"速 e 融"是业内首个"集投融资功能于一体、全线上快捷操作"的移动证券 APP。[③]

这些全国著名的重点企业资金实力雄厚、市场号召力强、信息发布受众广泛，它们发起设立互联网金融业务平台能有效地在短期内集聚人气，同时也能够吸引优质项目在它们的互联网金融平台上融资，对当地的互联网金融及相关产业的带动作用显著。

三、湖北省互联网金融发展策略

（一）湖北省促进互联网金融发展已作的努力

在湖北省互联网金融迅速发展的过程中，湖北省、武汉市政府相关主管部

---

① 崔丽. 广发携手百度开展互联网金融业务 [N]. 中国青年报, 2014 - 09 - 23 (06).
② 资料来源：和讯网（http://news.hexun.com/2014 - 10 - 10/169191128.html）. 京东"金融街"双十节闪亮登场边逛街边赚钱. 2014 年 10 月 10 日，该网页注明文章来源于中国经济网.
③ 杨庆婉. 上海证券推"速 e 融"参战互联网金融 [N]. 证券时报, 2014 - 04 - 16 (A07).

门在促进本地区互联网金融的发展方面作出了巨大努力。除了日常的规范与扶持工作之外,重点工作可以用"开辟一条街、建立一个基地、出台一份文件"来概括。

"开辟一条街"是指武汉民间金融一条街正式开街运营,这是继广州、成都之后,我国第三条民间金融街,也是华中第一条民间金融街。武汉民间金融街北起京汉大道、南至中山大道,全长888米。开街之初,集合了168家民间金融机构,形成了三大功能区,聚集近10类金融业态,其中中部为金融新业态核心区,吸纳小额贷款、担保、投资公司、互联网金融公司等近百家机构。值得一提的是,该街推出全国第一家网络公益平台——融创基金,它由民间自发捐助设立,为下岗就业和大学生创业提供无息贷款的公益P2P平台,融资不设门槛。① 该街的开辟,有利于帮扶小微企业融资和弱势群体创业,拓宽民间资本运作渠道,引导民间金融机构稳健发展。互联网金融是民营资本与互联网技术融合起来参与金融业的重要途径,武汉民间金融街的开辟对促进湖北省、武汉市互联网金融的创新发展必将起到关键的孵化器作用。

"建立一个基地"是指建立华中互联网金融产业基地。2014年6月22日,由武汉市金融办、江汉区政府、武汉中央商务区管委会主办的"2014华中互联网金融发展高峰论坛"在武汉召开。论坛上,由武汉市人民政府授予的"华中互联网金融产业基地"正式落户武汉中央商务区。据了解,华中互联网金融产业基地由6栋大楼组成,建筑面积约20万平方米,入驻基地的企业,均有机会享受由政府提供的财政奖励、房租补贴、扶持上市以及绿色通道服务、提供子女优质教育资源等优惠政策。② 现已有鄂汇金融服务(武汉)有限公司迁入该产业基地。

"出台一份文件"是指武汉市即将出台《武汉市支持互联网金融产业发展的意见》。2014年6月,武汉市金融办副主任梅林透露该《意见》内容包括建立互联网金融产业基地、设立互联网发展基金,让互联网金融企业享受相关优惠政策,鼓励地方金融机构开展互联网金融业务四个方面。③ 到2014年8月8日,武汉市金融办主任方洁进一步透露,武汉模式的互联网金融产业发展《意见》13条即将出台,该《意见》内容涵盖了武汉市促进互联网金融健康发展的指导思想、政策措施、工作机制、行业基础设施建设和发展环境营造,以及武汉在

---

① 陈凌墨. 华中首条民间金融街今日在汉开街[N]. 楚天都市报,2014-05-28(A23).
② 廖桥,宋双庆. 华中互联网金融基地落户武汉 金改方案2月后获批[N]. 楚天金报,2014-06-23.
③ 廖桥,宋双庆. 华中互联网金融基地落户武汉 金改方案2月后获批[N]. 楚天金报,2014-06-23.

引导互联网金融规范发展、防控相关领域金融风险方面的打算和举措。较为引人注目的是，该《意见》鼓励互联网金融企业在新三板上市；提出不仅仅针对互联网金融的某个方面，对第三方评测、评级、征信、培训等外围机构均有提及和相应的扶持；鼓励金融机构与互联网金融企业在客户资金存管（监管）、渠道营销、风控外包等方面开展深度合作，支持设立、发展提供数据存储及备份、云计算共享、大数据挖掘、信息系统、信息安全维护等基础服务的机构，支持建立互联网金融数据共享交换平台；探索互联网金融企业缴纳风险准备金。①

此外，湖北省互联网金融行业自律性组织——湖北互联网金融行业协会也于2014年7月7日筹备成立，初步确定了湖北互联网金融行业协会行使职能与精神主题，即阳光、自律、分享。协会成立信审、法务、业务、技术、财务五大专项小组，将不定期对入会平台进行调查走访并发布考察报告，杜绝资金池、非法吸储、非法集资等越线行为，提早发现运营危机，确保平台保持稳定、可持续发展；协会要求入会平台拥有更好的企业管理意识与社会责任，严格自我要求，规范运营，规避道德风险及利益诱惑，并在成立时间、从业人员资质、组织架构、风控专业水平上对平台作出了相应要求，督促平台以科学的管理方式、以扎实的从业技能实现良好发展；协会强调行业基础设施建设，打造湖北地区借款人信息数据库，实现信息共享，打破交流壁垒，优化贷款流程，从源头上遏制恶意借款事件的发生。首批协会成员单位共计16家，武汉一起好金融信息服务股份有限公司被推举为会长单位。

（二）加快湖北省互联网金融发展的建议

目前，从全国来看，的确有少数省市，如北京、上海、浙江、广东等地的互联网金融走在了前列，湖北互联网金融与这些先发地区相比，在机构、市场、产品、交易金额等方面均有不小的差距，但对于正迅猛发展的互联网金融而言，目前这些地区还不足以确立绝对优势地位，湖北省依然有很大的机会在中国互联网金融市场中取得与经济发展水平相匹配的位置。结合目前湖北省互联网金融发展的现状与特点，应该做的工作至少包括三大方面：互联网金融市场发展、互联网金融风险防范以及互联网金融基础夯实。

1. 加大力度促进湖北省互联网金融市场发展

目前，实务界与理论界在互联网金融这一问题上的侧重点存在差异，理论界的一般观点是要针对互联网金融暴露出来的各种问题加强监管，以有效防范金融风险，在控制风险的前提下发展市场；而实务界更关注互联网金融市场的

---

① 沈右荣，周金波. "汉13条"鼓励互联网金融企业上市［N］. 长江商报，2014－08－09（A06）.

发展，先把市场做大再着手解决风险控制的问题。风险控制与市场发展本身并不矛盾，甚至是相互促进的，针对湖北省互联网金融的现状，必须两者并重，要靠市场发展来取得一定的在位优势，同时，也要依靠风险控制来确立湖北省互联网金融的环境竞争力。

（1）鼓励湖北省重点企业参与互联网金融

如前所述，已有一些实力雄厚的公司涉足湖北省互联网金融，如P2P网络信贷服务平台"京金联"的发起人中农高科（湖北）科技产业投资管理有限公司和武汉汉信互联网金融服务股份有限公司的发起人武汉国资委。但是与北京、深圳、上海、浙江等地的京东、百度、腾讯、中兴、上海证券、阿里巴巴等有极大市场影响力的公司相比，湖北大型知名企业参与互联网金融的积极性不高，必须出台一些倾向性政策，加大对重点企业的宣传力度，积极为重点企业出谋划策、提供服务，鼓励湖北省重点企业参与到互联网金融，一定要树立标杆，彻底改变湖北省互联网金融"小打小闹"的特点。

（2）促进湖北省IT产业与金融产业融合发展互联网金融

从北京和深圳等地发展互联网金融的经验来看，IT产业与金融产业融合是互联网金融发展的沃土。湖北省，特别是武汉市还是有一大批在国内外享有盛名的IT企业的，与此同时，湖北省也有汉口银行、湖北银行、长江证券、天风证券、交银国际信托、方正东亚信托、合众人寿、长江财产保险公司、长江期货经纪有限公司、美尔雅期货公司、光大金融租赁有限公司等十几家金融机构总部，湖北省和武汉市政府相关职能部门完全可以采取各种形式牵线搭桥，先务虚后落实，促进这些企业找到互联网金融发展战略的交集，优势互补，通过新设机构或共建平台的方式抱团进入互联网金融领域。

湖北省IT产业还可以通过提供专业化的服务参与互联网金融，正是由于国内互联网金融如火如荼的发展，在交易平台构建、系统维护、网络安全、客户和交易数据备份、分析与管理方面存在极大的市场需求，而目前在国内很难找到实力雄厚的大企业提供专业化的一揽子互联网金融系统解决方案，湖北省的IT产业也可以通过提供构建系统、网络安全、后台维护、数据备份等服务参与互联网金融，成为这一领域专业的系统解决方案供应商。武汉市甚至可以考虑丰富金融后台中心的内涵，在本地建设全国的互联网金融后台支持中心或者互联网金融大数据存管分析中心。

（3）促进湖北省互联网金融行业内分工

当前，全国的互联网金融平台往往追求"大而全"的经营模式，无论是哪个行业的项目都可以放到平台上运作，信审、法务、业务、技术、财务等无论哪个方面的专业职能都想由本平台的工作人员来完成，这种经营模式不利于专业化能力的积累，进而不利于项目风险的识别与规避，导致市场运行效率低下。正因为如此，可以想见，将来的互联网金融市场，除了极少数资金和人才实力出类拔萃的机构之外，其他的机构必须走专业化发展之路。

湖北省应该早作准备，主动促进互联网金融行业内分工。这种分工包括两大方面：项目专业分工和业务职能分工。项目专业分工是指各互联网金融机构集中力量做自己比较熟悉行业的项目，如物流项目、餐饮项目、房地产项目等；业务职能分工则要求互联网金融机构将可以外包出去的一些职能外包给外部企业，如法律事务外包给律师事务所，财务稽核外包给会计师事务所，甚至可以通过一些政策鼓励专业服务于互联网金融的律师事务所、会计师事务所新设和发展。这类分工具有两方面的好处：其一，专业人做专业事，有利于市场效率的提升；其二，将不同职能放在多个机构完成，有利于企业间相互监督制约，降低市场风险。

（4）加强互联网金融的宣传力度，提高市场参与度

湖北省互联网金融起步偏晚的一个重要原因应该是市场参与主体对传统金融路径过于依赖，对互联网金融缺乏足够的认识，以至于无论是融资方还是投资方对参与互联网金融都持谨慎态度，在市场发展不成熟的时候，潜在参与者保持警惕可以理解，但如果想要促进这一市场加速发展，首要的就是打消市场潜在参与者因为不了解而产生的疑虑。要尽可能地将互联网金融的相关信息、知识、操作流程和风险控制措施向市场潜在参与者加强宣传，让这些潜在参与者在拥有更多信息的基础上进行判断和决策，只有如此，那些理解互联网金融并且愿意承担相应风险的潜在参与者才会实际参与进来，市场参与度才会逐渐提升。

2. 多手段加强互联网金融业务风险控制

当前，由于互联网金融，特别是 P2P 网贷平台"跑路"等倒闭现象不断发生，关于加强互联网金融监管的呼声日益高涨，这种观点从某种程度上是有失偏颇的，市场低效率，不能仅依靠政府相关部门的监管，通过完善业务模式，形成和完善市场自身的约束机制或许更为重要。

（1）完善业务模式，形成行业自约束机制

如前所述，目前大多数互联网金融平台都采取的是一种"大而全"的运营模式，平台自身几乎包办了某项互联网业务的全部工作，以 P2P 网贷为例，从项目遴选一直到款项归还，几乎都由 P2P 网贷平台办理，由于出现了多起网贷平台负责人卷款"跑路"的现象，人们自然想到款项最好由第三方机构存管，于是目前相当部分 P2P 网贷平台都对外宣称实现了客户资金的第三方存管。与以前相比，这种市场自约束机制从一定程度上降低了网贷平台负责人卷款潜逃

的风险,这是一种非常明显的进步。

除了资金第三方存管之外,湖北省还应更积极探索互联网金融业务模式完善的新途径,比如,可以尝试成立专门的互联网金融信用评级机构,在企业通过互联网金融筹集资金前,要求提供评级机构的信用评级报告;再比如可以尝试 P2P 网贷的债务担保制度,企业通过 P2P 网贷平台融资时,必须提供可行的担保措施;可以尝试互联网金融平台跟投制度,所有在某互联网平台成功筹集资金的项目,平台企业必须按一定比例动用自身的资本金跟投,必要时进行不同来源资金的优先劣后分级,将平台企业资本金设置成风险最高的劣后级;还应不断完善互联网金融资金筹集方的信息发布制度。完善互联网金融的业务模式有利之处是可以降低金融活动风险,但不利之处也很明显,一方面会加重融资方的负担,另一方面会使市场交易环节过多、手续烦琐,因此,必须在效率提升和风险防范之间找到一个平衡点。如果湖北省能够在完善互联网金融业务模式方面走在全国的前头,有效建立互联网金融自约束机制,一方面是对我国互联网金融发展的一大贡献,另一方面必将促进湖北省互联网金融健康迅猛发展。

(2)按业务本质加强监管,严控互联网金融风险

目前,关于互联网金融的本质到底是"互联网"还是"金融"还存有不同争议,如果其本质是"互联网",就应该把从事互联网金融的平台当成金融信息平台来管理,如果其本质是"金融",就应该把这些互联网金融平台当成金融机构来管理。从当前的发展状况来看,互联网金融平台远不仅是一个信息发布平台,它们还努力撮合资金盈余单位和资金赤字单位之间达成投融资交易,因此"互联网金融的本质应该还是金融,所以必须按照金融业、金融机构来执行统一的监管。"①

既然互联网金融的本质还是金融,那么对互联网金融平台就应该比照金融机构来监管,对互联网金融业务也应该比照本质相同的传统金融业务来监管。比如 P2P 网贷业务类似于一次企业债券发行,P2P 网贷平台自然应比照债券承销商来监管;再如股权众筹融资类似于一次公开发行股票,那么众筹平台应比照股票承销商来监管。关于互联网金融的按本质监管到目前为止已不是一个新鲜的话题,但在国内还没有发布一个到底应如何监管的顶层设计,湖北省应抓住机遇、积极谋划,争取早日试点,形成我国互联网金融监管的创新领先优势。

3. 夯实湖北省互联网金融发展基础

互联网金融绝不是一群有金融热情的人构建一套网络系统就可以健康发展

---

① 李静瑕,余歌,李礼辉. 互联网金融必须纳入有效监管[N]. 第一财经日报,2014-05-20.

的，湖北省互联网金融想要以目前后发地位实现超越发展，必须加强互联网金融相关的基础建设，至少应该包括三个方面：互联网金融基础设施建设、互联网金融人才培育、互联网金融研究。

（1）加强湖北省互联网金融基础设施建设

首先，应加强湖北省互联网金融法律基础设施建设。应严格以全国性的金融相关法律法规为依据开展金融执法，严厉打击利用互联网金融名义从事诈骗和非法集资等各类非法金融活动；充分认识破产法在互联网金融法律基础设施中的重要地位，切实保障债权人在债务人破产过程中的利益主张；在全国性法律法规暂时缺位的情况下，可以率先制定和完善湖北省地方性互联网金融法规，规制互联网金融机构的设立、运营与退出。

其次，应加强湖北省互联网金融征信体系建设。一方面，湖北省相关主管部门应和中国人民银行武汉分行接洽，尝试开辟针对互联网金融的征信信息查询模块，制定相关规范，让中国人民银行现有的征信信息能安全、有效地为互联网金融所用，降低互联网金融的信用风险。另一方面，湖北省主管部门应和中国人民银行武汉分行一道，制定相关规范，将被有效核实的互联网金融征信信息纳入现行的征信体系。如果短期内，这两方面均不可行，可以尝试设立一个互联网金融黑名单发布系统，用相对初级的方式发布违约信息，提示风险。

再次，应加强湖北省互联网金融资金结算存管体系建设。一方面，应出台相关管理办法，切实有效地在投资者资金和互联网金融平台资金之间建立防火墙，借鉴证券资金第三方存管和银行委托贷款的相关操作办法，完善互联网金融资金划转规范；另一方面，湖北省相关主管部门可以新设或指定一个或少数几个资金存管机构负责湖北省全部互联网金融平台的资金存管需求，通过扩大资金存管规模调动存管机构提供存管服务的积极性，与此同时，提高少数存管机构互联网金融资金存管的专业化水平。

最后，应加强湖北省互联网金融后台服务设施建设。一方面，要加大对互联网金融平台的网络技术服务力度，政府相关主管部门应该组织设立湖北省互联网金融后台服务中心这样一家专业的互联网金融网络技术服务机构，对湖北省所有互联网金融平台提供系统维护、网络安全、信息备份等常规服务，在有互联网金融平台受到网络攻击或系统崩溃时，提供应急响应服务；另一方面，要加强互联网金融大数据管理能力，成立湖北省互联网金融数据管理中心，努力挖掘各类互联网金融相关数据的内在规律，为市场参与者、互联网金融平台、行业协会以及监管部门提供相关数据分析报告，促进湖北省互联网金融稳健发展。

(2) 促进湖北省互联网金融人才培育

加强湖北省互联网金融人才的引进与培育或许是当前的迫切任务之一,从前文湖北省互联网金融发展现状的介绍不难发现,湖北省互联网平台运营能力有限、业务规模偏小,这与湖北省互联网金融人才相对匮乏不无关系。如前所述,互联网金融的本质还是金融,因此,必须系统性地加强互联网金融人才引进与培育,从传统金融领域转移一批,从互联网金融先发地区引进一批,再把一些"游击队"、"小分队"性质的现有互联网金融从业人员培养成金融"正规军",湖北省互联网金融市场有望面貌一新。

(3) 加强互联网金融研究,指导湖北省互联网金融发展

2014年3月,由武汉远见腾达投资顾问有限公司,华中科技大学各出资1000万元共同成立了华中互联网金融研究院,致力于打造互联网金融研究领域的权威智库平台、学术平台、研究平台、孵化平台,为国家和华中地区互联网金融工作提供战略支持、研究支持、人才支持、技术支持、产品服务支持以及大数据支持。仅有这一家校企合作的研究机构是不够的,湖北省相关主管部门与其他高等院校、科研院所、金融机构应加强沟通,争取另外成立一家互联网金融研究机构,深入研究国内外互联网金融相关的法规、政策、行业动态与业务操作,成为湖北省互联网金融发展的智库。

本章参考文献

[1] 陈白. 天力贷法人卷款在逃 [N]. 新京报, 2013 - 10 - 22.

[2] 陈凌墨. 华中首条民间金融街今日在汉开街 [N]. 楚天都市报, 2014 - 05 28 (A23).

[3] 崔丽. 广发携手百度开展互联网金融业务 [N]. 中国青年报, 2014 - 09 - 23 (06).

[4] 龚齐飞. 众筹众筹,真的一"筹"就灵? [N]. 武汉晨报, 2014 - 04 - 09 (A03).

[5] 郝琦, 田轩. 武汉首个国资背景P2C网络借贷平台"京金联"上线 [EB/OL]. http: //news.cjn.cn/sywh/201407/t2503191.htm, 2014 - 07 - 12.

[6] 胡楠. 湖北P2P网贷平台数居全国第十 [N]. 长江日报, 2015 - 01 - 06 (14).

[7] 黄艳姿, 欧倩荷. 国内首个"互联网金融创新"主题基地挂牌 [N]. 南方日报, 2014 - 01 - 17 (A06).

[8] 黄莹颖. P2P网贷平台"疯狂生长" [N]. 中国证券报, 2014 - 04 - 10 (A06).

[9] 康鹏. 武汉网店两周收了5笔比特币 用虚拟货币直接买袜子 [N]. 长江日报, 2013 - 11 - 27.

[10] 李静瑕, 余歌. 李礼辉: 互联网金融必须纳入有效监管 [N]. 第一财经日报, 2014 - 05 - 20.

[11] 廖桥, 宋双庆. 华中互联网金融基地落户武汉 金改方案2月后获批 [N]. 楚天金

报，2014 - 06 - 23.

　　[12] 柳骋, 曹大鹏. 武汉 49 位女白领合资办咖啡馆　众筹未来需法律护航 [N]. 楚天金报, 2014 - 03 - 09.

　　[13] 刘冬姣. 关于引导和规范湖北互联网金融发展的建议 [J]. 世纪行, 2014 (7): 11.

　　[14] 刘刚建, 邓莉. 武汉"众筹"潮涌 [N]. 楚天金报, 2014 - 12 - 03.

　　[15] 刘刚建. 湖北首场农业众筹路演上演 [N]. 农村新报, 2014 - 10 - 09.

　　[16] 梅俊彦. "扫雷"风暴劲刮 P2P 网贷新一轮倒闭潮隐现 [N]. 中国证券报, 2014 - 04 - 29 (A06).

　　[17] 沈右荣, 周金波. "汉 13 条"鼓励互联网金融企业上市 [N]. 长江商报, 2014 - 08 - 09 (A06).

　　[18] 沈右荣. 湖北 P2P 网贷平台一年倒闭三分之一　现存仅 19 家 [N]. 长江商报, 2014 - 05 - 26.

　　[19] 沈右荣, 周金波, 龚卓越. 湖北网贷半年成交 17 亿 [N]. 长江商报, 2014 - 08 - 01.

　　[20] 苏曼丽. 去年问题 P2P 平台数量暴涨 2.6 倍 [N]. 新京报, 2015 - 01 - 08 (B12).

　　[21] 苏鹏飞. 深圳规范互联网金融发展 [N]. 中华工商时报, 2014 - 01 - 10 (B02).

　　[22] 苏鹏飞. 北京海淀勾勒互联网金融战略蓝图 [N]. 中华工商时报, 2013 - 11 - 08 (B02).

　　[23] 苏鹏飞. 北京石景山全方位布局互联网金融 [N]. 中华工商时报, 2013 - 11 - 22 (B02).

　　[24] 王芳, 张赟. 80 后武汉伢的众筹农场梦 [N]. 楚天金报, 2014 - 05 - 31.

　　[25] 吴凯, 李治国. 互联网金融集聚上海外滩 [N]. 经济日报, 2013 - 11 - 14 (10).

　　[26] 颜剑. 上海银监局局长廖岷: 顺应互联网金融发展, 适当调整监管安排 [N]. 上海证券报, 2014 - 06 - 20 (F04).

　　[27] 杨庆婉. 上海证券推"速 e 融"参战互联网金融 [N]. 证券时报, 2014 - 04 - 16 (A07).

　　[28] 易观智库. 易观分析: 2013 年中国非金融支付机构交易规模达 17.9 万亿 [EB/OL]. http://www.enfodesk.com/SMinisite/newinfo/articledetail - id - 400947.html, 2014 - 02 - 19.

　　[29] 曾里, 陈萌, 王盼. 网贷行业迎"拼爹时代"武汉国资首度试水 P2P [N]. 楚天金报, 2014 - 07 - 31 (A15).

　　[30] 张飒, 姚伟. 上海拟发文促互联网金融发展 [N]. 东方早报, 2014 - 04 - 04 (A25).

　　[31] 赵锦泓, 魏金辉, 陈琼泉. 自律监管广东拔头筹, 广东互联网金融协会成立 [N]. 中国联合商报, 2014 - 06 - 09 (F02).

　　[32] 钟辉. 广州民间金融街成立互联网金融基地, 小贷嫁接 P2P 新空间 [N]. 21 世纪

经济报道, 2014 – 05 – 09 (10).

[33] 朱文彬. 深圳 4 月底授牌互联网金融产业园 [N]. 上海证券报, 2014 – 04 – 12 (03).

[34] 卓尚进, 刘波, 官铭超. 深圳欲抢占互联网金融发展先机 [N]. 金融时报, 2014 – 04 – 18 (05).

下 篇
2013年湖北金融行业分析

湖北省金融业发展报告（2013）主报告

2013年湖北省金融业发展情况

——湖北省人民政府金融办公室

2013年，面对复杂多变的经济形势，全省人民在省委、省政府的坚强领导下，坚持稳中求进的工作基调，竞进提质，效速兼取，扎实做好各方面工作，经济社会发展继续呈现稳中有进、进中向好的良好态势。全年完成国民生产总值24668.49亿元，增长10.1%。完成固定资产投资（不含农户）20177.45亿元，比上年增长25.8%，社会消费品零售总额10465.94亿元，比上年增长13.8%，规模以上工业增加值增长11.8%。地方公共财政预算收入2189.98亿元，增长20.1%，城镇居民人均可支配收入22906元，增长9.9%，农民人均纯收入8867元，增长12.9%，城镇登记失业率为3.49%，比上年末下降0.34个百分点。

2013年，全省金融机构认真贯彻落实稳健的货币政策，积极调整和优化金融资源配置，实现了融资总量的稳步增长。全省社会融资规模达到6113.88亿元，比上年增加1273亿元，同比增长26.3%，居全国第十位，中部地区首位。全年新增贷款3001.96亿元，实现直接融资1021亿元。全年全省金融业累计实现增加值1006.13亿元，同比增长15.6%，金融业增加值占GDP的比重4.08%，较上年提高0.17个百分点。金融服务业成为全省第13个千亿产业。全省银行业深化改革创新，不断提高金融服务水平，各项存款和贷款余额分别达到32092.83亿元和21902.55亿元，增长幅度超过全国平均水平；全省资本市场在中部地区率先完善主板、中小板、创业板、"新三板"和区域性场外市场等多层次资本市场体系，全省证券化率较上年提高2.02个百分点，达到20.34%；全省保险业加强服务体系改革创新，实现保费收入651.3亿元，农业保险服务领域进一步拓宽，风险保障覆盖面和社会保障体系参与度继续加大加深，在环境污染、社会治安、安全生产责任保险等领域取得突破进展，保险资金日益成为湖北省基础设施和民生工程投资的重要来源。

一、湖北省金融业运行情况

2013年，湖北省金融业整体运行平稳，金融业实力进一步增强。银行业信贷总量平稳增长，信贷结构继续改善，全省信贷投放实现了贷款增幅高于GDP增幅、高于全国、高于中部平均增速，小微和"三农"贷款增幅高于全部贷款增幅且占比高于上年的"四个高于"目标。证券业平稳运行，上市公司质量持续改善，资本市场融资全力推进。保险业深入拓展，市场秩序进一步规范，社会保障功能有效发挥。

（一）银行业运行情况

1. 存贷款总量持续增长。银行业金融机构各项存款余额32092.83亿元，同比增长16.4%，高于全国平均增速2.9个百分点；各项贷款余额21902.55亿元，比年初增加3001.96亿元，同比多增183亿元，余额增长15.77%，增速高于全国平均水平1.9个百分点。信贷投放短期化趋势较为明显，全省短期贷款余额占各项贷款的35.9%，比年初上升2个百分点；中长期贷款余额59.9%，比年初下降1.6个百分点。

2. 贷款结构继续改善。涉农、中小企业信贷投入继续保持较快增长。截至2013年末，全省涉农贷款余额5619.34亿元，同比增长21.32%，高于全省平均水平5.55个百分点，新增涉农贷款999亿元，同比多增205亿元；全省小微企业贷款余额3693亿元，新增680亿元，同比增长23%，高于全省贷款平均增速7.2个百分点；小微企业贷款余额占比为16.94%，高于上年同期1.08个百分点。金融有力支持县域经济，县域贷存比明显改善。2013年末，全省县域贷款余额4166亿元，同比增长21.7%；新增县域贷款743亿元，同比多增127亿元；存量、增量县域贷存比分别为43.3%、50.6%，分别高于上年同期1.3个百分点、4.4个百分点。同时，信贷支持科技创新和淘汰落后产能的力度也进一步加大。

3. 银行业资产质量进一步改善。2013年末，全省银行业总资产40680亿元，比年初增加4904亿元，同比增长13.71%；全省银行业不良贷款余额336亿元，不良贷款率1.53%，比年初下降0.23个百分点；银行业经营利润持续增长，实现利润587亿元，同比增长26.3%。

（二）证券期货业运行情况

1. 上市公司业绩整体向好，融资功能进一步实现。截至2013年末，全省共有上市公司84家，上市公司总股本591.21亿股，流通股本517.30亿股；总市值5017.34亿元，同比提高23.07%，流动市值4094.56亿元，同比提高

33.48%。2013年前三个季度,湖北上市公司营业总收入3213.91亿元,较上年同期增长10.96%;归属于母公司所有者的净利润为108.81亿元,较上年同期增长22.27%;经营性现金净流量97.99亿元,较上年同期增长19.25%,增速均高于全国平均水平。

2013年,全省上市公司通过股票、债券等方式实现直接融资84.07亿元。截至年末,共有16家上市公司报送或公布再融资方案,融资规模达到364.63亿元,全省上市公司再融资势头强劲。

2. 证券期货机构运行平稳。截至2013年末,全省共有证券经营机构249家,全年证券交易总额38504.9亿元,同比增长56.02%。证券公司累计实现营业收入32.1亿元,同比增长34.82%。其中,手续费及佣金收入累计17.33亿元,同比增长45.02%;累计净利润10.91亿元,同比增长44.89%。证券营业部累计实现营业收入30.52亿元,同比增长41.13%。其中,手续费及佣金收入累计26.71亿元,同比增长44.8%,累计实现净利润12.94亿元,同比增长111.58%。

截至2013年末,全省共有2家期货公司、47家期货营业部。2013年,长江期货公司和美尔雅期货公司累计代理交易量8056.46万手,同比增长63.18%;累计代理交易额100815.12亿元,同比增长77.74%;累计手续费收入29521.76万元,同比增长15%;累计净利润7404.8万元,同比减少23.19%。期货营业部累计代理交易量9151.31万手,同比增长51.99%;累计代理交易额100347.11亿元,同比增长37.98%;累计手续费收入35747.87万元,同比增长16.16%;累计营业利润11485.81万元,同比减少23.49%。

(三)保险业运行情况

1. 保险市场结构进一步优化。2013年,全省保险市场呈现稳中有进的运行特点。截至年末,全省保险业总资产达到1472.11亿元,同比增长17.27%;实现保费收入651.3亿元,保费规模居全国第10位,中部第2位。财产险公司全年实现保费收入181.86亿元,同比增长27.74%,增幅居全国第1位;人身险公司全年实现保费收入405.54亿元,保费收入同比增长3.73%。

2. 保险保障功能进一步增强。2013年,全省保险业累计支付赔款187.61亿元,同比增长45.94%。其中,财产险公司累计支付赔款90.99亿元,同比增长27.71%;人身险公司累计赔付支出96.62亿元,同比增长68.6%。全省政策性"三农"保险实现签单保费6.6亿元,实际支付赔款3.9亿元。责任保险、大病保险、出口信用保险的服务水平不断提高。保险资金投资取得新突破,2013年,保险资金在湖北投资累计到位超过500亿元。

二、湖北省深化金融改革创新与发展情况

2013年，湖北省金融改革创新以深化产业与金融融合为主线，以推动武汉建设中部地区金融中心为主题，进一步发展和完善金融体系，深化金融服务模式创新、产品创新，加快推进区域性金融市场体系建设。

（一）大力推进武汉金融改革创新

推动武汉金融改革创新，建设中部地区金融中心，一直是全省深化金融改革创新的主题。2013年8月，《武汉金融改革创新总体方案》经省政府常务会议通过并上报国务院审批。《武汉金融改革创新总体方案》的主要内容包括：以武汉城市圈为主体，深化科技金融创新发展，推动金融产品和服务创新，发展中小金融机构，完善金融市场体系，扩大区域金融合作等。到2015年，基本实现武汉城市圈信贷市场一体化、票据市场一体化、支付结算一体化、金融信息服务一体化和要素配置市场一体化，基本形成长江中游城市群区域金融合作框架。到2020年，将武汉建成中部地区的金融中心和全国重要的金融机构高端后援服务基地，圈域内金融业增加值占GDP的比重达到7%以上。《方案》的实施，将对完善全省区域性金融市场和金融组织体系、推动全省金融机构深化改革创新、更好地服务实体经济多元化融资需求，以及对激发全省金融业发展活力起到重要作用。

（二）不断完善金融组织体系

1. 积极引进外资和全国性金融机构入驻湖北。引进渤海银行在武汉设立分行，全省全国性股份制商业银行数量达到10家，居中西部地区首位。支持德意志银行在武汉设立分行，筹建申报的前期工作正加紧开展。大冶有色集团设立财务公司获银监会批复，全省财务公司增至10家。年内，建信人寿保险有限公司和工银安盛人寿保险有限公司在武汉设立湖北分公司，保险公司湖北省级分公司增至64家。全省金融业组织体系进一步完善。

2. 推动地方法人金融机构加快改革发展。湖北银行、汉口银行、湖北省农村信用联社等地方法人金融机构改革发展步伐加快，努力做大做强。农村信用社产权制度改革步伐进一步加快，年内有14家农村商业银行开业，全省农村商业银行达到67家，县域覆盖率达到87%，改革进度居全国第3位。湖北银行在全省范围内新开设18家分（支）行，分（支）行数量达到126家；积极探索社区金融服务，在全省设立首家社区银行——湖北银行百步亭社区支行。汉口银行新开设8家分（支）行，分（支）行数量达到105家；积极打造创新型银行，开设国内首家体验式银行——汉口银行楚河汉街支行；积极发展普惠金融，向

下延伸机构,在大型社区设立"邻里金融"网点;积极开展信贷资产证券化工作,加快创新发展。长江证券获批柜台交易业务试点资格,柜台业务方案和三个具体产品已通过评审即将上柜。天风证券着力打造金融控股集团,成功收购北方期货,将其更名为天风期货有限公司。长江财产保险于年内设立10家中心支公司,业务进一步拓展,实力进一步增强。

3. 支持村镇银行稳健发展。2013年,全省新设立4家村镇银行法人机构,村镇银行法人机构达到38家,分支机构达到31家。截至年末,全省村镇银行总资产130.7亿元,各项贷款余额76.9亿元。村镇银行不断推进金融服务创新,持续深化支农支小服务,已成为农村金融市场中不可忽视的新生力量。

4. 规范发展小额贷款公司和融资性担保公司。全年新增小额贷款公司107家,全省累计批准设立345家,注册资本金总额387.17亿元,累计发放贷款1382.72亿元。认真开展融资性担保公司的清理整顿,制定《全省融资性担保机构发展规划》,优化省、市、县三级融资性担保机构总体布局。截至2013年末,全省共有融资性担保机构416家,注册资本551.6亿元,比上年增长33.2%,为全省4.86万家企业提供担保1596.9亿元。

5. 支持湖北省民间资本进入金融领域。积极支持湖北省民间资本参与金融机构建设,向国务院申请筹建众邦银行股份有限公司,支持民间资本设立金融租赁公司、消费金融公司。2013年民间资本在全省城市商业银行、农村商业银行、村镇银行中的占比分别达到49.1%、92.2%、28.3%,日益形成各类资本相互融合、良性互动的局面。

(三) 深入推进金融业改革发展

1. 银行业改革进一步深化。大型银行加快机构战略转型,优化发展规划、网点布局和管理体制。组建了小企业金融中心、楼宇银行、地铁银行等新型机构,逐步从单一"融资中介"向全面"金融服务平台"转变。农业银行"'三农'金融事业部"在全省县域支行实现全覆盖。政策性银行、邮储银行、资产管理公司三类机构市场化转型步伐加快,完成11家邮储银行二类支行改革,理顺了经营管理体制机制。股份制商业银行和城市商业银行向下延伸机构,在武汉以外的市(州)新设5家二级分行,实现了全省13个市(州)全覆盖。

2013年,全省银行业金融服务创新取得四个方面的积极成效。一是"双基双赢"开创支农新局面。通过全面加强基层党组织与基层信贷机构的优势对接,打通基层金融服务"最后一公里",年内全省建立村级(社区)信贷工作室522个,发放"双基双赢"合作贷款30.4亿元。二是打造社区银行"湖北模式"。抢抓社区银行试点机遇,按照"以家庭为对象,以社区为半径,以网络为载体"

的工作思路,打造社区银行的"湖北模式"。除湖北银行的百步亭支行和汉口银行的楚河汉街支行外,其他多家银行机构积极深化普惠金融服务,筹建社区银行。三是绿色信贷推动环保新理念。为绿色信贷客户量身定制综合金融服务方案,创新金融产品和服务;引导银行业机构积极借助第三方力量支持绿色信贷,扶持节能环保、科技型中小企业发展壮大。四是创新供应链金融。引导银行业机构挖掘供应链金融的"杠杆效应"和供应链企业的现金流价值,打造湖北特色的创新型金融服务,对供应链核心企业提供综合金融创新服务,对供应链上游企业开展应收账款融资创新,对供应链下游企业开展预付账款和存货抵(质)押融资创新。

2. 证券期货业改革发展取得新的进展。一是认真做好上市企业和"新三板"挂牌企业的发掘培育工作,深化与沪、深证券交易所的战略合作,探索形成"改制、入库、托管、挂牌、上市"的新路径;探索开展证企对接推动企业上市模式,形成企业上市资源的湖北特色和比较优势。二是密切跟进新《基金法》的实施,把握基金行业发展的良好机遇,积极做好省内相关公司申报设立基金公司、证券公司的前期工作;支持湖北省证券、基金类法人机构扩大规模;积极引导国内优质券商将金融资源流入湖北,在湖北设立证券分公司和子公司。三是督导证券公司充分利用资产证券化、公司债、城投债、企业债、中小企业私募债、直接投资、并购基金等业务创新模式和产品,多渠道、多路径为中小企业发展提供支持。四是引导期货公司加强创新研发力度,推动商品交易所在湖北设立期货交割库,推动棉粕、棉籽等湖北优势产品的期货合约在期货交易所上市,支持推动天风期货有限公司(原北方期货)注册地迁至湖北。

3. 保险业加快推进创新试点。一是深化"三农"保险,在部分地区率先开展政策性与商业性险种组合的创新试点,将每亩水稻保额由 200 元提高到 1000 元,基本达到每亩水稻平均产值水平;配合武汉市都市农业产业化建设,开展"菜篮子"保险试点;在秭归等地进一步推进烟叶保险。二是推进重点领域责任保险试点。在全省涉及重金属排放的企业中开展环境污染强制责任保险试点,力争 4 年内实现全省环境风险企业全覆盖。出台《湖北省医疗纠纷预防与处置办法》,在全省全面推广医疗责任保险,推广实施调解与保险结合的医疗纠纷调解新模式。推动火灾公众责任保险、校方责任保险、安全生产责任保险等险种的持续发展。出台《武汉市东湖国家自主创新示范区科技型企业贷款保证保险业务操作指引》,对于符合条件的企业,由东湖高新区管委会给予包括财政补贴 40% 保费在内的综合金融支持,解决科技型中小企业缺乏风险保障问题。

(四)加快推进多层次资本市场建设

2013 年,湖北省将建设发展多层次资本市场作为金融改革创新发展的重要突破口，努力构建功能齐全、相互衔接，优势互补、层次分明，运行有序、良性循环的多层次资本市场体系，推动企业分步实现在不同层次市场间的挂牌、转板和上市，促进全省直接融资快速增长。

1. 推进企业在"新三板"挂牌。2013年，武汉东湖高新区进一步扩大"新三板"园区推广范围，鼓励和引导企业规范改制，培育后备优质资源，组织各券商工作小组积极开展"新三板"企业培训和挂牌准备工作，全年新增挂牌企业26家，湖北"新三板"挂牌企业达到36家，挂牌企业数量居第二批试点高新区第2位。

2. 加快区域性场外市场发展。一是积极引进沪、深证券交易所和长江证券、天风证券等证券公司参与武汉股权托管交易中心建设，加强与中国证券登记结算公司合作，成功引进深圳证券交易所、湖北科投集团、长江证券和天风证券等战略股东，联合对其增资扩股。武汉股权托管交易中心于年内举行券商推荐企业挂牌暨银行、证券机构与区域股权市场对接仪式，成为真正意义上的四板市场。截至年末，全省有160家企业在武汉股权托管交易中心挂牌，总股本39.01亿股，总市值306.98亿元；有364家企业登记托管，1765家企业挂牌展示。全年累计为挂牌、托管企业融资55.9亿元。二是长江证券券商柜台交易市场（五板市场）试点获得新进展，通过场外权益收益互换和期权业务专业评价，OTC创新产品方案同时获批。天风证券正积极申报柜台交易业务资格。区域性场外市场的完善，对有效分流中小企业直接融资需求、促进金融要素聚集具有重要意义。

3. 规范发展资本要素市场。湖北省继续加大规范发展资本要素市场力度，在大力支持和推动武汉股权托管交易中心发展的同时，积极做好对其他各类要素市场的统筹协调和服务管理，引进国家相关金融市场参与湖北省资本要素市场建设，各类要素市场创新发展步伐加快。武汉金融资产交易所加快会员发展，拓展业务领域，年内发展各类会员1976家，会员总数达到4424家，覆盖全国30个省（自治区、直辖市），成交金额2269亿元。武汉光谷联交所通过对全省各市（州）产权交易分中心实施股份制改造、标准化建所，初步建成涵盖全省统一的产权交易大平台，同时建立了信息发布平台、电子竞价平台和交易信息监测平台，建成全省互联的产权交易信息网络系统，与国务院国资委、省纪委、省国资委实现了信息对接。武汉农畜产品交易所加强与大连、郑州商品期货交易所的合作，紧密联系农业产业化龙头企业，推出具有区域特色的交易品种，2013年实现交易额92.35亿元。湖北华中文化产权交易所创新文化产权协商议价交易模式，累计实现挂牌项目1730宗，挂牌金额1253.4亿元，成交金额11.58亿元。湖北碳排放权交易中心构建湖北国家碳金融中心实施与政策研究工作正式启动,企业排放数据已收集完毕,交易系统进入测试阶段,"湖北碳市场低碳示范县"工作稳步推进。湖北环境资源交易中心年内组织4次排污权交易,总成交金额998.2万元。武汉农村综合产权交易所与北京、上海农村产权交易所进行战略合作,推进农村产权交易要素市场建设,全年实现交易金额99.69亿元。武汉知识产权交易所吸纳金融、评估、担保会员机构近百家,累计促成专利质押贷款项目80余项,贷款总额达25.3亿元。武汉城市矿产交易所和武汉航运交易所立足武汉、服务全省,年内分别完成交易额1932.5万元和5.6亿元。

4. 大力发展创业投资和股权投资。鼓励和引导社会资金加大对省内中小科技型企业的投资力度。鼓励各市(州)政府建立创业投资引导基金和产业并购基金,引导和鼓励各类股权投资企业和股权投资管理企业入驻发展,引导各国家级和省级高新技术产业开发区积极探索设立天使投资基金,培育创业企业团队。截至2013年末,全省已登记各类股权投资类企业391户,注册资本(出资额)合计253.87亿元。其中,新登记股权投资类企业119户,新增注册资本58.72亿元。在资金来源方面,政府和国有独资公司提供的资金约占全省创业投资资本总额的35%,混合所有制企业及民间资本约占65%,其中,民营资本占比继续提高。

5. 积极发展债券市场。全省债券融资工作成效明显,在发行规模、创新试点、县域城投债和民生项目发债等方面取得重大突破。2013年全省共获批23只企业债券,实际发行19只,规模总计达到224亿元,较上年增长47.4%;占全国企业债券发行总额的5.27%,较上年提高2.38个百分点,居全国第6位,较上年提高9位。作为创新试点发行的武汉地铁集团23亿元可续期公司债券为国内首只可续期公司债券,实现了我国债券市场历史性突破。

2013年,湖北省债务融资工具市场继续保持良好发展势头,全省企业全年累计发行债务融资工具625.27亿元,同比增加59.87亿元,增幅10.59%。全省债务融资工具发行品种不断丰富,运用范围进一步扩大。截至年末,全省债务融资工具发行余额1067.57亿元,同比增加279.87亿元,增幅35.53%。

6. 深化"资本特区"建设。东湖"资本特区"坚持"政府引导、市场主导"的原则,全面推动科技与金融资源的聚集和深度融合,初步形成以金融支持科技创新发展为主线,充分发挥多层次资本市场和信贷市场功能,推动政策体系、服务体系和科技金融产品创新的"一主线、两市场、三创新"的科技金融发展格局。截至2013年末,"资本特区"集聚了30多家银行、证券、保险、融资租赁、小额贷款、担保等各类金融机构和225家股权投资及管理机构,新增数量超过历史存量的三倍多。吸引了众多包括金融仓储、票据贴现、应收账款管理、商业保理、第三方支付平台、互联网金融等在内的新兴金融业态公司落户。东湖示范区已成为全国科技金融机构最集中的地区之一，日渐成为资金融通高效区、金融创新示范区、金融机构集聚区，以及全球资本汇集的洼地。

（五）推动金融业服务实体经济发展

一是围绕"一元多层次"战略的实施，突出对重点区域的金融支持。2013年，省政府组织金融机构在全省9个市（州）开展金融支持地方经济发展"早春行"活动，签订授信协议和贷款合同798亿元，履约率达95%以上。全年武汉、宜昌、襄阳等"一主两副"城市新增贷款1872亿元，同比多增27亿元。大别山、武陵山、秦巴山、幕阜山集中连片特困地区金融机构各项贷款余额1917亿元，同比增长22.13%，高于同期全省贷款平均增幅6.36个百分点。二是围绕优化经济结构，加大对战略性新兴产业的金融支持。已有21家银行在武汉东湖高新自主创新示范区开展业务，设立科技分（支）行12家，80余家企业通过出质知识产权获得银行贷款支持，8家科技型企业获得保证保险贷款1600万元。2013年末，东湖示范区贷款余额1044亿元，同比增长11.92%。三是围绕提升经济发展活力，增强对小微企业的金融支持。贯彻落实《国务院办公厅关于金融支持小微企业发展的实施意见》（国办发［2013］87号）和全国小微企业金融服务经验交流电视电话会议精神，促进金融机构加大对小微企业的信贷投放。2013年末，全省小微企业和涉农贷款余额同比增长23%和21.32%，增速高于全省各项贷款增速7.2个和5.55个百分点。四是深入实施"扶持发展一批县域中小金融机构，培育一批中小企业市场信用主体，推广一套适合当地特色的融资模式，开展一次融资服务性收费全面清理，建立一种以贷存比为主要指标的考核体系"的金融支持县域经济发展的"五个一"工程，加大对县域经济的支持力度。2013年末，全省县域贷存比达到43.29%，较2012年末提高1.32个百分点。

（六）加快推进武汉区域金融中心建设

一是加强武汉区域金融中心建设的顶层设计，编制武汉区域金融中心总体规划及子规划，加快武汉金融改革与创新，力争到2020年全面建成中国中部地区金融中心。二是加快推进各类金融机构聚集。截至年末，武汉地区有各类金融机构182家，其中，银行业金融机构30家（其中，外资银行机构8家，含经营性外资银行7家），村镇银行1家，非银行业金融机构14家，证券、期货及证券投资基金73家，保险公司64家。此外，有小额贷款公司、股权投资机构、典当行、融资租赁公司、融资性担保公司等类金融机构近600家。国内主要商业银行的华中地区总部均设在武汉，法人金融机构数量在中部六省省会城市居第1位。三是加快多层次资本市场建设。武汉市已成为中部地区唯一形成主板、中小板、创业板、"新三板"和区域性场外市场（四板市场、五板市场）全面覆盖的城市。四是金融后台服务中心建设力度继续加大。将金融后台服务中心建设作为区域金融中心建设的重要内容纳入《武汉金融改革创新总体方案》。截至2013年末，已有包括人民银行南方金融结算中心在内的30余家全国性金融机构后台服务中心入驻武汉，还有20多家金融机构明确表示在武汉建立后台服务中心，武汉金融后台服务中心数量超过上海，居全国第1位。

三、湖北省金融管理与社会信用体系建设情况

2013年，湖北省金融管理部门和监管机构认真贯彻执行国家金融工作的各项方针政策，积极落实省委、省政府发展全省金融业的决策部署，不断提升管理和服务水平，充分发挥管理与监管职能，推动各项金融改革取得新突破新进展，全面提升金融服务质量，切实维护金融业稳定运行和健康发展，为全省经济和各项事业发展作出积极贡献。

（一）认真贯彻执行稳健货币政策，提高金融服务管理水平

人民银行武汉分行紧密结合湖北实际，积极执行稳健的货币政策，按照"增总量、调结构、提质效、广覆盖"工作思路，发挥管理和服务的双向引领作用，促进金融业支持全省经济稳增长、促转型、协调发展。

1. 扩大融资，稳定经济增长。一是推动全国性金融机构与湖北省加强战略合作，争取信贷资源向湖北倾斜，组织驻鄂金融机构积极向总行（部）争取更多的金融资源配置。二是引导金融机构盘活收回存量贷款，将盘活的存量信贷资源配置到经济资本占用低、社会效益好的领域，缓解信贷需求旺盛与信贷调控和资本内在约束之间的矛盾。三是持续加大对短期融资券、中期票据、保障房定向融资工具等银行间市场债务融资方式的推介力度，推动地方政府落实银行间市场债务融资发展基金，实现了"总量增长、品种扩大"的"双增"目标。

2. 引导金融机构突出做好对重点区域、产业和项目的信贷支持。引导金融机构建立完善"武汉城市圈企业信贷投入同城化管理机制"，实现信贷品种、信贷权限、授信额度、定价机制、信贷流程和准入条件的便捷化、一体化。在全省9个市（州）开展金融服务"早春行"活动和全省重点建设项目银企对接会，引导全省金融机构支持武陵山、大别山、秦巴山、幕阜山等集中连片特困地区发展。

3. 突出政策扶持导向，进一步改善"三农"、中小微企业和民生领域的金融服务。重点引导涉农金融机构探索利用集体建设用地使用权、林权等登记确权，开展抵押融资业务；制定实施《湖北省县域金融创新产品评审办法》，推动

全省各县（市）建立"一县一品、一行一品"融资模式创新机制；制定《中国人民银行武汉分行关于深入实施中小企业信贷客户培植工程的意见》，重点推广中小企业信贷客户"审批＋培植"工作机制；全面深化民生金融建设，组织加大对保障性安居工程和棚户区改造的金融支持力度；认真落实就业再就业、大学生村官创业、残疾人创业和助学等金融政策。

（二）加强金融监管，维护金融稳定

人民银行武汉分行加强金融风险监测报告工作，突出对金融风险隐患较多的重点地区、重点行业、重点领域、重点金融机构和企业的风险监测，及时发出风险预警。强化对全省金融机构执行有关金融法律、法规、规章和规范性文件以及区域金融政策措施等的监督管理，对各金融机构的执行情况进行全面评估和类别评定，评价结果予以年度披露，并作为对金融机构有关业务实行差别化管理的依据。全省各级人民银行加大对各类金融机构执行存款准备金管理规定、执行外汇管理规定、执行反洗钱规定、执行征信管理规定等14项行为的综合检查力度，对违规、违纪、违法者实行责任追究。

湖北银监局围绕银行业的重点风险领域严密布防，强化监控，坚守底线，保证银行业安全稳健运行。一是强化对信用违约风险防控。督促各类融资平台落实还款来源，化解融资平台贷款风险，全省平台贷款总量平稳、结构不断优化、风险可控，平台贷款余额占比和不良贷款余额实现"双降"。重点加强房地产全口径风险监测，全省房地产贷款增长缓中趋稳，不良贷款余额较年初下降0.3亿元，未出现重大风险信号。加强地方政府、企业、协会和银行间的四方协调，控制集团客户风险，防止相关信贷风险的演变升级。二是强化表外业务关联风险防控。采取严控非标资产、规范资产转让、强化信息披露等六项措施，督促相关银行整改不规范行为。三是严防外部风险传染。全面加强案防组织体系、联动工作机制和信息披露制度建设，强化对重点地区和机构的监测预警。四是严查不规范经营。与省纠风办联合制定《纠正全省银行业金融机构乱收费问题工作方案》，深化对不规范经营的专项治理，银行强制收费、乱收费、只收费不服务等问题得到有效遏制。

湖北证监局加快监管职能转变，加强监管执法，切实维护市场公开、公平、公正和投资者合法权益，促进资本市场健康发展。一是以信息披露监管为核心，强化对上市公司监管。健全舆情监控及快速反应工作机制，完善非现场分析预警机制，提升违法违规线索发现能力。以现场检查为重点，加快工作重心向事后核查转型，探索建立现场检查发现问题的查审分离机制，加大对违法违规行为的打击力度。协调地方政府和金融机构帮助面临破产和退市的上市公司化解风险，做好维稳预案。二是以监管转型为重点，强化对证券机构监管。深入开展投资者保护宣传教育活动，切实保障投资者合法权益。三是以监管创新为方向，强化对期货机构监管。实施对期货经营机构内部问责制度，试行对守信与失信行为的公开披露制度，建立和完善主动监管工作机制，尝试制定全省期货公司非现场监管等 5 项工作规程。四是以转移工作重心为目标，强化稽查执法。建立日常监管与稽查执法的衔接机制，总结固化各类案件办案模式，推进稽查工作底稿制度，提高办案质量和效率。五是以执业质量检查为抓手，强化对中介机构监管。完成对全省中介机构的全面检查，强化对证券保荐机构的持续督导，实现借力监管。

湖北保监局将 2013 年确定为全省保险业的"作风建设年"，重点解决保险机构从业人员在作风建设方面存在的突出问题；进一步改善和加强监管工作，规范市场秩序，维护行业安全稳定运行。一是开展经营数据真实性检查、寿险销售误导综合治理及内控合规检查、以车商和邮政保险代理为重点的兼业代理市场清理整顿、商业车险、交强险、农业保险等重点领域的检查，以及深入治理保险领域商业贿赂等，维护保险市场的良好秩序。二是完善全省保险业风险预警和监测机制、保险机构经营综合评价机制和依法行政、依法监管机制。三是湖北省保险行业协会与武汉市仲裁委建立纠纷案件调解协议司法确认工作机制，各市（州）建立保险合同纠纷调解与仲裁机制，并加强与地方人民法院的合作，促进保险合同纠纷就地化解，切实防范信访投诉风险。四是完善保险机构案件风险评价办法，开展风险排查，加强监测预警，防范化解满期给付和退保风险。

省政府相关部门加强对各类新型金融机构的监管。省政府金融办、省工商局等加强对小额贷款公司的监管，修改完善《湖北省小额贷款公司试点工作指引》，开展专项检查，加快推进小额信贷综合信息服务平台建设。省经信委认真做好融资性担保公司清理整顿有关工作，研究制定《全省融资性担保机构发展规划》，优化省、市、县三级担保机构总体布局。省商务厅督促全省各市州县成立监管工作专班，加强对典当行的日常监管和现场核查。扎实做好机构年审和依法办理变更手续。

（三）加快推进社会信用体系建设

2013 年，湖北省进一步加快推进社会信用体系建设，抓好顶层设计和关键环节，完善推进机制，全省取得社会信用体系建设的初步成效。

1. 强化和完善社会信用体系建设领导机制和制度框架。省政府成立了以王国生省长为组长的工作领导小组，领导小组成员单位由原来的 35 个扩大到 53

个。出台了《〈湖北省社会信用体系建设规划（2014—2020年）〉编制工作方案》，并出台《湖北省社会信用体系建设2013—2014年工作要点》和《关于设立湖北省社会信用体系建设领导小组专责小组的通知》，部署和推进全省社会信用体系建设的近期及中长期工作任务、目标和年度重点工作。

2. 加强征信管理，推进社会信用信息系统建设。人民银行企业和个人征信系统已收录湖北省34.45万家企业及其他经济组织、3718.88万名自然人的基本信息和信贷信息，覆盖全省所有信贷业务主体，实现全国联网运行，在金融领域建立起了相对完善的守信激励与失信惩戒机制。2013年，湖北省作为全国6个试点省市之一，启动了小额贷款公司和融资性担保公司接入征信系统工作，进一步扩充了征信系统在信贷服务领域的应用范围。对235家小额贷款公司和110家融资性担保公司进行了信用评级。规范开展非银行信息采集工作，实现了社保、环保、公积金等非银行信息的采集与定期更新，依托征信系统探索建立跨部门的失信联合惩戒机制。

3. 加快小微企业和农村信用体系建设。人民银行征信中心小微企业信用档案库收录了湖北省10.9万家具有法人资格的小微企业信用信息，基本涵盖了省内所有未发生过贷款的小微企业。涉农金融机构累计建立了844.4万户农户信用档案，缓解了银行与小微企业、农户的信息不对称难题，促进了小微企业和农户的融资，有效保障了小微企业贷款和涉农贷款增量高于上年、增速高于各项贷款平均增速目标的实现。强化信用示范工程建设，在东湖国家自主创新示范区和松滋、建始、崇阳3个县（市）大力推动小微企业和农村信用体系试验区创建工作。

4. 加强金融生态环境建设。持续深入开展"金融信用市（州）、县"和"保险先进县（市、区）"创建活动，2013年，湖北省"金融信用市（州）、县"考评新增"金融创新奖"和"一票否决"项目，并强化淘汰机制，经考评，全省13个市（州）达到"金融信用市（州）"评定标准，73个县（市、区）达到"金融信用县（市、区）"评定标准，有8个县因未达标而落榜。2013年，全省继续深化"保险先进县（市、区）"的创建和评定工作，营造良好的保险业发展环境，全省共有24个县（市、区）被评为2012年度湖北省"保险先进县（市、区）"。

四、需要关注的问题

1. 金融资源配置不均衡，直接融资规模有待提高。全省银行业金融机构贷款投放集中于大城市、大项目和大企业，县域和小微企业融资难的问题仍然突出。2013年，武汉市、宜昌市和襄阳市三市的贷款余额占全省贷款余额的

72.1%,其中,武汉市的贷款余额占全省的 58.5%。全省县域贷款总量 4166 亿元,占全部贷款比重仅 19%;县域存款总量 9623 亿元,占全省全部存款的 29.2%;县域贷存比为 43.3%,比全省贷存比低 23.3 个百分点。全省金融资源的区域配置明显不均衡。2013 年,全省通过资本市场直接融资 1021 亿元,仅占全省社会融资总规模的 16.7%,直接融资占比较低。

2. 金融服务实体经济力度有待加强。小微企业融资难、融资贵的问题依然突出。在金融服务实体经济过程中,仍然存在竞争不充分、产品不充足、服务不到位、环境不健全、行为不规范和银企信息不对称等突出问题,实体经济、尤其是小微企业和"三农"融资难、融资贵的问题仍然较为突出。据对荆门等地调查,2013 年 12 月末,12691 户小微企业贷款客户中,融资成本低于 5% 的占比 13.4%,5%~10% 的占比 57.9%,10%~15% 的占比 21.01%,高于 15% 的占比 7.69%。

3. 产业结构调整对部分行业的信贷质量有一定影响,造成局部的信用风险不容忽视。全省房地产、钢铁、水泥和造船等传统行业贷款在银行贷款存量中占有较大比重,随着经济结构调整的不断深化,传统产业的市场竞争日趋激烈,部分企业经营效益大幅下滑,对局部的信贷质量造成一定影响,需密切关注由此带来的信用风险。此外,随着东部发达地区的部分落后产业向中西部转移,湖北省承接了部分低附加值、高污染的产业,这些产业的行业政策风险大,经营风险和市场风险都较高,由此带来的信用风险应予以密切关注。

4. 民间融资欠规范、民间资本需激活。民间资本高利放贷、非法集资案件时有发生。金融等行业对民间资本的准入门槛仍然较高,多层次资本市场发展仍然滞后,民间资本投资渠道仍然较为狭窄,民间资本的投资环境有待进一步改善,活力有待进一步增强。

五、2014 年湖北省金融业发展举措

2014 年,全省金融监管部门和金融机构将深入贯彻落实中央宏观经济政策,千方百计扩大社会融资规模,切实加大对实体经济的支持力度,努力向上争资源,向下挖潜力,不断增加信贷投放,优化融资结构,加强金融创新,努力完成融资规模实现新突破、业务领域实现新拓展、普惠金融建设迈出新步伐、金融生态建设取得新成效的工作目标。

(一)促进全省社会融资规模平稳适度增长

鼓励金融机构进一步加大对实体经济的信贷投放,努力实现"四个高于"工作目标。引导金融机构继续合规利用表外融资渠道,通过承兑、信用证、保

函、委托贷款、信托贷款和融资租赁等方式，增加对实体经济的资金投入。进一步推动金融机构加强与发债企业对接，深挖银行间债券市场融资潜力，在继续做好中期票据、短期融资券、中小企业集合票据发行和区域集优债务融资试点的基础上，争取发行定向工具支持湖北省保障性住房建设。进一步发挥资本市场融资功能，推动企业上市和再融资，扩大区域性场外市场容量和规模，促进保险资金投资湖北实体经济。

（二）加快推动金融业改革创新

建立湖北省金融体制改革专项领导小组，统筹规划全省金融改革创新工作；推动武汉城市圈金融改革创新，加快武汉区域金融中心建设；推行农村新型经营主体主办行制度，推广"双基双赢"支农服务模式，探索农村土地经营权抵押贷款试点，推动农村金融改革创新；制定《民间融资管理办法》，激发民间资本活力。

（三）继续完善金融组织体系

积极引进全国性和外资金融机构入驻湖北；支持湖北省民间资本参与设立民营银行、金融租赁公司、消费金融公司和资产管理公司，支持符合条件的企业设立财务公司；继续深化农村信用社改革，提升农村金融机制体制活力；支持湖北银行、汉口银行、长江财险等加快省内分支机构设立步伐；稳步发展小额贷款公司，建立健全全省小额贷款公司监管系统；继续做好融资性担保公司清理整顿工作，优化全省布局；探索开展民间资本管理公司、保理、小额再贷款和小额贷款资产证券化等试点。

（四）不断优化信贷结构

引导金融机构优化金融资源配置，把握好信贷投放的四个重点方向：一是积极支持经济结构调整。重点支持战略性新兴产业、先进制造业、现代信息技术产业和清洁能源等；择优支持铁路、联网高速公路、城市基础设施等重点项目建设及企业"走出去"发展战略；大力支持全省"一元多层次"发展战略；支持过剩产能的有序化解和产业升级。二是向县域和"三农"延伸。继续实施金融支持县域经济发展的"五个一"工程，探索开展农村土地经营权抵押贷款试点，不断提升县域和"三农"服务质量。三是向小微企业覆盖。制定《金融支持小微企业发展的实施意见》，促进加大金融机构对小微企业的信贷投放。四是向民生领域倾斜。

（五）加快发展多层次资本市场

加强与沪、深、港以及伦敦、韩国等证券交易所的战略合作，培育优质上市后备资源。积极发展债券市场，满足中小企业和重点民生领域的融资需求。

积极推进资产证券化，提高全省资产证券化水平。按照共建共管的原则，积极引进国家相关金融市场参与全省资本要素市场建设。

（六）继续加快保险业发展

围绕"保费收入增幅高于全国、高于中部、高于 GDP 发展速度"的目标，推动全省保险业做大规模、增强实力。做好政策性"三农"保险相关工作，争取适度扩面，提高风险保障能力和水平。推动已定保险投资资金的落实，加强与保险公司总部的联系和沟通，争取更多保险资金投资湖北。

（七）继续优化金融业发展环境，维护金融稳定

进一步完善金融宏观审慎监管体系和金融风险监测评估预警体系，及时掌握和防控重点行业、重点企业的金融风险。制定湖北省关于加强"影子银行"监管的实施办法和湖北省民间融资管理办法。继续开展"金融信用市（州）、县"和"保险先进县（市）"创建评定工作，深入推进信用环境和金融生态建设。继续做好预防和打击非法集资与非法证券等工作，防范金融风险，维护全省经济金融稳定。

湖北省金融业发展报告（2013）
综合篇

湖北省货币政策执行情况

中国人民银行武汉分行

2013年，湖北省金融机构坚持贯彻落实稳健货币政策，围绕"五个湖北"重大战略部署，加大信贷投放和综合融资力度，调整和优化金融资源配置，全年全省融资总量稳步增长，信贷结构持续优化。

一、湖北省货币信贷运行情况

（一）信贷总量平稳适度增长

2013年，全省本外币各项贷款余额21902.55亿元，增长15.77%，增幅低于上年同期1.42个百分点；全省本外币贷款新增3001.96亿元，同比多增183亿元。2013年，全省涉农贷款和小微企业贷款增幅分别为21.32%和23%，分别高于同期全省贷款增幅5.55个百分点和7.2个百分点；余额占比分别为25.66%和16.94%，分别高于上年同期1.32个百分点和1.08个百分点。信贷投放短期化趋势明显，全省短期贷款余额占各项贷款的35.9%，比年初上升2个百分点，中长期贷款余额59.9%，比年初下降1.6个百分点。

（二）信贷结构持续优化

一是规模小微化。2013年，全省个人经营性贷款新增525亿元，同比多增72亿元，占各项贷款的比重为17.5%，同比提高1.4个百分点。2013年，全省小微企业人民币贷款新增680亿元，同比多增235亿元，占各项贷款的比重为22.7%，同比提高6.9个百分点。二是领域普惠化。2013年，全省累计发放下岗失业人员小额贷款28.57亿元，余额同比增长23.17%；累计发放劳动密集型小企业贴息贷款7.40亿元，余额同比增长46.27%；农户消费贷款新增122.78亿元，余额同比增幅达89.96%；累计发放助学贷款7.06亿元，解决了90899名贫困学生上学难问题；保障性住房贷款新增83.44亿元，比上年多增13.62亿元,余额同比增长38.74%。三是区域多元化。2013年,武汉市、宜昌市和襄阳市共新增贷款1872亿元,占全省新增贷款的62.36%。从全省来看,贷款增速较快的地区有潜江市(29.88%)、荆门市(28.06%)、随州市(25.91%)和十堰市(25.16%)。

（三）存款季节性波动明显

2013年,全省本外币存款余额32902.83亿元,同比增长16.44%。受金融机构业绩考核等因素影响,季末冲高、季后回调特征较为明显。3月、6月和9月,全省本外币各项存款分别新增1336亿元、612亿元和797亿元；4月、7月和10月,全省本外币各项存款分别下降447亿元、282亿元和202亿元。

二、湖北省贯彻落实货币信贷政策情况

（一）贯彻落实稳健货币政策,保持信贷总量平稳适度增长

2013年,湖北省坚持实施总量控制、结构调整、精细操作、统筹兼顾"四位一体"的地方法人金融机构信贷调控模式,创新建立地方法人金融机构信贷投放真实性监测核查机制,引导地方法人金融机构为全省经济发展提供合理的信贷支持。加强货币市场基准利率(Shibor)建设及贷款基础利率(LPR)的宣传,引导各类金融机构有效降低实体经济融资成本。

（二）加大银行间市场债务融资,扩大全省社会融资规模

2013年,全省继续加大短期融资券、中期票据、保障房定向融资工具等银行间市场债务融资,落实银行间市场债务融资发展基金,发行全省首只区域集优中小企业集合票据和超短融资券。推进利用债务融资工具定向支持保障房建设,充实完善发债后备资源库。全年全省在银行间市场共发行债务融资工具625亿元,比上年同期多增60亿元。全省社会融资规模达6113.88亿元,居中部六省首位。

（三）加大对重点区域、产业和项目的信贷支持力度

全省金融机构按照《金融支持实体经济发展,服务湖北做大做实做强"四个支柱"产业的意见》的要求,加大对重点区域、产业和项目的信贷支持力度。2013年共在湖北省9个市(州)开展金融服务"早春行"活动,24家省级金融机构与1289家企业签订贷款协议798亿元,已到位资金773亿元；举办3场重点建设项目银企对接会,179家重点项目单位与金融机构现场签订合作协议1513亿元,已到位资金472亿元；建立武陵山集中连片特困地区扶贫开发金融服务联动协调工作机制,加强武陵山连片特困地区扶贫开发金融服务。

（四）改善"三农"、中小微企业和民生领域的金融服务

一是切实改善"三农"和县域金融服务。着力完善农村金融产品培植、总

结、推广机制，涉农金融机构探索利用集体建设用地使用权、林权等登记确权开展抵押融资业务。全省各县（市）建立"一县一品、一行一品"融资模式创新机制，进一步提升县域金融服务质量和效率。二是深化中小微企业金融服务。重点推广中小企业信贷客户"审批＋培植"工作机制，全省中小企业信贷主体快速增长。三是全面深化民生金融建设。加大对保障性安居工程和棚户区改造的金融支持力度，认真落实就业再就业、大学生村官创业、残疾人创业和助学等金融政策。

三、2014年湖北省货币信贷工作重点

（一）继续贯彻落实稳健的货币政策，促进全省信贷总量平稳适度增长

1. 不断丰富和完善差别准备金动态调整工具，开展信贷投向日常监测和现场核查，切实优化信贷结构。继续落实差别准备金政策，促进"'三农'金融事业部"及县域农村法人金融机构加大对县域的信贷投入，积极探索、创新支农再贷款的管理模式。进一步完善再贴现管理，引导金融机构扩大涉农信贷投放，促进中小企业特别是小微企业融资。

2. 引导金融机构继续合规利用表外融资渠道，通过承兑、信用证、保函、委托贷款、信托贷款和融资租赁等方式，增加对实体经济的资金投入。进一步推动金融机构与发债企业对接，继续做好中期票据、短期融资券、中小企业集合票据发行和区域集优债务融资试点，探索发行定向工具支持湖北省保障性住房建设。

3. 进一步完善财政与金融协调配合模式，完善财政金融配合奖补政策，特别是针对全省金融发展的重点领域和薄弱环节制定专项奖励政策。建立完善小微企业信贷风险补偿基金，专项用于小微企业贷款的信用增进和风险缓释。建立财政支持信贷保险的风险分担机制，为保险机构试点小额信贷保证保险、"贷款＋保险"等模式提供风险补偿。

（二）不断提高信贷资金使用效率，加强对重点领域和薄弱环节的信贷支持力度

1. 引导全省金融机构加大盘活信贷存量力度，调整信贷存量在行业、区域和期限结构的配置，对到期再投放的贷款，适度向在建续建重点项目、保障性安居工程、战略性新兴产业、节能环保和新能源产业等领域倾斜。调整信贷期限结构配置，适当加大短期信贷的投放力度，提高中短期贷款占比。探索利用直接融资手段盘活存量，推动更多大企业、政府融资平台、大项目扩大直接融资规模。加强对"两高一剩"等行业的信贷管理和风险管控，坚决退出信贷政

策限制投放领域和潜在风险较高的领域。

2. 落实湖北省县域金融创新产品评审办法,改善和提升县域及"三农"金融服务;实施中小企业信贷客户培植工程,推广"审批+培植"信贷模式,开展中小企业财务辅导和信用增进工作,举办中小微型企业信贷签约活动。建立集中连片特困地区金融服务联动协调机制,搭建武陵山片区金融服务交流协作平台。提升科技金融服务水平,创新金融产品和服务方式,多层次、多渠道满足科技型企业特别是中小科技型企业的融资需求。

(三)全面推进利率市场化改革,进一步推动跨境人民币业务增量扩面

1. 加快利率市场化改革步伐。加强金融机构存贷款利率数据报备工作,强化对利率市场化改革执行情况的监测分析,全面评估政策实施效果以及金融机构对利率市场化的适应程度。完善全省地方法人金融机构风险定价评估机制,提高风险定价水平,夯实利率市场化改革微观基础。

2. 进一步推动跨境人民币业务增量扩面。继续推进湖北省跨境人民币"五个全覆盖"工作,实现当年市(州)全覆盖、金融机构全覆盖、重点企业全覆盖、跨境交易项目全覆盖;实施金融机构跨境人民币业务季度例会制度和考核工作制度,加强业务核查、检查及监测分析;加大宣传力度,提高跨境人民币业务政策影响力和社会认知度。

湖北省银行业发展情况

湖北银监局

2013年,湖北省银行业加大信贷投放,推进改革转型,积极服务实体经济,运行整体呈现"稳中有进、趋势向好、结构优化"的良好态势。

一、湖北省银行业运行情况

(一)存贷款持续增长,盈利水平继续提升

一是存贷款总量持续增长。2013年全省银行业各项存款和贷款余额分别突破"3万亿元"和"2万亿元"的关口。截至年末,全省银行业各项存款余额32902.83亿元,同比增长16.44%,高于全国平均增速2.9个百分点。各项贷款余额21902.55亿元,同比增长15.77%,高于全国平均增速1.9个百分点。二是表外融资持续增长。截至年末,全省银行业等同于贷款的授信业务余额3794亿元,同比增长21.5%。三是经营利润持续增长。截至年末,全省银行业实现利润587亿元,同比增长26.3%,盈利能力居中部六省第2位。四是拨备持续

增长。截至年末，全省中小法人机构拨备覆盖率为254%，同比提高61个百分点；法人机构资本充足率13.8%，同比提高1个百分点。

（二）贷款结构不断优化

一是大力支持县域经济和"三农"领域。全省深入实施县域"信贷资金回流工程"，推动县域资金"取之于农、用之于农"。截至年末，全省县域贷款余额4166亿元，同比增长21.7%，高于全省各项贷款增速5.9个百分点；县域贷存比达到43.29%，较上年提高1.32个百分点。二是大力支持小微企业。截至年末，全省小微企业贷款余额3693亿元，同比增长23%，高于各项贷款平均增幅7.2个百分点。三是大力支持科技创新。全省银行业不断加强机构设置和业务创新，形成了"1+N"、"股权+债权"、"融资+融智"等特色鲜明的融资模式。四是大力支持淘汰落后产能。全省银行业坚持"严控增量、压缩存量、逐步退出"的原则，对全省12个行业40家淘汰落后产能企业贷款总额仅占全省各项贷款总额的0.04%，无不良贷款。

（三）金融服务创新持续推进

一是创新并推广"双基双赢"合作贷款模式，通过基层党组织和基层信贷机构的优势资源对接，解决基层金融服务中信息不对称和抵押担保难的问题，开创支农新局面。2013年，全省已建立村级（社区）信贷工作室522个，发放"双基双赢"合作贷款30.4亿元。二是创新推出社区银行的"湖北模式"。2013年，全省首家社区银行——湖北银行百步亭社区支行开业；汉口银行拟将3家支行列入社区银行试点，开设国内首家体验式银行（楚河汉街支行）。其他多家商业银行积极推进社区银行筹建。截至年末，全省银行业共设立3家社区支行和大量社区自助银行，创新推出上门服务、延时服务、"一条龙服务"等便民措施，大幅提高了社区金融服务的覆盖面、便利度和渗透率。三是创新"绿色信贷"金融服务，强化"环保优先"理念。为"绿色信贷"客户量身定制综合金融服务方案，积极借助第三方力量支持绿色信贷，扶持节能环保、科技型中小企业发展壮大，服务地方经济转型升级。四是创新"供应链金融"服务模式，彰显湖北特色。对供应链核心企业，开展综合金融服务创新；对供应链上游企业，开展应收账款融资创新；对供应链下游企业，开展预付账款和存货抵（质）押融资创新。

（四）改革开放进一步深化

一是县域金融改革纵深推进。积极推进农村商业银行改制和组建，全年全省已开业（批筹）改制农村商业银行67家（其中，开业49家），县域覆盖率达到87%。积极培育村镇银行，到2013年末，全省已组建村镇银行73家（含贷款公司2家），县域覆盖率达到80%。加大电话银行布设，2013年全省2.5万个行政村共布设转账电话6.9万台，行政村覆盖率达100%。二是金融机构战略转型步伐加快。大型银行优化发展规划、网点布局和管理体制，组建小企业金融中心、楼宇银行、地铁银行等新型机构。农业银行"'三农'金融事业部"在全省县域实现全覆盖。政策性银行、邮政储蓄银行、资产管理公司积极推进市场化转型，全年共有11家邮政储蓄银行二类支行完成改革，改革进度和质量均位居全国前列。城市商业银行实施资本工具创新，湖北银行拟公开发行22亿元减记型二级资本债券，汉口银行积极开展信贷资产证券化试点，改革力度加大。三是金融市场体系逐步完善。渤海银行武汉分行获批筹建，全省开业和筹建的股份制商业银行达到10家，居中西部地区首位。全年股份制商业银行和城市商业银行在武汉以外的市（州）新设5家二级分行。大冶有色集团财务公司获中国银监会批复筹建，全省开业和筹建的财务公司达到10家。年内武汉获批全国第二批消费金融公司试点，对于扩大民间资本进入金融业渠道和稳增长、调结构具有积极意义。四是银行业"对内"与"对外"开放并重。德意志银行推进落实武汉分行筹建申报的前期工作。全省积极鼓励和引导民间资本进入银行业，全年民间资本在全省城市商业银行、农村商业银行、村镇银行占比分别达到49.1%、92.2%、28.3%，日益形成各类资本相互融合、良性互动的局面。

（五）风险防控进一步强化

一是强化信用违约风险防控。推动落实融资平台还款来源，全省平台贷款余额占比和不良贷款余额实现"双降"，平台贷款总体保持了总量和结构合理、风险可控。加强对房地产贷款全口径风险监测，全省房地产贷款增长缓中趋稳，不良贷款余额较年初下降0.3亿元，未出现重大风险信号。加强地方政府、企业、协会和银行间的相互协调，积极应对集团客户风险，有效防止了相关信贷风险的演变升级。二是强化表外业务关联风险防控。采取严控非标资产、规范资产转让、强化信息披露等六项措施，开展现场检查，督促整改。三是严防外部风险传染。强化对重点地区和机构的监测预警，案件（风险）信息涉及金额同比减少49.5%。四是严查不规范经营行为，深化对银行业不规范经营的专项治理，银行业服务质量和水平进一步提升。

二、需要关注的问题

一是平台贷款风险防控形势依然严峻，平台资金压力较大。二是银行业资产质量出现下滑。2013年末，全省银行业不良贷款余额336亿元，比年初增加0.73亿元；不良贷款率1.53%，比年初下降0.23个百分点。三是部分行业和企业尤其是船舶、钢贸等经营周期性较强行业呈现疲软态势，信贷风险逐渐暴露。四是非标资产隐藏较大的系统性风险，部分银行以自营资金投资非标债权，表内非标债权投资规模大幅增长。五是流动性风险管理难度加大，存在个别机构和个别时段的流动性风险比较突出、部分机构存款波动较大、同业依赖度高和期限错配明显等问题。六是市场风险逐渐累积，房地产贷款风险逐步加大。七是信息科技风险日益显现，信息科技突发事件时有发生，信息安全形势依然严峻。八是案件风险重新抬头。外部骗贷案件和内部违法放款案件明显上升，票据诈骗、基层网点资金挪用以及各类外部侵害案件也开始呈现高发态势。九是不规范经营问题依然存在，突出表现为存贷挂钩、借贷搭售、服务收费管理不规范等。

三、2014 年湖北省银行业发展举措

（一）深入推进银行业改革，激发经营活力

一是推进银行业治理体系改革，引导银行业健全战略治理体系、完善公司治理体系、改造业务治理体系、优化风险治理体系、强化资本治理体系、突出数据治理体系。二是推进银行业加大金融产品、服务模式和管理制度创新力度，全面推广"双基双赢"支农服务模式，积极打造"八可"小微信贷文化。三是推进银行业组织体系改革，积极培育多元化银行业组织体系，强化特色化组织体系建设。

（二）推进转型升级，不断提升金融服务水平

一是积极收回和盘活存量贷款。压缩和退出产能过剩领域存量贷款，依法保护金融债权；在企业兼并重组过程中，引导银行将信贷资金进行有效的项目承接和现金流接续，落实债权债务责任；在严格控制风险的基础上，稳步推进资产证券化试点；支持直接融资置换贷款；批量处置不良资产；加大呆账核销力度。二是进一步优化信贷投放结构。重点支持战略性新兴产业、先进制造业、现代信息技术产业和清洁能源等；择优支持铁路、联网高速公路、城市基础设施等重点项目，支持企业"走出去"发展；大力支持全省"一元多层次"发展战略；主动支持过剩产能的有序化解和产业升级。信贷投放积极向县域和"三农"延伸、向小微企业覆盖、向民生领域倾斜。

（三）维护金融稳定，防范区域性和系统性风险

一是审慎稳妥地缓释平台贷款风险，加强平台风险评级预警体系建设和对平台贷款存量风险的处置。二是严格执行房地产调控政策，重点打击房地产调控政策执行过程中的各类规避监管行为，防范个别企业资金链断裂可能产生的

风险传染。三是加强监管政策与产业政策、信贷政策的协同配合，建立健全监管激励约束机制，防范产能过剩风险。四是坚持疏堵结合、趋利避害，防范"影子银行"风险。五是严密防范流动性风险、信息科技风险、市场风险和操作风险。

湖北省资本市场发展情况

湖北证监局

2013年，湖北省着力推进资本市场改革创新，积极服务地方经济增长方式转变，全省证券期货业发展稳健，多层次资本市场体系进一步健全，资本市场服务中小企业融资和促进实体经济发展的功能不断提升。

一、湖北省资本市场发展情况

（一）上市公司业绩整体向好

2013年，全省上市公司共有84家，与上年持平。其中，在上海证券交易所上市37家，在深圳证券交易所上市26家，在中小板上市10家，在创业板上市11家。上市公司总股本591.21亿股，流通股本517.3亿股；总市值5017.34亿元，同比提高23.07%；流动市值4094.56亿元，同比提高33.48%。2013年前三个季度，湖北省所有上市公司股票二级市场资金净流出总额为256.67亿元。

2013年前三个季度，湖北省上市公司营业总收入3213.91亿元，同比增长10.96%，居中部六省第3位；归属于母公司所有者的净利润为108.81亿元，同比增长22.27%，居中部六省第3位；经营性现金流97.99亿元，同比增长19.25%。

（二）证券经营机构发展能力不断增强

2013年，全省证券经营机构达到249家。其中，法人证券总公司2家，与上年持平；证券分公司18家（含已批复正在筹建的机构），较上年增加6家；证券营业部227家，较上年新增35家；基金分公司2家，与上年持平；证券投资咨询公司分公司1家，较上年减少1家。作为湖北省2家独立的证券法人机构，长江证券和天风证券实现了良好的发展。2013年，长江证券总资产为321.59亿元，同比增长24.40%，净资产125.84亿元，同比增长5.2%；天风证券总资产为37.69亿元，同比下降51.25%，净资产18.43亿元，同比增长4.18%。截至年末，全省249家证券营业部资产总额为179.41亿元，环比减少13.1%，同比减少6.15%；资产净值19.92亿元，环比减少22.02%，同比增长

35.76%。全省证券资金账户数为429.8万户，较上年增加12.3万户，增长2.94%，其中，机构资金账户数为11049户，较上年增加2176户，增长24.52%。全省证券分支机构客户交易结算资金余额为147.95亿元，环比减少15.15%，同比减少12.89%；期末指定与托管市值2636亿元，环比增长1.19%，同比增长11.36%；客户总资产2783.95亿元，环比增长0.17%，同比增长9.74%。

截至年末，全省证券交易总额为38504.9亿元，同比增长56.02%，部均交易量为177.44亿元，同比增长35.89%。证券公司累计实现营业收入32.1亿元，同比增长34.82%，其中，手续费及佣金收入累计17.33亿元，同比增长45.02%，累计净利润10.91亿元，同比增长44.89%。证券分支机构累计实现营业收入30.52亿元，同比增长41.13%，其中，手续费及佣金收入累计26.71亿元，同比增长44.8%，累计净利润12.94亿元，同比增长111.58%。

（三）期货市场规模不断扩大

2013年，全省共有2家期货公司，与上年持平；有47家期货营业部，较上年增加6家。截至年末，长江期货和美尔雅期货2家期货公司净资产分别为44753.43万元和22281.53万元，同比分别增长14.04%和10.90%；净资本分别为36090.61万元和22809.93万元，同比分别增长50.74%和15.10%。2家期货公司累计代理交易量8056.46万手，同比增长63.18%；累计代理交易额100815.12亿元，同比增长77.74%；累计手续费收入29521.76万元，同比增长15%；累计净利润7404.8万元，同比减少23.19%。期货营业部累计代理交易量9151.31万手，同比增长51.99%；累计代理交易额100347.11亿元，同比增长37.98%；累计手续费收入35747.87万元，同比增长16.16%；累计营业利润11485.81万元，同比减少23.49%。

（四）证券市场直接融资规模因IPO暂停有所下降

截至年末，全省上市公司实现直接融资总额84.07亿元，同比下降66.79%，居全国第17位、中部六省第4位。其中，证券市场融资总额为68.49亿元，航天电子1家公司实施配股募集资金13.73亿元，襄阳轴承、东湖高新、长江传媒、人福医药、光迅科技等8家公司通过现金定向增发募集资金54.76亿元；雷山水泥、山寨皮革、宏达实业、凯迪电力工程、黄山头酒业等8家公司发行中小企业私募债，募集资金15.58亿元。另外，光迅科技、武汉控股等4家公司通过定向增发购买资产完成重大资产重组，涉及金额67.8亿元。

截至年末，东方金钰、三特索道、三安光电、洪城股份、中航精机、湖北广电、中茵股份、宏发股份、武钢股份、中珠控股、葛洲坝、九州通、凯乐科技13家公司拟实施现金定向增发，预计募资347.81亿元；中航精机、楚天高速、东湖高新3家公司拟发行公司债，计划发行规模不超过30亿元；三峡机场、腾达混凝土、玉阳化纤、开来建设、新城高铁5家公司拟发行中小企业私募债，计划发行规模不超过5.5亿元。

（五）企业上市工作全面推进

2013年，全省有富邦科技1家公司过会待发，16家公司报会待审，其中，中博生物、凯龙化工、知音传媒、大通物流、振华化学、丹江电力、尧治河化工、泰晶电子8家公司拟在主板或中小板上市，永祥粮机、菲利华、富邦科技、联合天诚、盛天网络、海波重工、智迅创源、华舟重工8家公司拟在创业板上市。中博生物、永祥粮机2家公司已披露招股书，凯龙化工、知音传媒、联合天诚、菲利华4家公司正在落实反馈意见，另有10家公司处于初审阶段，华舟重工已报会。2013年，湖北省在会拟上市企业数量在中部六省居第4位。

2013年，全省共有36家公司处于IPO辅导期。其中，武汉市19家，其他17家的分布为：宜昌4家、襄阳2家、荆州3家、随州2家、孝感3家、黄石1家、黄冈1家、恩施1家。

（六）"新三板"融资取得阶段性成果

一是扩大"新三板"园区推广范围，开展"新三板"企业培训及挂牌准备工作。全年共举办"新三板"培训对接会议20场，培训企业超过2000家次；开展"新三板园区行"，走访和约谈重点后备企业近40家。截至年末，全省新增26家"新三板"挂牌企业，挂牌企业数量达到36家，总股本10亿股，总市值37.7亿元。二是进一步宣传和落实《关于充分利用资本市场促进经济发展的实施意见》，对园区31家已股改、已申报材料及已成功挂牌的"新三板"重点企业进行奖励，共兑现奖励1440万元。三是针对企业股改和挂牌申报过程中存在的问题，不定期举办各成员单位工作协调会议，积极研究解决方案，确保尽快完成后备企业的规范、改制和申报工作。截至年末，东湖高新区共有54家"新三板"后备企业完成股改。

2013年，东湖高新区挂牌企业积极利用"新三板"融资，促进业务发展。武大科技、微创光电、尚远环保启动定向增发新股融资近亿元；银都传媒等5家企业启动"新三板"定向增发，融资规模将超过2亿元；江仪股份、中科通达通过股权质押方式获得5000万元银行融资；国电武仪挂牌后中标国家电网公司采购合同5900余万元，超过公司2012年全年收入；时代地智挂牌后整合资源，业务由石油软件服务拓展到石油仪器设备生产及服务领域。

（七）区域性场外市场发展加快

武汉股权托管交易中心于年内举办券商推荐企业挂牌暨银行、证券机构与区域股权市场对接活动，成为真正意义上的四板市场。年内推出面向全省各类中小微企业的"企业展示板"，有1765家企业在"企业展示板"挂牌。截至年末，武汉股权托管交易中心共有160家企业挂牌，挂牌总股本39.01亿股，总市值306.98亿元，累计成交2.18亿股，成交总金额4.04亿元；364家企业托管登记，托管总股本162.73亿股，累计办理了550笔股权转让过户，转让总股本5.80亿股，转让总金额9.48亿元。两年累计为42家企业办理了70笔股权质押融资业务，质押股权26.74亿股，总金额55.9亿元，在同类机构中名列前茅。2013年，长江证券成为全国15家获得柜台交易业务试点资格的券商之一，湖北省券商柜台市场（五板市场）建设正式启动。

二、需要关注的问题

一是需要关注因资产重组所涉及的资产定价不公允导致重组终止的问题。二是上市公司实现重组过程中仍面临着"跨地区、跨所有制"并购难以推动的"双跨"难题，国有控股上市公司审批程序有待进一步简化。三是期货市场发展有待进一步完善。湖北省期货公司在新业务发展方面较为落后，创新发展主动性有待进一步增强。四是中小投资者风险意识不强，合法权益保护工作有待完善和加强。

三、2014年湖北省推进资本市场发展举措

（一）继续推进企业上市和再融资

一是充分挖掘湖北省内优质拟上市企业资源，加强对具有湖北特色和比较优势的后备企业辅导培育。二是深入开展"证企对接活动"，推动拟上市公司做好发行申请准备工作，并及时解决企业上市进程中的困难。三是利用中小企业股份转让系统试点扩大的契机，加强与地方政府及相关部门的沟通协调，做好"新三板"挂牌企业的发掘培育工作。四是督导各证券保荐机构提升服务深度和广度，引导上市公司通过增发、配股、公司债等多种方式开展再融资，支持全省上市公司通过并购重组等方式壮大规模。

（二）大力推进区域股权市场和券商柜台市场建设

一是支持证券公司通过区域性股权转让市场为中小微企业提供挂牌公司推荐、股权代理买卖等服务，进一步完善股权交易规则和交易系统，率先开展创新试点工作。二是推动长江证券权益类收益互换与场外期权业务以及固定收益购回产品加快发展，推进券商柜台市场建设。

（三）引导期货市场创新发展

一是推动期货经营机构增强资本实力、人才实力，提高研发水平，实现盈

利结构调整。二是强化与国内商品期货交易所的联系,积极支持棉粕、棉籽等湖北优势产品的期货合约在期货交易所上市,支持在湖北设立期货交割仓库。三是开展培训工作和报告会活动,支持湖北省企业参与期货市场风险管理,培育具有产业背景的投资者参与期货市场。四是全力支持将北方期货注册地迁至湖北。

(四) 强化证券公司服务实体经济功能

督导证券公司充分利用资产证券化、公司债、城投债、企业债、中小企业私募债、直接投资、并购基金等业务创新模式和产品,多渠道、多路径为湖北省中小企业发展提供资金支持。吸引国内优质券商将其金融资源投入湖北,加大在湖北省设立证券分公司、子公司以及拓展各类创新业务的力度,切实服务全省地方经济发展。

湖北省保险业发展情况

湖北保监局

2013年,湖北省保险业不断增强行业内在发展动力和市场自身调节能力,全省保险市场呈现"稳中有进、进中向好"的良好态势。

一、湖北省保险业发展情况

(一) 保险市场体系更加健全

截至年末,全省共有各级保险分支机构3756家,较上年增加203家。其中,总公司2家,省级分公司64家(较上年增加2家),中心支公司409家(较上年增加45家),支公司845家(较上年增加127家),营业部420家(较上年减少1家),营销服务部2013家(较上年增加27家)。各保险机构中,财产险总公司1家,省级分公司28家,中心支公司218家,支公司463家,营业部222家,营销服务部572家,各类营业性机构1504家;人身险总公司1家,省级分公司36家,中心支公司191家,支公司382家,营业部198家,营销服务部1441家,各类营业性机构2252家。全年新增保险机构203家,其中,省级分公司2家,中心支公司45家,支公司127家,营销服务部27家。

全省共有保险专业中介机构225家,比上年增加7家。其中,保险代理机构148家,保险经纪机构62家,保险公估机构15家。全省有保险兼业代理机构4940家,较上年减少153家。

全省共有保险从业人员16.86万人,较上年减少0.4万人。其中,营销员有

12.4万人，较上年减少0.8万人。

（二）保险市场平稳较快发展

2013年，全省共实现保费收入651.3亿元（新口径），其中，2家法人机构（合众人寿、长江财险）实现保费收入72亿元；64家省级分公司实现保费收入587.4亿元，同比增长10.1%，保费规模居全国第10位、中部六省第2位。64家省级分公司中，财产险公司全年实现保费收入181.86亿元，规模居全国第12位；保费收入同比增长27.74%，增幅居全国第1位，为近5年来最高位。人身险公司全年实现保费收入405.54亿元（新口径），规模居全国第10位，保费收入同比增长3.73%。

2013年，全省保险金额及责任限额达15.61万亿元，同比增长79.22%，高于全国平均水平53.78个百分点；期末有效承保达9481.31万人次，同比增长12.9%；累计支付赔款187.61亿元，同比增长45.94%。其中，财产险公司累计支付赔款90.99亿元，同比增长27.71%。人身险公司累计支付赔款96.62亿元，同比增长68.6%。全省保险业总资产1472.11亿元。

（三）保险业务结构持续优化

湖北省财产险领域的非车险业务快速发展。全年非车险业务累计实现保费收入52.87亿元，占财产险总保费的比重达到29.07%，保费收入同比增长35.38%，保费增幅在全国居第5位；新增保费贡献率为34.99%，比上年同期提高7.52个百分点。其中，健康险、工程险、信用险业务发展迅速，同比增幅分别达到196.04%、134.96%和101.88%。

湖北省人身险领域业务内涵价值上升。全年实现新单期缴保费收入57.08亿元，同比增长3.73%；新单期缴率为30.13%，比上年同期提高3.28个百分点。全年续期保费收入216.1亿元，同比增长16.21%，占全部保费收入的53.29%。

（四）保险业服务水平不断提高

2013年，全省政策性"三农"险种共承保粮、棉、油作物3180.68万亩和牲畜269.3万头，为188.84万户参保农户提供了298.23万亿元的风险保障，累计实现签单保费6.34亿元，同比增长0.8%。责任保险覆盖到环境污染责任、医疗责任、火灾公众责任、校方责任、安全生产责任等多个领域，全年责任保险累计承保保单10.87万件，同比增加1.06万件；保险金额及责任限额1.37万亿元，同比增长132.2%；累计实现保费收入6.63亿元，同比增长21.61%。大病医疗保险已有30个项目完成招投标，涉及参保人员4834.27万人，预计保费规模为10.88亿元。出口信用保险全年累计签订有效保单505件，完成贸易险保险总金额29.7亿美元，同比增长19%；累计实现保费收入1158万美元，同比增长16.5%；服务支持客户数对全省出口企业的服务支持覆盖率达到18.4%，出口险渗透率达到12%，为外经贸企业提供了重要的收汇保障。

（五）保险业创新驱动明显增强

在部分地区开展政策性保险和商业性保险的结合试点，将每亩水稻保额由200元提高到1000元，基本达到每亩水稻平均产值水平，增强了保障能力，全省全年共承保水稻1.2万余亩。森林保险试点顺利启动，首批14个县市共承保森林1959.52万亩，提供风险保障97.98亿元。全省环境污染强制责任保险稳步推进，对涉及重金属排放的企业全面开展环境污染强制责任保险试点，将在4年内实现对全省环境风险企业的全覆盖。医疗责任保险实现地方立法，出台《湖北省医疗纠纷预防与处置办法》，通过实行调解与保险结合的医疗纠纷调解新模式，缓解医患矛盾，服务平安建设。

（六）保险资金投资取得新突破

湖北省积极依法吸引保险资金投资。2013年，保险资金在湖北新增意向投资1300亿元，累计到位资金超过500亿元。华泰保险投资武汉保障房建设项目已启动，合众养老社区等高端养老产业稳步发展，中国太平洋保险集团、太平保险集团与湖北省签订战略合作协议，加大对湖北的投资力度。

（七）保险监管不断加强

2013年，全省保险业深入开展"作风建设年"主题活动，重点解决保险机构从业人员在作风建设方面存在的突出问题。对全省保险业重点开展经营数据真实性检查、寿险销售误导综合治理及内控合规检查、以车商和邮政保险代理为重点的兼业代理市场清理整顿、商业车险、交强险、农业保险等重点领域的检查，以及深入治理保险领域商业贿赂等。加紧完善全省保险业风险预警和监测机制，全省保险业服务水平进一步提升，保险市场秩序良好。加强对保险重点领域的引导，促进"三农"保险增点扩面，促进大病医疗保险稳健发展，推进重点领域责任保险试点和科技保险稳步实施。建立保险纠纷案件调解协议司法确认工作机制和保险合同纠纷调解与仲裁机制，加强保险行业协会与法院、仲裁机构的合作，切实防范信访投诉风险。

二、需要关注的问题

一是保险业务持续增长的基础有待增强。传统的规模险种、优势渠道增长趋缓，特别是人身险领域转型压力较大；企财险、货运险等非车险业务增速低于全省财产险总体增幅；农业保险发展速度有所放缓。二是退保和满期给付风险依然存在，个别地区、个别公司和个别险种的现金流状况需要予以密切关注。三是保险公司经营管理和内控有待进一步加强。财产险公司经营成本仍有可压缩的空间，部分承保理赔环节的管控有待加强；人身险公司业务及管理费用率在期末有所上升。

三、2014年湖北省保险业发展与监管举措

（一）进一步深化改革，服务武汉区域金融中心建设

落实《武汉金融改革创新总体方案》要求，积极完善湖北保险市场体系建设，丰富保险种类和层次。引导保险机构深化与湖北省的战略合作，积极推动保险资金投资湖北省建设。

（二）进一步发挥保险功能作用，推动保险服务体系改革创新

进一步提高农业保险依法合规经营水平，拓宽农业保险服务领域。稳步推进城乡居民大病医疗保险，不断拓展参与社会保障体系建设的广度和深度。发挥经济补偿功能，完善防灾减灾体系。重点推动责任保险在环境污染、社会治安、安全生产等领域取得更大突破，积极参与主导产业、基础设施以及生态环境、公共服务等的社会管理工作。

（三）进一步加强和改进保险服务，提高行业服务水平

完善保险服务标准，着力推进保险服务的规范化、标准化、现代化。着力整治理赔难、销售误导等保险服务突出问题，加大对保险服务基础环节的监管和处罚力度。进一步加强行业诚信建设，深入推进行业文化建设，提高行业整体素质，全面改善行业形象。完善消费者教育机制，健全公众知情权保护机制、消费者纠纷化解机制。

（四）进一步加强和改善保险监管，规范市场秩序

加强对重点公司、重点领域的监管和对高级管理人员的问责。坚持检查与处罚并重，构建风险防范长效机制。深化非现场监管机制改革、市场准入退出机制改革。继续完善监管规章制度，创新保险监管方式。加强保险社团组织建设，综合运用好行政监管、行业自律、社会监督力量，充分发挥行业协会的辅助监管作用，形成上下联动的监管体系。

（五）进一步防范和化解风险，维护保险业安全稳定运行

防范化解满期给付和退保风险，开展风险排查，加强监测预警，继续开展风险应急处置的演练和抽查。进一步完善保险机构案件风险评价办法。

湖北省金融业发展报告（2013）
运行篇

湖北省金融服务实体经济发展情况

中国人民银行武汉分行　湖北银监局　湖北证监局　湖北保监局
湖北省人民政府金融办公室

2013年，湖北省金融业坚持"稳中求进"的工作基调，加快培育金融市场主体，促进金融机构创新服务模式和产品，合理增加信贷规模，满足实体经济融资需求。大力推进多层次资本市场建设，充分发挥多层次资本市场优化资源配置的平台作用。积极推动保险服务体系改革创新，充分发挥经济补偿功能，加大保险资金投资力度。2013年，全省社会融资规模达到6113.88亿元，比上年增加1273亿元，有力支持了全省实体经济发展。

一、湖北省银行业服务实体经济发展情况

2013年，湖北省银行业金融机构紧贴全省重大项目、支柱产业和骨干企业的融资需求，积极扩大资金来源，规范银行业经营活动，切实减轻企业融资负担，多渠道支持实体经济发展。截至年末，全省新增贷款3001.96亿元，同比多增183亿元，居中部地区首位；本外币各项贷款余额21902.55亿元，同比增长15.77%，高于全国平均水平1.9个百分点，高于全省GDP增幅5.67个百分点。全省银行体系表内外融资达到5272亿元，同比多增1181亿元。

（一）支持区域协调发展

落实支持"四个襄阳"和宜昌市跨越式发展战略合作协议，"一主两副"城市金融要素聚集能力和金融服务能力显著提升。除广发银行以外的股份制商业银行已全部在襄阳市设立分支机构，已有20家省级金融机构在宜昌市开办了信贷业务，2013年"一主两副"城市新增贷款1872亿元，同比多增27亿元。加大对贫困地区的金融支持，2013年大别山、武陵山、秦巴山、幕阜山集中连片特困地区金融机构各项贷款余额1917亿元，同比增长22.13%，高于同期全省

贷款平均增幅 6.36 个百分点。在全省开展金融服务地方经济发展"早春行"活动，签订授信协议和贷款合同 798 亿元，年末落实 810 亿元，实现了超额履约。

（二）推动经济结构转型升级

一是保障重点项目建设。通过开展银企对接会活动，全省金融机构共与 179 家重点项目单位签约 1513 亿元，年末到位资金 908 亿元。二是资金向支柱产业和重点行业倾斜。2013 年，全省贷款主要投向批发零售业、制造业、房地产业、交通运输业以及建筑业五大行业，五大行业新增贷款总额占比达 53%。三是重点支持新兴产业金融发展。全省共有 21 家银行在武汉东湖国家自主创新示范区开展业务，设立科技分（支）行 12 家，80 余家企业通过出质知识产权获得银行贷款支持，8 家科技型企业获得保证保险贷款 1600 万元。截至年末，东湖示范区贷款余额 1044 亿元，同比增长 11.92%。

（三）加大对经济社会薄弱环节的支持力度

一是实施"三覆盖一提高"工程，重构县域金融体系，加强和改进"三农"金融服务。截至年末，全省县域贷款余额 4166 亿元，同比增长 21.7%；新增县域贷款 743 亿元，同比多增 127 亿元；存量、增量县域贷存比分别为 43.29%、50.6%，同比分别提高 1.32 个百分点和 4.4 个百分点。全省涉农贷款余额 5619.34 亿元，同比增长 21.32%，高于全省平均水平 5.55 个百分点；余额占全省贷款的 25.66%，同比提高 1.32 个百分点；全年新增涉农贷款 999 亿元，同比多增 205 亿元。截至 2013 年，全省共改制设立农村商业银行 67 家、村镇银行 73 家（含贷款公司 2 家），布设电话银行 6.9 万台，覆盖率分别达到 87%、80%、100%。二是大力推广"双基双赢"合作贷款模式，深化"三农"金融服务。全面加强基层党组织和基层信贷机构的优势对接，延伸"三农"金融服务"最后一公里"。2013 年，全省已建立村级（社区）信贷工作室 522 个，发放"双基双赢"合作贷款 30.4 亿元，有力支持了农业科技推广、规模种（养）殖、家庭农场等的发展。三是积极创新"八可"（金额可大可小、利率可高可低、期限可长可短、押品可有可无）小微企业信贷文化，助推小微企业发展壮大。截至年末，全省银行业小微企业贷款余额 3693 亿元，同比增长 23%，高于全省各项贷款平均增速 7.2 个百分点。四是积极试点社区银行，推进普惠金融服务。湖北银行率先在全国城市商业银行开展社区银行试点，成立了全省第一家社区银行——湖北银行百步亭社区支行。2013 年全省银行业共设立 3 家社区支行和大量社区自助银行，创新推出上门服务、延时服务、"一条龙服务"等便民措施，提高了社区金融服务的覆盖面。五是加大民生金融投入力度。2013 年，全省累计发放下岗失业人员小额贷款金额 28.57 亿元，余额同比增长 23.17%；累计发放劳动密集型小企业贴息贷款 7.40 亿元，余额同比增长 46.27%；农户消费贷款新增 122.78 亿元，余额同比增幅达 89.96%；累计发放助学贷款 7.06 亿元，解决了 90899 名贫困学生上学难问题；保障性住房贷款新增 83.44 亿元，比上年多增 13.62 亿元，余额同比增长 38.74%。

（四）加大对科技金融的支持力度

健全对科技型企业的一揽子、综合化金融服务，助推湖北省战略性新兴产业发展。加强科技金融组织体系和业务模式创新，设立了 12 家科技分（支）行，形成了"1+N"、"股权+债权"、"融资+融智"等特色鲜明的融资模式。截至年末，武汉市银行业金融机构科技型企业贷款余额达到 903.4 亿元，比年初增加 190 亿元；全省金融机构对东湖国家自主创新示范区科技型企业贷款余额 413.5 亿元，比年初增加 95.38 亿元，切实加大了对科技型企业的支持力度。

（五）加大对绿色金融的支持力度

树立绿色信贷理念，完善相应的信贷体制机制，对节能减排企业和项目实行"绿色通道"审批制度，对新增授信实行"环保一票否决制"，加大对节能减排、技术改造和产业升级的金融支持。2013 年，全省主要银行机构"绿色金融"融资余额 4733 亿元，同比增长 14.3%，授信客户数 16760 户，同比增长 60.5%。推行"有保有压、有扶有控"的信贷政策，完善差别化信贷支持制度，合理配置信贷资源。2013 年全省银行业压降"两高一剩"行业贷款 8 亿元，占各项贷款比重降至 3%。

二、湖北省资本市场服务实体经济发展情况

（一）多层次资本市场服务实体经济功能进一步提升

2013 年，湖北省继续完善资本市场体系，充分调动市场主体积极性，在大力推动企业上市的同时，积极推进多层次资本市场发展，支持企业在区域性市场挂牌融资。截至年末，武汉东湖高新区企业在全国中小企业股份转让系统（"新三板"）挂牌数量达到 36 家。武汉股权托管交易中心（四板市场）共托管登记省内企业 364 家，托管总股本 162.73 亿股；股权挂牌交易企业 160 家，挂牌总股本 39.01 亿股，总市值 306.98 亿元，共成交 2.18 亿股，成交总金额 4.04 亿元；为托管的非挂牌公司累计办理了 550 笔股权转让过户，转让总股本 5.80 亿股，转让总金额 9.48 亿元；共为 42 家公司办理了 70 笔股权质押融资业务，质押股权 26.74 亿股，融资总金额 55.40 亿元。2013 年，长江证券成为全国 15 家获得柜台交易业务试点资格的券商之一，湖北省券商柜台市场建设正式启动，湖北省多层次资本市场体系在中部地区率先成型，服务实体经济能力进一步

提升。

(二) 积极拓宽资本市场融资渠道

2013年，在IPO暂停的大环境下，湖北省采取有效措施疏导拟IPO企业合理分流，尝试"新三板"、四板市场和海外市场融资。支持上市公司利用资本市场开展再融资，2013年全省共有9家公司通过实施配股和定向增发募集资金68.49亿元，8家公司通过发行中小企业私募债募集资金15.58亿元，全省上市公司实现直接融资总额84.07亿元。截至年末，有16家公司报送或公布再融资方案，融资规模预计达364.63亿元，全省企业再融资势头强劲。

(三) 防范化解上市公司风险，提高上市公司质量

湖北省上市公司发展的外部环境进一步改善，高风险公司的风险化解取得重大进展，妥善协调处置了武钢股份、*ST凤凰退市风险。支持上市公司并购重组，年内有4家公司完成重大资产重组，涉及金额67.8亿元。扎实开展现金分红专项监管，强化上市公司对股东的回报意识，全省上市公司分红机制逐步完善，分红比例稳步提升，整体分红状况明显改善。前三个季度，84家上市公司营业总收入3213.91亿元，归属母公司净利润108.81亿元，经营性现金净流量97.99亿元，3项指标均高于全国平均水平，同比增速居中部第2位。

(四) 证券机构创新发展，服务实体经济能力提升

年内长江证券柜台业务方案和三个具体产品通过中国证券业协会专家委员会评审即将上柜，天风证券积极申报柜台业务资格。各证券机构不断创新产品，推进代销金融产品、约定购回、股票质押式回购等创新业务开展，拓宽服务方式和渠道，服务企业发展、支持地方经济建设能力日益增强。证券分公司服务平台建设进一步加强，行业集中度进一步提高。全年全省证券公司累计实现净利润10.91亿元，同比增长44.89%；证券分支机构累计实现净利润12.94亿元，同比增长111.58%。积极搭建"证企对接"服务平台，组织全省证券机构开展"证企对接暨利用多层次资本市场融资宣讲培训会"等活动，编印《券商服务湖北实体经济发展手册》，提高证券机构服务实体经济的主动性。

(五) 期货市场规模稳步扩大

全省期货机构企业客户权益总额和交易总额均逐年上升，全省有近200家菜籽油加工企业，80%以上实现期现结合经营，期货市场参与度不断提高。全省期货市场进一步发展壮大，截至年末，共有9个品种交割仓库20家，期货营业部累计代理交易量9151.31万手，累计代理交易额100347.11亿元，同比增速均超全国平均水平。长江期货和美尔雅期货净资产分别为44753.43万元和22281.53万元，净资产收益率均居全国前20位，其中，长江期货分类评价结果

从 B 类上升到 A 类。

三、湖北省保险业服务实体经济发展情况

（一）发挥损失补偿作用，保障实体经济平稳运行

2013 年，全省保险金额及责任限额达 15.61 万亿元，同比增长 79.22%；期末有效承保达 9481.31 万人次，同比增长 12.9%；累计支付赔款 187.61 亿元，同比增长 45.94%。其中，财产险公司累计支付赔款 90.99 亿元，同比增长 27.71%；人身险公司累计赔款 96.62 亿元，同比增长 68.6%。

全省保险公司进一步提高理赔服务质量，贯彻落实首问责任制、一次告知制、限时办结制等制度，积极安排查勘定损，提供现场救援服务，合理进行赔案理算，及时、足额向客户支付赔款，保障受损企业恢复正常生产经营的需要。2013 年，湖北省出现大面积暴雨洪涝灾害，全省财产险公司共接到暴雨灾害报案 8235 件，估损金额 12422.31 万元，其中，企财险和工程险报案 408 件，估损金额 4730.67 万元。同时，提供各类保险产品，为企业提供安全保障。全省保险业为武汉钢铁（集团）公司、东风汽车公司、长江三峡集团公司、中国葛洲坝集团股份有限公司等一大批中央驻鄂企业和省、市级重点企业提供了包括企业职工团体意外险、补充养老保险、企业财产保险、工程保险等各类保险产品服务，基本满足了企业各类风险保障需求。

（二）扩大"三农"保险覆盖面，增强对"三农"的保障作用

全省"三农"保险覆盖领域不断扩大。政策性"三农"险种共承保粮、棉、油作物 3180.68 万亩和牲畜 269.3 万头，累计实现签单保费 6.34 亿元，为 188.84 万户参保农户提供了 298.23 万亿元的风险保障。在部分地区开展政策性保险与商业性保险结合试点，将每亩水稻保额由 200 元提高到 1000 元，基本达到每亩水稻平均产值水平，全省全年共承保水稻 1.2 万余亩。出台森林保险实施方案，首批 14 个县（市）森林保险试点工作顺利推进，共承保森林 1959.52 万亩，签单保费 2939.29 万元，提供风险保障 97.98 亿元。因地制宜创新险种，在武汉市开展"菜篮子"保险试点，承保温室大棚 3.8 万亩；在秭归等地进一步推进烟叶保险，累计承保 19.8 万亩，为受损烟农提供保险赔付 121.3 万元，是其所缴保费的 2.3 倍。

2013 年，湖北省依法增加太保产险、平安产险为承办农业保险主体，推进建设"三农"保险乡镇营销服务部和"三农"保险办公室，全省"三农"保险覆盖网更加全面。全省共设立乡镇营销服务部 418 个，"三农"保险办事机构 1169 个，村级"三农"保险服务点 2.28 万个，村协保员总数达到 30401 名。

"三农"保险已覆盖全省 17 个市（州）、89 个县、946 个乡、20454 个村、600万户农户。

（三）发展科技保险，保障中小高新企业成长

2013 年，武汉市科技局对科技型企业的保费补贴额度从 400 万元/年提高到 600 万元/年。同时出台《武汉市东湖国家自主创新示范区科技型企业贷款保证保险业务操作指引》，对于符合条件的企业，给予包括财政补贴 40% 保费在内的综合金融支持，解决科技型中小企业缺乏风险保障问题。

（四）积极开展出口信用保险，支持全省对外经济贸易发展

2013 年，全省进一步扩大出口信用保险覆盖面，全年累计签订有效保单 505 件，完成贸易险保险总金额 29.7 亿美元，同比增长 19%；累计实现保费收入 1158 万美元，同比增长 16.5%；对全省出口企业服务支持覆盖率达到 18.4%；出口险渗透率达到 12%，为湖北省对外经济发展提供了重要的收汇保障。

积极支持小微出口企业发展，全面推行 10 万美元以下小额案件"简易勘察、快速理赔"服务措施，开通小额案件"网上索赔"通道，提高小额案件理赔追偿处理效率。充分运用小微企业出口信用保险专项平台扶持政策，全年支持小微出口企业出口 4.79 亿美元，比上年增长 54%，投保的小微企业覆盖率达 66%，小微企业的出口信用保险覆盖率在全国各省（市）位居前列。

（五）进一步加快保险创新，提高服务实体经济水平

一是全面推广环境污染责任保险试点。2013 年，在全省涉及重金属排放的企业中开展环境污染强制责任保险试点，全年全省环境污染责任保险实现签单保费 378.79 万元，共承担责任限额 3.3 亿元，力争 4 年内实现全省环境风险企业全覆盖。二是出台《湖北省医疗纠纷预防与处置办法》，全面推广医疗责任保险，实行调解与保险结合的医疗纠纷调解新模式。三是推动火灾公众责任保险、校方责任保险、安全生产责任保险等险种的持续发展，促进社会和谐稳定。全年责任保险累计承保保单 10.87 万件，同比增加 1.06 万件；保险金额及责任限额 1.37 万亿元，同比增长 132.2%；累计实现保费收入 6.63 亿元，同比增长 21.61%。

四、需要关注的问题

1. 融资结构有待调整。全省直接融资比重偏低。2013 年，全省企业通过债券、股票工具融资 618 亿元，比上年增加 32 亿元，占社会融资规模的 10.1%，低于全国平均水平 1.6 个百分点，较上年下降 2 个百分点。从资金投向看，全省表外融资占社会融资规模的 39.3%，但近 70% 的委托贷款和信托贷款流向房地

产及基础设施相关行业,表外业务的资金投向有待优化。

2. 金融对县域经济的支持力度有待进一步加强。2010~2012年,湖北省县域GDP在全省GDP的占比分别为56.5%、58.8%、58.0%;县域贷款余额在全省贷款余额的占比分别为15.8%、17.1%、18%,2013年,县域贷款余额占全省贷款余额的19%。金融对县域经济的支持逐步增强,但与县域经济发展规模相比,仍存在明显的不足。另外,县域贷款主要投向大企业、大项目,真正用于支持"三农"、小微企业的较少。

五、2014年湖北省金融服务实体经济发展举措

(一)加大信贷投入,推动经济结构战略性调整

认真贯彻执行稳健货币政策,落实省政府与各总行、总部及集团公司签订的战略合作协议,合理把握信贷投放总量和投放节奏,确保信贷总量与湖北经济发展和转型升级的需求相适应、投放节奏与实体经济的运行规律相衔接。在机构设置、业务授权、产品创新等方面,向湖北省重大经济战略倾斜,加快培育新的增长极。加大对武汉城市圈、鄂西生态文化旅游圈、湖北长江经济带、汉江生态经济带"两圈两带"的金融支持力度,加强长江中游城市集群区域金融合作,推动湖北省区域发展战略的实施。做好全省战略性新兴产业和传统产业升级等领域的金融服务工作,支持全省加快经济结构战略性调整和新型工业化进程。

(二)拓宽实体经济融资渠道,扩大实体经济直接融资规模

在坚持发挥银行信贷融资主渠道作用的同时,继续推进信托贷款、委托贷款等表外融资业务合规发展,引导金融机构合理利用理财资金投资标准化债权资产。大力发展企业债券市场融资,完善发债项目常态化储备和培育机制,丰富发行主体,拓展发行区域。探索开展信贷资产证券化、资产支持票据等新型融资业务,有效扩大实体经济社会总量,满足实体经济多元化融资需求。积极推动湖北特色产业、新兴产业、文化产业以及科技型、创新型、农业龙头型等各类上市后备企业上市。支持上市公司优化重组,推动具备条件的上市公司通过增发、配股等方式再融资。大力发展股权投资基金,提高省级创业投资资金的使用效率。进一步推动武汉东湖高新区"新三板"试点。积极帮助企业解决发行短期融资券、中期票据、中小企业集合票据、企业债券、公司债券等所遇到的增信、担保等问题。

(三)加大支农支小力度,深化民生金融服务

进一步深化"三农"和中小微企业的金融服务,不断提升"三农"和中小

微企业的贷款比重,帮助实体经济降低融资成本。加强中小微企业专营服务机构建设,开辟贷款审批绿色通道,建立小微企业助保金贷款风险池,加大中小微企业信贷投入。继续推进农村金融服务全覆盖工程,以农业科技创新、中心镇建设、现代农业园区和粮食功能区建设、农田水利建设、农村住房改造等为重点,加大信贷支持,继续保持涉农贷款较快增长。从新设机构、创新产品、增加投入等方面引导金融机构加大对大别山、武陵山、秦巴山、幕阜山等集中连片特困地区金融支持力度,重点做好武陵山集中连片特困地区扶贫开发金融服务工作。大力推广"商品房捆绑开发旧城改造"、"住房公积金委托贷款"等融资模式,积极争取在银行间债券市场发行保障房建设定向融资工具,为保障性安居工程建设和棚户区改造提供有力的资金支持。

(四)增强实体经济保险保障

拓展财产保险、责任保险、信用保险等业务,有效分散、转移实体经济的经营风险。推动科技保险产品创新,加大对企业自主创新和产业转型升级的保险支持力度,继续对省内符合条件的高新技术企业投保给予适当的财政补贴。继续推进农业保险工作,逐步增加保险品种,完善保费补贴政策,探索建立农业大灾风险分散机制。用好用足出口信用保险政策,继续对出口信用保险实施保费补贴和保单融资贴息政策,增强出口信用保险的保险保障作用,提升出口信用保险的贸易融资功能。落实省政府与国内保险集团签订的战略合作协议,探索保险资金支持全省实体经济发展的有效途径,推动保险资金参与省内重点项目建设,参与未上市企业股权投资和债券投资。

湖北省科技金融发展情况

湖北省科技厅　中国人民银行武汉分行

2013年,湖北省创新财政科技投入方式,探索科技资源与金融资源对接的新机制,引导社会资本参与科技型企业发展,促进科技与金融深度融合,科技金融发展步入快车道。

一、推动金融资源与科技资源聚合,促进科技信贷增长

一是建立科技管理部门与金融机构的战略合作机制。湖北省科技厅与中国农业银行、建设银行、交通银行、招商银行、浦发银行、汉口银行等商业银行建立战略合作关系,形成了科技管理部门与商业银行常态化的项目交流推荐制度。积极引导银行开展国家创新基金过桥贷款业务,全年共开展过桥贷款20余

项，发放贷款 1200 余万元。二是推动各金融机构成立面向科技型企业的贷款专营机构。截至年末，全省设立科技分（支）行 12 家，其中，科技分行 1 家，科技支行 11 家。探索建立科技型中小企业金融服务体系，支持汉口银行设立"科技型中小企业金融服务中心"，国家开发银行湖北省分行设立"东湖示范区科技金融综合服务办公室"，武汉经发投设立"武汉金融超市"，武汉市科技局设立"武汉科技金融创新服务中心"，省高投联合国家开发银行湖北省分行组建"湖北省科技型中小企业统贷平台"。组织省内重点科技型企业孵化器与融资性担保公司签订合作协议，共建省级科技助贷平台。引导金融机构开展股权质押、应收账款质押、知识产权质押、信用贷款、融资租赁、夹层融资、保证保险贷款、投保贷、"三板通"等创新性融资 240 多亿元，涉及企业近 500 家次。三是促进科技信贷投入稳步提高。东湖国家自主创新示范区科技金融改革创新进一步深化，科技信贷投入较快增长，截至年末，全省金融机构对示范区各项贷款余额 1044.2 亿元，同比增长 11.9%，高于武汉市全部贷款增幅，占武汉市全部贷款的 8.2%，占比高于年初。示范区科技型企业贷款余额 413.5 亿元，比年初增加 95.8 亿元。示范区企业累计利用知识产权质押贷款融资 19.49 亿元，余额 7.1 亿元，同比增长 21.36%，比年初增加 1.25 亿元。其中，专利权质押贷款余额 5.93 亿元，同比增长 30.38%，比年初增加 0.74 亿元；商标权质押贷款余额 0.99 亿元，同比增长 16.98%，比年初增加 0.45 亿元。累计有 80 余户企业通过出质知识产权获得银行贷款支持。

二、创新财政投入方式，引导股权投资发展

湖北省于 2008 年设立首期省创业投资引导基金，截至 2013 年末，省创投引导基金到位资金总规模 5.1 亿元，分别与国内外知名创投机构合作设立创业投资基金 11 只，资金规模达 23.5 亿元。参股基金在省内对科技型中小企业共完成投资近 100 项，投资额超过 22 亿元。同时，湖北省有 6 只基金获得国家发改委新兴产业创投引导基金 3 亿元，5 只基金获得科技部创投引导基金阶段参股项目 1.71 亿元，获风险补助等无偿支持 1.23 亿元。在财政资金的引导下日本大和 SMBC 投资、深创投、硅谷天堂、联想投资、达晨创投等境内外多家知名创投机构纷纷来湖北设立创业投资机构。

省创业投资引导基金激发了民间资本参与创业投资体系建设的积极性，省内一大批新兴民营创业投资机构纷纷挂牌成立。截至 2013 年末，全省共设立股权投资类企业 391 余家，国内外创业投资机构在湖北共投资项目近 400 项，投资金额近 150 亿元，其中，对科技型中小企业的投资 170 余项，投资额近 20 亿元。创投机构的投资极大地推动了湖北省科技型中小企业的发展，截至 2013 年末，

全省在主板、创业板上市的74家公司中有60余家获得境内外创投机构投资，"新三板"挂牌的36家企业中大多数获得境内外创投机构投资。另外，创业投资还培育出百余家重点上市后备企业，为全省科技与经济发展注入了新的活力。

三、深化科技金融结合试点，推进"资本特区"建设

2013年，武汉市全面深化科技和金融结合试点，科技金融专项资金占市级可支配科技专项资金总额近20%，已初步形成"政府资金引导、社会资金参与、民间资金主导"的科技和金融结合投入体系。2013年武汉市银行业金融机构对科技型企业贷款余额达到903.4亿元，较年初增加190亿元，其中，知识产权质押贷款余额7.1亿元、股权质押贷款余额8.2亿元、信用贷款248.9亿元。设立主营科技融资性担保机构13家，在保余额22.2亿元。主营科技小额贷款公司10家，发放贷款余额14.7亿元。信用体系登记服务企业近3000家，科技型中小企业融资类风险准备基金规模达到1.5亿元。银行授信总额超过30亿元，高新技术产业化项目贷款贴息累计达到5728万元。全年共为33家企业的81743万元贷款提供贴息1200万元。2013年，武汉市股权投资发展迅速，科技创业投资引导基金母基金总规模达到2.25亿元，阶段参股子基金18只，协议规模26.99亿元，累计对41家企业进行了44笔投资，投资总额4.95亿元。武汉市成功设立首只科技创业天使投资基金，首期规模1亿元，首批成功完成9家初创企业投资。

东湖国家自主创新示范区"资本特区"建设取得显著成效，科技金融发展步入快车道。截至年末，省、市及示范区累计出台了26项科技金融专项政策，惠及各类金融机构、中介服务机构、创业人才和创新型企业，累计投入科技金融专项资金约6亿元。区内集聚了证券、保险、小贷、担保、融资租赁等各类金融机构30多家，股权投资及管理机构225家。大力引导股权投资发展，设立了4.5亿元政府投资引导基金，重点支持科技成果转化和天使投资基金，已引导设立21家子基金，投资23个项目共1.02亿元。鼓励支持创业咖啡、DEMO咖啡、创库咖啡、东科创星等专注天使投资人培育及创业企业家培训的"孵化+投资"的新模式。重点加大科技金融环境建设：一是成立东湖企业信用促进会，开发科技型企业信用评级评价系统，开展科技企业信用评价评级工作，以信用促融资，对参与信用融资的企业、金融机构给予财政补助，财政支持科技型中小微企业融资的方式从直接的资金投入，扩展到间接的以增信提升企业融资能力。已初步建立覆盖11000多家企业的信用信息数据库，完成2644家企业信用评价报告，完成信用贷款71亿元。二是打造以"资本大厦"为载体的金融资源集聚空间平台，吸引8家资本要素市场、90余家国内外知名投融资机构

和金融配套机构入驻运营，为科技型企业成长、科技成果转化、战略性新兴产业培育提供一站式、全方位、多层次的投融资服务。

四、深入实施"路线图计划"，促进企业上市融资

2008年以来，湖北省深入贯彻实施"科技型中小企业成长路线图计划"，在全国率先建立了保荐制度，委托省内外知名创投机构、管理咨询公司等作为"路线图计划"项目的保荐机构，赋予其项目推荐、企业发现、咨询辅导等职责。通过组织保荐机构深入企业现场考察评价，分三批筛选出465家"路线图计划"重点培育企业，以培育上市企业为主要目的，培育了一批创新性强、成长性好、管理素质高的企业和上市后备优质企业资源。"路线图计划"重点培育企业中已有回天胶业、鼎龙化学、华中数控、天喻信息、湖北三丰、十堰华昌达6家在创业板上市，富邦科技已经过会待发。

五、2014年湖北省推进科技金融发展举措

（一）建立科技与金融的常态协调机制，促进科技信贷稳步增长

一是推动各金融机构成立面向科技型企业的贷款专营机构，实施单独的考核和奖励政策，提高银行对科技型中小企业不良贷款容忍度，建立可操作的授信尽职免责制度。二是进一步完善银行与科技系统的项目交流推荐制度，建立科技企业信用数据库、科技金融项目评审专家库，深化"科技部门推荐、银行独立审贷"的常态合作机制，扩大跟贷和过桥贷款业务。三是支持省内金融机构、融资性担保机构、保险机构与各地科技管理部门、高新区、孵化器等建立合作机制，推动科技型小企业信用履约保证保险，探索设立风险资金池、担保保证金池，启动建立"湖北省科技型中小企业统贷统还平台"和"湖北科技创业企业融资担保平台"。

（二）引导创投资本向初创科技型企业集聚

进一步扩大省创投引导基金规模，设立省科技创业天使投资引导基金，建立天使投资风险补助制度，支持创投机构与省内国家高新区和市（州）共同出资设立天使投资基金，引导社会资本加大对种子期和初创期科技型中小企业的投资力度。

（三）推进科技型企业通过多层次资本市场融资

优化科技型企业融资结构，鼓励符合条件的企业在主板、中小板、创业板、"新三板"及四板市场上市、挂牌进行股权融资，支持科技型企业发行企业（公司）债券和短期融资券，扶持符合条件的科技型中小企业发行中小企业集合债

券等，提高金融资源配置效率。

（四）启动第四批"路线图计划"工作

依托创投机构，继续组织实施第四批"科技型中小企业成长路线图计划"，着力加强创新主体培育。对新认定的100家"路线图计划"重点企业，有针对性地提供"管理辅导、政策培训、专家帮扶、投资跟进"等增值服务，加快企业上市优质后备资源的培育。

（五）推进科技担保体系建设

引导支持融资性担保公司积极研究开发科技担保产品、创新科技担保服务，为高新技术企业的新产品研发和试生产提供融资保证。通过政府资金引导，吸引社会资金参与，设立科技融资性担保公司，鼓励和吸引大型融资性担保公司设立科技担保事业部。综合运用资本注入、业务补助、风险补偿等多种方式，提高融资性担保机构对科技型企业融资担保的积极性，增强担保功能。

（六）完善科技金融中介服务体系建设

加快发展会计师事务所、律师事务所、技术交易所、股权交易中心、投资咨询、资产评估、保险代理、信用评级等中介服务机构，进一步加强科技成果评估、定价、转让等服务，为多层次资本市场建设提供全方位支撑。

（七）完善科技金融支撑体系建设

建立孵化器在孵企业网络管理系统，整合科技管理部门项目数据和孵化器在孵企业运营基础数据，建立省级科技型中小企业大数据平台，与银行、各地区共建科技型中小企业信用档案，向国内外知名创投机构开放。探索建立联系科技型中小企业、银行、创业投资机构、融资性担保机构、券商、管理咨询机构等的常态互动机制，引导各机构为科技型中小企业提供一站式、低成本、便捷化的融资服务。

湖北省农村金融发展情况

中国人民银行武汉分行　湖北银监局

湖北省农村信用社联合社

2013年，湖北省深入推进农村金融服务全覆盖和金融支持县域经济发展"五个一工程"，不断提高金融产品创新能力，优化农村金融生态环境，全面提升支农金融服务水平，金融支持湖北省城乡统筹发展取得显著成效。截至年末，全省涉农贷款余额5619.34亿元，比年初增加999亿元，同比多增205亿元，占全部贷款余额的25.66%，高于上年同期1.32个百分点，涉农贷款增幅

21.32%，高于全部贷款增幅 5.55 个百分点。其中，湖北省农村合作机构涉农贷款余额 1871 亿元，比年初净增 358 亿元，增幅 23.66%，同比多增 44 亿元，高于全部贷款增幅 4.09 个百分点，实现"两个不低于"目标。2013 年，全省金融机构支持县域经济发展力度进一步加大，年末县域贷款余额达到 4166 亿元，同比增长 21.7%，高于全省各项贷款增速 5.9 个百分点，县域余额贷存比达到 43.29%，比上年提高 1.32 个百分点。

一、推进农村金融服务全覆盖

一是在全省范围内全面推行"三个全覆盖"工程，目标是到 2014 年实现全省农村商业银行和村镇银行县域一级全覆盖、电话银行行政村一级全覆盖。截至 2013 年末，全省已开业（批筹）改制农村商业银行 67 家（其中，开业 49 家），县域覆盖率达到 87%；已组建村镇银行 73 家（含贷款公司 2 家），县域覆盖率达到 80%；在全省 2.5 万个行政村布设转账电话 6.9 万台，县域覆盖率达到 100%，提前 1 年实现全覆盖目标。二是推动金融机构向县域延伸金融服务。2013 年，全省金融机构积极向县及县级以下地区增设网点，湖北银行在崇阳县新设支行，邮政储蓄银行在咸宁市大幕乡增设营业所，潜江中银富登村镇银行和湖北天门汇丰村镇银行等在乡镇设立支行，邮政储蓄银行仙桃支行在乡镇设立信贷咨询点；农业银行湖北省分行"'三农'金融事业部"改革深入推进，小额贷款公司布设向县域倾斜。在乡镇金融服务终端建设方面，全省农村中小金融机构大力推广"卡乐付"电话银行、ATM、银联 POS 机、福卡在线支付等 11 种电子银行产品，为广大"三农"客户提供足不出村的金融服务。

二、加大农村金融创新力度，提高农村金融服务可获得性

一是不断创新信贷产品，有效增强县域融资能力。针对抵押物和担保缺失，开发了以农村的土地经营权、林权、房屋产权等为抵押物的新型融资担保产品，重点推广林权抵押贷款、土地（水域）承包经营权抵押贷款、订单农业质押贷款等信贷产品。截至年末，全省农村中小金融机构各项创新型支农信贷产品达到 214 个，其中，新开发了"农机浮动抵押贷款"、"林权抵押贷款"、"渔民乐信用贷款"等 77 个信贷产品，基本实现了"一县一区一品"。二是创新信用模式，有效降低县域贷款成本。创新和推广基层党组织和基层信贷机构"双基双赢"合作贷款模式，有效解决了信息不对称、审批程序烦琐和抵押担保不足问题。截至年末，全省共建立了 522 个村级（社区）信贷服务工作室，采取"三联合"（双基联合公告、联合办公、联合监督）业务模式，共发放"双基双赢"合作贷款 30.4 亿元，支持"三农"及小微客户 14 万户。建立银、政、企、农

的利益联结机制，探索新型农村组织和农户相结合的授信、担保等商业模式，如枣阳市支持汽车运输产业发展模式、郧西县和崇阳县服务外出创业务工群体信用模式、京山县惠农创业贷款模式、宜城市联保贷款模式等。三是创新服务方式。引导金融机构改变金融要素的搭配和组合，优化业务流程，简化审批手续，创新服务渠道，不断提升服务质效。武汉农村商业银行探索建立"小区银行"、"金融便利店"等新型商业模式，创新推出"三农"和小微金融的"扫街式"服务模式，开展"地毯式"营销宣传，送服务上门；缩短审贷流程，20万元以下的贷款3个工作日内办完。仙桃市农业银行建立"商融结合"模式，为农村居民提供领取涉农补贴、转账、供应链融资等一揽子金融服务。宜昌市夷陵农村信用社设置农户贷款"一站式"服务的信贷服务中心，农民仅凭"两证一章"可直接办理。四是进一步增强体制机制创新动力。在大别山片区探索农村融资体系建设、涉农资金整合、土地增减挂钩、产学研结合、灵活用人机制；在武陵山片区建立跨区域协作机制、整合项目资金、土地流转和工作考评机制；在秦巴山片区探索山区城乡一体化建设和建立部际联席会议制度；在幕阜山片区尝试创新土地利用机制、生态补偿机制、科技人才支撑机制。

三、建立以贷存比为核心的考核机制，运用货币政策工具，稳步提高金融支农资金实力

（一）全面建立以贷存比为核心的考核机制，提升县域贷存比

2013年，湖北省县域金融机构贷存比考核机制全面建立，全省参加县域法人金融机构"新增存款一定比例用于当地贷款"考核的机构达到85家，比上年增加13家，其中，农村信用社26家、村镇银行19家、农村合作银行8家、农村商业银行32家。有68家机构达标，比上年增加4家，达标率80%。2013年，在县域金融机构贷存比考核中，按照"贷存比高于55%或贷存比增加2个百分点"的标准，全省达标金融机构有12家，达标率为80%。通过建立考核机制，金融机构县域贷存比明显提高，90%的县（市）农村信用联社存贷款份额在当地市场位居第一，新增贷款占当地市场50%以上，新增涉农贷款占全部金融机构的62.4%。

（二）运用货币政策工具，增强金融支农资金实力

运用再贷款、再贴现、差别存款准备金率、利率等货币政策工具，增强金融机构支农的资金实力。在支农再贴现方面，全省金融机构优化资产结构，加大"三农"投放。在支农再贷款方面，根据农村金融机构资金需求和农业生产周期发放支农再贷款，对涉农贷款投放比例超过70%、支持"三农"力度大、

效果好、资金相对不足的涉农法人金融机构，重点予以支持，切实保证"三农"信贷需求。完善信贷投向核查机制和大额资金运用报备制度，增强贷款投向实体经济的真实性和有效性。实施分类信贷调控，对县域法人机构信贷增量中涉农贷款达到一定比例的，视情况适当提高合意贷款容忍度。对农村信用社执行适当低的存款准备金率，对支持"三农"力度较大的县域法人金融机构在差别存款准备金动态调整上予以倾斜，对考核达标的农业银行"'三农'金融事业部"实行优惠存款准备金率。截至2013年末，全省农村信用社共发放贷款2554亿元，净投放贷款418亿元，居全省同业第1位，其中，发放的县域贷款和小微企业贷款占全省1/3的份额。

四、持续优化农村金融生态环境，促进农村金融市场健康发展

一是重点推进全省村级惠农金融服务联系点规范化建设，加大包容性金融服务力度。出台《关于在全省推广实施村级惠农金融服务联系点的指导意见》，制定全省村级惠农金融服务点的规范建设、发展目标任务等具体措施。2013年，全省村级惠农金融服务联系点覆盖率达到90%以上，基本实现两至三公里范围内基础金融服务无盲区，开通小额取款、转账、人民币反假等基本金融业务。二是持续推进以信用农户、信用村组、信用乡镇为主体的农村金融生态环境建设，深入开展农村青年信用示范户创建活动。截至年末，全省共有990个乡镇被评为信用乡镇，占全部乡镇的94%；累计为844.4万户农户建立了信用档案，其中，获得信贷支持的建档农户316.8万户，占全部建档农户的36.7%，全年累计获得信贷支持1343.8亿元。三是逐步完善县域融资担保体系，增强县域融资性担保机构实力，开展对融资性担保机构清理规范活动，启动对融资性担保机构外部评级，搭建银担合作平台。

五、2014年湖北省进一步加强农村金融服务举措

（一）继续深化金融支持县域经济发展"五个一工程"和农村金融服务全覆盖工作

引导在县域设有网点的金融机构切实落实县域信贷增长计划，确保更多新增存款用于县域贷款。鼓励未在县域设立网点的金融机构延伸服务，争取发展县域信贷业务；加强县域金融产品创新，进一步拓宽农村抵（质）押物范围，提升金融服务水平；继续按季度对县域贷存比情况进行通报，按年度进行考核，并适时进行信息披露，进一步完善数据质量评估制度和考核体系；落实县域优惠政策，激励县域金融机构将信贷资金流入县域、用于县域。

（二）引导金融机构进一步加大支农力度

运用再贷款、再贴现、差别存款准备金等货币政策工具，对涉农信贷投放予以支持，加强对金融机构贷款投向的监测分析，进一步完善涉农信贷政策导向效果评估体系，不断加强涉农信贷政策执行力度，积极争取常备借贷便利工具试点，拓宽县域金融机构短期资金来源渠道。

（三）持续推进连片特困地区金融扶贫工作

完善连片特困地区扶贫开发金融服务联动协调机制，持续进行连片特困地区金融扶贫工作监测，加强相关优惠政策的宣传和指导，引导金融机构做好金融扶贫工作，跟踪相关政策执行效果，为连片特困地区持续发展注入活力。

（四）进一步优化农村金融生态环境

健全完善农村信用体系。继续深化农村信用工程创建，改善农村金融生态环境；进一步健全社会共享的农村企业和个人信用档案系统和个人信用信息数据库；进一步完善县域融资担保体系，规范发展资信评级市场。加强农村金融司法环境建设，净化县域金融执法环境，坚决打击逃废农村金融机构债务的行为。

湖北省小微企业金融服务情况

湖北银监局

2013年，湖北省深入贯彻落实《国务院办公厅关于金融支持小微企业发展的实施意见》，推动全省银行机构加大对小微企业的金融扶持力度和服务质效，不断提升小微企业金融服务工作水平，全省小微企业融资情况总体向好。

一、湖北省小微企业融资情况

（一）小微企业融资规模有效增长

截至2013年末，全省银行业对小微企业的贷款余额为3693亿元，同比增长23%，小微企业贷款增速超出各项贷款增速8.14个百分点，超出上年增量288.15亿元，圆满实现"两个不低于"既定目标。

（二）小微企业融资成本呈现下降趋势

2013年，为解决小微企业融资贵问题，全省多家银行机构通过制定内部评级制度，设定多层次利率，帮助小微企业设定合理贷款期限，积极争取优惠政策，有效降低了小微企业的融资成本。全省小微企业融资成本主要为利息支出，利率在6%~12%浮动，平均为8%，约占融资总成本的94.1%；其次为小微企业向第三方担保、评估机构支付的担保费、评估费用,约占融资成本的5.4%;此外小微企业向第三方机构支付的审计、评级费用,约占融资成本的0.5%。以荆门市为例,截至2013年末,全市12691户小微企业贷款客户中融资成本低于5%的占比13.4%、5%~10%的占比57.9%、10%~15%的占比21.01%、高于15%的占比7.69%。

(三)综合性金融服务水平全面提升

2013年,全省各银行机构不断增加服务品种和服务内涵,积极为小微企业提供包括授信、结算、理财、票据、保理、信用证、咨询等综合性金融服务。截至年末,全省法人机构小微企业申贷获得率由年初的89.06%上升至91.79%,全年提升2.73个百分点,全省小微企业贷款覆盖率达到14.02%,综合金融覆盖率达到87.17%。

(四)金融支持小微企业成长成效显著

近年来,全省银行机构深入贯彻落实小微企业金融服务各项政策,持续增强对优质小微企业的金融服务,银行与小微企业之间建立起良好的互信合作关系,60%的小微企业在销售收入、资产总额等方面有大幅提升。以邮储银行湖北省分行为例,截至2013年末,该行支持小微企业成长为中型企业的客户数为163户,贷款余额3.25亿元,占全行小微企业贷款余额的1.88%。在银行机构的金融支持下,湖北武大有机硅新材料股份有限公司发展成为武汉首批登陆"新三板"的高科技企业之一;十堰市武当山珍系列产品开发有限公司等一批小企业快速成长为全省和全国知名企业。

二、湖北省小微企业金融服务创新情况

(一)创新金融服务模式

一是全省银行机构积极转变营销理念,全年共举办金融服务进街区、进商圈、进园区、进社区活动4场,走访企业13000多家,登记客户信息上万条,解答各类咨询3000多条。二是全省银行机构扩大抵(质)押品范围,建立非上市公司股权、商标专利权、知识产权、农村土地承包经营权、排污权、碳排放权等无形资产质押融资模式。农业银行以农村土地经营权作抵押,推出"农地权易贷"产品,全年净增3.59亿元,增幅50%以上,受惠小微企业达到100余户。三是大力发展产业链、商业圈和企业等集群化融资模式,实现批量化服务,有效提升小微金融服务效率。交通银行湖北省分行制定《交行2013年零售信贷集群产业指导意见》,对10个小微客户集群整体授信15亿元。四是探索合作贷款服务模式。通过基层党组织与基层信贷机构的优势资源对接,解决传统"三

农"信贷中信息不对称、审批程序烦琐和抵押担保不足等问题。截至年末，全省建立村级（社区）信贷工作室 522 个，发放"双基双赢"合作贷款 30.4 亿元，支持小微客户 53248 户。

（二）创新金融服务产品

全省银行机构不断加大小微企业产品创新力度，开发多样化金融服务产品，多渠道、广范围地满足小微企业需求。华夏银行针对小微企业抵押物不足的特点，推出"商圈信用贷"、"结算信用贷"、"供应链信用贷"等系列信用类产品，贷款额度在 150 万～500 万元。全省村镇银行结合当地小微企业特点，开发了 28 个有特色、有市场、有效果的信贷产品。恩施常农商村镇银行开发的"金种子"农户小本生意贷款，贷款额度为 0.5 万～30 万元，手续简便，不用抵押，放款迅速，解决了农户的燃眉之急，全年"金种子"小额贷款已累计发放 3.3 亿元，贷款余额 1.1 亿元，占全行贷款余额的 16.7%。

（三）深化科技型小微企业金融服务创新

一是制定专门信贷制度。国家开发银行湖北省分行出台针对东湖国家自主创新示范区的"一行一策"，在信贷规模、授信边界、业务流程等方面实行先行先试的优惠政策；汉口银行等金融机构出台科技金融专项考核办法，并将科技金融贷款不良容忍度提高到 7.5%。二是定制专属金融产品。国家开发银行湖北省分行针对东湖国家自主创新示范区科技型小微企业"技术含量高、资产规模小"的特点，创新"平台统贷、担保增信、多方联动、风险补偿"模式，研发"银行＋创投＋企业"的"集合贷"产品，截至年末，该产品惠及科技型小微企业 65 家，贷款余额 12 亿元。通过该行提供的科技金融服务，武汉迪源光电科技有限公司、华灿光电股份有限公司成为全省光电子信息行业领军企业，荆门市格林美新材料有限公司成为全国废旧物资综合利用龙头企业。三是培育专业银行机构，积极构建专业化科技金融服务团队，为科技型小微企业提供集融资、结算、个人金融、个人贷款、外汇等业务于一体的专业化服务。

三、湖北省推进小微企业金融服务发展情况

（一）强化小微企业金融服务正向激励

1. 推动建立全新信贷文化。打造"八可"（金额可大可小、利率可高可低、期限可长可短、押品可有可无）小微信贷文化，多方式、多渠道引导银行机构实现小微金融的全流程、全方位变革。

2. 强化机制建设，完善小微企业金融服务体系。推动全省银行机构深化"六项机制"建设和"四单"管理，将实现小微企业"两个不低于"目标作为

重要标准，与市场准入、非现场监管和高管人员履职考核等工作实现联动。黄石市对银行机构小微企业金融服务提出放宽贷存比考核范围、放宽风险权重标准、放宽信贷考核追责尺度，改进审批权限发放方式、改进担保合作方式、改进金融服务体系、改进小微企业服务环境的"三放宽、四改进"工作思路；荆州市对"两个不低于"的目标完成情况实行监管"四挂钩"，即与城区新设支行挂钩、与年终政府评先挂钩、与良好银行评选挂钩、与高管人员考核评价挂钩，通过正向激励引导银行机构加大对小微企业的服务力度。

3. 推进机构设置，补充小微企业金融供给。一是推动国有银行机构网点向下延伸，通过对国有银行机构年度准入规划的审核，推动其合理调整网点布局。2013年，全省新批设国有银行分（支）行机构26家，其中，新设县域支行3家，填补了基层网点空白区域。二是丰富新设机构服务层次。截至2013年末，全省已设立村镇银行法人机构36家，批复筹建4家，贷款公司2家，分支机构31家，共组建新型农村金融机构73家；在全省2.5万个行政村布设电话6.9万部，全省涉农银行机构电话银行覆盖率达100%，提前一年实现"三年电话银行政村全覆盖"目标；县域余额贷存比达到43.29%，较上年提高1.32个百分点。三是加大专营机构建设力度。全省大部分银行机构均内设小微企业金融服务专营机构或设立专营服务网点，服务效率大幅提高。截至年末，全省共设立小微企业金融服务专营机构1734家，贷款余额3008.14亿元。通过合理布设机构，全省多元化的小微企业金融服务体系逐步建立。

4. 强化监测考评，发挥监管激励约束作用。对全省银行机构小微企业金融服务工作情况按月监测、按季考核、定期通报，推动各银行机构进一步改进内部机制体制，增强服务意识。中信银行制定《小企业客户专职客户经理考核办法》，以小企业有效客户数、贷款增量等指标为框架，兼顾规模、效益及交叉销售，从制度上明确专职人员的业务导向，有效调动经营单位及小企业客户经理的工作积极性；光大银行将小企业贷款作为零售贷款处理，下调贷款风险权重，直接提高资本充足率水平。

（二）改善小微企业金融外部环境

1. 地方政府与金融机构合力推进小微企业金融服务。一是建立银政信息交换机制，以联席会、座谈会等形式，共同研讨宏观政策，分析行业运行情况，确定小微企业重点扶持名录，全面畅通政银信息通道，引导银行小微信贷合理投放。二是全省各市（州）政府相继出台金融支持小微企业发展的政策措施，黄冈市出台的《黄冈市金融支持地方经济发展评价及奖励办法》，特别增加小微企业投放考核分值，对完成小微信贷投放增量计划的银行进行奖励，鼓励银行机构支持实体经济发展。三是建立地方风险补偿机制，十堰市设立超过 3000 万元的助保贷基金，按 1:10 的比例为相关小微企业提供 3 亿余元的资金支持；咸宁市以"基金+信贷"方式为企业提供金融支持，全年累计发放基金捆绑贷款和委托贷款 11 亿元。

2. 搭建多元金融服务平台。一是开展多样化银企对接活动，各银行机构依托对接平台共与 6400 多家企业签署合作协议或达成融资意向，总授信金额达 95 亿元。二是加强对小微企业金融服务俱乐部、银行业协会、小微企业金融服务中心、金融服务网等各类金融服务平台建设，进一步拓宽政、银、企三方交流渠道。2013 年，全省各市（州）共成立 13 家小微企业金融服务俱乐部，"湖北省小微企业金融服务网"正式上线运行，襄阳金融网作为全省首家网上金融服务平台，已拥有注册企业 3698 家，其中，2095 家企业通过网站提交融资申请，申贷额度 249.7 亿元，获得银行授信 179.2 亿元，网上申贷授信成功率达 71%。

3. 充分发挥融资性担保机构增信作用。引导各银行机构有效整合专业融资性担保机构资源，发挥其风险分担和增加资信的作用，缓解小微企业融资过程中缺乏抵押担保的压力。截至年末，全省融资性担保机构累计为 2 万多家中小企业提供担保贷款 1128 亿元，在保余额 948 亿元，比上年增长 6%，有效缓解了小微企业融资难、担保难。

4. 加大"支小助微"宣传力度。2013 年，全省银行系统开展了"第二届小微企业金融服务宣传月"活动，共举办现场宣传活动 110 余场，设置网点咨询台 3400 多个，现场发放各类宣传册、宣传活页 20 多万份，解答客户咨询 40000 余人次。省内各大媒体开设专题、专栏，全面宣传小微企业金融服务政策和知识。

四、需要关注的问题

1. 小微企业融资难、融资贵问题仍然存在。在小微企业金融服务持续改善的大背景下，小微企业融资难、融资贵问题已成为社会关注的焦点，其主要原因是：银企双方因信心不足而驻足观望，投资、生产、信贷增长缓慢，加大了融资难矛盾；社会征信系统不够完善和健全、信息不对称致使供需沟通不畅等因素加大了融资难度；信用缺失使银行加大对利率风险的防范；小微企业融资成本因额外的担保费用和过高的外部收费而加大。

2. 小微企业信贷专营模式难以落实到位。虽然全省各银行机构均建立了小微企业专营机构，但多与信贷部门、经营网点混合营销，特别是在市（州）一级更为普遍，小微信贷专营机构成了"驻行式"、"合署式"，未真正形成专营模式。

3. 机构激励约束机制作用有待进一步增强。一是绩效机制"激励偏位"。小微企业贷款业务采取独立的绩效考核办法，但激励机制大都建立在增加小微企业利率成本的基础之上。二是约束机制"制约偏软"。虽然各银行机构均建立小企业贷款业务考核约束机制，明确小微企业贷款经营人员尽职内容和环节，划定不良贷款责任追究范畴，但普遍存在约束机制不具体、可操作性和针对性不强、重风险、轻管理、轻引导等问题。三是免责机制"方向偏失"。由于尽职免责制度不具体、方向不明确，部分信贷人员识别风险的能力不强，信贷人员"惜贷、惧贷"心理普遍存在。

五、2014 年湖北省推进小微企业金融服务发展举措

（一）大力发展中小微金融机构，完善融资服务体系

一是稳步发展村镇银行、小额贷款公司等新型金融组织，增强中小金融机构自我积累、自我发展能力。适当降低中小微金融机构的市场准入条件，在流动性、风险管理、财税等方面给予优惠政策。二是完善小微企业融资服务体系。构建多元化投资参与、多类型经营形式并存的融资担保体系；建立融资性担保机构规范管理机制；完善融资性担保机构风险补偿机制和风险分担机制；引进保险机制与银行信用相结合，提高担保能力；设立中小企业发展基金，扶持小微企业发展。

（二）打造小微融资服务平台，鼓励金融机构支持小微企业发展

一是搭建新型跨行业的湖北省小微企业金融服务俱乐部服务平台，建立与各市（州）小微企业俱乐部的联动机制。二是支持"湖北省小微企业融资服务网"平台建设，打造 24 小时在线的网上融资信息对接交流平台。三是建立正向的小微企业贷款激励机制和风险补偿机制，奖励支持小微企业发展成效突出的金融机构，对金融机构的小微企业贷款损失给予一定比例的补偿；多途径拓宽小微企业融资渠道，规范发展表外融资业务，发展直接融资市场。

（三）加大金融产品创新力度

开展金融产品创新，发展保理和供应链金融等业务，推行自然人担保、应收账款质押、存货质押以及其他物权质押、无形资产质押和小微企业联保等多种担保方式。推介电子银行、现金管理、集合理财、财务顾问、风险管理和年金管理等新兴金融业务。

（四）进一步开展银政企对接活动

一是支持和鼓励银行机构与政府、保险等部门联动，助推小微金融服务业务创新，实现银行、政府、企业三方分担风险。二是开展"小微企业融资服务

行业行"活动，组织各银行机构进园区、进行业开展银企对接。三是有序引导社会资金进入融资性担保业，推动地方政府建立完善再担保制度。

湖北省债券融资情况

湖北省发展和改革委员会　中国人民银行武汉分行

2013年，湖北省大力推进债券融资，出台《湖北省人民政府关于进一步加强债券融资工作的意见》、《湖北省人民政府关于加快多层次资本市场建设发展的若干意见》等文件，加强多层次资本市场体系建设，扩大直接融资规模，全省债券融资工作取得突破性进展。

一、债务融资工具市场继续保持良好发展势头

2013年，湖北省企业（不含上市公司，下同）全年累计发行债务融资工具625.27亿元，同比增加59.87亿元，增幅10.59%。按品种划分：短期融资券23只，金额269亿元；中期票据15只，金额181亿元；定向工具8只，金额103亿元；超短期融资券3只，金额70亿元。区域集优票据1只，金额2.27亿元。截至2013年末，湖北省债务融资工具发行余额1067.57亿元，同比增加279.87亿元，增幅35.53%。

2013年，湖北省债务融资工具市场呈现以下特点。一是定向工具发展迅速。由于发行流程简化等因素，更多企业选择非公开定向方式发行债务融资工具，发行金额同比增长66%，而中期票据发行金额同比则下降32%。二是短期债务融资工具发行比例有所提升。从发行期限看，1年期以下（含1年期）品种发行金额为339亿元，同比增长44%，发行量占比为54%，同比提高13个百分点；1年期以上品种发行金额为286.27亿元，同比下降13%。三是债务融资工具发行品种不断丰富。襄阳市成功发行湖北省首只区域集优票据，5家中小企业合计募集资金2.27亿元。东风汽车和葛洲坝集团共发行超短期融资券3只，融资金额70亿元。四是债务融资工具运用范围进一步扩大。襄阳市和荆门市实现债务融资工具发行的突破，全省债务融资工具发行地区增加至7个。

二、企业债券市场融资取得突破性进展

一是发行规模不断扩大。2013年，全省共获批23只企业债券，实际发行19只，总规模达到224亿元（见表4），较上年增长47.4%；占全国企业债券发行总额的5.27%，较上年提高2.38个百分点；居全国第6位，较上年提高9位。二是县域城投债取得重大进展。2013年仙桃城投10亿元、潜江城投15亿元、

大冶城投 16 亿元企业债券成功获批，成为全省县域城投公司获批的首批企业债。三是企业民生项目融资力度加大。2013 年，湖北省加大对民生项目的投资，积极组织企业发债用于保障性住房等民生项目。据统计，全年用于保障性住房等民生项目的债券融资达 80 亿元以上。四是建立发债后备企业库，发债资源不断充实。2013 年，湖北省结合国家要求，重点建设开发区企业和涉及棚户区改造的拟发债企业后备资源库，纳入企业 200 多家，全省企业债券后备资源规模进一步扩大。五是企业债监管长效机制建设取得突破。2013 年，湖北省持续开展已申报企业债券专项核查及已发行保障房项目企业债券专项检查工作，切实防范偿债违约风险。同时，开发了全国首个省级企业债券征信预警综合管理信息系统，实现企业债券日常监管的常态化、信息化。

表4　　　　　　　　2013 年湖北省企业债券发行情况表

债券名称	发行时间	发行总额	发行期限	票面利率
13 武汉地铁债	2013 年 2 月	20 亿元	7 年	5.70%
13 武城投债	2013 年 3 月	12 亿元	7 年	5.60%
13 武地产债	2013 年 3 月	16 亿元	6 年	5.90%
13 武汉新港债	2013 年 4 月	8 亿元	7 年	5.89%
13 咸宁荣盛债	2013 年 6 月	15 亿元	7 年	5.80%
13 三宁化工债	2013 年 6 月	5 亿元	6 年	5.34%
13 鄂供销债	2013 年 10 月	6 亿元	6 年	6.18%
13 十堰城投债	2013 年 10 月	16 亿元	7 年	6.88%
13 荆门债	2013 年 10 月	16 亿元	7 年	7.00%
13 光谷联合债	2013 年 10 月	6 亿元	6 年	7.35%
13 鄂交投债 01	2013 年 10 月	5 亿元	10 年	5.98%
13 鄂交投债 02	2013 年 10 月	25 亿元	15 年	6.18%
13 武汉地铁可续期债	2013 年 10 月	23 亿元	可续期	8.50%
13 襄建投债	2013 年 11 月	15 亿元	7 年	7.30%
13 大冶城投债	2013 年 11 月	10 亿元	7 年	7.95%
13 磁湖高新债 01	2013 年 12 月	3 亿元	7 年	8.70%
13 荆经开债	2013 年 12 月	4 亿元	7 年	8.20%
13 随州债 01	2013 年 12 月	3 亿元	7 年	8.50%
13 黄冈城投债 01	2013 年 12 月	16 亿元	7 年	8.60%

三、公司债券市场发展平稳

积极推进可转债、公司债发行。2013 年，湖北省进一步完善相关政策，为上市公司发展创造良好的外部环境，帮助上市公司加强经营管理，提高经济效益，确定符合国家产业政策、具有良好发展前景的募投项目，支持符合发债条件的上市公司发行可转债、公司债融资，扩大债券直接融资规模和比重。年内，武汉地铁集团 23 亿元可续期公司债券获批发行，这是国内首只可续期公司债券，不仅壮大了武汉地铁集团融资实力，而且扩大了湖北在全国资本市场的影响，实现了我国债券市场历史性的突破。

四、需要关注的问题

1. 银行间债券市场中介机构服务体系有待完善。一是会计师事务中介机制履职能力有待加强，存在会计信息披露不充分的风险。对会计师事务所的监管偏重于事后检查，事前和事中的监管比较薄弱，监管的信息化水平较低。二是信用评级机构评级实力和水平有待进一步增强。信用评级机构整体业务规模偏小，评级技术落后。三是信用担保分散风险机制有待健全。担保方式单一，多为第三方担保或抵（质）押担保，创新产品较少；担保主体普遍资金规模较小、担保能力弱，造成银行间债券市场风险分散不充分，投资人风险过于集中。

2. 公司债券市场流动性有待加强。公司债券交易通常依托证券交易所债券交易市场进行流通转让，但证券交易所的上市规定比较严格，且限制条款较多，大多数公司债券无法流通和转让。同时银行间债券交易市场和证券交易所债券交易市场不能互通交易，导致公司债券流通不畅，市场参与者的积极性受到抑制，公司债券市场发展受到限制。

3. 企业直接融资意识有待进一步加强。近年来，湖北省在债券核批发行规模和发行企业数量方面都取得较大突破，但与沿海经济发达地区相比还有较大差距，其中，重要原因之一是企业直接融资意识薄弱，大多数企业对债券市场缺乏了解，对直接融资的认知度不高，从而缺乏对债券融资工作的积极性和主动性。

4. 公司债券投资者结构有待改善。公司债券投资者结构不尽合理，个人投资者占我国公司债券市场比重较小，机构投资者数量不足，类型不够丰富，公司债券的市场换手率较低，流动性不足，阻碍了市场规模的扩大，也降低了个人投资者对发行人的监督力度。

5. 关注国家政策和市场环境变化对债券融资的影响。受国家经济结构调整、利率市场化改革、4 月中国银行间债券市场监管风暴、6 月市场"钱荒"等因素影响，2013 年下半年市场利率急速攀升，企业债券融资成本显著提高，2013 年最高发行利率达到 8.7%，资金面不断趋紧。

五、2014 年湖北省推进债券融资工作举措

（一）深入挖掘企业债券发行后备资源

继续推动省级及各地投融资平台整合资源，不断增强持续债券融资能力。依托国家级和省级经济技术开发区，继续挖掘资源充实后备企业库，跟踪培育一批重点企业积极开展债券融资。继续做好企业债券支持保障性住房建设的相关工作，支持承担棚户区改造项目建设任务的企业（包括民营企业）申请发行企业债券。进一步拓展企业债券发行的行业范围。继续搭建中小企业债券融资平台，进一步扩大债券支持中小微企业的覆盖面。

（二）支持鼓励企业债券品种创新

积极推广武汉地铁可续期债的成功经验，鼓励更多企业尝试发行可续期公司债券，引导社会资金参与基础设施建设，满足地铁、城际轨道交通等投资金额大、运营周期长的重大基础设施项目的资金需求。继续支持和鼓励发债企业、主承销商等创新企业债券发行品种，满足不同行业、不同类型企业的融资需求。开展小微企业增信集合债、生态文明建设债、收购兼并债券等创新试点工作，不断拓展企业债券融资的空间。

（三）切实加强企业债券风险防控和存续期监管

继续以项目管理为核心，以新型城镇化规划和国家宏观政策为导向，引导债券募集资金投向节能环保、保障性住房、城镇化建设、重大基础设施、扩大收购兼并化解产能过剩等领域。继续加强企业债券风险的摸底调查和监测预警，落实偿债责任，严防局部性风险。充分发挥企业债券征信预警综合管理信息系统的作用，督促发行人和中介机构按照约定履行企业债券本息兑付等义务，加强对发债企业资产重组、信息披露、资金用途等情况的监督检查，切实防范偿债违约风险。

（四）培育企业债券流通市场，提高企业债券流动性

发展企业债券二级市场，建立活跃、高效的企业债券二级市场，为一级市场发展创造良好环境。配合利率市场化改革，增加企业债券的上市品种，逐步放开企业债券转让流通价格，推动债券发行市场的健康发展。

（五）完善公司债券市场中介机构服务体系

积极推进主承销商、律师事务所、会计师事务所、信用评级机构和信用增进机构等公司债券市场中介服务体系建设，健全发债公司信息尽职调查和充分

披露制度。完善中介机构职业准则和规范，促进中介机构诚信、高效和规范服务。完善信用评级体系，探索投资人付费模式、双评级制度，提升信用评级水平。加强风险分散机制建设，引入高级管理人员责任险等担保和信用增进新模式，督促发债公司和中介机构高级管理人员尽职履职，保护投资人利益。

（六）推进公司债券发行市场化

淡化或逐步取消计划规模管理，扩大公司债券发行额度。放宽公司债券募集资金使用限制，在保证主要用于固定资产投资项目的同时，适当增加调整债务结构、资产重组等其他合法用途。在满足国有重点企业发债需求的同时，允许一些经营业绩优良而又资金短缺的非国有企业发行债券。拓宽发行渠道，允许发行人采用私募等多种方式发行公司债券，提高公司债券发行效率，降低发行成本。

湖北省创业投资业发展情况

湖北省科技厅　湖北省发展和改革委员会

湖北省努力克服因经济发展不确定因素增加，尤其是证券市场 IPO 暂停对创业投资业发展的不利影响，积极采取有效的应对措施，扶持和推动创业投资企业发展，全省创业投资业发展水平稳居中西部地区前列。

一、湖北省创业投资业发展情况

（一）创业投资机构实力进一步提升

截至 2013 年末，湖北省已登记各类产业投资、创业投资、股权投资、风险投资企业（简称"股权投资类企业"）391 家，注册资本（出资额）合计 253.87 亿元。其中，新登记股权投资类企业 119 家，新增注册资本 58.72 亿元。在股权投资类企业中，全省备案管理的创业投资企业有 24 家，管理资产规模 71.6 亿元，其中，省级备案管理的创业投资企业 10 家，管理资产规模 32.90 亿元。在资金来源方面，政府和国有独资公司提供的资金约占全省创业投资资本总额的 35%，混合所有制企业及民间资本约占 65%，民营资本占比继续提高。

2013 年，全省创业投资行业募资取得明显成效。湖北高金生物科技创业基金和湖北环保产业创业投资基金各获国家发改委新兴产业创投计划参股项目支持 5000 万元，已进入封闭运行状态。武汉启迪东湖创业投资有限公司获得国家科技型中小企业创投引导基金阶段参股项目支持 5000 万元，这是全省第 5 只获得科技部创投引导基金阶段参股支持的基金，也是东湖国家自主创新示范区获批以来第 2 只获得支持的基金。2013 年，湖北省累计获得国家科技部创投引导基金阶段参股项目支持 1.71 亿元，累计获得国家发改委新兴产业创投计划参股项目支持 3 亿元。基金（机构）在湖北省投资保持稳定。湖北省创投引导基金参股子基金全年完成投资 17 项，投资额 23409 万元；引导社会创投完成投资 30 余项，投资额超过 20 亿元。

（二）主要创业投资机构发展成效显著

湖北省创业投资行业特别是以湖北省高新技术产业投资有限公司、武汉华工创业投资有限责任公司、武汉东湖创新科技投资有限公司等为代表的本省创业投资机构在汇聚创业资本、支持科技型中小企业发展、形成适合湖北地区创业投资运作模式等方面成效显著。湖北省高新技术产业投资有限公司作为湖北省五大省级国有投融资平台公司之一，主导发起并管理 12 只创业投资基金（高和、九派、量科高投、盛世高金、高富信、新三板、高新正行、仙桃九派、中航高投、湖北高金、武汉科技天使、高新成长），资金规模近 40 亿元。2013 年，高投系创业投资子基金共完成投资 12 项，投资金额超过 2 亿元，带动社会资本投资近 10 亿元，带动新增生产规模超百亿元。武汉东湖创新科技投资有限公司全年共完成项目投资 5 项，投资总金额 3600 万元。武汉华工创业投资有限责任公司及旗下基金共完成项目投资 3 项，投资总金额 4800 万元。

二、湖北省推动创业投资业发展情况

（一）创新财政投入方式，推动创业投资业发展

一是建立创业投资与政府科技投入的对接机制，大力扶持和推动创业投资企业发展。2013 年，全省创业投资机构及其已投和拟投企业共获得国家科技部、财政部创业投资引导基金风险补助、投资保障和阶段参股类项目立项 12 项，立项总额 5763 万元。二是进一步扩大湖北省创业投资引导基金规模，充分发挥政府引导基金的引领作用，截至年末，湖北省创业投资引导基金总规模近 5.1 亿元，参股子基金已累计完成投资 97 项，投资额近 50 亿元。

（二）优化创业投资业发展环境

一是搭建各类平台，营造有利于创业投资发展的良好环境。连续第六年成功举办中国中部（湖北）创业投资大会，汇集国内外知名创投机构 200 余家和湖北省科技型中小企业 300 余家，现场展示重大科技成果 100 余项，达成意向投资 5.87 亿元。主办第二届中国创新创业大赛湖北赛区比赛，组织 40 余家国内外天使投资机构评审，襄阳、宜昌、孝感三个分赛区共 541 家企业和团队参加比赛，搭建了科技型中小企业与创业投资对接的平台。二是反映行业诉求，改善

创业投资发展环境。定期对全省创业投资机构及股权投资机构开展信息调查统计工作，召开系列专题座谈会，切实解决全省创业投资发展存在的问题，为改善创业投资发展环境提供重要参考和依据。

（三）推进实施"科技型中小企业成长路线图计划"

2013年，全省启动第四批"科技型中小企业成长路线图计划"，以培育企业上市为目标，委托省内外知名创投机构、管理咨询公司等为重点培育企业的保荐机构，共筛选全省465家企业作为"路线图计划"重点培育对象，在高新技术产业领域积累了一批优质项目资源，促进了湖北省特色产业板块的聚集。

三、需要关注的问题

1. 创业投资主体有待进一步发展壮大。湖北省创业投资主体数量较少，资本规模小，大部分创业投资公司注册资本金均在5000万元左右或以下，业务开展以短频快、投资少的项目为主，难以支撑大型科技项目，投资组合能力较弱，抗风险能力有待进一步增强。另外，创业投资公司缺乏管理、营销、金融、财务、法律等专业的高素质综合型人才和创业投资基金运作的专家。

2. 创业投资制度环境有待进一步改善。创业风险投资补偿机制、科技创业企业担保资金、创业风险投资退出渠道以及通过行业协会对创业风险投资机构进行自律等相关政策制度建设有待进一步完善。另外税收优惠政策门槛较高，多数企业难以达到认定标准，无法享受优惠政策。

3. 创业投资保险机构、标准认证机构、科技项目评估机构、督导机构等中介机构体系有待进一步完善，中介机构服务水平有待进一步提高。

四、2014年湖北省创业投资业发展举措

（一）完善创业投资行业政策，为创业投资发展创造良好的制度环境

一是加快落实湖北省已出台的关于吸引国内外创业投资基金和股权投资基金"落户"、吸引创业投资高级管理人才到湖北发展等行业扶持政策，吸引国内外知名创业投资机构到湖北投资。二是出台针对性强、更加优惠、更有吸引力的政策，引导创投资本投入到早期的科技成果转化项目。三是加快制定创业投资中长期发展规划，明确发展战略总体方向及阶段性目标，进一步完善各项配套体系。

（二）发挥财政资金的杠杆作用，加大对创业投资行业的支持力度

创新财政投入方式，进一步做大省级创业投资引导基金，支持省内外知名创业投资机构及各类投资主体在湖北设立分支机构、发起设立创业投资基金，

努力培育创业投资新主体。同时，探索设立风险补助专项基金，有效引导创业投资机构对全省具有发展前景的科技型中小企业进行投资和培育，在各类科技计划和政府采购项目中对创业投资已投和拟投企业予以优先立项和支持。

（三）扩大创业投资机构的融资渠道和资本来源

一是通过构建良好的金融、投资服务环境，积极引导民间资本进入创业投资和股权投资领域，加大对民营创业投资主体的培育力度。二是引导和鼓励大型上市企业集团以及证券、保险、社保基金等各类机构参与设立创业投资基金，为创业投资机构融资开辟多元化的融资渠道。

（四）培养高级创业投资管理人才

加强与境内外知名创投机构及行业协会的交流，引进先进的创业投资理念。建立不同类型的人才培训平台，加强行业培训，不断提高全省创业投资机构的专业水准。

（五）发挥创业投资同业公会的行业自律作用

重视和加强湖北省创业投资同业公会的桥梁纽带作用，通过依托协会在行业自律管理和服务等方面的专业作用，完善创业投资业内的沟通交流机制，实现投资项目资源共享，进一步促进全省创业投资行业健康、快速发展。

湖北省外资银行运行情况

湖北银监局

2013 年，湖北省外资银行总体运行良好，发展成效显著，各项业务稳步增长，综合实力进一步增强，服务湖北经济社会发展的作用明显增强。

一、湖北省外资银行运行特点

2013 年，湖北省拥有英国、法国、日本、韩国、中国香港 5 个国家和地区的外资法人银行分行 7 家，数量与上年持平；支行 6 家，比上年新增 1 家；营业网点共 13 个；从业人员共计 348 人，比上年增加 6 人。全省外资银行的机构数量稳居中部地区第 1 位。2013 年是中国金融业承诺对外开放的第 7 年，7 年间湖北经济实现全面快速增长，GDP 突破 2 万亿元，全省外资银行也伴随湖北经济金融发展而成长、壮大，综合实力显著增强。截至年末，湖北省外资银行资产总额比 7 年前增长 10 倍；各项存款余额增长 64 倍，各项贷款余额增长 13 倍；年度利润增长 4 倍，市场份额增长 3 倍。

（一）各项业务稳步上升

截至 2013 年末，7 家外资法人银行武汉分行资产总额 1672616 万元，较上年末增加308512万元,增长22.6%;其中,各项贷款余额1070159万元,较上年末增加152738万元,增长16.6%。7家外资法人银行武汉分行负债总额1549474万元,较上年末增加287289万元,增长22.8%;其中,各项存款余额838386万元,较上年末增加131178万元,增长18.5%。7家外资法人银行武汉分行整体贷存比113.2%,较上年末下降6.1个百分点。全年实现净利润18224万元,较上年减少1252万元,下降6.4%。全省外资银行金融衍生品业务余额347525万元,占湖北省银行类金融机构金融衍生品业务份额的28.5%,较其资产占比高出28个百分点。

(二)差异化经营定位明确

全省外资银行在经营战略和策略上注重规模、质量、效益的有机统一,专注于熟悉的制造业、房地产业、批发与零售业等业务领域,专注于与进出口业务相关的企业和客户。在产品营销上,发挥全球网络化、专业化管理等优势,针对中资银行金融服务的"短板",经营其传统的贸易融资、财务管理等优势业务,积极服务企业"走出去"战略,进行差异化补位。如东亚银行武汉分行积极推广其在香港成功运营的商业按揭贷款模式,截至年末,该模式贷款余额64635万元,占该分行贷款总额的32%。汇丰银行武汉分行致力于成为"全世界的本土银行",年末的贸易融资额为115729万元,占其贷款总额的30.2%。

(三)服务湖北经济发展作用增强

2013年,湖北省外资银行人民币资产占其资产总额的77%,人民币存款占其存款总额的84%。为进一步拓展服务范围,外资银行积极吸纳本土人才,服务本地客户。截至年末,中国籍员工占外资银行员工总数的96.5%,中国籍高管占外资银行高管总数的75%,中资企业和中国居民客户占外资银行客户总数的73%,经营的业务品种达到100余种。外资银行积极响应国家宏观经济政策,支持湖北省中小微企业发展。截至年末,全省外资银行对中小微企业的贷款余额为500829万元,占其贷款总额的46.8%,高于湖北省银行类金融机构42.5%的占比。其中,渣打银行武汉分行力推"中小企业无抵押贷款",年末该行中小微企业贷款余额55077万元,占其贷款总额的60.6%,全年累计新发放中小企业贷款203756万元,是上年全年累计发放总额的2倍多。

二、需要关注的问题

1. 外资银行业务竞争能力有待进一步提高。一是经营网点较少,短期内难以形成自成一体的服务网络系统,直接影响零售业务的开展。二是业务范围有限。外资银行在母国能为客户提供期货与期权、基金管理、项目融资、并购重组、股票上市等金融业务品种，在中国受准入政策的限制，很多业务无法获准经营。三是传统业务优势有待进一步发挥。2013 年湖北省外资银行营业收入以存贷差收益为主，中间业务收入占营业收入之比低于净利息收入占比，高端理财产品收益不佳，传统业务优势有待进一步发挥。四是外资银行对国内企业和市场的熟悉程度远不如中资银行，信息的收集与交流不足，与中国国内客户还需要建立并发展文化上的相互认同关系。

2. 外资银行内部建设有待进一步完善。湖北省外资银行的员工流动率高于中资银行，人才流失现象比较突出；跨境风险识别评估体系有待建立，跨境风险传染的防范机制有待进一步完善；公司治理、内控和风险管理存在独立性不足、股东控股模式单一等问题。

三、2014 年湖北省推进外资银行发展举措

（一）多层面推进外资银行本土化

一是适应本地市场，因地制宜开发针对性强的产品，满足特定的消费需求。二是融入本地文化，适应本地的法律制度、经济政策、文化风俗等市场环境。三是建立良好的工作环境，重视本地人力资源的开发与投资，降低人员流动性。四是实现产品研发和设计的本土化。

（二）多方位构建渠道，扩大网点覆盖面

一是加强与中资银行合作，在本外币资金拆借、账户清算、代理清算、信用卡、资产管理、银团贷款、资产转受让等业务方面与中资银行建立密切合作关系，形成取长补短、优势互补的共赢局面。二是大力推广网上银行业务，加强与第三方支付平台的合作。重点拓展网上银行业务，降低运营成本；构建与电子商务网站和第三方支付的合作平台，细分市场，拓宽银行业务领域，加强新兴业务拓展。三是组建村镇银行，开拓农村金融市场，扶持"三农"发展。

（三）加强外资银行外汇管理

一是构建外汇业务管理法律框架，制定系统性、连续性的外资银行外汇业务监管办法。二是加强外汇账户管理，制定异地账户收支报备制度和境外账户管理办法，完善境外账户的开立、使用及关闭管理。三是建立协调监管机制，加强各监管部门之间的协调配合和信息沟通，实施有效监管。四是加强对金融衍生工具的监管，规范和约束外汇衍生品的交易行为。

（四）改善外资银行风险防范机制

一是建立相对独立的公司治理架构，在经营决策、风险治理和关联交易等方面与母行形成隔离机制。二是建立以资本充足率、贷款损失准备、授信集中

度和贷存比等指标为核心的监管指标体系。三是构建跨境监管合作机制，建立日常信息交换、机构设立、危机处置和人员交流等机制，成立应急沟通小组。

湖北省信托业发展情况

湖北银监局

2013年，湖北省内两家信托公司交银国际信托有限公司（以下简称交银国信）和方正东亚信托有限责任公司（以下简称方正东亚）加快转型步伐，提升发展质量，业务发展呈现良好态势。

一、资本实力显著增强，盈利水平持续提升

2013年，交银国信注册资本由20亿元增至37.64亿元，注册资本规模排名居全行业前列；净资产49.4亿元，同比增加22.77亿元，增长85.71%。方正东亚注册资本由10亿元增至12亿元，净资产21.35亿元，同比增加6.5亿元，增长43.77%。

2013年，交银国信实现营业收入10.05亿元，同比增加2.94亿元，增长41.35%。其中，信托业务收入7.98亿元，较上年增加2.43亿元，增长43.78%。方正东亚实现营业收入12.1亿元，同比增长60%。其中，信托业务收入10.2亿元，较上年增加2.7亿元，增长36%。

2013年，交银国信实现利润总额6.74亿元，同比增长49%；实现净利润5.05亿元，同比增加1.67亿元，增长49.4%。方正东亚实现利润总额8.9亿元，同比增长70%；实现净利润6.5亿元，同比增长65%。

二、信托业务大幅增长，业务转型稳步推进

2013年，两家信托公司信托业务大幅增长。交银国信年末存续信托项目565个，信托规模2785亿元，较年初增加1221亿元，增长78%。其中，集合信托规模152亿元，同比增加12亿元，增长8.57%。方正东亚年末存续信托项目343个，规模1106亿元，比年初增加391亿元，增长54.68%。其中，集合信托规模372亿元，同比增加187亿元。

2013年，两家信托公司转型创新进展顺利。交银国信于2013年1月取得特定目的信托受托机构资格，受托开展中国邮政储蓄银行试点首单信贷资产证券化业务。方正东亚在构建全国范围的业务市场的同时，大力拓展财富管理市场，先后在北京、上海、广州、郑州等地成立了财富管理中心分中心，抢占财富管理市场高地，为高净值个人和家庭提供财富管理等金融服务。

三、风险管理水平显著提高

2013年,两家信托公司风险总体可控,项目运行安全平稳。交银国信全年累计到期清算信托项目253个,信托资金规模672亿元,所有到期项目均顺利兑付;方正东亚全年累计到期清算信托项目138个,信托资金规模453亿元,未发生重大风险事件。两家公司信托赔付率和固有业务不良资产率继续保持"双零",风险合规和稳健经营意识进一步加强。

四、服务实体经济力度加大,品牌形象进一步提升

两家信托公司充分运用信托横跨资本市场、货币市场和产业市场三大领域的优势,利用多种金融工具,将投资者、受托人、融资方、中介服务机构等各方权益有机统一在信托平台上,集中各类资源,将金融资本引入实体经济,将民间资本引入国家战略性新兴产业和民生工程,积极支持实体经济发展。2013年,交银国信在湖北省内发放固有贷款10亿元。方正东亚年末存续湖北省境内项目23个,规模达到104亿元。两家信托公司积极投入CBD开发、保障性安居工程建设、能源设施改造和汽车工业园建设等重点项目,支持产业结构调整、基础设施建设和民生工程改善,服务经济和社会发展作用持续发挥。

两家信托公司因经营稳健、业绩优秀,得到业界和社会的充分肯定,品牌形象进一步提升。2013年,交银国信荣获"卓越信托公司奖",方正东亚荣获"诚信托—成长优势奖"。

五、需要关注的问题

1. 与其他金融机构相关业务模式的同质化比较严重。信托公司专营业务逐渐被银行、证券、保险和基金管理公司等金融机构共享,导致信托公司缺乏明确、有效的盈利模式。商业银行开展的理财服务、委托贷款业务,证券公司的资产管理业务,寿险公司的投资型保险及基金业务等,均具有"信托"性质,很大程度上挤占了信托市场,信托公司发展空间受限。

2. 需进一步完善治理结构,加紧引进和培养人才。一是信托公司存在治理机构的目的不清晰、股权构成不合理、决策层及股东分工不明确等问题,容易形成依附于政府和政策性的"官办"融资窗口特征。二是信托公司人才流失现象比较突出,经验丰富的信托经理、创新型人才缺乏。

3. 经济形势错综复杂给信托行业发展带来诸多不确定因素。受外需不足和内需不稳影响,国内经济继续高速增长动能不足,经济结构性、体制性问题仍然存在,宏观经济持续健康发展面临较多困难和挑战。部分企业特别是中小企

业经营困难，资金链紧张，更有一些交易对手涉及民间高利贷，聚集了较大的风险。同时，产业结构转型升级压力依然很大，在化解过剩产能中，信贷风险可能加速暴露，行业风险向信托公司传递，风险防控面临较大压力。

4. 创新开拓能力有待提高。信托公司普遍存在自主创新的研发能力较弱和创新项目、资产管理类业务发展不够、营销能力不强等问题。面对复杂多变的经济环境和市场的竞争加剧，以及金融领域的利率市场化改革、汇率形成机制改革、存款保险制度改革和市场化退出机制改革"四改并举"，信托公司开拓创新迫在眉睫。

六、2014年湖北省推进信托业发展举措

（一）推进产品创新，加强与其他金融机构合作

围绕信托传统功能及优势，开发社保、科教、环保等公益基金信托产品，合理定位，创新信托产品品种。构建资金信托产品流通的信息平台。

加强与商业银行合作，分享或交换客户信息，合作开拓新的信托领域。加强与证券公司合作，利用证券公司营业部兼营资金信托业务，实现共赢。

（二）完善内部风控制度，健全风险管理机制

完善激励约束机制，建立岗位责任体系、监控反馈制度；全面实施组织结构控制，明确"三会一层"的职能和责任；规范设立风险控制委员会、投资决策委员会和薪酬管理委员会及内审稽查部门；提高管理水平，防范道德风险，提高专业素质。

加强风险控制，建立健全风险管理机制，实行固有业务与信托业务分离，完善信息披露制度，增加信托公司透明度。建立信托投资风险基金，增强整体风险防范能力。充分运用市场经验和管理资源，建立科学的投资决策和风险控制机制。

（三）创造良好宽松的外部发展环境

一是培育市场，宣传信托知识，提高社会对信托业的认知度。二是加强信用建设，建立信用服务体系，形成信用的社会监督保障机制。三是建立完善的行业自律机制，增强经营管理的自觉性。

湖北省金融租赁业发展情况

湖北银监局

一、湖北省金融租赁业发展情况

光大金融租赁股份有限公司是在湖北省内注册的唯一一家金融租赁公司,自2010年成立以来,坚持服务中小企业客户,稳健经营,持续发展,业务规模稳步增长。2013年,光大金融租赁公司资产总额达到199亿元,比年初增长47.12%,其中,租赁资产余额167亿元(全年新增投放租赁资产105亿元),较年初净增41亿元。全年实现营业净收入7.1亿元,利润总额4.7亿元,净利润3.5亿元,比上年增长30.63%;所有者权益16.2亿元,比年初增长28.03%;资本回报率24.59%,总资产回报率2.12%,在全国银行系租赁公司中均排名第1位。光大金融租赁公司以煤炭开采及煤化工作为主要业务发展领域,兼顾工程机械、教育、医疗、钢铁等其他重点行业。截至2013年末,投向煤炭及相关行业资产余额64亿元,占比38%;投向工程机械业务资产余额44亿元,占比26%;投向医疗卫生和基础设施资产余额各20亿元,占比各为12%。

2013年,光大金融租赁公司融资业务进展顺利,资金主要来自三个方面。一是同业借款。公司获得30余家、总额度325.6亿元的银行机构授信,银行融资成为最主要的资金来源。二是全国银行间同业拆借市场。公司于2012年6月获得全国银行间同业拆借资格,2013年共开展期限为5天至91天的同业拆借业务10笔,累计金额18.9亿元,满足了临时流动性需求。三是融资租赁保理业务。2013年公司开展融资租赁保理业务1笔,期限3年,金额0.82亿元。

光大金融租赁公司充分借鉴母公司(中国光大银行股份有限公司)核心业务系统的建设经验,实现了租赁业务的全流程管理,构建了集客户信息、租赁合同、资产管理、融资安排、报价收益测算、项目管理、审查审批、客户风险评价、起租付款、租后管理、项目核算及融资管理于一体的融资租赁综合业务系统。

二、需要关注的问题

1. 市场拓展能力有待进一步提高。一是金融租赁公司普遍存在缺乏中长期资金的情况,无法满足业务发展需要,一些优质项目因缺乏资金支持而无法开展,公司持续发展动力受到影响。二是产品创新不够。融资租赁公司所提供的租赁业务与银行的信贷业务存在同质化竞争，无法满足客户多样化需求。2013年，光大金融租赁公司售后回租业务占比高达80%以上，类信贷痕迹明显，未能体现融资租赁本质属性和业务特色。

2. 风险管理能力有待进一步增强。一是金融租赁公司治理结构有待进一步完善，内控管理机制需进一步健全，风险管理流程需覆盖租赁业务各个环节，项目承租后续管理需加强。二是行业整体法律意识和诚信意识有待提高，承租方拖欠租赁费用现象时有发生，信用环境亟须改善。三是资产集中度过高。2013年，光大金融租赁公司在煤炭、钢铁、光伏等行业租赁资产集中度较高，受国家化解产能过剩、产业结构调整等政策影响，资产质量面临下降压力。

3. 政策支持力度有待进一步加强。一是在税收优惠政策、投资抵免制度方面，和一些发达国家相比存在一定的差距。二是信贷支持力度有待进一步提高。商业银行在信贷政策、资信认同等方面的支持不足，导致金融租赁公司筹措运营资金成本过高。三是在保险政策方面缺乏相应的金融租赁信用保险制度。四是缺乏保障租赁物所有权的相关政策措施。

4. 运营环境有待进一步改善。一是实体经济的下行压力依然存在。汽车、钢铁、纺织、农副产品加工等行业产能利用率仍处于较低水平，工业品出厂价格同比下跌，部分企业生产经营困难。二是融资租赁业务整体渗透率偏低。市场主体对融资租赁的独特优势认知度不高，缺乏通过金融租赁拓宽融资渠道的意识。

三、2014年湖北省推进金融租赁业发展举措

（一）健全融资租赁相关税收政策

制定差别化的营业税政策，改革营业税政策，按利差收入征收营业税。完善加速折旧制度，放宽折旧方法和加速折旧的条件，允许采用加速折旧，可自主选择折旧，缩短折旧年限。改革租赁会计核算体系，制定清晰的账户体系，研究新租赁形式的会计问题。

（二）完善租赁信用保险制度和风险防范措施

建立租赁风险准备金制度，构建供应商、出租方、承租方、担保方风险共担机制。搭建信用评价体系，建立企业信用信息网，实施租赁合同登记制度。完善租赁业退出机制，允许租赁资产证券化，规范中介机构，实施商业化改造，完善设备拍卖交易市场。

（三）拓宽资金来源渠道，增强金融租赁业实力

一是加强金融租赁公司与商业银行的合作，搭建合作平台，争取商业银行

在信贷政策、资信认同等方面给予金融租赁公司优惠待遇；与商业银行开展业务联营，实现资金资源和客户资源共享。借助商业银行的信用信息平台，掌握企业信用状况，防范风险。二是建立政策性的融资制度，通过政策性银行为金融租赁公司提供长期的低息贷款及低利率的财政性融资。三是加快资本市场发展，完善金融租赁公司市场融资渠道，增强金融租赁公司融资实力。

（四）支持金融租赁公司开创新业务，加大对城镇基础设施建设的投入

支持光大金融租赁公司探索开展新能源汽车、环保设备租赁等新业务，通过融资租赁的方式加快城镇化建设和排水、环保等市政基础设施建设。

湖北省财务公司发展情况

湖北银监局

一、整体运行平稳，规模稳中有升

2013年，湖北省共有企业集团财务公司9家，其中，法人机构5家，分公司4家。截至年末，全省财务公司资产总额811亿元，比年初增长4.89%；负债总额703.10亿元，比年初增长2.65%；所有者权益107.9亿元，比年初增长22.25%。全年实现净利润19.56亿元，同比下降0.59%。

二、各项业务平稳发展

一是资产总额稳中有升。2013年，全省财务公司贷款总额621.76亿元，比上年增长9.96%。投资余额5.09亿元，比上年增加0.85亿元。二是负债总额不断增长。全省财务公司成员单位存款总额519.76亿元，比年初增长6.07%。东风汽车财务有限公司的回归扩大了可归集资金范围，存款增幅较快；中国石化财务有限责任公司武汉分公司、中国电力财务有限公司华中分公司成员单位存款有所下降；武汉钢铁集团财务有限责任公司资金回笼量有所下降。全省财务公司拆入资金余额26.58亿元，为年初余额的12.08倍，全部为武汉钢铁集团财务有限责任公司第四季度的拆入资金。三是表外业务发展平稳。全省财务公司委托贷款余额1088.44亿元，比年初下降5.26%；承兑汇票余额37.96亿元，比年初增长57.64%。四是利润增长微幅下滑。2013年全省财务公司利润增长微幅下滑的主要原因是：武汉钢铁集团财务有限责任公司资产和信贷规模下降，中国电力财务有限公司华中分公司和中国石化财务有限责任公司武汉分公司服务范围缩小，湖北能源财务有限公司和航天科工财务有限责任公司武汉分公司

新近开业。五是资金管理水平显著提高,全省财务公司平均资金集中度为35.32%。

三、严密防范风险,增强持续发展能力

一是严密防范信用风险。2013年,全省财务公司不良资产率0.32%,较年初上升0.03个百分点;不良贷款余额2.08亿元,比年初增加0.12亿元;不良贷款率0.34%,较年初下降0.01个百分点。全省财务公司通过强化风险意识,健全风控机制,努力防范风险。二是降低市场风险。从投资比例和投资品种配置来看,除个别财务公司股票投资存在一定风险,全省财务公司整体市场风险较小。三是提高资产流动性和资本充足率。2013年,全省财务公司净资产总额107.91亿元,比年初增长22.25%,平均资本充足率33.76%,核心资本占95%以上,流动性比例均高于25%的规定指标,未发现到期不能支付的债务。全省财务公司平均贷存比为119.62%,武汉钢铁集团财务有限责任公司、湖北宜化集团财务有限责任公司贷存比处于较高位运行。全年全省财务公司经营管理情况总体较好,没有重大违法违规行为。

四、需要关注的问题

1. 经营模式单一,业务开展广度不够。一是财务公司经营模式单一,难以拓展市场份额。财务公司资本及经营资金受限于本集团内部,资金管理与运作处于低水平阶段。二是资金管理模式单一,对流动性冲击较大。财务公司缺乏"收支一体化"的强指令性、强干预性,资金归集难度较大,资金波动幅度较大。三是业务开展广度不够,主要集中在传统金融业务范围,中间业务比重过低。大部分财务公司仍主要从事企业集团内部的结算、资金管理、内部存贷款等业务,在开拓新业务方面发展不足。

2. 市场定位不明确,缺乏一定的自主性。财务公司缺乏明确的市场定位和独具特色的经营理念。财务公司既是独立的企业法人,但同时也是企业集团内部的金融机构,一定程度上缺乏经营的自主权,贷款、担保等业务的开展一定程度上受到集团的干预。

3. 风险管理体系和意识有待加强。一是在组建方式上,财务公司容易产生因企业集团经济运行状况和经营行为所引发的连带风险。二是财务公司偏离对内服务的基本定位,过多介入证券投资、中间业务领域。三是财务公司的金融监管模式、信息披露制度、内部控制制度、风险防范机制等不够健全和完善,缺乏规范的、权威性的管理法规。

五、2014 年湖北省推进财务公司发展举措

（一）加强财务公司监管，强化风险控制

定期、不定期对财务公司进行全面或专项检查，防范和化解已有或潜在的金融风险。加强对财务公司不良资产的清收和处理，降低不良资产比重。完善财务公司内部治理结构，健全内控机制，建立高管人员激励与约束机制，提高操作风险和市场风险管理水平。

（二）完善基础设施建设，增强综合经营实力

推进财务公司信息化建设，充分应用计算机信息技术，有效降低经营成本。改进和完善财务公司经营管理体制，调整经营理念和发展战略。推进财务公司之间的重组联合，将电力、石油石化、航空航天等集团内部财务公司合并重组，提高综合经营实力。

（三）加大创新力度，提高盈利水平

一是创新管理体制。实行财务公司后台与集团公司管控模式接轨，形成后台支撑有力、前台服务高效的管理运行体制。二是创新激励机制。建立股东、成员单位、财务公司多方共赢的激励机制，提高核心竞争力。三是创新传统业务。在资金管理上，建立与多家商业银行直联的资金管理与结算系统，开发差别化资金管理子系统；在信贷业务上，大力开发银团贷款业务，有效降低融资成本；在票据融资业务上，建立统一的票据融资模式和票据结算体系。

湖北省村镇银行发展情况

湖北银监局

2013 年，全省村镇银行发展稳健，资产规模过百亿元，机构和业务发展取得明显成效，村镇银行在金融机构中的地位不断提升，社会形象与认知度逐步提高，已成为湖北省农村金融市场中不可忽视的新生力量。

一、机构发展加速，业务稳步增长

2013 年，全省村镇银行机构发展较快，年内新增 4 家法人机构，全省村镇银行法人机构达到 38 家（包括 2 家贷款公司），分支机构 31 家，覆盖了除十堰、鄂州以外的 11 个市（州）和 46 个县（市、区），县域覆盖率达到 80%。全年村镇银行业务规模稳步增长，整体实力显著提升。截至年末，全省村镇银行总资产 130.7 亿元，总负债 112.1 亿元；各项存款余额 85.8 亿元，各项贷款

余额 76.9 亿元，其中，88.6% 的资金投向了当地的小企业和农户；不良贷款率为 0.26%，连续 4 年保持在 0.4% 以下；30 家村镇银行法人机构实现盈利，实现净利润 1.6 亿元。全省村镇银行资本规模迅速扩张，抵御风险能力明显增强。截至年末，全省 38 家村镇银行法人机构共引入各类资本 16.1 亿元，同比增加 2.5 亿元，增长 18.4%。

二、支农支小服务持续深化

截至 2013 年末，全省村镇银行法人机构贷存比为 89.6%，发放涉农贷款 67.4 亿元，占贷款总额的 87.6%。其中：农户贷款 33.4 亿元，占比 49.6%；小企业贷款 34.7 亿元，占比 45.2%。村镇银行已成为支持"三农"和小微企业的社区银行。2013 年，全省村镇银行继续深化支农支小金融服务。一是坚持"支农支小"的市场定位。汉川农银村镇银行定位为"农民的银行"；潜江中银富登村镇银行确定目标客户为小微企业、个体工商户、农户和城乡居民，着力打造"潜江人自己的银行"和"支农支小专业银行"；汇丰村镇银行秉持"公平、快速、长期合作"的理念，着力成为当地居民身边的便利银行；钟祥民生村镇银行将现代农业、种（养）殖业、农产品收购加工企业、当地小微企业、城市商圈作为信贷投放重点。二是突出特色和个性化服务。多家村镇银行从服务理念、服务方式、服务范围、服务效果等方面贴近客户需求，提升服务水平。汉川农银村镇银行通过延时服务、上门服务等方式，使当地 70% 以上农户和涉农小企业成为该行的稳定客户，其中，986 名农民和 163 户种（养）殖专业户在该行获得人生首次金融服务；曾都汇丰村镇银行在全行范围内免客户借记卡开卡手续费、同省跨行 ATM 取现手续费，免部分汇款结算量较大的企业客户汇款手续费；赤壁武农商村镇银行成立了小微金融服务专业团队，实行"扫街式"营销，送服务上门。三是扩大行业影响。全省村镇银行深耕农村金融市场，带动了更多金融机构关注农村金融需求。宜城国开村镇银行通过养殖专业合作社，向 100 余户养殖户发放生猪养殖贷款累计达 3000 余万元，带动了农村信用社、邮政储蓄银行等多家金融机构进入当地生猪养殖市场。村镇银行的设立，给当地的金融市场注入了竞争活力，促进了农村金融服务的深化发展，村镇银行的影响力不断提升。

三、金融创新不断推进

创新贷款担保方式。全省多家村镇银行为解决"三农"和小微企业担保难，积极探索突破传统担保的新模式，努力寻求成本更低、更贴合实际需求的贷款担保方式。潜江中银富登村镇银行开发了符合蛋鸡和生猪生长规律的"欣农贷—蛋鸡"和"欣农贷—生猪"产品，针对抵押物不足或无抵押物的小微企业开发了"合作贷"的联保贷款，针对经营年限长、生产经营稳定、暂无抵押物的小微企业开发了纯信用的"增力贷"贷款产品等；汉川农银村镇银行通过实施三户联保、大公司为小企业担保、农地经营权抵押担保等新模式，破解担保难题。

创新信贷审核技术。全省多家村镇银行找准小微企业信用风险核心，创建简便、快捷的信贷审核技术。大冶泰隆村镇银行推行发起行传统的"三品三表"（"人品、物品、产品"和"水表、电表、报表"）信贷调查技术，准确掌握反映小微企业风险的社会软信息；监利中银富登村镇银行推行"四看五核一评定"（看水表、电表、工资表、财务报表；核企业的经营地址、经营范围、实际年限、股东人员、上下游客户）；宜城国开村镇银行制订"信用先行、眼见为实、交叉检验、现金为王"的信贷调查原则。这些贷款审核技术一定程度上解决了因信息不对称、信用风险高所造成的小微企业融资成本高、审贷时间长和抵押难、贷款难等问题。

创新开发信贷产品。2013年全省村镇银行结合当地小微企业特点，开发了28个有特色、有市场、效果明显的信贷产品，有效促进了小微企业融资，增强了市场竞争力。洪湖融兴村镇银行开发的"乾道嘉"农户养殖业信贷产品，采取到期一次性还本付息的方式，并在贷款利率方面给予一定优惠，得到当地农户、养殖户的普遍好评；枝江汉银村镇银行推出的针对小微企业的"简易贷"和针对农户的"农易贷"信贷产品，恩施常农商村镇银行引进的发起行"金种子"无抵押农户小本生意贷款产品，都得到小微企业和农户较高认同。

创新服务工作机制。通过对网点设置、业务权限和管控路线的设定、贷款利率制定、专业人员配备等多个方面的改进和创新，全省村镇银行建立了特色化、覆盖小微企业各方面的服务工作机制。大冶泰隆村镇银行实施服务理念差异化、服务规范差异化、贷款利率差异化、业务产品差异化"四个差异化"服务；荆门掇刀包商村镇银行优化业务流程，实行限时服务机制，即微贷业务在1至3个工作日内完成贷前调查和业务审批，小企业信贷业务在3至5个工作日内完成贷前调查、客户评价、提交审批等流程，提高了工作效能和服务质量。

四、需要关注的问题

1. 流动性管理亟待加强。一是村镇银行存款增长乏力，贷存比整体偏高。二是存贷款结构期限不匹配，短存长贷问题突出。三是对大户存款尤其是财政资金存款依赖性较强。四是各村镇银行对流动性管理方法单一，未与其主发起行签订书面的流动性支持协议，明确权责。

2. 资金筹集困难，支农扶农力量仍显不足。一是村镇银行地处偏远，受自然条件和开放程度等因素限制,居民收入水平有限,农民和乡镇企业闲置资金有限,制约了村镇银行储蓄存款的增长。二是村镇银行成立时间较短,农村居民对其缺乏了解,与国有商业银行、邮政储蓄银行、农村信用社相比,资金筹集难度较大。三是村镇银行网点少,缺乏现代化管理手段。

3. 竞争压力较大,竞争力有待进一步提高。一是农业银行重返"三农"市场,深入实施县域"蓝海市场"战略,农村金融市场竞争加大。二是邮政储蓄银行机构日益完善,开始涉足农村信贷业务。三是其他国有商业银行、股份制商业银行加大对县域市场的布局力度,在县域开设分支机构,农村金融市场竞争日趋激烈。

4. 经营风险不容忽视。一是农村居民收入不稳定、抵(质)押物缺乏、个人信息获取难度大、乡镇企业有效抵(质)押资产缺乏、财务制度不健全等加大了村镇银行的信用风险,需要密切关注。二是农户居住分散、交通不便,贷款额度小、笔数多、工作量大等多种因素,造成了对农户资金使用情况的监管困难,加上再生产过程中自然因素的风险,使村镇银行面临的风险加大。三是因竞争压力的增大、内控管理制度不完善、人才储备不足、开业初期重规模扩展、激励约束机制重业绩轻约束等原因,造成违规放贷、降低信贷标准的可能性增加。

五、2014年湖北省推进村镇银行发展举措

(一)拓展资金来源,加强自身建设

一是合理设置营业网点,优化经营机构布局,扩大服务半径。二是开展上门服务,深入了解农民、企业需求,扩大储蓄存款来源。二是加快村镇银行基础设施建设,推行电子化办公,提升服务质量。四是加强人才培养,适当引入高级管理人才。五是强化内控建设,完善管理制度。

(二)推进金融创新

一是加强与商业银行的业务合作,对大中型项目实行联合贷款,扩大金融供给规模。二是加强与政府部门合作,扩大金融服务对象。三是继续探索多种担保、抵押方式,解决种(养)殖大户、专业农户、经济合作组织的资金需求。四是逐步推出与自身管理相适应、与"三农"和小微企业融资需求相匹配的包括保险、代理、担保、个人理财、信息咨询等在内的金融产品和服务。

(三)加大扶持力度

一是加大政策宣传力度,提高村镇银行影响力。二是给予村镇银行税收优惠,允许在税前多提坏账准备,降低营业税率,暂时免除所得税,稳步增加村镇银行资本积累。三是放松利率管制,允许村镇银行根据当地经济发展水平、

资金供求状况、债务人可承受能力等自主确立贷款利率。四是加快建立农业政策性保险机构和必要的风险补偿机制,构建村镇银行服务"三农"和支持新农村建设的正向激励机制。五是出台相关政策,支持村镇银行与农村信用社进行适度的有序竞争,增强村镇银行的活力。

(四)优化经营环境

一是进一步改善农村信用环境,加大违约者的机会成本,培养和打造一批高质量的客户群。二是加快农村个人信用系统建设,健全农村个人信用档案,开展"诚信农民"评选活动,优化农村金融市场发展环境。

湖北省小额贷款公司发展情况

湖北省人民政府金融办公室　湖北省小额贷款公司协会

2013年,湖北省进一步健全完善关于小额贷款公司试点的意见和办法,各地、各部门加强合作,加强对小额贷款公司的监管与服务工作,全省小额贷款公司总体发展平稳。截至年末,全省17个市(州)均向省政府报送了试点方案,申报的小额贷款公司388家,有345家获批,其中,股份有限公司56家,有限责任公司289家,外资参股公司7家。批复设立的小额贷款公司注册资本金总额为387.17亿元,平均每家注册资本金1.12亿元,其中,301家已对外办理业务,贷款余额358.97亿元,累计发放贷款740.30亿元。全年共有73家次小额贷款公司增资,增加注册资本金65.96亿元。

一、湖北省小额贷款公司运行发展特点

(一)数量规模增速加快,总体发展平稳

1. 公司数量快速增长。2008年湖北省批准设立的小额贷款公司为7家,2009年为39家,2010年为28家,2011年为65家,2012年为99家,2013年达到107家。近两年发展的数量接近6年的2/3,增长速度加快(见表5)。

表5　　　　2008~2013年湖北省小额贷款公司数量统计表

年份	新设立数量(家)	总数量(家)
2008	7	7
2009	39	46
2010	28	74
2011	65	139
2012	99	238
2013	107	345

2. 新设立公司注册资本金逐年提高。2008~2013年，当年成立的小额贷款公司平均注册资本金分别为3454万元、3511万元、5660万元、7532万元、10816万元和17570万元（见表6）。最初两年户均资本金为3000万元级，2010年上升到5000万元级，2012年上升到1亿元级，每隔两年上升一个台阶，资产规模呈快速增长趋势。截至2013年末，全省小额贷款公司户均注册资本金超过1亿元，达到11222.42万元，比上年增加2252.67万元（见表7）。其中，有11家公司注册资本金超过3亿元，最高1家达到15亿元。小额贷款公司资金实力和规模明显增强。

表6　　2008~2013年湖北省新设立小额贷款公司注册资本统计表

年份	新设立公司注册资本金总额（万元）	户均资本金（万元）
2008	24178	3454
2009	136930	3511
2010	158480	5660
2011	489580	7532
2012	1070785	10816
2013	1879953	17570

表7　　2012~2013年湖北省小额贷款公司户均资本金统计表

截至时间	资本金合计（亿元）	户均资本金（万元）
2012年12月31日	213.48	8969.75
2013年12月31日	387.17	11222.42

3. 增资扩股力度逐年增大。2010年全省有6家小额贷款公司完成增资扩股，增加注册资本金2.63亿元，平均每家公司增加4383万元；2011年有15家公司增资扩股，增加9.46亿元，平均每家公司增加6307万元；2012年有21家公司增资扩股，增加13.69亿元，平均每家公司增加6519万元；2013年有31家公司增资扩股，增加40.18亿元，超过了2008~2010年试点初期3年注册资本金总和31.96亿元的1.26倍。2013年小额贷款公司户均增资扩股金额12961万元，高于上年新设立公司的户均注册资本金（10816万元），是其1.2倍（见表8）。有13家公司多次增资，增资幅度超过了5倍，最高的接近15倍。截至2013年末，全省小额贷款公司累计有73家次增资扩股，增资总金额65.96亿元。

表8 2010～2013年湖北省小额贷款公司增资扩股情况统计表

年份	家数（家）	增资金额（亿元）	户均增资金额（万元）
2010	6	2.63	4383
2011	15	9.46	6307
2012	21	13.69	6519
2013	31	40.18	12961

4. 贷款额度与资本金实力同步增长。一是当年累放贷款快速增长。2012年当年累放贷款386.42亿元，余额196.15亿元；2013年当年累放贷款740.30亿元，余额358.97亿元，同比增长近1倍。二是累放贷款总额大幅增加。小额贷款公司前5年总计累放贷款642.42亿元。2013年当年累放超过前5年之和，达到740.3亿元。6年总计累放贷款1382.72亿元，是前5年累放贷款的2.15倍。

（二）发展布局总体合理，呈现"西强东弱中一般"特点

2013年，全省小额贷款公司总数大幅提升，由2012年的238家提升到345家，增幅接近45%。增量最大的为武汉市，增加了25家小额贷款公司；增幅最大的为宜昌市，由19家增至41家，增幅达到115.6%，发展势头强劲。神农架林区实现零的突破，新增1家小额贷款公司。从全省市（州）的分布情况看，武汉市数量最多，而且仍有发展潜力，襄阳、宜昌、恩施、十堰、孝感发展较快，鄂州、咸宁、黄石、荆门、黄冈有待发展。

从小额贷款公司在全省各县（区）、高新区、经济发展区的分布情况看，数量最多的为高新区（东湖高新区12家）和武汉市中心城区（武昌区9家），75%以上的县（区）为1~3家，有4个县（区）、经济开发区为空白，分别是嘉鱼县（咸宁）、鄂城区（鄂州）、葛店经济开发区（鄂州）、梁子湖区（鄂州）。小额贷款公司在经济发展较好县（区）的数量多于欠发展的县（区）。

（三）突出特色服务，缓解"三农"和小微企业融资困难

全省小额贷款公司坚持"小额、分散"的原则，以当地特色产业的小微企业、个体工商户和农户为主要贷款发放对象，对产品有市场且急需资金的客户给予及时支持，缓解了"三农"和小微企业融资困难，发挥了对农村金融体系的补充作用。据统计，2013年末全省小额贷款公司贷款余额358.97亿元，其中，涉农贷款81.76亿元，占比22.77%；小微企业贷款159.58亿元，占比44.46%。

（四）公司治理进一步规范，风险防范更加严密

全省小额贷款公司内控机制逐步完善，建立了良好的治理机制，制定了贷款管理方法、财务管理方法、会计核算规定、风险金计提制度和分类计提呆账

准备金等一系列权责明晰、奖惩分明的规章制度。小额贷款公司高管人员大多具有银行业从业经历，严格按照现代银行治理结构的要求稳健经营，实现规范的运作及良好的风险控制。全省小额贷款公司经营总体合法合规，利率执行符合要求，未发现吸收存款和非法集资情况。

二、需要关注的问题

1. 小额贷款公司发展有待进一步均衡。全省125个县（市、区、开发区）中有4个空白。全省345家小额贷款公司中仅有139家公司设在县域，占比40.3%。从公司数量来看，武汉、襄阳、宜昌等地数量较多，均超过40家；咸宁、鄂州等地较少，均不足10家。从公司规模看，武汉、十堰、鄂州等地规模较大，户均注册资本在1.4亿元以上；咸宁、仙桃、潜江等地规模较小，户均注册资本在6000万元以下。

2. 部分小额贷款公司资金高位运行，风险管理有待加强。全省小额贷款公司平均注册资本金低于部分经济发达省份。尽管小额贷款公司通过向银行融资和增资扩股等方式扩充可贷资金，但由于市场需求旺盛，可贷资金仍然十分紧缺，导致部分小额贷款公司资金高位运行。同时，小额贷款公司的风险管理存在隐患。一是风险管控手段落后，部分小额贷款公司风险管理流程没有涵盖贷前、贷中和贷后各个环节，贷前调查缺少基本的规范和标准，贷后管理落后，无法从客户的交易对手、上下游企业及开户银行等多种渠道获取贷款使用及风险状况。二是贷款风险集中度较高，风险抵补能力较差。部分小额贷款公司通过"化大额为小额"的方式变相超比例放贷，拨备水平普遍较低。

3. 对小额贷款公司的监管水平和力度有待进一步提高。目前对小额贷款公司的监管主要是依靠银行资金账户管理和工商部门的日常监管，监管部门无法在第一时间了解小额贷款公司的经营状况和盈利能力，一些公司的虚假信息不能及时准确地反映，存在监督滞后的问题。

三、2014年推进湖北省小额贷款公司发展举措

（一）引导小额贷款公司合理布局

按照"总量统筹、提高质量、合理布局、防控风险"的原则，合理规划各县（市、区）小额贷款公司布局，积极稳妥扩大小额贷款公司覆盖面，重点向县域和中心城镇倾斜，协调解决"空白县"小额贷款公司设立问题，鼓励经济相对落后的地区组建小额贷款公司，填补农村地区金融空白，合理配置金融资源。

（二）加快 IT 综合服务平台建设步伐

湖北省已确定由湖北中企投资担保公司发起设立湖北金融数据公司，参照借鉴外省模式，2014 年内对小额贷款公司实施有效监管及全方位服务。拟运行的 IT 综合服务平台包括财务管理软件、小额信贷管理软件、业务监管软件，进一步完善小额贷款公司审批程序，加强财务管理。各级监管部门可通过该系统了解区域内的小额贷款公司运营状况，完善小额贷款公司监管体系，提升监管水平。

（三）尽快接入人民银行征信系统

积极创造条件，推动小额贷款公司接入征信系统，共享个人信用信息资源，方便小额贷款公司开展业务。一方面，继续加强软件系统建设，使其尽快达到接入征信平台要求，同时规范小额贷款公司经营数据报送流程；另一方面，争取人民银行总行对湖北省小额贷款公司接入征信系统提供技术和政策支持，降低接入和使用费用。

（四）充分发挥小额贷款公司协会作用

充分发挥小额贷款公司协会的行业自律和管理服务作用，加强信息共享与交流，推进同业合作，引导小额贷款公司不断加强公司治理，实行规范化管理，实现内部管理规范和流程合规，使其由粗放式经营向集约型经营发展，促进小额贷款公司持续健康发展。

湖北省融资性担保业发展情况

湖北省经济和信息化委员会

2013 年，湖北省进一步加强对融资性担保业的管理服务，全省融资性担保行业整体实力、担保能力和抗风险能力明显提高，行业发展整体稳定有序。

一、湖北省融资性担保业运行特点

（一）整体实力增强，规模不断扩大

2013 年，全省共有融资性担保机构 425 家，比上年减少 2 家，其中，法人机构 416 家，比上年增加 1 家，分支机构（分公司）9 家，比上年减少 3 家。截至年末，全省融资性担保机构资产总额 651.8 亿元，净资产 580.7 亿元，注册资本 551.6 亿元，资产总额、注册资本分别比上年增长 30.9% 和 33.2%。全省融资性担保机构规模进一步壮大。武汉担保集团、湖北中企担保、黄石中小企业担保等 7 家公司年担保总额均达到 50 亿元以上；担保总额超 10 亿元的公司有

32家,对全省融资性担保业务贡献率达到58.7%;担保总额超5亿元的公司达到76家,对全省融资性担保业务的贡献率达到76.2%,成为全省融资性担保行业的骨干和中坚力量。

(二)业务发展加快,服务中小企业作用增强

2013年,全省融资性担保机构为4.86万家企业提供担保1596.9亿元,年末在保余额1055.2亿元。与上年相比,担保总额和在保余额分别增长49.7%和31.9%。据统计,2013年全省4.86万家受担保企业新增营业收入1136.1亿元。据测算,全省中小企业每新增10元贷款,约有3.6元通过担保获得,全省融资性担保公司为缓解中小企业融资难作出了积极贡献。

(三)风险防范能力全面提升

湖北省融资性担保行业快速发展,吸引大批金融、管理、法律专业人才加入融资性担保机构,成为融资性担保机构拓展业务、加强管理、控制风险的核心力量。同时,全省融资性担保业进一步加强内部管理制度建设,风险防控意识和能力全面提升。2013年全省融资性担保机构共提取"三金"41.5亿元,存出保证金189.3亿元,风险准备对代偿风险实现全覆盖,全行业安全运行、风险可控。

二、湖北省促进融资性担保业规范发展情况

(一)加大扶持力度

2013年,全省共有76家融资性担保机构入围国家项目库,湖北省为其中50家融资性担保机构争取中央财政补贴资金共计8300万元,获得支持的融资性担保机构数量与金额创历年之最。

(二)加强行业管理

一是加大业务培训力度。组织召开全省融资性担保行业监管工作座谈会,举办全省融资性担保行业领军人才培训班,从扶持政策、监管要求和业务操作等方面,加强担保业务培训。二是加强日常监管。按季度分析全省融资性担保业发展动态,严把审批入口关,停止批设新机构。全年共办理融资性担保机构行政审批服务135件,审核申报材料600万字以上。

(三)加强风险防范

一是持续开展规范整改工作。2013年,按照"做大做强一批、规范提高一批、清理淘汰一批"的原则,在全省广泛开展规范整改考核验收工作,首批197家送评融资性担保公司有158家通过专家考核评审并进行了网上公示,第二批144家送评融资性担保公司有95家通过专家评审并进行网上公示。通过持续规

范整改，全省融资性担保行业整体实力、担保能力和抗风险能力有较大提升。二是提高信息化水平，加强风险预警。开发了湖北省融资性担保公司业务监管与风险预警综合信息管理系统，该系统具有完善内部业务流程、实时反映经营动态、及时进行预警提示、支持报送业务信息等功能，为融资性担保公司搭建了一个加强内部管理和风险控制的操作平台。通过推广使用管理系统，全省融资性担保行业信息化管理水平和业务监管效率进一步提高。

三、需要关注的问题

1. 业务规模有待扩大。湖北省在保余额占净资产的比例较低，平均放大倍数为2倍，仅达到全国平均水平，担保业务最大的武汉担保集团，年担保额96.2亿元，与经济发达省市超百亿元级的融资性担保公司相比还有一定差距。据统计，全省仅有10%的融资性担保机构资金放大倍数超过3倍，约45%的融资性担保机构在1~3倍，接近半数的融资性担保机构难以正常开展担保业务或无法与银行建立合作关系。

2. 资本充足率不高。湖北省融资性担保机构注册资本551.6亿元，平均注册资本为1.33亿元，最大的只有20亿元。近几年融资性担保公司转让与重组异常活跃，全省融资性担保公司增资行为频繁，但资金实际到位情况不理想，一些融资性担保公司长期投资、应收账款等占比较大，部分融资性担保公司存在资金抽离、对外借款等违法违规行为，实际开展担保业务的担保运营资金占比较低。

3. 发展环境有待优化。近几年经济下行压力和企业信用违约导致担保经营风险加大，融资性担保机构在与银行合作中处于弱势地位，难以建立风险共担机制。由于对融资性担保机构计提风险准备政策、担保代偿政策的缺位，影响了融资性担保机构抗风险能力的提高。

四、2014年推进湖北省融资性担保业发展举措

(一) 支持融资性担保机构做大做强

支持融资性担保机构通过增资扩股、联合经营等方式做强资本实力，做大担保主业，探索集团化、联盟式经营发展。积极落实国家扶持政策，做大省级和武汉市重点融资性担保机构，做强市（州）骨干融资性担保机构，做实县域和民营融资性担保机构，着力培育一批实力强大、管理规范、信用良好的融资性担保机构，构筑全省融资性担保行业的中坚力量，为建立多形式的全省融资性担保合作体系培育龙头骨干。

（二）完善行业发展制度体系

一是完善退出机制，对无法建立稳定银担合作关系、无法正常开展担保业务的融资性担保机构实施退出；对有意愿、有潜力发展担保业务的融资性担保机构，实施资本金托管；鼓励资本实力强、风险管控好的融资性担保机构兼并弱小融资性担保机构，组建担保集团。二是完善应急管理机制，逐级健全完善重大风险事件报告、处置和应急管理机制，按规定及时上报重大风险事件及处置情况；加强现场检查，及时发现和查处违法违规经营行为；加强对资本金运用的监督，实施账户信息备案管理，及时清退"空心"、"空壳"融资性担保机构。三是完善目标管理制度，积极落实全省融资性担保机构控减目标，实行总量控制，逐步淘汰不合格融资性担保机构。四是完善年审考核制度，定期考核融资性担保机构规范经营和风险防范情况，将考核评定结果作为分类监管依据。五是完善行业审计制度，建立融资性担保行业经营业务审计规范，逐步统一融资性担保业务审计内容、核算标准等，引导融资性担保机构规范会计核算，真实、完整地反映经营成果和财务信息。

（三）提升行业服务质效

一是全面推广使用湖北省融资性担保行业综合信息管理系统。督促全省融资性担保机构尽快完成初始数据录入，当年所有担保业务逐笔上线运行，并逐步完善该管理系统。运用该管理系统加强行业信息分析和非现场监管；指导融资性担保机构运用管理系统控制业务风险、拓展业务范围、加强内部管理。二是加强日常监管。以许可证管理为重点，进一步加强行政审批、数据分析、现场检查、资料核对等日常监管工作，运用综合信息管理系统对担保业务实时监督预警。加强部门联动，积极探索建立第三方评价制度。三是加强人才队伍建设。积极组织社会服务资源协助融资性担保机构培养领军人才、业务骨干，支持融资性担保机构自主开展业务培训，建立担保人才资源库，落实高管人员任职资格管理规定，为行业可持续发展提供智力支撑。

湖北省典当行业发展情况

湖北省商务厅

2013年，湖北省典当行业健康稳定发展，在促进经济发展、满足企业融资需求、便利居民生活等方面发挥了重要作用。

一、湖北省典当行业运行特点

（一）规模和实力不断发展壮大

2013 年，湖北省共有典当行 207 家，比上年增加 24 家；分支机构 16 家，比上年增加 2 家。全省典当行业注册资本总额 49.19 亿元，同比增长 26%；从业人员 2471 人，同比增长 20%。

2013 年，全省典当行发放贷款和垫款余额（典当余额）339744.62 万元，同比增长 36%。发放贷款总额（典当总额）901065.62 万元，同比增长 30%，其中，动产 172019.82 万元，同比增长 61.6%；房地产 452556.18 万元，同比增长 35%；财产权利 276489.82 万元，同比增长 10.6%。实现营业收入 37745.05 万元，同比增长 25.8%。全年发放的贷款总额中：利息和综合费用净收入 36700.99 万元，同比增长 27.8%；手续费及佣金净收入 913.38 万元，同比减少 14.6%；其他收入（含绝当收入等）130.68 万元，同比减少 33.8%；利润总额 10153.66 万元，同比增长 2.2%；上交所得税 2822.97 万元，同比增长 5.9%；实现净利润 7330.69 万元，同比增长 0.9%。绝当金额（指发生额）2830.57 万元，比上年同期减少 14.8%，其中，动产质押贷款绝当金额 90.07 万元，同比（686.64 万元）减少 86.9%；财产权利质押贷款绝当金额 1133.5 万元，同比减少 16.3%；房地产抵押贷款绝当金额 1607 万元，同比增长 25.6%。负债总额 17318.64 万元，同比减少 12.3%。

（二）业务领域持续拓展，服务中小企业能力增强

全省典当行服务对象以私营企业和个体工商户为主，经营品种侧重于机动车、房地产、有价证券等，同时积极开拓传统的金银、手表、珠宝、字画等民品典当业务。

全省典当行与中小企业联系更加紧密，范围更加广阔，服务中小企业的能力逐步增强，利用典当融资的中小企业明显增多。典当行为中小企业提供的应急融资额达 80% 以上，在缓解中小企业融资困难中发挥了积极作用。

二、湖北省规范发展典当行业情况

（一）加强行业制度建设

一是统一典当企业会计制度。二是认真贯彻落实商务部《典当行业监管规定》，结合湖北省实际，出台《湖北省典当行业监管工作责任制度》、《湖北省商务厅关于进一步加强典当行业监管工作的通知》。全省各市、州、县成立了监管工作专班，加强对全省典当行的现场核查力度。

（二）加强行业管理

一是严格按规划有序发展典当行，湖北省典当行数量从 2003 年的 31 家增加到 2013 年的 207 家，基本上按年均 20 家的规划稳步发展。二是按照《典当管理办法》和《典当行年审管理办法》的规定，扎实做好年审工作，2012 年度的年审工作于 2013 年 4 月全部完成并公布。三是依法办理变更手续。按照商务部《关于简化典当行备案工作流程的通知》要求，简化办事程序，及时高效为典当行办理变更审批手续。加强对典当行转让股份的管理，防止不具备资格的企业和个人进入，严防典当行借机变相集资吸储或倒卖经营资格，保障全省典当业有序发展。四是加强日常监管。利用全国典当行业监督管理信息系统加强对典当行的业务监测和非现场核查，同时加大现场核查力度，对武汉市、咸宁市和孝感市典当行的资金来源、资金流向、经营合规性、当票使用情况、店面形象建设五个方面进行现场检查和评估。

三、需要关注的问题

一是典当业总体数量不多，布局有待进一步完善。湖北省典当企业数量在中部六省排名居后，与东部经济发达地区也存在较大差距。同时，典当企业布局还不尽合理，大部分典当行集中在武汉市及市（州）级城市。二是典当企业自身管理不够规范，少数典当行法人治理结构不够合理，内部管理制度不健全，岗位责任不明确，风险管控能力不强。

四、2014 年湖北省推进典当行业发展举措

（一）加强行业规划，引导典当业健康有序发展

按照《商务部关于"十二五"期间促进典当业发展的指导意见》，引导全省各市（州）科学制定典当业发展规划，促进行业稳步、均衡、有序发展。

（二）提高发展质量，增强企业经营和风险管控能力

引导全省典当行坚持主业、做强主业，坚持专业化、特色化、差异化发展，提高发展质量。一是突出典当行"短、小、快、灵"优势，坚持"随时、随地、随客"的经营理念，培育一批信用良好、管理先进、服务意识强的龙头典当行。二是在风险可控、能力允许的前提下，引导和鼓励典当行拓展新兴业务领域，不断丰富当物品种，拓展绝当物品销售方式和渠道。三是引导典当行创新发展。以市场为导向，以提高服务能力和效率为根本目的，防止以规避监管为目的和脱离经济发展需要的"创新"，把握好创新边界。四是引导典当行完善内部管理。加强公司治理、业务规则、人才培育、内部控制、安全防范和风险管理等

方面的制度建设，建立健全客户风险评估机制，强化资产管理，增强风险防范意识和能力。

（三）加强行业监督管理，防范系统性风险

加强全省典当行业监管，严禁非法集资和违规变相信贷活动，确保不发生系统性、区域性风险。充分利用监管信息系统，切实做好合规性检查，对苗头性和倾向性的问题及时预警。充分利用会计师事务所等专业机构，及时开展有针对性和有效性的现场检查。进一步完善现场检查工作机制，将现场检查和非现场监管有效结合。坚持监管报告制度，特别是强化对典当行市场行为的监管，加大违法违规行为处罚力度，加强与银监、公安、工商等部门交流与沟通，通过监管联动工作机制，加强监管效能。

（四）进一步推进典当行业与人民银行征信系统对接

在初步与人民银行武汉分行征信中心对接的基础上，采取有效措施，进一步推进对接工作，控制好典当行业经营风险。

湖北省资本要素市场发展情况

湖北省人民政府金融办公室

2012年11月，湖北省11家资本要素市场首批全部通过国家清理整顿各类交易场所部际联席会议检查验收。2013年，全省资本要素市场规范运营，创新发展，成为湖北省多层次资本市场的重要组成部分。

一、湖北省资本要素市场发展基本情况

2013年，湖北省资本要素市场呈现市场交易日趋活跃、市场规模不断扩大、对外合作继续加强、影响力和辐射力逐步增强的良好发展态势。

（一）武汉光谷联合产权交易所

2013年，武汉光谷联合产权交易所完成各项产权交易项目5322宗，交易总额789.99亿元。近4年共完成各类产权交易项目11734项，交易总额2547.1亿元，国有产权交易平均增值率达18%。通过对全省市（州）产权交易分中心实施股份制改造、标准化建所，初步形成了以武汉光谷联交所为龙头、以17个市（州）为节点的全省统一产权交易大平台，建立了适应业务发展的信息发布平台、电子竞价平台和交易信息监测平台，并已经建成全省互联的产权交易信息网络系统，与国务院国资委、省纪委、省国资委实现了信息对接。

（二）武汉股权托管交易中心

2013年9月，武汉股权托管交易中心举行券商推荐企业挂牌暨银行、证券

机构与区域股权市场对接活动，标志着该中心正式成为真正意义上的四板市场。截至年末，在该中心挂牌企业达到160家，挂牌企业涵盖全省，总股本39.01亿股，总市值306.98亿元，累计成交2.18亿股，成交总金额4.04亿元。有364家企业在武汉股权托管交易中心托管登记，托管总股本162.73亿股，累计办理了550笔股权转让过户，转让总股本5.80亿股，转让总金额9.48亿元。年内推出面向全省各类中小微企业的"展示板"，有1765家企业在"展示板"挂牌。两年累计为42家企业办理了70笔股权质押融资业务，总金额55.9亿元，在同类机构中名列前茅。

（三）武汉金融资产交易所

2013年，武汉金融资产交易所成交金额2269亿元，累计实现成交金额2851亿元。全年发展各类会员1976家，其中，综合类会员1906家、服务类会员4家、经纪类会员9家、交易类会员57家，会员总数达到4424家，覆盖全国30个省（自治区、直辖市）。

（四）武汉农畜产品交易所

2013年，武汉农畜产品交易所交易量为92.35亿元，其中，农业订单交易量为80.201亿元，信用农业交易量为12.149亿元。参与、入驻、交易客户量达12377户，其中，惠农易购11612户，农业订单765户。惠农易购平台日平均流量近100人次，呈快速增长的趋势。

（五）武汉农村综合产权交易所

武汉农村综合产权交易所加强与国内同类交易所的交流与合作，与北京、上海农村产权交易所签署战略合作协议。截至年末，共组织农村产权交易1669宗，交易金额99.69亿元，涉及农村土地面积98.16万亩，惠及16万户农户。以农交所出具的鉴证书为抵押，全省金融机构累计为100多家农业企业、合作社、科技示范户发放贷款11.47亿元，其中，单笔最高贷款达5500万元。

（六）湖北华中文化产权交易所

湖北华中文化产权交易所建立了文化资产处置、文化企业融资、文化产品展示、文化信息发布、文化产业招商等五大平台，实现了国有文化资产保值增值和防腐风控、资本服务、市场集聚三大功能。累计实现挂牌项目1730项，挂牌金额1253.4亿元，完成国有文化产权交易52宗，成交金额11.58亿元，涉及资产43.7亿元，国有资产平均增值率17.93%。

（七）湖北环境资源交易中心

2013年，湖北环境资源交易中心共组织4次排污权交易，总成交金额998.2万元。累计组织10次排污权交易，总成交金额2198.47万元。

（八）湖北碳排放权交易中心

湖北碳排放权交易中心完成企业排放数据收集，交易系统进入测试阶段，构建湖北国家碳金融中心的政策研究与实施工作正式启动，"湖北碳市场低碳示范县"工作开始推进。

（九）武汉知识产权交易所

2013年9月，武汉知识产权交易所举办了19场专场推介会，推介国家重大科技成果2736项，成功促成近150项科技成果实现校企合作，累计成交金额8922万元。与国家开发银行等9家金融机构签订《专利质押贷款合作暨授信协议》，获得授信总额153亿元。吸纳金融、评估、担保会员机构近百家。累计促成专利质押贷款项目80余项，贷款总额达25.3亿元。拥有150家注册企业，共为285家企业办理了技术合同认定登记，累计认定登记的技术合同2751份，金额83.85亿元，为企业减免税款8000余万元。

（十）武汉城市矿产交易所

截至2013年末，武汉城市矿产交易所共挂牌各类工业废弃物、废旧机器及废旧家电等交易项目86项，挂牌总金额6766.5万元，成交23项，成交额1932.5万元；发布城市矿产转让、求购、成交等各类信息917条，涉及成交金额2.57亿元。

（十一）武汉航运交易所

武汉航运交易所累计完成船舶交易业务169宗，交易额5.6亿元，其中，直接交易85宗、交易额1.39亿元，介绍交易84宗、交易额4.42亿元。

二、2014年促进湖北省资本要素市场发展举措

（一）加强省市（州）共建

加强对市（州）申报设立资本要素市场的指导，严格审批。鼓励各市（州）引导企业在资本要素市场注册、挂牌、交易，对资本要素市场分支机构参照对新设金融机构的优惠政策予以政策支持。

（二）促进交流合作

积极引进国家级交易所、券商、国内外知名金融机构参与湖北资本要素市场建设。争取将省内资本要素市场纳入相应的国家级平台或与之对接。鼓励资本要素市场参加全国性、区域性大型展会活动。为资本要素市场开展推介、培训等活动提供协调服务。

（三）健全监管体系

完善湖北省交易场所监督管理办法，加强省政府职能部门与各资本要素市

场主管部门信息共享，建立信息监测系统，督促指导资本要素市场强化自律监管。

（四）完善扶持政策

制定和完善鼓励企业充分利用资本要素市场加快发展的奖励办法，将资本要素市场发展纳入市（州）资本市场建设发展目标考核，积极争取中央对地方区域性资本要素市场建设给予鼓励和扶持政策。

湖北省推进企业上市工作情况

湖北省企业上市工作领导小组办公室

2013年，湖北省进一步完善推进企业上市政策体系，优化企业上市环境，积极培育上市资源，积极做好上市后备企业的培育、辅导和服务工作。

一、湖北省企业上市及融资情况

A股上市情况。由于IPO暂停，A股市场全年没有新股发行，湖北省没有企业在境外上市。

"新三板"挂牌情况。2013年，全省新增挂牌企业26家，截至年末，全省"新三板"挂牌企业达到36家，挂牌数量在第二批试点高新区中居第2位，总股本10亿股，总市值37.7亿元。

上市公司并购重组情况。2013年，湖北省光迅科技、洪城股份、武汉控股、鼎龙化学、襄阳轴承等6家上市公司通过发行股份购买资产的方式推进资产重组和业务重组，涉及金额50亿元。

证券市场直接融资情况。截至年末，全省上市公司实现直接融资总额84.07亿元，居中部六省第4位。其中，证券市场融资总额为68.49亿元，8家公司通过发行中小企业私募债募集资金15.58亿元。

报会报辅企业情况。截至2013年末，湖北省共有17家企业报中国证监会审核，在湖北证监局报备辅导的企业共38家，均达到历史最好水平。

二、湖北省推进企业上市工作情况

（一）进一步完善政策体系

2013年，湖北省进一步完善推进企业上市政策体系，出台《省人民政府关于加快多层次资本市场建设发展的若干意见》，明确了"十二五"期间湖北省多层次资本市场建设发展的总体要求，提出了"推进企业境内外上市"、"推进企业在新三板挂牌"、"加快区域性场外市场建设步伐"等9项主要任务。进一步明确了多层次资本市场建设的保障措施,印发《湖北省人民政府办公厅关于做好全省资本市场建设目标考评工作的通知》,将推进资本市场建设工作纳入政府目标责任考核和金融工作绩效评价考核系统。

(二)全力推进"新三板"试点工作

积极抢抓"新三板"全国扩容机遇,开展"新三板"试点工作培训,全省各地借鉴学习东湖高新区"新三板"试点工作经验,制定优惠扶持政策并以地方政府文件形式颁发,通过用政府奖励资金基本覆盖企业挂牌费用的方法,鼓励企业到"新三板"挂牌,全省"新三板"试点工作取得积极进展。

(三)加大上市资源培育力度

对全省上市后备企业进行全面摸底和考察调研,组织证券公司、会计师事务所、律师事务所、创投机构等专业机构进行初评,省上市领导小组成员单位集中审定评议,并征求上海证券交易所和深圳证券交易所专家的意见,拟定了2013~2014年度省级上市后备企业名单,确定了全省省级上市后备企业共431家,全省13个市(州)均有企业入选。431家上市后备企业行业分布广泛,其中,传统制造业所占比重较大。入选企业中有相当一部分企业科技含量高,自主研发能力强,符合国家产业发展方向,具有良好的发展前景。在431家上市后备企业中,有近期推进上市类和重点辅导扶持类企业共计115家,其中,总资产规模2亿元以上的占比60.87%,净资产规模1亿元以上的占比62.61%,营业收入2亿元以上的占比57.39%,净利润3000万元以上的占比52.18%。全省重点后备企业成长性良好,市场占有率较高,经营规模和效益状况较好。

三、需要关注的问题

1. 上市后备企业地域分布不均。全省13个市(州)虽均有企业入选新一批省级上市后备名单,但分布不均衡。武汉市所占比重偏大,占比为31.55%,荆门、宜昌、荆州、黄冈、襄阳、孝感、十堰等市上市后备企业占比为5%~10%;其他市(州)后备资源相对较少。

2. 上市后备企业中传统制造业所占比重较大,石油、化学、机械、设备、仪表等传统制造业所占比重超过40%,电子、信息技术、医药、生物制品等高新技术产业占比17%。

3. 上市公司空白地区对企业上市工作的认识亟待提高。全省上市公司空白地区有随州、咸宁、恩施、仙桃、天门、神农架林区6个市(州)。从2013年上市后备企业申报情况来看,全省13个市(州)平均数量为25家,但6个空白地区上市后备企业数量偏少,合计数量 48 家,平均数量 8 家,低于全省平均水平。空白地区亟须进一步提高对企业上市工作重要性的认知,加强宣传推动,加大对上市后备企业的政策扶持力度。

四、2014 年湖北省推进企业上市工作举措

(一) 强化市场化、常态化的优质上市后备资源发掘机制

按照"培育一批、辅导一批、申报一批、上市一批"和"分层次、有重点、有梯队、动态化"的培育原则,积极培育国内主板、中小企业板和创业板企业上市后备资源,大力推进"新三板"挂牌及境外上市后备资源的培育辅导,加大地方股权交易中心的建设,多层次、全方位地发掘后备企业资源,对于符合条件的新晋优质企业及时按程序补充进入后备资源库,对于经营状况恶化、上市无望的企业予以及时清退,积极做好上市后备资源的调查、培育和储备,强化市场化、常态化的优质上市后备资源发掘机制。

(二) 强化服务重点、分类推进的上市工作机制

对全省上市后备企业进行分类,形成区别对待、分类推进的工作机制。湖北省推进企业上市工作领导小组成员单位全力为近期推进类和重点辅导扶持类的上市后备企业提供上市服务,将有限的省级行政资源用于上市条件好、上市希望大的重点企业,省级绿色通道制度全面适用于该类重点企业。各市(州)积极做好辖区内储备培育类上市后备企业的发掘、推荐、培训培育工作。

(三) 加快区域性证券服务机构发展

加大政策扶持力度,进一步完善和优化建设武汉区域金融中心的软环境。进一步扶持长江证券和天风证券等做大做强,发挥其对湖北省资本市场建设的推动作用;吸引更多大型券商到湖北省设立分支机构,进一步壮大全省专业机构力量。

(四) 增强合力,加快优质后备企业上市进程

进一步增强合力,发动各方力量,大力挖掘、积极培育上市后备资源,推动更多优质后备企业加快上市进程。积极做好全省企业上市工作的统筹规划、指导和协调服务,分析研究资本市场发展形势及全省企业上市工作状况;组织召开每半年一次的上市系统工作会,研究解决上市工作中遇到的重大问题,督促落实上市责任目标;建立与中国证监会、沪、深证券交易所及各类证券服务机构的沟通协调机制,及时掌握政策动向,交流有关信息,争取指导和支持。

武汉东湖高新区"新三板"试点情况

武汉东湖高新区管委会

2013年,武汉东湖高新区进一步贯彻落实《关于充分利用资本市场促进经济发展的实施意见》,积极推进"新三板"扩大试点工作,年内,武汉东湖高新区"新三板"新增挂牌企业26家,挂牌企业总数达到36家,另有17家企业在"新三板"交易所排队待审。通过挂牌,企业不仅获得了发展资金,同时拓展了业务发展空间。武大科技、微创光电、尚远环保等企业启动定向增发新股融资近亿元;银都传媒等5家企业启动"新三板"定向增发,预计融资规模将超过2亿元;江仪股份、中科通达通过股权质押方式获得5000万元银行融资;国电武仪挂牌后中标国家电网公司采购合同5900余万元,超过公司2012年全年收入;时代地智挂牌后整合资源,业务由石油软件服务拓展到石油仪器设备生产及服务领域。

一、大力支持和鼓励企业在"新三板"挂牌

武汉东湖高新区在全省率先出台鼓励企业利用资本市场融资的优惠政策,从对后备企业遴选培育、鼓励企业规范改制、中介费用补贴奖励及建立上市挂牌绿色通道等方面支持和鼓励企业利用资本市场发展壮大。到2013年,武汉东湖高新区企业获得"新三板"挂牌补贴共计120万元,其中,区级补贴70万元、市级补贴50万元,基本覆盖了企业"新三板"挂牌的中介费用;东湖高新区对企业"新三板"改制挂牌的补贴奖励累计超过5000万元,对科技园区31家已股改、已申报材料和已成功挂牌的"新三板"重点企业共奖励1440万元。

二、深入开展挂牌后备企业的改制、申报工作

武汉东湖高新区"新三板"工作领导小组加大工作力度,不定期举办各成员单位工作协调会议,积极解决企业股改和挂牌申报过程中遇到的各种问题,尽快完成后备企业的规范、改制和申报工作。截至年末,武汉东湖高新区共有54家"新三板"后备企业完成股改。

三、强化政策宣传和企业培训

武汉东湖高新区进一步扩大"新三板"园区推广范围,加大宣传"新三板"政策力度,开展"新三板园区行"活动,组织各券商工作小组开展"新三板"企业培训及挂牌准备工作。全年共举办了"新三板"培训对接会20场,其中,

园区企业座谈会 10 场，投融资对接会 5 场，中介机构座谈会 3 场，大型专题推介会 2 场，培训企业超过 2000 家次；在武汉东湖高新区 13 个科技园区开展"新三板园区行"，走访和约谈重点后备企业近 40 家。

四、深化"资本特区"建设，培育"新三板"后备企业

武汉东湖高新区多渠道解决"新三板"后备企业资金需求。2011 年以来，东湖高新区全力打造"资本特区"，共出台 26 项支持政策，吸引 30 多家证券、保险、小贷、担保、融资租赁等金融机构以及 225 家股权投资及管理机构落户东湖高新区。成立信用促进会，推广信用贷款 71 亿元。成立创投引导基金，引导天使投资、风险投资落户和投资早期项目，东湖高新区 2/3 以上的上市公司和"新三板"挂牌企业都获得过股权投资支持，股权投资已成为东湖高新区科技型企业进入资本市场融资的重要推手。引导设立 12 家科技分（支）行，引导金融机构开展股权质押、应收账款质押、知识产权质押、信用贷款、融资租赁、夹层融资、保证保险贷款、投保贷、"三板通"等创新性融资 240 多亿元。东湖高新区国有融资平台联合国家开发银行等搭建中小企业融资平台，先后为 87 家中小企业累计发放集合贷款 18.14 亿元。

此外，武汉东湖高新区密切加强与省、市金融管理部门和金融监管机构以及沪、深证券交易所、全国股转系统公司的联系沟通，及时掌握政策动向，争取更大支持，为企业上市和"新三板"挂牌营造良好外部环境。

环境篇

湖北省社会信用体系建设情况

中国人民银行武汉分行

2013年，湖北省深入开展信用环境和金融生态环境建设，健全和完善社会信用体系，经济金融发展环境持续改善。

一、继续深化信用工程建设，推进金融支持经济社会发展

（一）持续推进"四大信用工程"建设，优化金融生态环境

一是继续在农村广泛深入开展信用乡镇创建活动。将信用乡镇创建与农村金融服务全覆盖工程相结合，将延伸农村金融机构网点、"三农"信贷投放、国库服务"三农"等关键性指标纳入信用乡镇评定指标，有效服务"三农"。截至年末，全省涉农贷款余额5619.34亿元，同比增长21.32%。二是在市区与城郊继续开展信用社区创建活动。配合推进城镇化建设，将信用社区创建活动延伸到新型农村社区，鼓励"信用一条街"建设，借助信用创建平台，提高小额担保贷款发放力度，加大金融支持社区经济繁荣、就业创业的力度。截至年末，全省下岗失业人员小额担保贷款（含劳动密集型小企业贷款）余额55.16亿元，同比增长31.76%；生源地助学贷款余额21.07亿元，帮助贫困学生7.37万名。三是开展信用企业创建活动，培植信贷客户。全省金融机构加大对中小微企业的信用培植力度，建立动态调整的培植名录，挖掘符合培植条件的中小企业，帮助企业健全财务管理制度，完善公司制法人治理结构，达到信贷准入标准。全年全省通过培植达到A级以上信用等级的企业30177家，新增与银行发生信贷关系的中小企业2579家，累计信贷支持金额1528.45亿元；全省金融机构对小微企业发放贷款3693亿元，全年新增680亿元，比上年末增长23.04%。四是推动区域信用工程实施。将正面引导和反向督促相结合，积极开展金融信用市（州）、县的申报与评定工作。2013年，新增"金融创新奖"和"一票否决"项目，评出武汉市"助农取款三公里无空白"、仙桃市"融商结合富迪模式"等

6 项创新奖；开展督办与专项整改"回头看"活动，推动荆州市、荆门市、随县化解二级公路不良贷款合计 1.69 亿元，推动天门市、赤壁市、武汉市蔡甸区等集中清收小额不良贷款本息共计 761.14 万元。

2013 年全省共有 13 个市（州）、73 个县（市、区）获得 2012 年度"湖北省金融信用市（州）、县"称号，24 个县（市、区）被评为 2012 年度湖北省"保险先进县（市、区）"。全省信用环境和金融生态环境进一步优化。

（二）深入推进政银企合作长效机制建设

继续推动省级金融机构下基层送服务，开展政银企合作对接活动，支持符合国家宏观政策与产业政策调整的项目和行业，引导金融资源更多更好地流向实体经济和小微企业。2013 年，在鄂州等 9 个市（州）举办了金融支持地方经济发展"早春行"活动，全省 24 家金融机构共向 1289 家企业授信 531.96 亿元，与 512 家企业签订贷款合同 265.96 亿元，两地签订银政合作协议 464.20 亿元，金融机构与 370 家企业签订信用培植协议。支持县域银行向上级行争取信贷授权，全省新增 13 家具有授信审批权的县域银行。截至年末，"早春行"活动共落实授信协议 550.97 亿元，贷款合同 259.37 亿元，履约率分别为 104% 和 98%。在全省开展的银企对接活动中，金融机构共与 4758 家企业签订授信协议和贷款合同合计 1647.33 亿元，截至年末实际到位资金 1406.69 亿元，履约率 85.39%。

二、全面深化社会信用体系建设

（一）健全社会信用体系机制，完善企业和个人征信系统

一是建立健全社会信用体系建设领导机制。成立湖北省社会信用体系建设领导小组，领导小组成员单位由 35 个扩大到 53 个，进一步强化了组织保障机制。二是出台《湖北省社会信用体系建设 2013~2014 年工作要点》、《〈湖北省社会信用体系建设规划（2014~2020 年）〉编制工作方案》等文件，制定湖北省社会信用体系建设制度框架。三是完善企业和个人征信系统。到 2013 年，人民银行企业和个人征信系统共收录湖北省 34.45 万家企业及其他经济组织、3718.88 万名自然人的基本信息和信贷信息，覆盖全省所有信贷业务主体，实现了全国联网运行。启动小额贷款公司和融资性担保公司接入征信系统工作，进一步扩充了征信系统在信贷服务领域的应用范围。规范开展非银行信息采集工作，实现社保、环保、公积金等非银行信息的采集与定期更新，依托征信系统探索建立跨部门的失信联合惩戒机制。

（二）规范信用评级，促进信用评级市场平稳发展

2013 年，湖北省共有 7 家信用评级机构（4 家地方法人机构、3 家非法人机

构），共完成5758家企业信用评级，较上年增长10.34%。作为全国6个试点省市之一，2013年湖北省启动小额贷款公司和融资性担保公司的信用评级工作，共计完成205家小额贷款公司（覆盖了90%小额贷款公司）和87家融资性担保公司的信用评级，促进了多层次信贷融资市场发展，有效改善了小微企业融资状况。

（三）推进小微企业和农村信用体系建设

截至2013年末，人民银行征信中心小微企业信用档案库共收录湖北省10.9万家具有法人资格的小微企业信用信息，基本涵盖全省所有未发生过贷款的小微企业；涉农金融机构累计建立844.4多万户农户信用档案，解决了银行与小微企业、农户的信息不对称难题，促进了小微企业和农户的融资。强化信用示范工程建设，在东湖国家自主创新示范区和松滋、建始、崇阳3个县（市）大力推动小微企业和农村信用体系试验区创建工作，成效显著。

三、2014年湖北省社会信用体系建设举措

一是继续深化"四大信用"工程建设，进一步提升全省金融生态环境建设质量。深化企业信用工程创建，培植更多中小企业信用主体；深化社区信用工程创建，促进金融扶助弱势民生；深化农村信用工程创建，改善农村金融生态环境；深化区域信用工程创建，打造区域金融信用品牌。二是加强银企合作平台建设，扩大对实体经济的金融投入。继续开展金融支持湖北经济发展"早春行"活动；组织银企合作对接活动，引导金融部门进一步调整信贷投向、优化信贷结构；探索推广试点成功的小微企业金融服务模式；加大银企合作履约力度。三是进一步加强湖北省金融生态环境监测评价系统建设。

湖北省金融业组织体系建设情况

湖北银监局　湖北证监局　湖北保监局

一、湖北省银行业组织体系建设情况

2013年，湖北省银行业组织体系建设取得新进展。年内，渤海银行武汉分行获批筹建，大冶有色集团在湖北设立财务公司获批筹建，德意志银行积极开展武汉分行筹建申报的前期工作。截至年末，湖北省共有银行业法人机构132家，分支机构7250家，从业人员12万余人。其中，政策性银行及国家开发银行3家，国有商业银行5家，股份制商业银行9家，城市商业银行2家，农村商业

银行43家，农村合作银行6家，农村信用社35家，邮政储蓄银行1家，金融资产管理公司4家，外资银行7家，信托公司2家，企业集团财务公司9家，金融租赁公司1家，村镇银行法人机构36家，贷款公司2家。

2013年，湖北省内大型银行机构加快战略转型，组建了小企业金融中心、楼宇银行、地铁银行等新型机构。农业银行"'三农'金融事业部"在全省县域实现全覆盖。政策性银行、邮政储蓄银行、资产管理公司三类机构加快市场化转型，11家邮政储蓄银行完成二类支行改革。湖北省地方法人银行加快发展，湖北银行新开设18家分（支）行，汉口银行新开设8家分（支）行。全省新增股份制商业银行和城市商业银行市（州）分行5家。14家农村商业银行开业，全省改制农村商业银行达到67家，改革进度居全国第3位。全省新设立4家村镇银行，法人机构总数达到38家（含2家贷款公司），分支机构达到31家，县域覆盖率达到80%。年内武汉获批全国第二批消费金融公司试点。截至年末，全省银行业金融机构设立科技分（支）行12家。年内全省银行业共设立3家社区支行和大量社区自助银行，形成社区银行"湖北模式"。

二、湖北省证券期货业组织体系建设情况

2013年，湖北省通过加快发展本地注册证券法人机构，持续推进证券分公司建设，加强全省证券机构网点信息公布、分支机构负责人审核和网点开业报备等工作，合理布局机构和网点设置，进一步促进各类资源参与湖北资本市场建设。

2013年，全省新增设东北证券湖北分公司、西藏同信证券湖北分公司、中银国际证券湖北分公司和齐鲁证券湖北分公司4家证券公司省级分公司，证券分公司数量达到18家（含已批复正在筹建的机构），居中部地区前列。新增设证券营业部31家，新增设期货营业部6家。年内天风证券成功收购北方期货公司，将其更名为天风期货有限公司，并筹备将注册地迁至湖北。

截至年末，全省证券经营机构达到249家。其中，证券法人机构2家（长江证券和天风证券）、证券省级分公司17家、证券营业部227家；基金分公司2家；证券投资咨询公司分公司1家。全省共有2家期货公司，即长江期货和美尔雅期货；47家期货营业部。

三、湖北省保险业组织体系建设情况

2013年，湖北省保险市场体系更加健全，全年新增保险机构203家，其中，省级分公司2家（建信人寿保险有限公司湖北分公司和工银安盛人寿保险有限公司湖北分公司），中心支公司45家，支公司127家，营销服务部27家，已形

成覆盖城乡、有序竞争、共同发展的市场格局。

截至年末，全省共有各级保险分支机构3756家，其中，法人总公司2家（长江财险和合众人寿），省级分公司64家，中心支公司409家，支公司845家，营业部420家，营销服务部2013家。按类别统计，财产险总公司1家，省级分公司28家，中心支公司218家，支公司463家，营业部222家，营销服务部572家，各类营业性机构1504家；人身险总公司1家，省级分公司36家，中心支公司191家，支公司382家，营业部198家，营销服务部1441家，各类营业性机构2252家。

全省共有保险专业中介机构225家，较上年增加7家，其中，保险代理机构148家，保险经纪机构62家，保险公估机构15家。保险兼业代理机构4940家，较上年减少153家。

武汉区域金融中心建设情况

武汉市人民政府金融工作办公室

2013年，武汉市大力推进武汉区域金融中心建设，加紧顶层设计，编制武汉区域金融中心总体规划及子规划，加快武汉金融改革与创新，武汉区域金融中心建设取得实质性进展。

一、武汉区域金融中心建设情况

（一）中部金融龙头地位确立

2013年，武汉地区国民生产总值突破9000亿元，居中部六省省会城市第1位，进入全国经济总量第一方阵；金融业增加值占地区国民生产总值的比重突破7%，占第三产业比重达到9%，金融业已成为武汉市日益重要的支柱产业。武汉市在中部六省省会城市中的各项金融指标继续领先，金融产业绩效、金融机构实力、金融市场规模、金融生态环境等均居中部省会城市第1位，武汉已成为事实上的区域金融中心。

（二）金融聚集效应初步显现

截至2013年末，武汉地区共有各类金融机构182家，其中，银行业金融机构30家（其中，外资银行机构8家，含7家经营性外资银行机构），村镇银行1家，非银行业金融机构14家，证券、期货及证券投资基金机构73家，保险公司64家。在武汉设立或正在筹建后台服务中心的金融机构33家。此外，小额贷款公司、股权投资机构、典当行、融资租赁公司、融资性担保公司等类金融机构近 600 家。国内主要商业银行的华中地区总部均设在武汉，法人金融机构数量在中部六省省会城市居第 1 位。

（三）多层次资本市场发展加快

截至 2013 年末，武汉市共有上市公司 58 家，其中，境内上市公司 45 家、境外上市公司 13 家，资产证券化率为 29.55%，在中部省会城市中，武汉境内上市公司数量排名第 1 位，上市公司历年从证券市场融资累计 1133.76 亿元。"新三板"挂牌企业达 36 家，"新三板"的"武汉板块"正在形成。武汉股权托管交易中心（四板市场）首次形成"挂牌交易板"和"企业展示板"的"一市两板"格局。武汉股权托管交易中心挂牌企业总数达到 160 家，共有 1765 家企业集中展示，通过定向增资、股权质押，累计融资过 55.9 元。长江证券券商柜台交易（五板市场）获试点资格。武汉资本要素市场规范发展，武汉金融资产交易所、武汉农村综合产权交易所、武汉知识产权交易所、武汉城市矿产交易所、武汉航运交易所 5 家交易所全部通过部际联席会议审核。截至 2013 年末，武汉金融资产交易所交易量达到 2269 亿元，跃居全国同类交易所第 2 名。

（四）投融资功能持续增强

截至 2013 年末，武汉地区金融机构本外币各项存款余额 14915.69 亿元，同比增长 13.59%，规模和增幅居全国第 10 位；本外币各项贷款余额 12803.87 亿元，同比增长 11.85%，规模居全国第 11 位，增幅居全国第 10 位。上市公司实现直接融资 816 亿元，签约保险资金 1300 亿元。武汉地区社会融资规模达到 3563.81 亿元，同比增长 18.29%，居中部地区省会城市第 1 位。

（五）科技金融发展取得显著成效

武汉市以获批国家首批促进科技和金融结合试点城市为契机，积极创新财政资金投入方式，引导金融机构加大对科技创新的支持，大力发展科技分（支）行、科技金融服务中心等专营机构，已设立科技分（支）行 12 家。探索开发针对科技型企业的金融产品和服务模式，实现各类质押贷款或授信额度 80 多亿元。引导和支持科技型企业进入多层次资本市场，在高新技术企业中推进科技保险创新试点产品，科技保险保额突破 160 亿元。共出台 30 余项科技金融专项政策，累计争取国家科技金融专项资金 3.16 亿元。大力发展创投机构，创业投资机构达 222 家，创投管理资本约 300 亿元，成功设立武汉市首只科技创业天使投资基金，首期规模 1 亿元。开展市、区联动科技贷款担保工作，为全市 216 家在孵的科技型中小企业提供担保贷款 14 亿元。

（六）金融创新不断深入

2013 年，《武汉金融改革创新总体方案》上报国务院，《方案》的制定实施，将全面推动武汉市金融产业发展和区域金融中心建设。全市银行业机构积极开展信用贷款试点，大胆探索知识产权、商标权质押贷款；创新投融资机制，探索企业债券、中期票据、信托、金融租赁、直投、基金等新型融资方式，拓宽融资渠道。汉口银行的科技金融创新、武汉农村商业银行的"三农"信贷服务、民生银行的小微企业金融合作社和"小区银行"模式、兴业银行"赤道银行"绿色融资、中信银行汽车金融链等特色业务，都成为在全国具有广泛影响力的金融创新。

（七）金融生态环境明显改善

武汉市稳步推进"信用武汉"建设，不断加强企业、个人信用征信体系建设，信用社区创建试点逐步扩大，金融生态环境持续优化，连续11年被评为"湖北省金融信用市"，连续6年获得"全辖A级信用市"。通过业务扶持和政策吸引，加大金融生态环境建设力度。健全金融中介服务体系，通过担保租赁、资信评估、信用评级、律师会计、基金管理等中介机构及各类经纪公司，为企业提供金融中介服务，完善社会信用体系。

二、需要关注的问题

武汉区域金融中心与北京、上海等全国金融中心的发展水平相比仍有一定差距。一是地方法人机构有待进一步发展。武汉金融机构体系中大部分机构是分支机构，全国性、区域性总部机构较少，外资金融机构数量不足。二是缺乏全国性金融市场，区域性金融市场发展有待加强。三是金融业空间布局相对分散。武汉在金融商务聚集区建设方面缺乏统一规划，区域建设与招商引资力量分散，金融机构聚集效应、金融交易规模效应和金融创新外溢效应与北京金融街、上海陆家嘴等金融聚集区相比有较大差距。四是金融辐射功能与影响力尚需进一步增强。武汉金融机构服务范围多限于武汉市和湖北省，在武汉各金融市场上从事交易的外省市金融机构和投融资主体相对较少，与周边省市在金融市场统一规划、协同发展以及金融信息、资金、从业人员和其他金融要素的跨区域流动需加快，与国内、国际其他金融中心的联系有待进一步加强，在国内外金融市场的影响力需提升。

三、2014年武汉区域金融中心建设举措

（一）加强顶层设计，完善金融支持政策体系

按照武汉区域金融中心差异化发展的要求，实施武汉区域金融中心建设规划，发布CDI武汉金融中心指数，推动《武汉金融改革创新总体方案》落地实

施。修订完善与区域金融中心建设相配套的政策支持体系,包括吸引金融机构入驻、多层次资本市场建设、加快保险业发展创新、鼓励股权投资业和金融新业态发展等。全面推进武汉金融改革创新进程,将武汉打造成为各类金融新机构、新业务、新工具和新市场的聚集地。

(二) 优化信贷结构,推动经济战略转型

一是以加大对工业发展"倍增计划"项目以及战略性新兴产业的金融支持力度为突破口,调整和优化信贷结构,服务"大车都、大临空、大临港、大光谷"建设,进一步促进实体经济发展。二是加强对重大基础设施项目、工业园区建设项目、重大城市功能区项目、重大产业项目和保障性安居工程等在建续建重点项目的金融支持,缓解平台融资困难,实现多元化融资。三是加强小微企业金融服务专营机构、专业队伍、专门流程、专项考核、专属产品、专门定价的"六专"建设,继续着力缓解小微企业融资困难。

(三) 加快发展资本市场,扩大直接融资比重

一是运用好境内境外两个市场、两种资源,加速优势企业上市融资。二是利用企业并购重组实行分道制审核的新政策,降低融资成本,缩短券商业务周期,推动企业并购重组。三是充分利用永续债、区域集优债、市政债、中小企业集合债、集合票据、集合信托等新型债务融资工具,积极培育和发展企业债券市场。四是创新信贷资产证券化产品。五是做强"新三板"的武汉板块,支持武汉股权托管交易市场发展,支持长江证券柜台交易市场发展,规范发展金融要素市场。做大做强武汉金融资产交易所,支持其改革创新,不断扩大交易规模。

(四) 推进保险业发展,提升保险深度和保险密度

一是大力引进和设立法人保险机构,支持保险机构在武汉设立分公司。支持长江财险引进战略投资者实现增资扩股。争取更多的保险公司在武汉设立金融后台。二是支持保险公司开展"三农"保险、科技保险、责任保险、保证保险等业务创新。三是积极引进保险资金,拓展保险资金运用的新渠道。

(五) 促进金融创新,提高金融市场效率

一是支持武汉市企业发起设立风险自担的民营银行、消费金融公司、人寿保险公司、金融租赁公司和小额再贷款公司。建成武汉民间金融街,实现机构聚集,推动形成民间金融的"武汉价格"。二是以发展政府各类引导基金、产业投资基金为重点,为政府和市场"双轮驱动"金融资源向新兴产业配置提供更多有效的机制或载体。创新运用财政手段,更好地发挥政府资金对社会资本投资实体经济的杠杆和导向作用。三是推动金融支持各个子系统协作机制的建设,

进一步创新产品、创新工具、创新模式、创新平台、创新服务。

（六）激活民间资本，增强金融活力

打造武汉民间金融街，使之成为全国在建的民间金融街中规模最大、业态最全、创新最活跃的街区，形成民间资本融通配置、价格发现和信息发布机制。鼓励民间资本参与地方金融机构的增资扩股。设立政府引导基金和各类股权投资基金，吸引更多民间资本通过股权、债权方式进入实体经济。增加小额贷款公司、融资性担保公司、村镇银行等机构数量，并通过增资扩股增强对民间资本的吸纳能力。鼓励和支持金融机构开发更多的适合民间资金投资需求的金融产品与服务，给予金融机构进行体制机制创新更多风险容忍度，建立科学可控的金融改革风险控制体系。

金融政策

省人民政府关于加快多层次资本市场建设发展的若干意见(摘要)

鄂政发〔2013〕35号　2013年8月3日

一、湖北省多层次资本市场建设发展的总体要求

多层次资本市场建设发展是湖北省金融市场体系建设和武汉区域金融中心建设的重要任务,是金融改革和金融创新的重要突破口。各级政府要组织推动企业分步实现在不同层次市场间的挂牌、转板和上市,构建企业运用多层次资本市场的立交桥,初步建成功能齐全、相互衔接、优势互补、层次分明,运行有序、良性循环的多层次资本市场体系。鼓励和引导企业充分利用国际国内资本市场,根据自身特点选择在国内主板、中小板、创业板市场和境外上市,打造一批行业龙头企业;扩大"全国中小企业股份转让系统"试点范围,完善武汉股权托管交易中心功能,积极开展券商柜台交易业务试点,鼓励更多优质企业在场外市场挂牌;发展天使投资、创业投资、股权投资等风险投资,培育创业创新体系;鼓励企业通过债券市场融资、利用保险资金,提高直接融资比重;吸引证券期货公司、会计师事务所、律师事务所等中介机构落户发展,增强行业整体实力;逐步建立门类齐全的资本要素市场,发挥交易场所聚集市场资源和服务实体经济的功能。

到"十二五"期末,全省上市公司数量超过130家,通过资本市场融资总额突破1500亿元,证券化率和直接融资占社会融资规模的比重争取达到全国平均水平;全省期货交易额占全国比重达到8%,全省直接融资总规模达到3000亿元。

二、湖北省多层次资本市场建设发展的主要任务

(一)推进企业境内外上市

鼓励上市公司做大做优做强。提高上市公司质量,推进上市公司并购重组

和再融资，打造行业龙头企业，提高产业集中度。深化与沪、深证券交易所的战略合作，大力培育上市后备企业资源，建立市场化筛选和培育上市后备资源的工作机制，形成"改制、入库、托管、挂牌、上市"的新路径。全省力争每年新增境内外上市企业 10 家以上，每年新增报证监会企业 20 家以上，新增报湖北证监局辅导企业 30 家以上，省级重点培育拟上市后备企业保持在 50 家以上。

（二）推进企业在全国中小企业股份转让系统挂牌

不断增加东湖高新区企业在"全国中小企业股份转让系统"挂牌企业数量。各市、州、县政府要抢抓全国中小企业股份转让系统扩大到全国的机遇，鼓励和引导企业规范改制，为全国中小企业股份转让系统培育更多的优质企业资源。全省力争 3 年内在全国中小企业股份转让系统挂牌企业数量达到 200 家以上。

（三）加快区域性场外市场建设步伐

支持武汉股权托管交易中心创新发展。引进上海证券交易所、深圳证券交易所，以及长江证券、天风证券等证券公司，共同参与武汉股权托管交易中心的建设，加强交易中心专业人才队伍建设，吸引省内外企业进行股权托管和挂牌转让，促进股权与资本对接，推进企业股权与资本双向流转。各市州县政府要组织地方企业到武汉股权托管交易中心托管、挂牌，借助市场化金融服务平台，解决中小企业融资难问题。武汉股权托管交易中心要力争 3 年内挂牌企业数达到 500 家以上，为广大投资机构提供更多的、可供遴选的投资标的。支持长江证券和天风证券公司积极开展柜台交易业务试点。进一步拓展区域性场外市场的业务外延，打造华中地区有影响力的场外市场交易平台。

（四）推进股权集中登记托管

认真实施《关于规范开展企业股权集中登记托管工作的意见》（鄂政办发〔2012〕31 号），做好非上市股份公司和部分有限责任公司股权的集中登记托管。已办理股权集中登记托管且成长性好的企业，优先纳入省级拟上市重点后备企业资源库。整合湖北省现有的股权登记托管机构，充分发挥武汉股权托管交易中心的作用。加强武汉股权托管交易中心与中国证券登记结算有限责任公司合作，提高武汉股权托管交易中心的公信力和影响力，吸引更多的投资机构投资湖北省实体经济。到"十二五"期末，实现全省非上市股份制企业登记托管全覆盖目标。

（五）规范发展资本要素市场

按照省、市两级政府共建共管的原则，充分发挥好国家批准保留的 11 家交易场所的功能。引进国家相关金融市场参与湖北省资本要素市场建设，把湖北省要素市场逐步建设成为立足湖北、辐射中部和长江中游城市群的交易市场。

省政府金融办负责按照国家有关规定做好各类资本要素市场的统筹协调和政策、业务监管，各要素市场主管部门和有关市州政府负责交易场所的日常监管和风险防控。

武汉股权托管交易中心要与各市州紧密合作，吸引更多企业到股权托管中心挂牌交易，并探索建立区域性股权交易市场与"新三板"、创业板、中小板相衔接的机制和通道；武汉金融资产交易所要在严密防范风险的同时，坚持开放办所，加快产品创新，加强会员发展，拓展业务领域，争取"十二五"末交易规模达到3000亿元以上；武汉农畜产品交易所要加强与大连、郑州商品期货交易所的合作，紧密联系农业产业化龙头企业，积极探索和推出有区域特色的农畜产品交易品种；武汉光谷联合产权交易所要在做好国有产权交易的同时，积极开展覆盖多种经济成分的各类产权交易；湖北华中文化产权交易所要积极稳妥发展，创新文化产权协商议价交易模式；湖北碳排放权交易中心要按照国家开展碳排放权交易试点的要求，积极组织开展碳排放权交易，探索开展能效市场产品交易、节能减排综合服务、碳金融创新产品开发及碳交易投融资服务、碳交易市场咨询和培训等；湖北环境资源交易中心要积极组织开展排污权交易；武汉农村综合产权交易所要大力推进农村产权要素市场建设，以武汉农村综合产权交易所为龙头打造全省统一的农村产权交易平台。武汉知识产权交易所、武汉城市矿产交易所、武汉航运交易所要立足武汉、服务全省、辐射中部，创新发展。

积极创造条件，探索设立有湖北特色的药品、林权、水权、贵金属等生产要素交易平台，丰富要素市场类型，服务实体经济发展。

（六）大力发展创业投资和股权投资

充分发挥创业投资和股权投资在聚集社会资本、完善企业治理结构、促进科技创新、推动产业转型等方面的作用，推动其与市场主体紧密结合。支持创业投资企业发展，鼓励和引导社会资金加大对省内中小型科技企业的投资力度。鼓励各市州政府建立创业投资引导基金和产业并购基金，引导和鼓励各类股权投资企业和股权投资管理企业入驻发展，帮助企业完成股份制改造，推动企业建立规范的现代企业制度，培育行业龙头企业，带动地方经济转型和产业升级。各国家级和省级高新技术产业开发区要积极探索设立天使投资基金，培育创业企业团队。武汉东湖国家自主创新示范区要充分利用"先行先试"政策优势，积极试行股权激励和科技成果转化奖励、科技金融改革创新、境内外资本流通、创新财政税收等多项优惠政策，充分发挥资本的聚集效应，积极推进股权资本化、智力资本化、资产证券化，全力打造东湖"资本特区"。

（七）积极发展债券市场

加快培育发债主体，扩大债券融资规模，优化融资结构。鼓励优质大中型企业发行公司债、可转债、企业债和中期票据、短期融资券等各类债务融资工具，扩大直接融资规模。支持全省重点产业的优质企业在国内外发行各类债券，各地要积极探索设立政府主导的风险偿债基金，为发债企业提供有效的增信手段，建立有效的风险防范和缓释机制。鼓励中小型企业发行中小企业集合票据、中小企业集合债券、私募债，利用武汉金融资产交易所和武汉股权托管交易中心等发行中小企业集合融资产品和私募债券产品，拓宽融资渠道。争取地方政府自行发债试点，通过发行债券筹集建设资金推动地方重大基础设施项目。积极推进符合条件的保障房建设和棚户区改造企业发行非公开定向债务融资工具。在全省推广"区域集优"债务融资模式，各级政府要通过设立中小企业直接债务融资发展基金，支持更多中小企业以区域集优方式实现直接债务融资。鼓励银行、证券、信托等金融机构在各自法定经营范围内开展债券发行、承销和结算业务，支持地方法人金融机构申请债务融资工具承销商资格。大力发展资产证券化，鼓励湖北省金融机构开展创新，充分发掘基础资产项目，设计适度打包增信、风险可控的信贷资产证券化及企业资产证券化产品推向市场。

（八）充分利用期货市场

充分利用期货市场价格发现和规避风险的基本功能，促进产业发展方式转变，引导企业实现规模经营、集约化经营和标准化生产。支持湖北企业申请设立交割品牌与交割仓库。支持长江期货、美尔雅期货等期货法人机构壮大规模，鼓励全国期货公司来鄂设立经营网点，在湖北投放新的业务和产品，服务地方实体经济发展。加强与郑州商品交易所、大连商品交易所等相关期货交易所的合作，积极争取在湖北省设立稻谷、棉花、玉米、钢材等期货品种的现货交割仓库。

（九）培育发展中介服务机构

支持长江证券、天风证券等证券公司总部机构增强资本实力，拓展业务领域，开展产品业务创新，在省内增设经营网点，提升公司实力和核心竞争力。大力引进证券公司和基金公司，鼓励在鄂设立区域总部或分支机构；鼓励证券、保险等金融机构通过发行次级债等形式扩充资本；吸引会计师事务所、律师事务所、审计事务所、资产评估机构、资信评级机构等中介机构落户发展，增强行业整体实力。积极培育和发展具有市场竞争力和影响力的会计审计、资产评估、信用评级和法律等专业服务机构，培育几家大型融资性担保机构，规范发展证券、期货等投资咨询服务机构；鼓励发展各类投资、理财机构，引进和培育一批金融资讯信息服务机构。建立资本市场中介机构服务评价体系和诚信档案,逐步形成机构集聚、功能完善的资本市场中介服务体系。3年内全省争取设立2家基金公司,培育2~3家规模大、实力强的期货经营机构进入全国前列,证券分公司达到20家左右,证券营业部达到200家左右。

三、强化多层次资本市场建设的保障措施

(一) 加强组织领导,完善"绿色通道"

坚持统一组织领导,加强统筹协调。省政府成立省资本市场建设工作领导小组,制订和完善促进多层次资本市场发展的产业规划、财税扶持、工商管理、挂牌企业培育等政策措施,营造良好发展环境。领导小组办公室设在省政府金融办。

全面建立企业在主板、中小板、创业板上市和在"新三板"、区域股权交易中心等场外市场上挂牌的"绿色通道",完善具体制度。企业在改制、资产重组、挂牌申报等过程中涉及的土地、房屋、税务、工商、环保和项目立项等各项审批或备案确认,各相关部门要按照"一企一议"的办法,简化手续,特事特办。进一步强化有关部门在推进企业上市、挂牌、引导金融机构支持要素市场发展过程中的职责,落实领导分级负责制、首问负责制、限时办结制和责任追究制等制度,简化流程,缩减时限,提高办理的质量和效率。各地、各部门职责落实情况作为省政府考核和表彰资本市场建设发展的主要依据。

(二) 加大扶持力度,培育市场主体

1. 支持企业上市。继续落实《省人民政府关于推进企业上市的若干意见》(鄂政发〔2008〕42号)和《省人民政府关于进一步加快资本市场发展的若干意见》(鄂政发〔2011〕20号)各项优惠和奖励政策。省内地方上市公司成功开展并购重组,并入资产且实现融资的,由企业所在地政府给予一次性奖励。省级重点培育的后备上市企业(指由省上市领导小组公布的纳入省级重点培育后备上市企业名册且与保荐机构、会计师事务所、律师事务所签订了上市辅导协议,并支付了相关费用的企业)和"全国中小企业股份转让系统"、武汉股权托管交易中心挂牌企业,以其变更为股份公司前一年上缴的所得税、增值税、营业税地方分享部分为基数,3年内上缴所得税、增值税、营业税地方分享部分环比增长的部分奖励给企业,其资产评估增值部分应缴纳企业所得税的,在纳税后,地方分享部分的50%奖励给该企业,以上奖励资金由市、州、县财政按税收分成比例列支出用于支持该企业发展。

2. 支持企业在场外市场挂牌。各市、州、县政府要对进入全国中小企业股

份转让系统和武汉股权托管交易中心挂牌的企业给予奖励和扶持，让企业基本实现"零成本"挂牌，充分调动企业利用多层次资本市场发展的积极性。省级财政采取"以奖代补"方式，根据各市、州、县在全国中小企业股份转让系统和武汉股权托管交易中心挂牌企业数量以及各地奖励力度，对企业所在市、州、县实行激励性转移支付，具体办法由省财政厅商省政府金融办制定。今后，省级新增拟上市重点后备企业，应主要从全国中小企业股份转让系统和武汉股权托管交易中心挂牌企业中遴选产生。鼓励和引导省内拟申请在主板和创业板上市、进入"全国中小企业股份转让系统"挂牌以及发行私募债的企业，首先在武汉股权托管交易中心托管和挂牌，加强信息披露，先行规范，提高质量。

3. 支持资本要素市场建设。市州政府要将资本要素市场发展纳入当地资本市场建设发展考核体系，制定鼓励要素市场创新发展和企业充分利用资本要素市场加快发展的奖励办法，在资本注入、项目对接、网点建设、人才引进等方面给予支持。各地对经省政府批准设立的资本要素市场可按照辖区内新设金融机构给予支持和优惠，高管人员可享受金融机构同等待遇。各资本要素市场主管部门要加大日常监管和扶持力度，研究出台专业性配套措施，支持资本要素市场依法独立运作，指导其在规范发展的基础上大胆创新发展。

4. 支持创业投资和股权投资发展。认真落实《省人民政府关于促进股权投资类企业发展的若干意见》（鄂政发〔2011〕23号）的各项优惠政策。

5. 支持债券发行主体培育。按照《省人民政府办公厅关于转发省政府金融办、省改委、省财政厅〈湖北省债券融资奖励办法〉的通知》（鄂政办函〔2012〕99号）规定，对各类债券的发行主体和中介机构，在融资成功后给予一次性奖励。

6. 支持中介机构培育发展。各级政府要对新设立或新迁入的证券公司、期货公司、会计师事务所、律师事务所和资本评估、资信评级、信用担保等法人机构或分支机构，给予一次性落户奖励。

（三）强化工作职责，实行目标考核

制定《湖北省推进资本市场建设工作目标考核办法》，将各市州政府和省政府有关部门推进资本市场建设工作纳入政府目标责任考核和金融工作绩效评价考核系统。对企业上市、并购重组、上市公司再融资、债券融资、引进股权投资机构、企业股份制改造、股权集中登记托管、"全国中小企业股份转让系统"企业挂牌、区域股权托管交易中心企业挂牌，以及制定配套政策、落实奖励扶持和加强宣传培训等方面进行年度目标考核。

（四）建设诚信市场，防范市场风险

严厉打击内幕交易和非法证券活动。坚持惩防并举，对参与非法证券活动的不法机构和个人加大打击力度。各地、各部门要加强制度建设,做好内幕信息知情人登记管理。建立会商机制,加强信息交流,建立各级政府金融办与国家金融监管部门、证券期货交易所的不定期会商机制,加强监管合作,共同防范风险。加强宣传教育,强化各级政府服务资本市场建设职能部门的专业队伍建设,加大对从业人员和企业相关人员的培训力度,提升行业自律,优化市场主体,树立诚信理念,营造资本市场发展的良好氛围。

湖北省委常委、常务副省长王晓东在银行业机构调研座谈会上的讲话(摘要)

当前,湖北省正处于发展的关键时期,需要的支撑点很多,现代金融的支撑尤为重要。金融是现代经济的核心,我们要完成构建战略支点、建设"五个湖北"、在中部地区率先全面建成小康社会的目标,金融支持是关键之关键。湖北省经济社会发展的大局、发展的目标对金融机构提出了更高、更新的要求,也提供了新的机遇。做好当前和今后一段时期的金融工作,要把握好两个要点。一是要把贯彻中央金融政策与湖北的实际结合起来,创造性开展工作。二是要做到远谋近施。围绕实现湖北经济社会发展宏伟目标所需的金融支撑,长远谋划、系统研究;同时,千里之行、始于足下,要切实把当前的经济金融工作抓紧抓好。

今后一段时期,拉动湖北省经济发展的"三大需求"中,投资仍然占主导地位,要继续把扩大投资作为主抓手,把项目建设作为主战场。因此,全省金融部门要着力做好以下五个方面的工作:

第一,扩大总量。湖北省的经济社会发展,从本质来讲,做大底盘、做大经济总量,仍然是首要任务。湖北省和其他地区不一样,既要"赶",做大总量,缩小与发达地区的差距;又要"转",把结构调整好,增强竞争力和发展后劲。当前,全国正处于中速增长期,但湖北省要更快、更好,保持两位数以上的快速增长。所以,扩大总量是我们金融机构的首要任务,要把社会融资总规模搞上去。衡量一个地方经济发展的金融支撑,最根本的是社会融资总规模。毫无疑问,我们的银行贷款(间接融资)规模,要千方百计地去争取。与此同时,要下大功夫搞好直接融资。直接融资反映了一个地方经济发展的活跃程度,要解放思想,转变观念,拓宽视野,显著提高直接融资在社会融资规模中的比重,优化融资结构,降低企业融资成本,为实体经济发展提供更多的支撑。

第二,优化结构。今后十年是湖北省发展的能量释放期、优势转化期、战略机遇期,也是调结构、转方式、打硬仗的时期,要打赢这场硬仗,毫无疑问需要金融支撑。金融机构要在扩大总量的前提下，更好地支持经济结构优化，同时自身也要优化结构、加快发展。当前，要做到"五个突出"：一是突出基础设施建设。特别是对于高速公路、铁路建设等引领发展、聚集要素的交通项目，要给予大力支持；同时，省直各部门、各地方政府要高水平谋划一批项目，更大力度引进一批项目，全力以赴争取一批项目，为银企对接创造良好条件。二是突出中小企业。中小企业是就业之源，相关的金融服务要有所创新、有所突破。三是突出县域经济。县域经济是湖北省的薄弱环节，但也最有活力，最有希望。四是突出实体经济。实体经济是财富之母、发展之本，也是湖北省的优势所在。五是突出城镇化建设。城镇化是最大的潜力，是我们国家未来发展大战略、大抓手，要做好配套的金融支持和服务工作。

第三，改革创新。当前，在银行业占据融资主导地位的情况下，要着力提高金融服务水平和金融支撑能力，重点是改革创新。改革创新非常重要，在一定意义上讲，是开拓需求的主要途径。在金融改革创新方面，湖北省要进一步解放思想，多到发达地区学习借鉴先进经验，结合湖北的实际，加大金融产品创新、服务创新和存量创新的力度。

第四，加强管理。加强管理与加强服务、加强创新并不矛盾，加强管理、控制风险是为了更好地开展金融服务、金融创新。当前，经济处于转型时期，我们追求的是有质量、有效益、可持续的发展。作为金融部门，更要把质量提上去、风险降下来。我们在强调金融支持的同时，特别要高度注重风险防控，做到风险可控、可持续发展。金融风险带来的危害和破坏性在一定意义上讲比战争还厉害，现代战争主要是局部战争，但是金融危机常常是全球性的危机，至少是区域性、全行业的危机。金融风险的控制，金融的质量和效益是中心问题，关系到国家的经济安全，要加强监管，完善机制，不能有丝毫马虎。

第五，优化环境。环境是最重要的竞争力，省与省之间竞争的就是环境。市场经济是一种诚信经济，诚信是聚集生产要素的重要保障。金融的基石就是诚信，金融环境主要是诚信环境，打造成诚信高地，才能成为资金洼地。我们各级政府，要把打造诚信环境作为一项重要任务，下大功夫推进诚信建设、征信体系建设。同时，要加强对金融部门的支持和服务，帮助解决实际困难。

湖北省委常委、常务副省长王晓东在全省资本市场建设工作会议上的讲话（摘要）

我们要从战略和全局的高度，认识发展资本市场的重要意义。对湖北省而言，发展多层次资本市场，充分利用资本市场的择优功能，有利于推进结构调整、转型升级,有利于改善融资结构、化解融资难题,有利于发挥科教优势、推进自主创新,有利于增强企业竞争力、培育优质市场主体。进一步发挥好金融支撑作用,要继续抓好间接融资,扩大规模,改善结构,提高服务。现在的重点更要大力发展资本市场,利用好直接融资这个杠杆。间接融资是负债,直接融资是资产,发展资本市场是湖北省改善融资结构、扩大融资规模的关键所在。

一是更大力度推进资本市场政策落实。资本市场是促进资本形成和优化资源配置的重要渠道,对于调整结构、转型升级具有举足轻重的作用。省委、省政府高度重视资本市场发展,建立协调机制,制定激励政策,省政府下发了《关于加快多层次资本市场建设发展的若干意见》,明确了全省资本市场建设发展的总体要求、主要任务和保障措施。这是湖北省贯彻落实国务院要求的具体体现,是促进湖北省资本市场发展的指导性文件,各地各部门要切实抓好落实。

二是更大力度推进金融与实体经济融合。我国在应对金融危机方面积累了不少重要经验,最突出的就是金融要服务于实体经济这个道理。金融作为现代经济的核心,其根本功能是为实体经济提供资金融通服务。实体经济是财富之母、发展之本,也是湖北省的优势所在。金融业的发展,必须建立在实体经济之上,并服务于实体经济这一根本。要防止金融过度虚拟化,确保金融流向实体经济部门,扩大生产,增加就业。

三是更大力度推进金融创新。在贷款增长速度增加较快前提下,为什么实体经济仍然普遍存在项目融资难的问题?我认为核心就是金融机构竞争不充分。当前,要着力提高金融服务水平和金融支撑能力,关键在于改革创新。在金融改革创新方面,湖北省要进一步解放思想,多学习借鉴发达地区的先进经验,结合湖北省的实际,大力推进金融产品创新、服务创新和机构创新的力度。

四是更大力度搞好服务。重点做好企业上市和中介服务机构发展相关工作。进一步加强上市后备企业培育工作,对符合上市条件的企业,要尽快推向资本市场。完善企业上市"绿色通道"制度,对于有上市、挂牌意愿的企业,各级政府相关部门要简化手续,特事特办。要落实奖励扶持政策,各地要结合本地实际,制定奖励和扶持政策,充分调动企业参与资本市场的积极性。中介服务机构是加快资本市场发展的重要生力军。要积极引进和培育各类中介机构,增强辐射带动功能。大力发展产业投资基金、创业投资基金和股权投资基金等各类基金,支持设立循环经济产业投资基金。推动本土证券期货经营机构创新发展,为金融市场提供优质高效的服务。

五是更大力度提高直接融资比重。发展多层次资本市场,重点在利用好直接融资这个工具。除了大力推进企业上市和上市公司再融资外,各级政府还应在以下几个方面开展直接融资。一要推进企业在全国中小企业股份转让系统挂牌。各市县要抢抓"新三板"扩大到全国的机遇，鼓励和引导企业规范改制，为全国中小企业股份转让系统培育更多的优质企业资源。二要加快区域性场外市场建设步伐，借助市场化金融服务平台，解决中小企业融资难问题。三要规范发展资本要素市场。把湖北省要素市场逐步建设成为立足湖北、辐射中部的交易市场。四要大力发展创业投资和股权投资，引导社会资金加大对省内中小型科技企业的投资力度。五要积极发展债券市场。加快培育发债主体，鼓励企业发行公司债、可转债、企业债、私募债和中期票据、短期融资券等各类债务融资工具，扩大各类债券融资规模。各地要积极探索设立政府主导的风险偿债基金，为发债企业提供有效的增信手段，建立有效的风险防范和缓释机制。六要充分利用期货市场，支持企业申请设立交割品牌与交割仓库。

湖北省副省长张通在全省金融工作座谈会上的讲话（摘要）

省委、省政府始终高度重视金融工作，坚持将金融业视为"一业兴则百业兴"的核心产业，把金融业的发展纳入到全省经济社会发展的目标体系之中，有力地推动了全省金融业科学发展。各金融机构勇担重任，多渠道增加金融投入，多形式优化金融服务，推动了金融与经济的共兴共荣。我们要认真贯彻落实省委、省政府关于全省金融工作的全面部署，努力把握好"四个增"。

一是社会融资要"增量"。中央经济工作会议指出，要适当扩大社会融资总规模。如何充分运用表内融资和表外融资两种渠道、间接融资和直接融资两种手段，增加全省社会融资总量，需要我们共同努力。希望金融监管部门和各金融机构积极争取总部的支持。

二是直接融资要"增幅"。抢抓国家多项改革试点重要机遇，积极利用多层次资本市场，充分运用"新三板"、区域性股权交易市场、债券等多种渠道融资，不断扩大直接融资规模，显著提升直接融资比重。

三是金融创新要"增力"。贯彻国家支持武汉加快金融改革创新的相关精神，加快金融改革创新，做好产品创新、服务创新，制订好武汉金融与金融创新的总体实施方案和武汉区域金融中心建设总体规划，认真组织实施，将湖北、武汉建设成为金融改革创新的高地。

四是金融生态要"增效"。湖北要率先在中部建成小康社会，就要建设好的金融生态环境。金融业的发展不仅要有量的增长，更需要质的提高。省、市有关部门要与金融监管部门、金融机构一起，进一步做好信用环境和金融生态建设，加大力度，完善信用体系，打造信用湖北。

金融数据

表9　　　　　　　　　　中部六省证券业基本情况统计表

地区项目	湖北省	河南省	山西省	安徽省	湖南省	江西省
上市公司（家）	84	65	34	78	72	32
上市公司总市值（亿元）	5017.3354	4412.7583	3620.2811	2477.6561	3928.0210	1793.9279
证券公司法人机构（家）	2	1	2	2	3	2
证券公司分公司（家）	18	5	17	4	9	3
证券营业部（家）	223	199	151	192	224	153
期货公司法人机构（家）	2	3	4	3	4	1
期货公司营业部（家）	47	75	30	40	52	27

注：数据截至2013年末。

表10　　　　　　　　　　湖北省期货经营机构经营情况统计表

项目	指标	2013年末同比增减（%）
期货公司		
客户权益（亿元）	33.41	18.18
代理交易量（万手）	8056.46	63.18
代理交易额（万亿元）	10.08	77.74
手续费收入（亿元）	2.95	15.00
净利润（万元）	7404.80	-23.19
期货营业部		
客户权益（亿元）	38.94	12.94
代理交易量（万手）	9151.31	51.99
代理交易额（万亿元）	10.03	37.98
手续费收入（亿元）	3.57	16.16
净利润（万元）	11485.81	-23.49

注：数据截至2013年末。

表11　　　　　　　　　湖北省上市公司经营情况统计表　　　　单位：亿元、亿股

序号	证券名称	总资产	所有者权益	负债	营业总收入	净利润	归属于母公司所有者的净利益	总股本
1	武钢股份	964.1380	373.2717	590.8663	666.5930	6.5845	6.5089	100.9378
2	东风汽车	201.0609	76.0435	125.0175	144.9588	1.4594	0.2444	20.0000
3	楚天高速	122.5590	39.1747	83.384	7.5286	2.2982	2.2989	9.3165
4	葛洲坝	854.2340	173.3209	680.9131	444.8041	15.3126	12.7809	34.8746
5	人福医药	98.3263	49.3617	48.9646	42.9879	4.5235	3.1061	5.2878
6	东方金钰	53.5205	8.8505	44.6700	50.0910	1.4949	1.4949	3.5228
7	美尔雅	26.5689	6.9272	19.6417	4.3595	0.1941	0.1057	3.6000
8	东湖高新	89.0910	11.5108	77.5802	25.8394	-6.2580	-6.2416	6.3426
9	道博股份	2.0488	1.4233	0.6255	0.5538	-0.0009	0.0007	1.0444
10	兴发集团	158.8740	43.2819	115.5921	86.3745	1.4163	1.3081	4.3539
11	武汉控股	64.6567	32.2589	32.3978	7.8757	2.3695	2.3660	7.0957
12	光电股份	25.0258	11.4342	13.5916	7.1550	0.3697	0.3810	2.0938
13	凯乐科技	57.3276	20.3416	36.9860	16.6530	1.5032	1.2327	5.2764
14	武昌鱼	3.3903	2.3768	1.0134	0.0709	-0.1757	-0.1766	5.0884
15	三峡新材	29.3006	7.9735	21.3271	7.5301	0.0902	0.0899	3.4450
16	安琪酵母	62.9780	29.4049	33.5730	21.4269	1.5931	1.3280	3.2963
17	长江通信	19.1707	13.3893	5.7814	6.8226	-0.4576	-0.2617	1.9800
18	精伦电子	5.6476	4.4097	1.2379	2.0007	-0.2746	-0.2746	2.4604
19	*ST国药	0.1107	-0.3313	0.4419	0.9169	0.1515	0.1515	1.9560
20	烽火通信	132.5449	62.6500	69.8949	68.6827	4.5036	3.9068	9.6572
21	洪城股份	9.6762	4.9125	4.7637	1.4043	0.0045	0.0046	7.4902
22	中珠控股	23.7725	10.7875	12.9849	7.1019	0.5048	0.5092	3.6623
23	万鸿集团	1.7658	0.2282	1.5375	0.6022	-0.0757	-0.0784	2.5148
24	三安光电	129.2715	67.3096	61.9619	26.3168	7.5704	7.6055	14.4401
25	华远地产	154.6069	32.4321	122.1747	21.4877	3.1445	3.1233	18.1766
26	中茵股份	55.4958	9.5232	45.9726	15.0700	0.7390	0.3476	3.2737
27	长江传媒	64.0729	44.7652	19.3078	27.5214	2.8863	2.9244	12.1365
28	*ST祥龙	4.7413	-6.3312	11.0726	0.0112	-1.5230	-1.5230	3.7498
29	汉商集团	16.5252	6.4709	10.0543	7.3198	-0.0511	0.0173	1.7458
30	华新水泥	249.9868	91.9116	158.0753	105.8984	6.7722	5.5813	9.3530
31	航天电子	85.4112	49.9190	35.4922	23.3756	1.0528	1.0008	10.3954

续表

序号	证券名称	总资产	所有者权益	负债	营业总收入	净利润	归属于母公司所有者的净利益	总股本
32	宏发股份	33.0729	19.1346	13.9384	25.2253	3.5330	2.3926	4.7664
33	武汉健民	14.1448	9.2632	4.8816	16.2590	0.8186	0.8039	1.5340
34	马应龙	20.3657	15.3467	5.0189	11.4712	1.5351	1.6087	3.3158
35	九州通	176.0301	51.2892	124.7409	247.9368	2.3524	2.4101	14.2052
36	骆驼股份	50.8189	33.7201	17.0988	32.9176	3.3235	3.3016	8.5183
37	东贝B股	40.7879	10.1204	30.6675	35.3029	0.7050	0.5172	2.3500
38	湖北宜化	318.2345	76.4846	241.7499	138.8396	3.7227	2.3463	8.9787
39	鄂武商A	119.6123	29.6454	89.9668	122.5983	4.4403	3.4146	5.0725
40	*ST凤凰	47.1905	-10.8082	57.9987	10.3422	-5.0422	-4.9768	6.7472
41	沙隆达A	27.8653	14.1795	13.6857	22.5626	1.9107	1.9189	5.9392
42	湖北金环	15.2410	6.1746	9.0664	4.7307	-0.1863	-0.1854	2.1168
43	天茂集团	21.6895	15.1381	6.5513	6.6500	-0.3546	-0.3495	13.5359
44	湖北广电	32.4179	22.5875	9.8303	8.2794	1.2179	1.2179	3.8876
45	S舜元	4.0757	2.6389	1.4368	0.8410	0.0592	0.0592	2.7221
46	襄阳轴承	18.0801	10.6154	7.4646	5.9679	0.0025	0.0055	4.2908
47	双环科技	85.2570	18.8982	66.3588	33.1764	-2.5702	-2.5388	4.6415
48	大冶特钢	44.6882	31.0497	13.6385	54.9311	1.6730	1.6730	4.4941
49	中百集团	83.3311	28.6079	54.7231	123.6382	0.8567	0.8685	6.8102
50	博盈投资	7.8372	1.8694	5.9678	4.8692	0.0046	0.0046	5.5132
51	长江证券	309.4073	125.3068	184.1005	22.6753	8.1419	8.1380	23.7123
52	武汉中商	28.0533	9.1187	18.9346	31.4017	0.5381	0.3472	2.5122
53	京山轻机	18.1661	11.3796	6.7865	4.7040	-0.0549	-0.0606	3.4524
54	桑德环境	65.5857	41.8101	23.7755	15.7785	3.7120	3.6796	6.4638
55	江钻股份	23.5924	11.7743	11.8180	12.7710	0.5325	0.6042	4.0040
56	湖北能源	319.6338	147.1485	172.4853	79.3979	11.4152	9.6707	26.7437
57	福星股份	261.0687	84.3674	176.7013	48.9695	4.9786	4.9200	7.1236
58	凯迪电力	115.5058	32.7413	82.7645	14.8387	0.6336	0.5621	9.4331
59	广济药业	15.9553	7.3480	8.6073	3.6254	-0.0520	0.0015	2.5171
60	长源电力	115.7049	25.1094	90.5955	57.6353	6.5612	5.4142	5.5414
61	蓝鼎控股	3.8752	0.0296	3.8456	0.8376	-0.2325	-0.2325	2.4310
62	华工科技	40.7915	27.0860	13.7055	12.6279	0.9538	0.9291	8.9112
63	中航精机	139.6167	46.1924	93.4243	42.6889	2.6909	2.6940	7.1629
64	三特索道	16.9484	8.0110	8.9373	2.6793	-0.1193	-0.2114	1.2000

续表

序号	证券名称	总资产	所有者权益	负债	营业总收入	净利润	归属于母公司所有者的净利益	总股本
65	武汉凡谷	22.2937	19.2670	3.0267	7.3405	0.3349	0.3349	5.5588
66	光迅科技	27.0358	16.5013	10.5345	15.9382	1.3114	1.3114	1.8618
67	南国置业	73.7902	22.5117	51.2785	9.8710	1.7331	1.7336	9.6339
68	永安药业	11.9378	10.8174	1.1204	4.0603	0.2483	0.2483	1.8700
69	国创高新	20.1683	7.4545	12.7138	7.2461	0.0909	0.0739	2.1400
70	高德红外	24.3043	23.7500	0.5543	2.0952	0.5678	0.5678	6.0000
71	宜昌交运	16.5398	9.9769	6.5629	8.8848	0.4977	0.4935	1.3350
72	顾地科技	19.4368	10.5368	8.9000	13.3554	0.7485	0.7659	1.7280
73	*ST 武锅 B	-13.2914	13.0404	26.3318	6.4604	-0.6253	-0.6253	2.9700
74	中元华电	8.0261	7.2760	0.7502	1.3220	0.2609	0.2483	1.9500
75	回天胶业	11.3508	9.5098	1.8410	4.5353	0.6090	0.6087	1.6895
76	台基股份	8.8895	8.2220	0.6674	1.6786	0.3231	0.3231	1.4208
77	鼎龙股份	9.2407	7.5763	1.6644	3.0989	0.5554	0.4715	2.9302
78	华中数控	12.4880	8.7694	3.7186	3.1543	0.0503	0.0167	1.0783
79	力源信息	4.8120	4.3306	0.4814	2.4443	0.1571	0.1571	1.0005
80	天喻信息	17.9998	10.7045	7.2953	9.1749	0.7010	0.6805	2.1503
81	金运激光	4.0010	2.9693	1.0317	1.1367	0.0951	0.0976	0.7000
82	三丰智能	7.5544	5.5055	2.0488	2.0546	0.2168	0.2173	1.2480
83	华昌达	8.0657	5.4709	2.5948	1.5035	0.1698	0.1698	1.7340
84	华灿光电	21.6278	16.9606	4.6572	2.0546	0.1020	0.1020	3.0000

注：数据截至 2013 年 9 月 30 日。

表 12　湖北省各市（州）原保险保费收入情况统计表　　单位：万元

项目地区	小计	财产险	寿险	意外伤害险	健康险
武汉市	2022252.71	740888.18	1076917.44	57998.58	146448.51
黄石市	213581.26	63356.45	129991.26	5607.87	14625.68
襄阳市	440351.06	128344.07	265794.33	11117.08	35095.58
荆州市	651479.16	131242.25	471022.14	13513.95	35700.82
宜昌市	517029.99	145787.38	322729.06	17203.45	31310.10
十堰市	317654.81	85683.46	200221.44	8683.17	23066.74
孝感市	289242.17	58158.46	204642.65	5874.57	20566.49
荆门市	339822.89	86295.33	229869.66	6841.01	16816.89

续表

项目地区	小计	财产险	寿险	意外伤害险	健康险
鄂州市	77904.22	19414.99	52556.81	2339.65	3592.77
黄冈市	420440.47	84091.14	292369.85	9936.48	34043.00
咸宁市	187953.65	45279.63	125040.06	4919.32	12714.64
随州市	153836.57	36190.74	103581.84	3451.40	10612.59
恩施州	234132.10	62534.12	152185.63	9793.45	9618.90
省本级	8301.95	6193.55	1173.07	613.18	322.15
合计	5873983.01	1693459.76	3628095.23	157893.15	394534.86

注：①本表数据以财产险和人身险业务为口径进行统计，均为本年累计数。
②上述数据来源于各公司报送的保险数据，未经审计。
③上述数据不包括合众人寿、长江财产总公司数据。
④数据截至2013年末。

表13　　　　　　　　　　湖北省保险业经营情况统计表　　　　　　　单位：万元

项目	金额
一、原保险保费收入	5873983.01
（一）财产险	1693459.76
（二）人身险	4180523.25
1. 人身意外伤害	157893.15
2. 健康险	394534.86
3. 寿险	3628095.23
二、原保险赔付支出	1875743.43
（一）财产险	862960.78
（二）人身险	1012782.64
1. 人身意外伤害	39250.12
2. 健康险	144304.02
3. 寿险	829228.51

注：①"原保险保费收入"为按《企业会计准则（2006）》设置的统计指标，指保险企业确认的原保险合同保费收入。
②"原保险赔付支出"为按《企业会计准则（2006）》设置的统计指标，指保险企业支付的原保险合同赔付款项。
③本表"原保险保费收入"、"原保险赔付支出"以财产险和人身险业务为口径进行统计，为本年累计数。
④上述数据来源于各公司报送的保险数据，未经审计。
⑤上述数据不包括合众人寿、长江财产总公司数据。
⑥数据截至2013年末。

表14　　　　　　　　湖北省小额贷款公司发展情况统计表

序号	地区	数量（家）	注册资本（万元）	贷款余额（万元）
1	武汉市	84	1276800	1194864.00
2	黄石市	14	92000	113888.00
3	襄阳市	44	562589	577777.85
4	荆州市	22	232280	257827.20
5	宜昌市	41	440147	324515.74
6	十堰市	20	286000	300373.50
7	孝感市	30	280000	225592.60
8	荆门市	16	144818	122126.51
9	鄂州市	3	63000	54112.00
10	黄冈市	19	159200	83378.50
11	咸宁市	8	31000	23281.65
12	随州市	12	85000	103119.56
13	恩施州	20	148000	145100.90
14	仙桃市	5	27900	32694.50
15	潜江市	3	18000	18424.00
16	天门市	3	22000	12648.50
17	神农架林区	1	3000	
合计		345	3871734	3589725.01

注：①本表机构数含已批复未开业机构。
　　②数据截至2013年末。

表15　　　　　　　　湖北省融资性担保机构发展情况统计表

项目	
机构数量（家）	416
注册资本（万元）	5515804.18
从业人员数（人）	7942
在保责任总额（万元）	10552406.02

注：数据截至2013年末。

表16　　　　　　　　　湖北省典当行业发展情况统计表

序号	地区	数量（家）	注册资本（万元）	典当余额（万元）	同比增减（±%）
1	武汉市	86	257704.00	155641.05	9.80
2	黄石市	11	21000.00	16694.41	14.23
3	襄阳市	19	51180.00	41601.65	52.09
4	荆州市	14	27450.00	26059.75	50.75
5	宜昌市	11	24500.00	21605.37	65.72
6	十堰市	13	19382.00	16814.91	59.24
7	孝感市	5	8580.00	3113.00	31.52
8	荆门市	7	12700.00	7265.00	11.58
9	鄂州市	7	13590.00	10901.40	76.71
10	黄冈市	8	12200.00	8523.25	66.67
11	咸宁市	6	9050.00	5068.80	13.68
12	随州市	3	7000.00	6410.21	248.38
13	恩施州	8	13500.00	13800.16	57.89
14	仙桃市	3	5000.00	1542.00	72.08
15	潜江市	3	4600.00	3276.38	13.23
16	天门市	3	4500.00	1427.28	48.06
合计		207	491936.00	339744.62	

注：数据截至2013年末。

机构名录

表17　　　　　　　　　　　　湖北省金融管理机构及分支机构名录

序号	机构名称	地址	负责人	电话	邮编
1	中国人民银行武汉分行	武汉市武昌区中南路69号	殷兴山	027－87327300	430071
2	中国人民银行武汉分行营业管理部	武汉市汉口建设大道741号	李斌	027－85789185	430015
3	中国人民银行黄石市中心支行	黄石市团城山桂林南路5号	丁平	0714－6353315	435003
4	中国人民银行襄阳市中心支行	襄阳市樊城区胜利街9号	李帆	0710－3627305	441021
5	中国人民银行荆州市中心支行	荆州市江津西路258号	胡学林	0716－8253991	434000
6	中国人民银行宜昌市中心支行	宜昌市发展大道33号	王安明	0717－6323401	443005
7	中国人民银行十堰市中心支行	十堰市朝阳中路53号	田光武	0719－8665088	442000
8	中国人民银行孝感市中心支行	孝感市长征路15号	向秋芳	0712－2846073	432900
9	中国人民银行荆门市中心支行	荆门市掇刀区深圳大道（东）16号	王兵	0724－6088300	448000
10	中国人民银行鄂州市中心支行	鄂州市凤凰路31号	张旅萍	0711－3871682	436000
11	中国人民银行黄冈市中心支行	黄冈市黄州大道52号	李容成	0713－8352532	438000
12	中国人民银行咸宁市中心支行	咸宁市温泉双鹤路9号	万华利	0715－8158051	437100
13	中国人民银行随州市中心支行	随州市明珠路18号	张艳妮	0722－3318178	441300
14	中国人民银行恩施州中心支行	恩施市施州大道26号	谢崇礼	0718－8222093	445600
15	国家外汇管理局湖北省分局	武汉市武昌区中南路69号	殷兴山	027－87327340	430071
16	国家外汇管理局黄石市中心支局	黄石市团城山桂林南路5号	丁平	0714－6353315	435003
17	国家外汇管理局襄阳市中心支局	襄阳市樊城区胜利街9号	李帆	0710－3627305	441021
18	国家外汇管理局荆州市中心支局	荆州市江津西路258号	胡学林	0716－8253991	434000
19	国家外汇管理局宜昌市中心支局	宜昌市发展大道33号	王安明	0717－6323401	443005
20	国家外汇管理局十堰市中心支局	十堰市朝阳中路53号	田光武	0719－8665088	442000
21	国家外汇管理局孝感市中心支局	孝感市长征路15号	向秋芳	0712－2846073	432900
22	国家外汇管理局荆门市中心支局	荆门市掇刀区深圳大道（东）16号	王兵	0724－6088300	448000
23	国家外汇管理局鄂州市中心支局	鄂州市凤凰路31号	张旅萍	0711－3871682	436000
24	国家外汇管理局黄冈市中心支局	黄冈市黄州大道52号	李容成	0713－8352532	438000
25	国家外汇管理局咸宁市中心支局	咸宁市温泉双鹤路9号	万华利	0715－8158051	437100
26	国家外汇管理局随州市中心支局	随州市明珠路18号	张艳妮	0722－3318178	441300

续表

序号	机构名称	地址	负责人	电话	邮编
27	国家外汇管理局恩施州中心支局	恩施市施州大道26号	谢崇礼	0718-8222093	445600
28	中国银行业监督管理委员会湖北监管局	武汉市汉口建设大道743号	邓智毅	027-85565162	430015
29	中国银行业监督管理委员会湖北监管局黄石银监分局	黄石市团城山桂林南路3号	管春林	0714-6368118	435000
30	中国银行业监督管理委员会湖北监管局襄阳银监分局	襄阳市襄城新街4号	邓超	0710-3611361	441021
31	中国银行业监督管理委员会湖北监管局荆州银监分局	荆州市荆中路12号	熊顺学	0716-8445975	434020
32	中国银行业监督管理委员会湖北监管局宜昌银监分局	宜昌市西陵一路7号勤业大厦13-16楼	赵想林	0717-6772656	443000
33	中国银行业监督管理委员会湖北监管局十堰银监分局	十堰市北京北路95号	潘典洲	0719-8128936	442000
34	中国银行业监督管理委员会湖北监管局孝感银监分局	孝感市长征路283号	何东	0712-2885027	432000
35	中国银行业监督管理委员会湖北监管局荆门银监分局	荆门市金虾路41号	尹学赛	0724-2380306	448000
36	中国银行业监督管理委员会湖北监管局鄂州银监分局	鄂州市凤凰路63号	任国庆	0711-3890977	436000
37	中国银行业监督管理委员会湖北监管局黄冈银监分局	黄冈市黄州区赤壁一路1号	王国强	0713-8671213	438000
38	中国银行业监督管理委员会湖北监管局咸宁银监分局	咸宁市温泉淦河大道31号	陈建郧	0715-8278875	437100
39	中国银行业监督管理委员会湖北监管局随州银监分局	随州市曾都区烈山大道58号	陈俊	0722-3223699	441300
40	中国银行业监督管理委员会湖北监管局恩施银监分局	恩施市施州大道155号金安建设大厦B座6-9楼	谢作槐	0718-8463346	445000
41	中国银行业监督管理委员会湖北监管局蔡甸办事处	武汉市蔡甸区蔡甸大道985号	龚敢敢	027-69812978	430100
42	中国银行业监督管理委员会湖北监管局江夏办事处	武汉市江夏区纸坊街熊廷弼路47号	马波	027-87919880	430200

续表

序号	机构名称	地址	负责人	电话	邮编
43	中国银行业监督管理委员会湖北监管局黄陂办事处	武汉市黄陂区前川街黄陂大道99号	熊忠桥	027-61003920	430300
44	中国银行业监督管理委员会湖北监管局新洲办事处	武汉市新洲区龙腾大街153号	蔡军	027-89361070	430400
45	中国银行业监督管理委员会湖北监管局仙桃办事处	仙桃市桃源大道东段1号	郭坤明	0728-3200838	433000
46	中国银行业监督管理委员会湖北监管局潜江办事处	潜江市章华中路7号	尹述新	0728-6234988	433100
47	中国银行业监督管理委员会湖北监管局天门办事处	天门市竟陵鸿渐大道145号	陈金安	0728-5226689	431700
48	中国银行业监督管理委员会湖北监管局神农架办事处	神农架林区松柏镇青杨街	海柱	0719-3336611	442400
49	中国证券监督管理委员会湖北监管局	武汉市洪山区珞喻路540号	芮跃华	027-87460020	430079
50	中国保险监督管理委员会湖北监管局	武汉市武昌区友谊大道2号2008新长江广场A座	左绪文	027-88937700	430061
51	湖北省人民政府金融管理领导小组办公室	武汉市武昌区洪山路7号	刘美频	027-87236123	430071
52	武汉市人民政府金融工作办公室	武汉市汉口沿江大道188号	方洁	027-82826877	430014
53	黄石市人民政府财税金融协调办公室	黄石市杭州东路1号	胡继红	0714-6359207	435000
54	襄阳市人民政府金融办公室	襄阳市襄城区北街126号	肖冰东	0710-3611505	441021
55	十堰市人民政府金融办公室	十堰市北京中路8号	彭直	0719-8116616	442000
56	荆州市人民政府金融管理领导小组办公室	荆州市沙市区江津西路262号	易贤良	0716-8278375	434000
57	宜昌市人民政府金融发展办公室	宜昌市沿江大道102号	羿文英	0717-6256981	443000
58	荆门市人民政府金融工作办公室	荆门市东宝区象山大道59号	杜佐鹏	0724-2372302	448000
59	鄂州市人民政府金融办公室	鄂州市滨湖西路特1号	刘绪武	0711-3830720	436099
60	黄冈市人民政府金融领导小组办公室	黄冈市七一路5号	廖保安	0713-8618506	438000
61	孝感市人民政府金融管理领导小组办公室	孝感市城站路老市委大院	刘自海	0712-2854605	432100

续表

序号	机构名称	地址	负责人	电话	邮编
62	咸宁市人民政府金融领导小组办公室	咸宁市双鹤路16号	姚红星	0715-8126771	437100
63	随州市人民政府金融工作领导小组办公室	随州市曾都区迎宾大道9号	袁海松	0722-3596379	431300
64	恩施州金融工作办公室	恩施市舞阳大街1巷21号	龙卫东	0718-8420179	445000
65	仙桃市财税金融领导小组办公室	仙桃市仙源大道67号	李家洪	0728-3238755	433000
66	潜江市人民政府金融管理领导小组办公室	潜江市阳东路62号	张劲	0728-6491192	433100
67	天门市金融协调领导小组办公室	天门市陆羽大道（中）31号	吴家庆	0728-5229585	431700
68	神农架林区人民政府金融协调办公室	神农架林区松柏镇常青路58号	詹古月	0719-3332851	442400

表18　　　　　　　　　　湖北省银行业机构名录

序号	机构名称	地址	负责人	电话	邮编
		政策性银行（3家）			
1	国家开发银行湖北省分行	武汉市武昌区东湖大道181号	林放	027-86759555	430077
2	中国农业发展银行湖北省分行	武汉市武昌区中北路229号	丁伟	027-87252248	430077
3	中国进出口银行湖北省分行	武汉市武昌区中北路108号2号楼	刘汉杰	027-85712885	430077
		国有商业银行（5家）			
4	中国工商银行湖北省分行	武汉市武昌区中北路31号	王芝斌	027　69908000	430071
5	中国农业银行湖北省分行	武汉市武昌区中北路66号津津花园A座	姜瑞斌	027-68875001	430071
6	中国银行湖北省分行	武汉市汉口建设大道677号	宁效云	027-85562998	430022
7	中国建设银行湖北省分行	武汉市汉口建设大道709号	廖林	027-65775088	430015
8	交通银行湖北省分行	武汉市汉口建设大道847号	李杨勇	027-85487166	430015
		股份制商业银行（9家）			
9	招商银行武汉分行	武汉市汉口建设大道518号	汪建中	027-85495888	430022
10	中国光大银行武汉分行	武汉市汉口沿江大道143号	袁敢	027-82796288	430014
11	中国民生银行武汉分行	武汉市江区新华路396号民生银行大厦	吴江涛	027-85735777	430022
12	华夏银行武汉分行	武汉市武昌区民主路786号华银大厦	王耀增	027-87265288	430071

续表

序号	机构名称	地址	负责人	电话	邮编
13	中信银行武汉分行	武汉市汉口建设大道 747 号	徐学敏	027 - 85355111	430015
14	兴业银行武汉分行	武汉市武昌区中北路 108 号兴业银行大厦	周伟	027 - 86795566	430077
15	上海浦东发展银行武汉分行	武汉市江汉区新华路 218 号浦发银行大厦	陈海宁	027 - 85566899	430022
16	广发银行武汉分行	武汉市江汉区新华下路特 8 号	任清尧	027 - 85354999	430020
17	平安银行武汉分行	武汉市武昌区中北路 54 号	万安培	027 - 86658266	430070
	邮政储蓄银行（1 家）				
18	中国邮政储蓄银行湖北省分行	武汉市江汉区新华小路 41 号	洪晓成	027 - 65778598	430022
	城市商业银行（2 家）				
19	湖北银行	武汉市武昌区中北路 81 号	陈大林	027 - 87139055	430071
20	汉口银行	武汉市汉口建设大道 933 号	陈新民	027 - 82656110	430015
	外资银行（7 家）				
21	汇丰银行（中国）有限公司武汉分行	武汉市汉口建设大道 568 号新世界国贸大厦 18 楼	李晖	027 - 65779867	430022
22	渣打银行（中国）有限公司武汉分行	武汉市江汉区长江日报路 77 号投资大厦 101 室、201 室	潘希望	027 - 59353835	430015
23	东亚银行（中国）有限公司武汉分行	武汉市汉口中山大道 1628 号武汉天地企业中心 5 号	黎锐青	027 - 82261658	430010
24	瑞穗实业银行（中国）有限公司武汉分行	武汉市汉口解放大道 634 号新世界中心 A 座 5 楼	山内贵博	027 - 83425090	430032
25	法国兴业银行（中国）有限公司武汉分行	武汉市汉口中山大道 1628 号武汉天地企业中心 5 号 33 楼 3303 室、3304 室	钟志东	027 - 82655626	430010
26	三菱东京日联银行（中国）有限公司武汉分行	武汉市汉口中山大道 1628 号	立川元祥	027 - 82200888 - 150	430010
27	企业银行（中国）有限公司武汉分行	武汉市武昌区公正路 216 号平安国际金融大厦 18 楼	张光太	027 - 87258885 - 205	430071
	资产管理公司（4 家）				
28	中国华融资产管理股份有限公司湖北省分公司	武汉市武昌区体育街特 1 号	李鹏	027 - 88074383	430060
29	中国长城资产管理公司武汉办事处	武汉市武昌区东湖路 155 号	铁金山	027 - 86770843	430077

续表

序号	机构名称	地址	负责人	电话	邮编
30	中国东方资产管理公司武汉办事处	武汉市硚口区武胜路泰和广场34楼	刘波	027-85713020	430033
31	中国信达资产管理股份有限公司湖北省分公司	武汉市武昌区中南路1号	程辉	027-87832715	430071
信托公司（2家）					
32	交银国际信托有限公司	武汉市汉口建设大道847号瑞通广场B座16、17楼	赵炯	027-85487833	430015
33	方正东亚信托有限责任公司	武汉市江汉区长江日报路77号投资大厦11-14楼	周全锋	027-85565758	430015
财务公司（9家）					
34	武汉钢铁集团财务有限责任公司	武汉市武昌友谊大道999号武钢集团办公大楼B座11-13楼	姚文中	027-86219198	430080
35	东风汽车财务有限公司	武汉市武汉经济技术开发区东风大道10号	马华	027-84283121	430056
36	湖北能源集团财务有限公司	武汉市武昌区徐东大街20号福星惠誉国际城8栋1单元6楼	邹正	027-88606800	430062
37	中国电力财务有限公司华中分公司	武汉市武昌区徐东大街117号	丁琪	027-59801518	43006
38	中国石化财务有限责任公司武汉分公司	武汉市汉口建设大道709号建银大厦28楼	王奕军	027-85495936	430015
39	航天科工财务有限责任公司武汉分公司	武汉市东西湖区金山大道9号航天科工大厦北3楼	周磊	027-59393566	430040
40	中国能源建设集团葛洲坝财务有限公司	宜昌市石子岭路3号	邹定波	0717-6719740	443002
41	湖北宜化集团财务有限责任公司	宜昌市沿江大道52号	柴国志	0717-8868342	443002
42	三峡财务有限责任公司宜昌分公司	宜昌市东山大道80号	毕家俊	0717-6853651	443002
金融租赁公司（1家）					
43	光大金融租赁股份有限公司	武汉市汉口沿江大道143号中国光大银行武汉分行办公楼附楼4楼	潘明忠	010-68098705	430014
农村信用社（29家）					
44	湖北省农村信用社联合社	武汉市武昌区水果湖街小洪山中区70号	徐新	027-87369712	430071
45	阳新县农村信用合作联社	阳新县兴国镇陵园大道62号	冯勇	0714-7323147	435200

续表

序号	机构名称	地址	负责人	电话	邮编
46	枣阳市农村信用合作联	枣阳市人民路14号	王世彦	0710－6313604	441200
47	宜城市农村信用合作社联合社	宜城市振兴大道262号	杨贤友	0710－4212839	441400
48	鄂州市农村信用合作联社	鄂州市古城南路75号	柯国梁	0711－3224323	436000
49	沙洋县农村信用合作联社	沙洋县荷花中路3号	李旭华	0724－8596403	448200
50	钟祥县农村信用合作联社	钟祥市莫愁大道47号	王健强	0724－4263152	431900
51	孝南区农村信用合作联社	孝感市长征路21号	鄢华贵	0712－2853255	432100
52	孝昌县农村信用合作联社	孝昌县花园洪花东路13号	汪桂轩	0712－4768036	432900
53	应城市农村信用合作联社	应城市广场大道2号	黄自芳	0712－3223904	432400
54	安陆市农村信用合作联社	安陆市碧涢路78号	季建民	0712－5253622	432600
55	汉川市农村信用合作联社	汉川市城关镇西湖路10号	游汗清	0712－8288150	431600
56	监利县农村信用合作联社	监利县容城镇江城路57号	田维军	0716－3327222	433300
57	黄州区农村信用合作联社	黄冈市黄州大道46号	喻同旭	0713－8387151	438000
58	红安县农村信用合作联社	红安县城关镇将军路53号	冯木林	0713－5243537	438400
59	罗田县农村信用合作联社	罗田县凤山镇胜利街	徐有源	0713－5059708	438600
60	浠水县农村信用合作联社	浠水县清泉镇车站路	黎旺云	0713－4233753	438200
61	蕲春县农村信用合作联社	蕲春县漕河镇蕲春大道	程林	0713－7263582	435300
62	黄梅县农村信用合作联社	黄梅县黄梅镇黄梅大道498号	杨凌	0713－3353300	435500
63	麻城市农村信用合作联社	麻城市金桥大道17号	何涛	0713－2926067	438300
64	嘉鱼县农村信用合作联社	嘉鱼县鱼岳镇沙阳大道93号	万君明	0715－6310606	437200
65	通城县农村信用合作联社	通城县隽水大道262号	谭晓彬	0715－4329918	437400
66	赤壁市农村信用合作联社	赤壁市河北大道267号	陈军	0715－5353196	437300
67	广水市农村信用合作联社	广水市永阳大道46号	王文涛	0722－6261258	432700
68	建始县农村信用合作联社	建始县邺州镇广润路17号	陈华兵	0718－3223523	445300
69	来凤县农村信用合作联社	来凤县解放大道211号	刘志会	0718－6283935	445700
70	鹤峰县农村信用合作联社	鹤峰县溇水大道806号	李纯维	0718－5285198	445800
71	天门市农村信用合作联社	天门市竟陵人民大道（中）126号	康继峰	0728－5222549	431700
72	神农架林区农村信用合作联社	神农架林区松柏镇中心街7号	王黎宾	0719－3333830	442400
	农村商业银行（43家）				
73	武汉农村商业银行股份有限公司	武汉市江岸区建设大道618号	刘必金	027－85497447	430015
74	湖北仙桃农村商业银行股份有限公司	仙桃市沔阳大道100号	许先平	0728－3221469	433000

续表

序号	机构名称	地址	负责人	电话	邮编
75	湖北潜江农村商业银行股份有限公司	潜江市江汉路36号	汪新国	0728-6234968	433199
76	湖北大悟农村商业银行股份有限公司	大悟县城关镇发展大道2号	饶建华	0712-7232287	432800
77	湖北随州农村商业银行股份有限公司	随州市舜井大道89号	赵雁鸿	0722-3246663	441300
78	湖北十堰农村商业银行股份有限公司	十堰市朝阳中路15号武当国际园A座	朱思爽	0719-8680547	442000
79	湖北丹江口农村商业银行股份有限公司	丹江口市均州二路19号	代新胜	0719-5210449	442700
80	湖北郧西农村商业银行股份有限公司	郧西县郧西大道74号	邓兆华	0719-6234588	442600
81	湖北郧县农村商业银行股份有限公司	郧县城关镇金沙路23号	邱世华	0719-7232052	442500
82	湖北房县农村商业银行股份有限公司	房县城关镇南街28号	刘玉山	0719-3224868	442100
83	湖北竹溪农村商业银行股份有限公司	竹溪县城关镇鄂陕大道1884号	李茂兵	0719-2726629	442300
84	湖北武当山农村商业银行股份有限公司	十堰市武当山旅游经济特区玉虚路74号	贺东巅	0719-5669258	442714
85	湖北竹山农村商业银行股份有限公司	竹山县城关镇人民路15号	姜涛	0719-4225208	442200
86	湖北利川农村商业银行股份有限公司	利川市清源大道84号	邓进耀	0718-7286015	445400
87	湖北宣恩农村商业银行股份有限公司	宣恩县珠山镇民族路64号	杨万元	0718-5831905	445500
88	湖北通山农村商业银行股份有限公司	通山县通羊镇九宫大道406号	赵春学	0715-2362128	437600
89	湖北远安农村商业银行股份有限公司	远安县鸣凤大道73号	艾国	0717-3813881	444299
90	湖北当阳农村商业银行股份有限公司	当阳市长坂路146号	王克文	0717-3223052	444100

续表

序号	机构名称	地址	负责人	电话	邮编
91	湖北枝江农村商业银行股份有限公司	枝江市迎宾大道28号	覃彦	0717-4212667	443200
92	湖北三峡农村商业银行股份有限公司	宜昌市夷陵区平云一路64号	王服文	0717-7826195	443100
93	湖北长阳农村商业银行股份有限公司	长阳土家族自治县龙舟坪镇龙舟大道52号	王勇	0717-5328006	443500
94	湖北秭归农村商业银行股份有限公司	秭归县茅坪镇平湖大道15号	董家文	0717-2882332	443600
95	湖北南漳农村商业银行股份有限公司	南漳县城关镇水镜大道299号	汪洪斌	0710-5245469	441500
96	湖北保康农村商业银行股份有限公司	保康县城关镇光千路225号	张守欣	0710-5812335	441600
97	湖北团风农村商业银行股份有限公司	团风县团风大道14号	余战修	0713-6150806	438800
98	湖北武穴农村商业银行股份有限公司	武穴市广济大道东10号	陈志	0713-6225041	435400
99	湖北大冶农村商业银行股份有限公司	大冶市观山路28号	张小平	0714-8766673	435100
100	湖北荆门农村商业银行股份有限公司	荆门市金龙泉大道8号	贾维军	0724-2389767	448000
101	湖北松滋农村商业银行股份有限公司	松滋市新江口镇民主路213号	赵振权	0716-6228515	434200
102	湖北京山农村商业银行股份有限公司	京山县新市大道261号	柴松林	0724-7328549	431899
103	湖北巴东农村商业银行股份有限公司	巴东县信陵镇金堂路50号	徐向东	0718-4226197	444300
104	湖北谷城农村商业银行股份有限公司	谷城县城关镇粉阳路70号	陈涛	0710-7335961	441700
105	湖北黄石农村商业银行股份有限公司	黄石市黄石港区磁湖路55号时代·仁智山水S06号、S07号楼	刘战明	0714-6231266	435000
106	湖北老河口农村商业银行股份有限公司	老河口市中山路21号	陈守成	0710-8220930	441800

续表

序号	机构名称	地址	负责人	电话	邮编
107	湖北江陵农村商业银行股份有限公司	江陵县荆洪路215号	张巍巍	0716-4738006	434100
108	湖北襄阳农村商业银行股份有限公司	襄阳市襄城区檀溪路116号	李维林	0710-3691108	441022
109	湖北崇阳农村商业银行股份有限公司	崇阳县天城镇沿河大道345号	郑永和	0715-3325406	437500
110	湖北石首农村商业银行股份有限公司	石首市中山路51号	桑茂芳	0716-7288445	434400
111	湖北云梦农村商业银行股份有限公司	云梦县楚王城大道187号	钱远利	0712-4225075	432500
112	湖北洪湖农村商业银行股份有限公司	洪湖市宏伟北路8号	王前礼	0716-2211260	433200
113	湖北荆州农村商业银行股份有限公司	荆州市江津中路255号	罗建祥	0716-8513838	434000
114	湖北咸宁农村商业银行股份有限公司	咸宁市长安大道166号	陈万开	0715-8233885	437100
115	湖北恩施农村商业银行股份有限公司	恩施市施州大道52号	张泽武	0718-8210660	445000
农村合作银行（6家）					
116	湖北五峰农村合作银行	五峰土家族自治县渔洋关镇东西路	赵东凤	0717-5758226	443413
117	湖北兴山农村合作银行	兴山县古夫镇昭君路20号	朱德富	0717-2585400	443711
118	湖北咸丰农村合作银行	咸丰县高乐山镇营屏寨路43号	敖皓	0718-6822464	445600
119	湖北宜都农村合作银行	宜都市陆城清江大道29号	易克兵	0717-4821754	443300
120	湖北英山农村合作银行	英山县温泉镇新桥北路68号	蔡东静	0713-7010106	438700
121	湖北公安农村合作银行	公安县斗湖堤镇荆江大道152号	朱远伦	0716-5236299	434300
村镇银行（36家）					
122	恩施州常农商村镇银行股份有限公司	恩施市航空路94号	汤世辉	0718-8205001	445000
123	武汉江夏民生村镇银行股份有限公司	武汉市江夏区纸坊街文华路水务局亲水大厦	胡小康	027-81810566	430200
124	湖北天门汇丰村镇银行有限责任公司	天门市竟陵鸿渐大道89号	何映华	0728-5299088	431700

续表

序号	机构名称	地址	负责人	电话	邮编
125	钟祥民生村镇银行股份有限公司	钟祥市郢中镇莫愁大道1号	童元平	0724-4331688	431900
126	京山中银富登村镇银行有限公司	京山县新市大道183号	张翼	0724-7599555-601	431800
127	湖北汉川农银村镇银行有限责任公司	汉川市新河镇电厂侧路	刘诗俊	0712-8412338	431600
128	宜都民生村镇银行股份有限公司	宜都市长江大道名都华庭	张健平	0717-4839587	443300
129	宜城国开村镇银行有限责任公司	宜城市紫149观路一阳精品街11栋140-148号	徐新程	0710-4221000	441400
130	湖北随州曾都汇丰村镇银行有限责任公司	随州市曾都区烈山大道205号	黄碧娟	0722-3068058	441300
131	湖北嘉鱼吴江村镇银行股份有限公司	嘉鱼县鱼岳镇人民大道42号	陈立志	0715-6318333	437200
132	大冶国开村镇银行股份有限公司	大冶市大冶大道104号	徐新程	0714-8725699	435100
133	湖北仙桃北农商村镇银行有限责任公司	仙桃市仙桃大道东段南侧供电大楼附楼	姚玉海	0728-3319221	433000
134	兴山本富村镇银行有限责任公司	兴山县古夫镇高阳大道29号	李敬涛	15845930999	443700
135	蕲春中银富登村镇银行有限公司	蕲春县漕河镇漕河大道12号	陶旭东	0713-7230918	435300
136	枣阳中银富登村镇银行有限公司	枣阳市光武路42号	毛礼刚	0710-6238308	441200
137	洪湖融兴村镇银行有限公司	洪湖市文泉大道23号中央花园	邸志强	15904607878	433200
138	谷城中银富登村镇银行有限公司	谷城县城关镇银城大道34号	卢漳舟	0710-7566666	441200
139	应城融兴村镇银行有限公司	应城市古城大道世纪名居A栋1楼	毛春光	0712-3310999	432400
140	潜江中银富登村镇银行有限公司	潜江市章华中路12号	杨功杰	13349724449	433100
141	老河口中银富登村镇银行有限公司	老河口市胜利路31号	冯锐	0710-8233555	441800
142	湖北荆门掇刀包商村镇银行股份有限公司	荆门市掇刀区深圳大道8号	张守军	0724-8688299	448000
143	监利中银富登村镇银行	监利县容城大道东28号	叶方华	13886582280	434200
144	松滋中银富登村镇银行	松滋市新江口镇飞利浦路16号	王晓林	13873270333	434200
145	湖北咸安武农商村镇银行有限责任公司	咸宁市咸安区温泉路77号	张向红	0715-8212385	437100
146	湖北赤壁武农商村镇银行有限公司	赤壁市陆水湖大道245号	张向红	0715-5331122	437300
147	荆门东宝惠民村镇银行股份有限公司	荆门市东宝区象山大道82号	王强	0724-2354724	448000

续表

序号	机构名称	地址	负责人	电话	邮编
148	湖北大冶泰隆村镇银行有限责任公司	大冶市观山路27号	梁海斌	0714-8868789	435100
149	湖北麻城汇丰村镇银行有限责任公司	麻城市玉融街56号	彭晓雄	0713-2938388	438300
150	枝江汉银村镇银行股份有限公司	枝江市马家店街道办事处团结路34号	阮绪洲	0717-4202556	443200
151	孝昌本富村镇银行有限责任公司	孝昌县花园镇祥瑞景城G5栋01-08号商铺	胡岚	18972667856	432900
152	通城惠民村镇银行有限责任公司	通城县隽水镇解放东路59号	王学峰	0715-4867999	437400
153	阳新汉银村镇银行股份有限公司	阳新县兴国镇陵园大道15号	涂建平	0714-7338067	435200
154	当阳常农商村镇银行股份有限公司	当阳市环城南路64号	梅平	0717-3231198	444100
155	公安中银富登村镇银行有限公司	公安县斗湖堤镇荆江大道5号	陈杰	0716-5109888	434300
156	沙洋中银富登村镇银行有限公司	沙洋县荷花中路26号	聂俊	0724-6109099	448200
157	南漳中银富登村镇银行有限公司	南漳县水镜大道566号（原行政服务中心）	段玉盛	0710-5665666	441500
贷款公司（2家）					
158	湖北咸宁赤壁花旗贷款有限责任公司	赤壁市陆水湖大道199号众城国际1楼	李四臻	0715-5360101	437300
159	湖北荆州公安花旗贷款有限责任公司	公安县屏陵大道86号	陈笃	15926551555	434300
银联（1家）					
160	中国银联股份有限公司湖北分公司	武汉市汉口建设大道618号武银大厦17楼	汪博	027-85497015	430015

表19　　　　　湖北省证券期货业机构名录

序号	机构名称	地址	负责人	电话	邮编
证券经营机构（53家）					
1	长江证券股份有限公司	武汉市江汉区新华下路特8号	叶烨	027-65799890	430015
2	天风证券股份有限公司	武汉市江汉区唐家墩路32号国资大厦B座	余磊	027-87618890	430015
3	广发证券股份有限公司湖北分公司	武汉市汉口沿江大道130号	彭涛	027-82763246	430014
4	国泰君安证券股份有限公司湖北分公司	武汉市武昌区紫阳东路77号伟鹏大厦18楼	胡肃飞	027-87300532	430070

续表

序号	机构名称	地址	负责人	电话	邮编
5	海通证券股份有限公司湖北分公司	武汉市江岸区江大路2号	屠惠敏	027-82431760	430019
6	申银万国证券股份有限公司武汉分公司	武汉市武昌区中山路341号	刘丹	027-88926036	430064
7	中信证券股份有限公司湖北分公司	武汉市汉口建设大道747号中信大厦16楼	石想荣	027-85355300	430015
8	中国银河证券股份有限公司湖北分公司	武汉市武昌区武珞路456号	骆学葵	027-87812261	430070
9	中信建投证券股份有限公司湖北分公司	武汉市武昌区中北路18号	梁峻	027-87890128	430071
10	华泰证券股份有限公司湖北分公司	武汉市武昌区武珞路558号附4号	丁兰和	027-87279419	430070
11	国信证券股份有限公司湖北经纪分公司	武汉市汉口沿江大道159号时代广场1座16、17楼	文德军	027-85851314	430017
12	招商证券股份有限公司湖北经纪业务管理分公司	武汉市武昌区中北路158号帅府商通大厦	张银	027-86776831	430071
13	兴业证券股份有限公司华中分公司	武汉市武昌区公正路216号安顺月光广场16栋平安国际金融大厦5楼A区	王锐	027-85720343	430071
14	东北证券股份有限公司湖北分公司（筹）				
15	西藏同信证券有限责任公司湖北分公司（筹）				
16	中银国际证券有限责任公司湖北分公司（筹）				
17	齐鲁证券有限公司湖北分公司（筹）				
18	长江证券股份有限公司荆州分公司	荆州市江津西路417号	叶红	0716-8420953	434100
19	长江证券股份有限公司襄阳分公司	襄阳市建华路12号	张敏	0710-3481855	441021
20	长江证券股份有限公司宜昌分公司	宜昌市夷陵大道120号	陈浩	0717-6489281	443003
21	中国建银投资证券武汉香港路证券营业部	武汉市江岸区香港路145号	刘延麟	027-59509977	430015
22	万联证券鄂州滨湖北路证券营业部	鄂州市滨湖北路2号	严卫东	0711-3214107	436000
23	中银国际证券武汉黄孝河路证券营业部	武汉市江岸区黄孝河路特1号	熊春林	027-82622806	430019

续表

序号	机构名称	地址	负责人	电话	邮编
24	长城证券武汉云林街证券营业部	武汉市江岸区云林街61号	夏俊伟	027-85560419	430012
25	英大证券武汉汉阳大道证券营业部	武汉市汉阳区汉阳大道140号闽东国际城3栋A单元11楼	杨林	027-84595885	430050
26	光大证券武汉紫阳路证券营业部	武汉市武昌区紫阳路195号建行大厦裙楼11、12楼	朱立新	027-88060341	430060
27	平安证券武汉建设大道证券营业部	武汉市汉口建设大道518号招银大厦5楼	蔡正亮	027-85743830	430022
28	华融证券武汉解放大道证券营业部	武汉市汉口解放大道610号	李建军	027-83755746	430030
29	齐鲁证券武汉宝丰路证券营业部	武汉市硚口区宝丰路6号	夏敏	027-59307297	430030
30	安信证券武汉胜利街证券营业部	武汉市江岸区胜利街115号	毛燕霞	027-82779862	430017
31	中航证券武汉新华路证券营业部	武汉市江汉区新华路139号凯盟大厦4楼	周艺	027-59508992	430022
32	东北证券武汉香港路证券营业部	武汉市江岸区香港路292号	冯利	027-59532518	430019
33	东海证券武汉建设大道证券营业部	武汉市汉口建设大道611号	苏琳芳	027-83668232	430030
34	湘财证券武汉友谊大道证券营业部	武汉市武昌区友谊大道2号新长江广场A座1、3楼	朱学辉	027-86552855	430062
35	东兴证券武汉台北一路证券营业部	武汉市江岸区台北一路17-19号环亚大厦B座1-3楼	高义兵	027-85740661	430015
36	东方证券武汉三阳路证券营业部	武汉市江岸区三阳路118号三阳金城A座5楼	崔海燕	027-82893005	430010
37	宏源证券武汉和平大道证券营业部	武汉市武昌区和平大道336号3楼1室	薛才春	027-87257101	430062
38	国都证券武汉江汉北路证券营业部	武汉市江汉区江汉北路8号金茂楼附楼3楼	姜永海	027-85784493	430017
39	中山证券武汉新华下路证券营业部	武汉市江汉区新华下路21号南德大厦	刘立人	027-85603737	430014
40	金元证券武汉洪山路证券营业部	武汉市武昌区洪山路2号省科技大厦E座	徐书荣	027-87838714	430070
41	新时代证券武汉球场路证券营业部	武汉市江岸区球场路44-7号	高红	027-82863981	430015
42	国盛证券武汉京汉大道证券营业部	武汉市汉口京汉大道701号万科金色家园1楼	江斌	027-85411022	430022

续表

序号	机构名称	地址	负责人	电话	邮编
43	西南证券武汉中北路证券营业部	武汉市武昌区中北路 119 号水果湖街同成富苑 A 座 5 楼	卢笙	027－59713619	430071
44	华安证券武汉沿江大道证券营业部	武汉市汉口沿江大道 228 号外滩棕榈泉 9 号楼商铺	陈红生	027－82221710	430010
45	中金公司武汉解放大道证券营业部	武汉市汉口解放大道 634 号新世界中心写字楼 A 座 4 楼	柯海	027－83343099	430032
46	华宝证券武汉解放大道证券营业部	武汉市汉口解放大道 1070 号武房大厦（财富大厦）B 单元 1、2 楼	孔为民	027－82754596	430017
47	方正证券武汉中南二路证券营业部	武汉市武昌区中南二路 16 号 1、3 楼	罗昊	027－87201928	430070
48	国元证券武汉常青花园花园中路证券营业部	武汉市东西湖区常青花园花园中路 8 区 1 号 12 楼	杜庆	027－85308829	430040
49	第一创业证券武汉巨龙大道证券营业部	武汉市黄陂区盘龙城经济开发区巨龙大道创意空间 1 号楼	毛永翔	027－61902311	432200
50	民生证券武汉珞喻路证券营业部	武汉市东湖新技术开发区珞喻路 727 号 4 号楼 5 楼	罗代立	027－87571668	430079
51	华西证券武汉珞喻路证券营业部	武汉市东湖新技术开发区珞喻路吴家湾湖北信息产业大厦 2 楼 201 号、202 号	徐明	027－51315869	430079
52	西藏同信证券武汉蔡甸街证券营业部	武汉市蔡甸区蔡甸街汉乐祥鑫天骄城 2－4 号、2－5 号、2－6 号	张泽宇	027－69166333	430100
53	中原证券武汉中北路证券营业部	武汉市武昌区中北路 101 号海山金谷 1 栋 8 楼 9 号	王启龙	13329712082	430071
	咨询机构（1 家）				
54	上海世基投资顾问有限公司武汉分公司	武汉市武昌区和平大道 336 号咸宁大厦 16 楼	邱江华	027－51776080	430070
	基金公司（2 家）				
55	大成基金武汉分公司	武汉市江汉区新华路 218 号浦发银行大厦 15 楼	袁立华	027－85267015	430022
56	鹏华基金武汉分公司	武汉市汉口建设大道 568 号新世界国贸大厦 4312 室	吴刚	027－85557881	430022
	期货公司（2 家）				
57	长江期货有限公司	武汉市江汉区新华下路特 8 号长江证券大厦 8 楼	谭显荣	027－65799997	430015

续表

序号	机构名称	地址	负责人	电话	邮编
58	美尔雅期货经纪有限公司	武汉市江汉区新华路218号浦发银行大厦9楼1室、10楼1室	王长松	027-68851507	430022
期货分公司（3家）					
59	中国国际期货有限公司东中国区华中管理中心	武汉市汉口建设大道566号新世界国贸大厦Ⅱ座7楼	余莉	027-85267608	430022
60	万达期货股份有限公司华东大区区域管理总部	武汉市汉口建设大道568号新世界国贸大厦Ⅰ座15楼02、03、05室	陈扬发	027-85760838	430022
61	国联期货有限责任公司华中区管理总部	武汉市武昌区临江大道96号万达中心1705室	董辉	027-88220388	430062

表20　　　　　　　　　　　　湖北省保险业机构名录

序号	机构名称	地址	负责人	电话	邮编
总公司（2家）					
1	长江财产保险股份有限公司	武汉市武昌区徐东大街113号国电大厦8-11楼	李亚华	027-83766666	430066
2	合众人寿保险股份有限公司	武汉市汉口沿江一号MALL写字楼B座11、12楼	戴皓	027-85481688	430015
财产保险公司（省级分公司28家）					
3	中国人民财产保险股份有限公司湖北省分公司	武汉市汉口建设大道426号	贺杰锋	027-83648681	430030
4	中国太平洋财产保险股份有限公司湖北分公司	武汉市汉口建设大道847号瑞通广场B座27楼	郁宝玉	027-85487562	430015
5	中国平安财产保险股份有限公司湖北分公司	武汉市汉口建设大道518号招银大厦27楼	毕伟	027-85744001	430022
6	天安财产保险股份有限公司湖北省分公司	武汉市江汉区新华下路特8号长江证券大厦15楼	邹东亚	027-85551266	430015
7	太平财产保险有限公司湖北分公司	武汉市江岸区香港路145号远洋大厦23楼	潘建湘	027-82862222	430019
8	中国大地财产保险股份有限公司湖北分公司	武汉市江岸区香港路26号	林玉良	027-85497326	430015
9	永安财产保险股份有限公司湖北分公司	武汉市汉口沿江大道208号	胡国华	027-59527888	430010

续表

序号	机构名称	地址	负责人	电话	邮编
10	华安财产保险股份有限公司湖北分公司	武汉市江汉区唐家墩路32号国资大厦A座9、10楼	龚志平	027-65778062	430015
11	中华联合财产保险股份有限公司湖北分公司	武汉市汉口沿江大道133号广源大厦5楼	夏昌军	027-82767026	430014
12	永诚财产保险股份有限公司湖北分公司	武汉市汉口沿河大道1号A座8楼	李腊丁	027-68850303	430022
13	华泰财产保险有限公司湖北省分公司	武汉市汉口建设大道971号新光大厦9楼	彭江山	027-68822288	430010
14	安邦财产保险股份有限公司湖北分公司	武汉市汉口建设大道847号瑞通广场B座20楼	徐骞	027-59503623	430015
15	都邦财产保险股份有限公司湖北分公司	武汉市江汉区新华路139号凯盟大厦6楼	单立军	027-85556010	430022
16	天平汽车保险股份有限公司湖北分公司	武汉市武昌区民主路786号华银大厦15楼	刘洪	027-87715360	430071
17	阳光财产保险股份有限公司湖北省分公司	武汉市汉口沿江大道69号长航集团大厦4楼	孙小龙	027-85653230	430020
18	中国出口信用保险公司武汉营业管理部	武汉市江汉区江汉北路8号金茂大楼20楼	叶小剑	027-87265332	430015
19	渤海财产保险股份有限公司湖北分公司	武汉市武昌区中北路66号金穗大厦B座7楼	刘天赋	027-87715678	430071
20	民安财产保险有限公司湖北分公司	武汉市武昌区和平大道1004号杨园教育科技创业园2号楼3-5楼	邓秋鸣	027-59833291	430060
21	英大泰和财产保险股份有限公司湖北分公司	武汉市武昌区徐东大街117号华中电力金融大厦13楼	唐凤平	027-59801594	430067
22	长安责任保险股份有限公司湖北省分公司	武汉市硚口区硚口路160号武汉城市广场24楼	胡可敏	027-59808706	430030
23	中银保险有限公司湖北分公司	武汉市汉口建设大道677号中银广电大厦3楼	汪红玲	027-85569769	430015
24	中国人寿财产保险股份有限公司湖北省分公司	武汉市洪山区珞喻路吴家湾湖北信息产业科技大厦3楼	张杰	027-87690775	430074
25	紫金财产保险股份有限公司湖北分公司	武汉市汉口沿江大道沿江一号B区1区写字楼15楼	石甫军	027-85258197	430015

续表

序号	机构名称	地址	负责人	电话	邮编
26	信达财产保险股份有限公司湖北分公司	武汉市武昌区雄楚大道268号湖北出版文化城C座8楼	张青山	027-87575999	430064
27	鼎和财产保险股份有限公司湖北分公司	武汉市武昌区徐东大街20号福星惠誉国际城8号楼1单元23楼	庄有才	027-88518788	430062
28	浙商财产保险股份有限公司湖北分公司	武汉市江汉区新华西路万达广场A区A2栋23楼	刘立刚	027-85885686	430015
29	长江财产保险股份有限公司湖北分公司	武汉市武昌区徐东大街113号华中国电大厦8楼	彭柱石	027-83766666	430066
30	国泰财产保险有限责任公司湖北分公司	武汉市汉口沿江大道69号长航大厦13楼1304-1307室	林明勋	027-83537945	430020
	人身保险公司（省级分公司36家）				
31	中国人寿保险股份有限公司湖北省分公司	武汉市武昌区丁字桥路37号	王吉山	027-68871008	430070
32	中国太平洋人寿保险股份有限公司湖北分公司	武汉市汉口建设大道847号	阳新云	027-59209590	430015
33	中国平安人寿保险股份有限公司湖北分公司	武汉市汉口中山大道1628号武汉天地企业中心5号大厦16楼1603-1608室、17、18楼	谷刚	027-85743009	430010
34	泰康人寿保险股份有限公司湖北分公司	武汉市硚口区武胜路泰合广场20、21楼	曹斌	027-85510990	430033
35	新华人寿保险股份有限公司湖北分公司	武汉市武昌区中南路6号中建广场B座19-21楼	黄玉龙	027-59609797	430071
36	太平人寿保险有限公司湖北分公司	武汉市汉口解放大道634号新世界中心写字楼13楼A、B座，14楼A座	张永漉	027-59317882	430032
37	生命人寿保险股份有限公司湖北分公司	武汉市武昌区武路路456号新时代商务中心25-27楼	张前斌	027-87260188	430071
38	合众人寿保险股份有限公司湖北分公司	武汉市汉口建设大道566号新世界国贸大厦Ⅱ座9楼	王斌	027-85481698	430022
39	信诚人寿保险有限公司湖北省分公司	武汉市汉口建设大道566号新世界国贸大厦Ⅱ座6楼601、606-609室	刘兴科	027-68850580	430022

续表

序号	机构名称	地址	负责人	电话	邮编
40	长城人寿保险股份有限公司湖北分公司	武汉市江汉区新华下路特8号长江证券大厦附楼2、3楼	顾以良	027-85799788	430015
41	平安养老保险股份有限公司湖北分公司	武汉市汉口中山大道818号	程延龙	027-85743997	430014
42	中国人民人寿保险股份有限公司湖北省分公司	武汉市武昌区中北路166号普提金商务中心A座1、17、19、20楼	刘杰	027-87267759	430071
43	农银人寿保险股份有限公司湖北分公司	武汉市江汉区唐家墩路32号国资大厦A座14楼	涂平	027-82737666	430015
44	北大方正人寿保险有限公司湖北分公司	武汉市汉口解放大道686号武汉世界贸易大厦15、16楼	杨丽华	027-85448558	430022
45	阳光人寿保险股份有限公司湖北分公司	武汉市武昌区中北路81号湖北银行大厦写字楼B座3-5楼	胡柏保	027-87158283	430071
46	中国人民健康保险股份有限公司湖北分公司	武汉市汉口万松园路43号武汉圣淘沙酒店公寓3、4楼	黄选林	027-82703509	430022
47	招商信诺人寿保险有限公司湖北分公司	武汉市武昌区中南路99号武汉保利广场主楼12楼1202-D号	罗帆	027-68838708	430071
48	民生人寿保险股份有限公司湖北分公司	武汉市武昌区武珞路442号新时代商务中心21楼	董俊武	027-87718600	430070
49	中英人寿保险有限公司湖北分公司	武汉市汉口解放大道634号新世界中心B座10、17楼,C座19楼	李健成	027-59220056	430032
50	百年人寿保险股份有限公司湖北分公司	武汉市汉口建设大道648号雷王金融中心6、13、15、16楼	刘宝刚	027-85553195	430015
51	幸福人寿保险股份有限公司湖北分公司	武汉市汉口建设大道648号雷王金融中心18-21楼	赵光春	027-65778680	430015
52	海康人寿保险有限公司湖北分公司	武汉市汉口建设大道648号雷王金融中心3楼	付红莉	027-85551957	430015
53	英大泰和人寿保险股份有限公司湖北分公司	武汉市武昌区徐东大街117号华中电力金融大厦11楼	韩越武	027-88565193	430067
54	国华人寿保险股份有限公司湖北分公司	武汉市江汉区新华路218号浦发银行大厦12楼	卢俊	027-85566661	430022
55	中美联泰大都会人寿保险公司湖北分公司	武汉市武昌区临江大道96号武汉万达中心写字楼24楼	徐振波	027-59102733	430060

机构名录

续表

序号	机构名称	地址	负责人	电话	邮编
56	安邦人寿保险股份有限公司湖北分公司	武汉市江岸区苗栗路5号5楼	周小平	027-59429800	430015
57	和谐健康保险股份有限公司湖北分公司	武汉市汉口沿江一号MALL写字楼B座7楼	吴秀英	027-59503682	430015
58	中宏人寿保险有限公司湖北分公司	武汉市武昌区中北路233号世纪彩虹城E区世纪大厦8楼1-6号	张爱萍	027-88938766	430071
59	信泰人寿保险股份有限公司湖北分公司	武汉市洪山区珞喻路426号洪山科技创业中心A座5、6楼	余洪山	027-59365705	430079
60	华泰人寿保险股份有限公司湖北分公司	武汉市江汉区大兴路龙王庙商贸广场B区2区7楼2-1室、1区8楼1-1室835、841、845号	周卫国	027-59236117	430022
61	泰康养老保险股份有限公司湖北分公司	武汉市硚口区武胜路134号泰合广场15楼1502-1506室	易汉生	027-85712775	430033
62	交银康联人寿保险有限公司湖北省分公司	武汉市武昌区中北路101号海山金谷天城1号楼17楼	陈日新	13100682122	430071
63	中新大东方人寿保险有限公司湖北分公司	武汉市江汉区唐家墩路32号国资大厦A座1、8楼	薛波	027-59829300	430015
64	瑞泰人寿保险有限公司湖北分公司	武汉市江汉区新华路396号民生银行大厦12楼1-3号	黄又强	027-88776792	430022
65	建信人寿保险有限公司湖北分公司	武汉市硚口区硚口路160号武汉城市广场20、21楼	刘学勤	13908666666	430030
66	工银安盛人寿保险有限公司湖北分公司	武汉市武昌区中北路31号10楼	廖宗宙	027-59597888	430071

表21　　　　　湖北省上市公司名录

证券代码	证券名称	公司名称	注册地址	法人代表	电话	邮编
深市（47家）						
000422.SZ	湖北宜化	湖北宜化化工股份有限公司	宜昌市猇亭大道399号	虞云峰	010-63704082	443000
000501.SZ	鄂武商A	武汉武商集团股份有限公司	武汉市汉口解放大道690号	刘江超	027-85714295	430022
000520.SZ	*ST凤凰	长航凤凰股份有限公司	武汉市汉口民权路39号汇江大厦	王涛	027-82763901	430021

续表

证券代码	证券名称	公司名称	注册地址	法人代表	电话	邮编
000553.SZ	沙隆达A	湖北沙隆达股份有限公司	荆州市北京东路93号	李作荣	0716-8208632	443001
000615.SZ	湖北金环	湖北金环股份有限公司	襄阳市樊城区陈家湖	朱俊峰	0710-2105321	441133
000627.SZ	天茂集团	天茂实业集团股份有限公司	荆门市杨湾路132号	肖云华	0724-2223218	448000
000665.SZ	湖北广电	湖北省广播电视信息网络股份有限公司	武汉市武汉经济技术开发区工业区	吕值友	027-86653990	430056
000670.SZ	S舜元	舜元实业发展股份有限公司	荆州市沙市区江津西路288号投资广场5楼A-3座	史浩樑	021-32506689	434000
000678.SZ	襄阳轴承	襄阳汽车轴承股份有限公司	襄阳市襄城区轴承路1号	高少兵	0710-3577209	441022
000707.SZ	双环科技	湖北双环科技股份有限公司	应城市东马坊团结大道26号	张道红	0712-3591099	432407
000708.SZ	大冶特钢	大冶特殊钢股份有限公司	黄石市黄石大道316号	俞亚鹏	0714-6297373	435001
000759.SZ	中百集团	中百控股集团股份有限公司	武汉市江汉区江汉路129号	汪爱群	027-82814019	430035
000760.SZ	博盈投资	湖北博盈投资股份有限公司	公安县斗湖堤镇荆江大道178号	刘晓疆	010-84534472	434300
000783.SZ	长江证券	长江证券股份有限公司	武汉市江汉区新华路特8号	杨泽柱	027-65799866	430015
000785.SZ	武汉中商	武汉中商集团股份有限公司	武汉市武昌区中南路9号	郝健	027-87362507	430071
000821.SZ	京山轻机	湖北京山轻工机械股份有限公司	京山县经济技术开发区轻机工业园	孙友元	0724-7210972	431800
000826.SZ	桑德环境	桑德环境资源股份有限公司	宜昌市沿江大道114号	文一波	0717-6442936	443000
000852.SZ	江钻股份	江汉石油钻头股份有限公司	武汉市东湖新技术开发区庙山小区华工园一路5号	张召平	027-87925236	430223
000883.SZ	湖北能源	湖北能源集团股份有限公司	武汉市武昌区徐东大街96号	肖宏江	027-86621100	430062
000926.SZ	福星股份	湖北福星科技股份有限公司	汉川市沉湖镇福星街1号	谭功炎	0712-8740018	431608
000939.SZ	凯迪电力	武汉凯迪电力股份有限公司	武汉市东湖新技术开发区江夏大道特1号	李林芝	027-67869018	430223
000952.SZ	广济药业	湖北广济药业股份有限公司	武穴市江堤路1号	何谧	0713-6216068	435400
000966.SZ	长源电力	国电长源电力股份有限公司	武汉市武昌区徐东大街117号	张玉新	027-88717003	430066
000971.SZ	蓝鼎控股	湖北蓝鼎控股股份有限公司	仙桃市沔阳大道131号	曹雨云	0728-3275828	433000

续表

证券代码	证券名称	公司名称	注册地址	法人代表	电话	邮编
000988.SZ	华工科技	华工科技产业股份有限公司	武汉市东湖新技术开发区华中科技大学科技园	熊新华	027-87180126	430223
002013.SZ	中航精机	中航工业机电系统股份有限公司	襄阳市高新区追日路8号	王坚	0710-3345045	441003
002159.SZ	三特索道	武汉三特索道集团股份有限公司	武汉市武昌区黄鹂路88号1号楼	刘丹军	027-87341809	430072
002194.SZ	武汉凡谷	武汉凡谷电子技术股份有限公司	武汉市洪山区关东科技园三号区2号楼	孟庆南	027-59830202	430200
002281.SZ	光迅科技	武汉光迅科技股份有限公司	武汉市洪山区邮科院路88号	鲁国庆	027-87694060	430205
002305.SZ	南国置业	武汉南国置业股份有限公司	武汉市武昌区南湖中央花园会所	夏进	027-83988055	430034
002365.SZ	永安药业	潜江永安药业股份有限公司	潜江市泽口经济开发区竹泽路16号	陈勇	0728-6204039	433132
002377.SZ	国创高新	湖北国创高新材料股份有限公司	武汉市东湖新技术开发区华光大道18号	高庆寿	027-87617347	430223
002414.SZ	高德红外	武汉高德红外股份有限公司	武汉市东湖新技术开发区黄龙山南路6号	黄立	027-81298268	430205
002627.SZ	宜昌交运	湖北宜昌交运集团股份有限公司	宜昌市港窑路5号	董新利	0717-6451437	443003
002694.SZ	顾地科技	顾地科技股份有限公司	鄂州市经济开发区吴楚大道18号	林超群	0711-3350050	436099
200770.SZ	*ST武锅B	武汉锅炉股份有限公司	武汉市东湖新技术开发区流芳园路1号	杨国威	027-81994266	430205
300018.SZ	中元华电	武汉中元华电科技股份有限公司	武汉市东湖新技术开发区华中科技大学科技园六路6号	邓志刚	027-87180718	430223
300041.SZ	回天胶业	湖北回天胶业股份有限公司	襄阳市国家高新技术开发区航天路7号	章锋	0710-33626888-8070	441057
300046.SZ	台基股份	湖北台基半导体股份有限公司	襄阳市襄城区胜利街162号	邢雁	0710-3506236	441021

续表

证券代码	证券名称	公司名称	注册地址	法人代表	电话	邮编
300054.SZ	鼎龙股份	湖北鼎龙化学股份有限公司	武汉市武汉经济技术开发区东荆河路1号	朱双全	027-59720677	430057
300161.SZ	华中数控	武汉华中数控股份有限公司	武汉市东湖新技术开发区华中科技大学科技园	陈吉红	027-87180605	430223
300184.SZ	力源信息	武汉力源信息技术股份有限公司	武汉市东湖新技术开发区武大园三路5号	赵马克	027-59417345	430070
300205.SZ	天喻信息	武汉天喻信息产业股份有限公司	武汉市东湖新技术开发区华中科技大学科技园	张新访	027-87920301	430223
300220.SZ	金运激光	武汉金运激光股份有限公司	武汉市江岸区新江岸五村188号	梁伟	027-82943465	430012
300276.SZ	三丰智能	湖北三丰智能输送装备股份有限公司	黄石市经济技术开发区黄金山工业新区金山大道398号	朱汉平	0714-6399668	435000
300278.SZ	华昌达	湖北华昌达智能装备股份有限公司	十堰市东益大道9号	罗慧	0719-8767909	442012
300323.SZ	华灿光电	华灿光电股份有限公司	武汉市东湖新技术开发区滨湖路8号	周福云	027-81929003	430223
沪市（37家）						
600005.SH	武钢股份	武汉钢铁股份有限公司	武汉市青山区沿港路3号	邓崎琳	027-86802031	430083
600006.SH	东风汽车	东风汽车股份有限公司	襄阳市高新区春园路15号	朱福寿	027-84287977	441004
600035.SH	楚天高速	湖北楚天高速公路股份有限公司	武汉市汉阳区龙阳大道9号	肖跃文	027-87576667	430051
600068.SH	葛洲坝	中国葛洲坝集团股份有限公司	武汉市汉口解放大道558号葛洲坝大酒店	聂凯	027-83790455	430035
600079.SH	人福医药	人福医药集团股份有限公司	武汉市东湖新技术开发区高新大道666号	王学海	027-87597232	430075
600086.SH	东方金钰	东方金钰股份有限公司	鄂州市武昌大道298号	赵兴龙	0755-25266298	436000
600107.SH	美尔雅	湖北美尔雅股份有限公司	黄石市消防路29号	杨闻异	0714-6360298	435003
600133.SH	东湖高新	武汉东湖高新集团股份有限公司	武汉市东湖新技术开发区佳园路1号东湖高新大楼	喻中权	027-87172038	430074

续表

证券代码	证券名称	公司名称	注册地址	法人代表	电话	邮编
600136.SH	道博股份	武汉道博股份有限公司	武汉市东湖新技术开发区关凤大道特2号当代国际花园C座3-2室	陈海淳	027-81732221	430205
600141.SH	兴发集团	湖北兴发化工集团股份有限公司	兴山县古夫镇高阳大道58号	李国璋	0717-6760939	443700
600168.SH	武汉控股	武汉三镇实业控股股份有限公司	武汉市武汉经济技术开发区联发大厦	王贤兵	027-85725739	430056
600184.SH	光电股份	北方光电股份有限公司	襄阳市长虹北路67号	刘海虹	029-82537951	441057
600260.SH	凯乐科技	湖北凯乐科技股份有限公司	公安县凯乐工业园	朱弟雄	027-87250890	434300
600275.SH	武昌鱼	湖北武昌鱼股份有限公司	鄂州市洋澜路中段东侧第3栋4楼	高士庆	0711-3200330	436000
600293.SH	三峡新材	湖北三峡新型建材股份有限公司	当阳市经济技术开发区	徐麟	0717-3280108	444105
600298.SH	安琪酵母	安琪酵母股份有限公司	宜昌市城东大道168号	俞学锋	0717-6371088	443003
600345.SH	长江通信	武汉长江通信产业集团股份有限公司	武汉市东湖新技术开发区关东工业园文华路2号	童国华	027-67840308	430074
600355.SH	精伦电子	精伦电子股份有限公司	武汉市东湖新技术开发区光谷大道70号	张学阳	027-87921111-3231	430223
600421.SH	*ST国药	武汉国药科技股份有限公司	武汉市武昌区武路路628号亚洲贸易广场B座22楼	周伟兴	027-87654767	430070
600498.SH	烽火通信	烽火通信科技股份有限公司	武汉市洪山区邮科院路88号	童国华	027-87693885	430073
600566.SH	洪城股份	湖北洪城通用机械股份有限公司	荆州市红门路3号	王洪运	0716-8221198	434000
600568.SH	中珠控股	中珠控股股份有限公司	潜江市章华南路特1号	叶继革	027-59409632	433133
600681.SH	万鸿集团	万鸿集团股份有限公司	武汉市汉阳区阳新路特1号	戚围岳	027-88066666	430050
600703.SH	三安光电	三安光电股份有限公司	荆州市沙市区高新技术开发区三湾路72号	林秀成	0592-5937117	434000
600743.SH	华远地产	华远地产股份有限公司	潜江市湖滨路21号	任志强	010-68036966	433199
600745.SH	中茵股份	中茵股份有限公司	黄石市团城山6号小区	高建荣	0714-6350569	435003

续表

证券代码	证券名称	公司名称	注册地址	法人代表	电话	邮编
600757.SH	长江传媒	长江出版传媒股份有限公司	武汉市武昌区雄楚大街268号B座11、12楼	孙永平	027-87673688	430070
600769.SH	*ST祥龙	武汉祥龙电业股份有限公司	武汉市洪山区葛化街化工路31号	杨雄	027-87602482	430078
600774.SH	汉商集团	武汉市汉商集团股份有限公司	武汉市汉阳区汉阳大道134号	张宪华	027-84843197	430050
600801.SH	华新水泥	华新水泥股份有限公司	黄石市黄石大道897号	李叶青	027-87773896	435002
600879.SH	航天电子	航天时代电子技术股份有限公司	武汉市武汉经济技术开发区高科技园	刘眉玄	027-84792199	430056
600885.SH	宏发股份	宏发科技股份有限公司	武汉市硚口区古田路17号	郭满金	0592-6106688	430035
600976.SH	武汉健民	武汉健民药业集团股份有限公司	武汉市汉阳区鹦鹉大道484号	何勤	027-84523350	430052
600993.SH	马应龙	马应龙药业集团股份有限公司	武汉市武昌区南湖周家湾100号	陈平	027-87389583	430064
600998.SH	九州通	九州通医药集团股份有限公司	武汉市汉阳区龙阳大道特8号	刘宝林	010-60210333	430051
601311.SH	骆驼股份	骆驼集团股份有限公司	谷城县石花镇武当路83号	刘国本	0710-3340127	441057
900956.SH	东贝B股	黄石东贝电器股份有限公司	黄石市经济技术开发区金山大道东6号	杨百昌	0714-5415858	435006

表22　　　　　　　　　湖北省小额贷款公司名录

序号	机构名称	地址	负责人	电话	邮编
		武汉（84家）			
1	武汉市江岸区华创小额贷款有限责任公司	武汉市汉口建设大道933号禧邦可广场	李军	027-82260396	430015
2	武汉邦信小额贷款有限责任公司	武汉市江岸区后湖大道汉口花园淡莲轩20栋8号、9号	陈江旭	027-66080232	430013
3	武汉市江岸区浩博容小额贷款有限责任公司	武汉市江岸区洞庭街139号	曹明	15337295669	430014
4	武汉市江岸区金龙小额贷款有限责任公司	武汉市汉口黄浦大街27号中原国际大酒店12楼	杨金刚		430014

机构名录

续表

序号	机构名称	地址	负责人	电话	邮编
5	武汉市江岸区长发诚信小额贷款有限公司	武汉市江岸区胜利街335号	孟安	13100660496	430014
6	武汉市江汉区富邦小额贷款股份有限公司	武汉市江汉区青年路324号元辰国际3楼	龚申侯	027-85803455	430022
7	武汉市江汉区中联信小额贷款股份有限公司	武汉市江汉区新华路25号伟业大厦10楼	熊伟	13986006719	430015
8	武汉市江汉区银河小额贷款股份有限公司	武汉市江汉区世界贸易大厦46楼4-8室	杨卫锋		430022
9	武汉市江汉区中兴小额贷款有限责任公司	武汉市江汉区新华路129号远东花苑B座23楼2301室	吴明华	13886063992	430022
10	富登小额贷款（湖北）有限公司	武汉市江汉区新华路231号阳光新天地大厦	陈圣德	027-65616842	430015
11	融众小额贷款（湖北）有限公司	武汉市汉口建设大道568号新世界国贸大厦1座50楼	谢小青	027-85557969	430022
12	武汉市硚口区天华小额贷款股份有限公司	武汉市汉口解放大道1127号富商大厦	郭庆有	027-83794284	430032
13	武汉市硚口区恒信达小额贷款有限公司	武汉市硚口区中山大道287号民意广场1号楼20楼8号	梁娟	027-65658825	430030
14	武汉市汉阳区大一小额贷款股份有限公司	武汉市汉阳区鹦鹉大道448号19栋	孙钦波	027-84797507	430050
15	武汉市汉阳区华安小额贷款有限责任公司	武汉市汉阳区桃花岛城市花园二期103栋1楼5号	俞晶晶	027-85483125	430050
16	武汉市汉阳区汇智源小额贷款有限公司	武汉市汉阳区翠微路特1号16楼6、8、10室	赵亮	027-84769091	430050
17	武汉市汉阳区鑫业小额贷款有限公司	武汉市汉阳区二桥街玫瑰街37号1栋1-4、6、7楼	刘爱国	18607100228	430050
18	武汉市武昌区城际小额贷款有限责任公司	武汉市武昌区中北路楚天都市花园C座22楼F室	李成祥	13377878709	430062
19	武汉市武昌区融科小额贷款股份有限公司	武汉市武昌区和平大道336号咸宁大厦11楼	王小屏	13907119930	430060
20	武汉市武昌区普提金小额贷款有限责任公司	武汉市武昌区徐东路50号东湖春树里1栋1楼4室	刘岭	027-86770776	430077

续表

序号	机构名称	地址	负责人	电话	邮编
21	武汉市武昌区汉信小额贷款股份有限公司	武汉市武昌区八一路9号星星大厦10楼	刘金成	15272286630	430071
22	武汉市武昌区启蕴小额贷款有限公司	武汉市武昌区中北路233号世纪彩城E区世纪大厦7楼2号	刘伟	18672799000	430071
23	湖北省农垦联丰小额贷款股份有限公司	武汉市武昌区都府堤129号	余亦农	027-88875681	430064
24	湖北中经小额贷款有限公司	武汉市武昌区民主路782号洪广大酒店27楼	游家驹	027-88857772	430071
25	武汉市青山区明泉小额贷款有限责任公司	武汉市青山区工人村都市工业园	李凤林	027-86681368	430080
26	武汉市青山区联丰小额贷款股份有限公司	武汉市青山区丝茅墩42栋	张建捷	13707154586	430080
27	武汉市青山区翰亿源小额贷款有限责任公司	武汉市青山区114街7门1号	付汉桥	13908639449	430080
28	武汉市青山区贯隆小额贷款有限责任公司	武汉市青山区建设八路11号	林先力		430080
29	武汉市青山区华生小额贷款有限责任公司	武汉市青山区118街68门21号	王岸松		430080
30	武汉市青山区利和小额贷款有限公司	武汉市青山区40/41街坊江南春城11栋1室、2楼12室	郑慧玲	13971695978	430080
31	武汉市洪山区九坤小额贷款有限责任公司	武汉市洪山区和平乡和平村林家棚	许记坤	027-86543895	430081
32	武汉市洪山区融通小额贷款有限责任公司	武汉市洪山区关山村熊家咀金地中心城	陈斌	027-87525185	430074
33	武汉市洪山区鑫德莱小额贷款股份有限公司	武汉市洪山区雄楚大道436号文泉书苑1栋1单元1、2楼1-102室	肖方	027-87890906	430070
34	武汉市洪山区融川小额贷款有限公司	武汉市洪山区珞喻路727号星光无限4栋26楼2602-2605室	金云燕	027-85728300	430070
35	武汉市洪山区富贵小额贷款有限公司	武汉市武昌区徐东路7号华天大酒店28楼1室	闻富杰	027-85690869	430062
36	武汉市东西湖区新泰小额贷款股份有限公司	武汉市东西湖区辛安渡工业园9号	詹斌	13007178446	430040

续表

序号	机构名称	地址	负责人	电话	邮编
37	武汉市东西湖区东光小额贷款有限责任公司	武汉市东西湖区祥泰综合楼	何道军	13908632925	430040
38	武汉市东西湖区五一小额贷款有限责任公司	武汉市东西湖区五环南路38号	万五一	13971651889	430040
39	武汉市东西湖区九升小额贷款股份有限公司	武汉市东西湖区张柏路2号	李继承	13607126616	430040
40	武汉市东西湖区金福星小额贷款有限责任公司	武汉市东西湖区台商投资区新沟工业园3栋	陶德超		430040
41	武汉市东西湖区九通小额贷款有限公司	武汉市东西湖区万科四季花城西半岛右岛三区B栋1单元9楼02室	江中明	18986261998	430040
42	武汉市汉南区江城小额贷款有限公司	武汉市汉南区纱帽街汉南大道233号	王岸琼	027-84851561	430090
43	武汉市汉南区启银小额贷款股份有限公司	武汉市汉南区纱帽街纱帽正街	顾启国	027-84491141	490090
44	武汉市汉南区百胜小额贷款有限公司	武汉市汉南区纱帽街纱帽正街326号	张胜	027-85753496	430090
45	武汉市蔡甸区中鑫小额贷款有限责任公司	武汉市蔡甸区汉阳大街470号	杨锦春	13659888925	430100
46	武汉市蔡甸区银盈小额贷款股份有限公司	武汉市蔡甸区知音人家桂园3栋3-401室	周伟		430100
47	武汉市蔡甸区中济元小额贷款有限责任公司	武汉市蔡甸区蔡正街5号2栋2单元301室	吕洪斌	18986186660	430100
48	武汉市蔡甸区润圆小额贷款有限责任公司	武汉市蔡甸区多山街双丰村特8号	吴朝阳		430100
49	武汉市蔡甸区恒胜小额贷款有限公司	武汉市蔡甸区张湾街庙前村	刘国胜	18907120188	430100
50	武汉市蔡甸区中孚小额贷款有限责任公司	武汉市蔡甸区新天大道黄陵村中际天元大厦1、2楼	陈文斌	027-69110910	430100
51	武汉市蔡甸区嘉禾小额贷款有限责任公司	武汉市蔡甸区凤凰山工业园凤凰路5号	刘绍山	027-87712216	430100
52	武汉市江夏区天长地久小额贷款有限责任公司	武汉市江夏区纸坊街武昌大道富丽畅馨园11号楼2单元107室	吴建华		430200

续表

序号	机构名称	地址	负责人	电话	邮编
53	武汉市江夏区亿永祥小额贷款有限公司	武汉市江夏区大桥新区大花岭小区B2栋12-16档	周爱平	18062059518	430200
54	武汉市江夏区富利通小额贷款有限公司	武汉市江夏区庙山经济开发区邬树村1、2楼北1-05室（创业农庄院内）	闻卫武	027-86776185	430200
55	武汉市江夏区铁投小额贷款有限责任公司	武汉市江夏区文化大道399号联投大厦16楼1605室	谭克勋	027-51128365	430200
56	武汉市黄陂区凯信小额贷款有限责任公司	武汉市黄陂区武湖农场正街通江路12号	曾强刚	027-61810315	432200
57	武汉市黄陂区诚合源小额贷款有限责任公司	武汉市黄陂区前川街民安街156号	胡惠芬	13237116319	432200
58	武汉市黄陂区融基小额贷款有限责任公司	武汉市黄陂区盘龙城经济开发区佳海工业园E45栋45室	詹俊	13807111567	432200
59	武汉市黄陂区融达信小额贷款有限责任公司	武汉市黄陂区盘龙城开发区佳海都市工业基地A1-1	吴凡		432200
60	武汉市黄陂区中邦小额贷款有限责任公司	武汉市黄陂区盘龙城经济开发区佳海都市工业城D40号	王友强	15337198888	432200
61	武汉市黄陂区顺昌小额贷款有限责任公司	武汉市黄陂区横店街建华村顺昌科技产业园	叶家寨	027-61896053	432200
62	武汉市经济技术开发区大诚致信小额贷款有限责任公司	武汉市武汉经济技术开发区车城东路164号	朱俊峰	027-84467415 13995547901	430056
63	武汉市经济技术开发区金港小额贷款有限责任公司	武汉市武汉经济技术开发区28R地块金色港湾三期21栋（40号商铺）	陆宝华	027-84211586	430056
64	武汉市经济技术开发区金信小额贷款股份有限公司	武汉市武汉经济技术开发区创业路16号华源商务广场A8507室	李阳	027-84211779 15607122976	430056
65	武汉经济技术开发区嘉鸿小额贷款有限公司	武汉市武汉经济技术开发区东风三路东合中心D座1202室	乐道清	18071042488	430056
66	武汉经济技术开发区百信小额贷款股份有限公司	武汉市武汉经济技术开发区经开万达广场2期6栋2楼8室	何成民	027-84959069	430056
67	武汉经济技术开发区工投致正小额贷款有限公司	武汉市武汉经济技术开发区高科技产业园1号楼1楼	管志武	027-85613689	430056
68	武汉市东湖风景区火炬小额贷款股份有限公司	武汉市东湖生态旅游风景区中北路301号东湖庭园25栋门面	周乘风	13808677856	430077

续表

序号	机构名称	地址	负责人	电话	邮编
69	武汉市东湖高新区光谷科信小额贷款股份有限公司	武汉市东湖新技术开发区关山大道1号光谷软件园1.1期产业楼A1栋	汪志忠	027-87417055	430079
70	武汉市东湖高新区联信小额贷款有限公司	武汉市东湖新技术开发区珞喻路889号武汉光谷中心花园A栋16楼1602-04号	马志洪	027-87688652	430079
71	湖北长江小额贷款有限责任公司	武汉市东湖新技术开发区光谷大道凌家山南路1号湖北华科项目基地	杜三湖	027-87232195	430079
72	武汉亚联财小额贷款有限公司	武汉市东湖新技术开发区珞喻路889号武汉光谷中心花园B座11楼01-15号	长原彰弘	027-87572671	430079
73	武汉市高农小额贷款有限公司	武汉市东湖新技术开发区高新大道888号	张猛	13808677232	430206
74	武汉中企小额贷款有限公司	武汉市东湖新技术开发区关东科技工业园华光大道18号高科大厦1202室	游家驹	027-87237007	430079
75	武汉市益明科技小额贷款有限责任公司	武汉市东湖新技术开发区珞喻路889号武汉光谷中心花园B座28楼01号	王靖宇	18607187676	430079
76	武汉市亚飞小额贷款有限责任公司	武汉市东湖新技术开发区关山大道20号中国光谷创意产业基地2号楼201室	纪方俊		430074
77	武汉市合众创展科技小额贷款有限责任公司	武汉市东湖新技术开发区光谷中心花园A栋8楼01号	何召华		430079
78	湖北楚天小额贷款股份有限公司	武汉市武昌区东湖路181号创意大厦6楼	韦奇志	18907166789	430077
79	武汉市建投科技小额贷款有限公司	武汉市东湖新技术开发区鲁巷绿化广场东南侧民族大道1号光谷资本大厦2楼	孙建清	027-85863768	430074
80	武汉市沪商小额贷款有限责任公司	武汉市东湖新技术开发区关山大道以东创业街以北武汉光谷国际商务中心B栋8楼804室	金海永	13986050400	430074

续表

序号	机构名称	地址	负责人	电话	邮编
81	武汉承融小额贷款有限公司	武汉市江岸区西马街渣家左路88号	江鹏	13971325636	430014
82	武汉市农业小额贷款有限公司	武汉市新洲区邾城街邾城大道2号	钟细明	13507133351	430400
83	武汉市普罗米斯小额贷款有限公司	武汉市武昌区公正路216号安顺月光广场16栋（平安国际金融大厦）A区14楼	今井贵志	027-8711630	430071
84	瀚曦小额贷款（湖北）有限公司	武汉市东湖新技术开发区光谷时代广场A座10-2室	郭志刚	13886196578	430079
黄石（14家）					
85	黄石市黄石港区泰丰小额贷款有限责任公司	黄石市武汉路121-125号	陈安丰	0714-6268556	435000
86	黄石市黄石港区兴源小额贷款有限责任公司	黄石市黄石港区黄石大道795号	余兵	0714-6251425	435000
87	黄石市黄石港区永诚小额贷款有限责任公司	黄石市黄石港区广场路28号	殷婷茹	0714-6205305	435000
88	黄石市西塞山区钜源小额贷款有限公司	黄石市西塞山区新建路100号	王胜	0714-6235558	435000
89	黄石市西塞山区盛鑫小额贷款有限责任公司	黄石市黄石大道199号	王宝贵	13971763599	435000
90	黄石市西塞山区河口镇兴华小额贷款有限责任公司	黄石市西塞山区河口大道8号	吴炯华	0714-6341390	435000
91	黄石市下陆区阳光小额贷款有限公司	黄石市下陆区下陆大道33号	袁明卿	18907232799	435000
92	黄石市铁山区丰源小额贷款有限责任公司	黄石市铁山区广友路1号	吴育华	0714-6398555	435000
93	阳新县天兴小额贷款有限责任公司	阳新县兴国镇东坡路49号	李强	0714-7339500	435200
94	阳新县佳合兴小额贷款有限责任公司	阳新县兴国镇五码坊正街29号	唐友玲	13385265666	435200
95	黄石市经济开发区金鑫小额贷款有限责任公司	黄石市杭州西路91号黄金山科技园	马作文	0714-3699210	435000
96	黄石市经济开发区瑞银小额贷款有限责任公司	黄石市颐阳路121号	李萍	13907232316	435000

续表

序号	机构名称	地址	负责人	电话	邮编
97	大冶市惠泽小额贷款有限责任公司	大冶市东风路下叶小区1号6楼	孙术乔	13092750068	435100
98	大冶市益商小额贷款有限责任公司	大冶市新冶大道14号4-2302室	胡予奎	13597728888	435100
襄阳（44家）					
99	襄阳市襄城区神誉小额贷款有限公司	襄阳市襄城区南街88号1栋	张军		441000
100	襄阳市襄城区华凯小额贷款有限公司	襄阳市襄城区檀溪路152号	闫有海	0710-3754533	441000
101	襄阳市襄城区高源小额贷款有限公司	襄阳市襄城区檀溪路佳园小区门面	杨兴明	13396115500	441000
102	襄阳市樊城区日兴隆小额贷款有限责任公司	襄阳市樊城区解放路炮铺街特1号开放广场	姜付军	0710-3475577	441000
103	襄阳市樊城区金贾小额贷款股份有限公司	襄阳市樊城区解放路33号	姬清杰	0710-3241120	441000
104	襄阳市樊城区融宏小额贷款有限公司	襄阳市樊城区春园东路1号左岸春天18栋1单元3楼1室	姜耀玲	13908670458	441000
105	襄阳市樊城区鑫融小额贷款有限公司	襄阳市樊城区春园西路4号6栋2单元9楼	卜崇斌	13886223188	441000
106	襄阳市襄州区汇兴小额贷款有限责任公司	襄阳市襄州区航空路27号	刘和林	13986396888	441000
107	襄阳市襄州区康融小额贷款有限公司	襄阳市襄州区航空路172号	郭海	13986335818	441000
108	襄阳市襄州区海创小额贷款有限责任公司	襄阳市襄州区张湾镇春园东路特1号	吴海平		441000
109	襄阳市襄州区承金小额贷款有限公司	襄阳市襄州区张湾办事处云湾村华中光彩大市场1号（55栋12号商铺）	隋益松	18007170222	441000
110	襄阳市襄州区百洋小额贷款有限公司	襄阳市襄州区航空路11号	王光辉	13972266789	441000
111	南漳县鼎力小额贷款有限责任公司	南漳县城关水镜路49号	谢品	0710-5244296	441500
112	南漳县融腾小额贷款有限公司	南漳县九集镇涌泉木林村3组	陈洪勇	13707279968	441500
113	南漳县捷诚小额贷款有限责任公司	南漳县金漳大道食品药品监督局1楼	刘玉宝	13907274677	441500
114	谷城县银信小额贷款有限责任公司	谷城县城关镇粉阳路100号	王泽时		441700

续表

序号	机构名称	地址	负责人	电话	邮编
115	谷城县顺安昌小额贷款有限责任公司	谷城县石花镇武当路	安明	0710-7611475	441700
116	谷城县驼峰小额贷款有限责任公司	谷城县经济开发区谷水路16号	刘国本	13871798822	441700
117	保康县广丰小额贷款有限责任公司	保康县城关镇清溪路82号	张呈荣	13035227068	441600
118	保康县聚盛和小额贷款有限责任公司	保康县城关镇光千路26号	马正红		441600
119	保康县瑞祥小额贷款有限责任公司	保康县马桥镇马桥街（惠临街26号）	邓以超	0710-5811333	441600
120	老河口市惠金小额贷款有限责任公司	老河口市北京路28号锦绣山河商住楼205室	高超		441800
121	老河口市汇融小额贷款有限责任公司	老河口市李楼办事处老石路北侧	陈伟	13635807677	441800
122	老河口市万盟小额贷款股份有限公司	老河口市胜利路22号建行办公楼	王建	0710-8222017	441800
123	枣阳市丰茂小额贷款有限责任公司	枣阳市兴隆镇汉孟路6号	叶建兵		441200
124	枣阳市奎晟三杰小额贷款有限公司	枣阳市北城沿河东路	张书奎	13597531893	441200
125	枣阳市万盛和小额贷款有限公司	枣阳市东环路	张新华	13607277069	441200
126	枣阳市融祥小额贷款有限责任公司	枣阳市316国道南与东环路交界处	钱志华	13307275008	441200
127	宜城市兑斗小额贷款有限责任公司	宜城市振兴路38号	李红梅	13995569018	441400
128	宜城市城银小额贷款有限公司	宜城市紫阳观路	胡伟峰	18608671133	441400
129	宜城市金利小额贷款有限公司	宜城市雷河镇政府对面	高波		441400
130	襄阳市高新区丰银小额贷款股份有限公司	襄阳市高新区春园路火炬大厦7楼	孙成	0710-3313489	441000
131	襄阳市高新区信义德小额贷款有限公司	襄阳市高新区长虹北路民发天地11栋101号、10栋113号	王春山	13367108899	441000
132	襄阳高新区保利小额贷款有限公司	襄阳市高新区春园路8号现代城	马巧云	13707275666	441000
133	襄阳市高新区融亿小额贷款有限责任公司	襄阳市高新区七里河路50号	张军生	18972095209	441000
134	襄阳市高新区万如亿小额贷款有限公司	襄阳市高新区长虹路9号万达广场写字楼23楼A-2303A室	王华志	0710-3500000	441000

机构名录

续表

序号	机构名称	地址	负责人	电话	邮编
135	襄阳市经济技术开发区融景小额贷款有限公司	襄阳市经济开发区东津镇鹿门路37号	刘涛	13907278128	441000
136	襄阳市明聚小额贷款有限公司	襄阳市经济开发区东津镇樊坡村	张念平	13986353446	441000
137	襄阳市中凯贤德小额贷款有限公司	襄阳市经济开发区东津镇北街	熊义平	13508662096	441000
138	襄阳市智汇金小额贷款有限公司	襄阳市经济开发区东津镇浩然路16号	余志成	0710-3516019	441000
139	襄阳赛银科技小额贷款有限责任公司	襄阳市高新区汉江北路与邓曼路交汇处东康汽缸垫公司办公楼	蔡群英	18986368397	441000
140	襄阳鱼梁洲经济开发区融兴小额贷款有限公司	襄阳市鱼梁洲经济开发区绿洲大道1号	赵小青	13487128480	441000
141	襄阳市程通小额贷款股份有限公司	襄阳市鱼梁洲经济开发区二号路（市政工程总公司内）	王前道	0710-3220409	441000
142	襄阳市鱼梁洲经济开发区金添彩小额贷款有限公司	襄阳市鱼梁洲经济开发区绿洲大道8号	汪健		441000
		荆州（22家）			
143	荆州市沙市区明丰小额贷款有限责任公司	荆州市沙市区碧波路7号	崔绍新	13926866880	434000
144	荆州市沙市区金汇小额贷款有限责任公司	荆州市沙市区北京东路御龙天下8-11栋商铺1楼2号	黄正昕	0716-8105601	434000
145	荆州市沙市区富鑫小额贷款有限公司	荆州市沙市区关沮镇白水村2组	刘燕鑫		434000
146	荆州市荆州区融通小额贷款有限责任公司	荆州市荆南路24号市传输局大楼	王平	0716-8441177	434000
147	荆州市荆州区鑫楚小额贷款股份有限公司	荆州市城南开发区南环路南侧城南春天C13C14栋00206室	张兴农	0716-8428668	434000
148	荆州市荆州区兴盛小额贷款有限公司	荆州市荆州区荆州花园广场北22B座	程飞	13872288477	434000
149	江陵县信利小额贷款有限公司	江陵县荆洪路118号	潘中山	13507210992	434100
150	江陵县久安小额贷款有限公司	江陵县郝穴镇荆江路	周洪洋	13507251896	434100
151	公安县宏泰小额贷款股份有限公司	公安县斗湖堤镇潺陵大道11-69号	袁和平	13797476088	434300
152	公安县众和小额贷款有限责任公司	公安县斗湖堤镇油江路320号	龚华	18607213666	434300

续表

序号	机构名称	地址	负责人	电话	邮编
153	公安县万祥小额贷款有限责任公司	公安县斗湖堤镇屠陵大道金隆大厦1楼	王家炳	13707213329	434300
154	监利县玉沙小额贷款有限责任公司	监利县容城镇茶庵大道29号	唐想林	0716-3320017	433300
155	石首市信邦小额贷款有限责任公司	石首市绣林办事处笔架山大道	童祖元	0716-7288888	434400
156	石首市众诚小额贷款有限公司	石首市笔架办事处建设路奔马商业街5号	徐永富	13197497715	434400
157	石首市龙盛小额贷款有限公司	石首市东升镇商贸广场2-108号门面	杨成鹏	15507156136	434400
158	洪湖市融信小额贷款有限公司	洪湖市新堤办事处玉沙路	刘小莉	13507261573	433200
159	洪湖市汇银小额贷款有限公司	洪湖市文泉大道中央花园门面	陈兵	0716-2655555	433200
160	松滋市金诚小额贷款有限责任公司	松滋市新江口镇金马路45号	黄年平		434200
161	松滋市惠民小额贷款有限责任公司	松滋市新江口镇林园路40号	冉永权	13797309967	434200
162	荆州市荆州开发区汇丰小额贷款有限公司	荆州市荆州开发区三湾路18号	李晓玲	0716-8204177	434000
163	荆州市荆州开发区天信小额贷款有限责任公司	荆州市北京东路125号	孙明跃		434000
164	荆州市荆州开发区越美小额贷款有限责任公司	荆州市荆州开发区东方大道	徐志明	13997572283	434000
		宜昌（41家）			
165	宜昌市西陵区合展小额贷款股份有限公司	宜昌市西陵一路7号1号楼4楼	陈慧东	13907164920	443000
166	宜昌市西陵区九洲泰圆小额贷款有限责任公司	宜昌市沿江大道52号	艾宇	18972557555	443000
167	宜昌市西陵区万维小额贷款有限公司	宜昌市西陵区窑湾乡东山村（白龙井路22号）	韩志凌	0717-6449887	443000
168	宜昌市伍家岗区德邦小额贷款股份有限公司	宜昌市沿江大道特168-7号万达广场C栋19楼	张烈平	13307200761	443000
169	宜昌市伍家岗区汇鑫小额贷款有限责任公司	宜昌市伍家岗区夷陵大道196-3-57号、196-3-58号	向明明	18695065577	443000
170	宜昌市伍家岗区国鹏小额贷款有限责任公司	宜昌市伍家岗区夷陵大道402-10号	黎大鹏	13971714876	443000

续表

序号	机构名称	地址	负责人	电话	邮编
171	宜昌市伍家岗区弘益小额贷款有限责任公司	宜昌市伍家岗区沿江大道120-1号	李元成	13907207886	443000
172	宜昌市伍家岗区瑞丰小额贷款股份有限公司	宜昌市伍家岗区沿江大道198-9-19号	陈红洁	13972027946	443000
173	宜昌市猇亭区鼎和小额贷款有限责任公司	宜昌市猇亭区金岭路4-1号	王汉儒		443000
174	宜昌市猇亭区福银小额贷款有限公司	宜昌市猇亭区金猇路88-1号	王天喜	15607206088	443000
175	宜昌市猇亭区华远银丰小额贷款有限公司	宜昌市猇亭区桐岭路20号	朱国柱	13908601499	443000
176	宜昌市夷陵区三峡小额贷款股份有限公司	宜昌市夷陵区夷兴大道金凤朝阳小区1-103号	蔡宏柱	0717-7760926	443000
177	宜昌市夷陵区平湖小额贷款有限责任公司	宜昌市夷陵区黄金路26号	胡金桥	13997711890	443000
178	宜昌市夷陵区中磷小额贷款有限责任公司	宜昌市夷陵区樟村坪镇明珠路26号	韩臻宇	13477152777	443000
179	宜昌市夷陵区鑫运祥小额贷款有限责任公司	宜昌市夷陵经济开发区龙泉工业园	郑镇	18995874599	443000
180	宜昌市点军区汇绅小额贷款有限公司	宜昌市点军江南大道155号	杨锦	15301205888	443000
181	宜昌市点军区万合小额贷款有限公司	宜昌市点军江南大道130号	杨兴权	13545855756	443000
182	宜昌市点军区银盛小额贷款有限公司	宜昌市点军清静庵11号	杨冬琴	18727222222	443000
183	秭归县金城小额贷款有限公司	秭归县茅坪镇长宁大道32号	谭金华		443000
184	秭归县楚洺小额贷款有限责任公司	秭归县茅坪镇桔颂路11-1-1-A号	周俊华	13469825899	443000
185	远安县万丰小额贷款有限责任公司	远安县鸣凤镇鸣凤大道16号	方胜	13177082000	444200
186	远安县助力小额贷款有限责任公司	远安县鸣凤镇解放路61-12号、61-13号	闫友平	0717-3895990	444200
187	兴山县鑫祥小额贷款有限公司	兴山县古夫镇高阳大道58号1楼	谈晓华	0717-2581711	443700
188	长阳县鑫隆小额贷款有限责任公司	长阳县龙舟坪镇龙舟大道27号	杨继宏	13986836566	443500

续表

序号	机构名称	地址	负责人	电话	邮编
189	五峰土家族自治县安卓小额贷款有限责任公司	五峰县渔洋关镇南北路55-1号	汪道贵		443000
190	宜都市乾元久通小额贷款有限责任公司	宜都市陆城长江大道85号	曹凤鸣	13972512918	443000
191	宜都市万汇小额贷款有限公司	宜都市陆城长江大道70号	黄海震	18672667766	443000
192	当阳市兴隆小额贷款股份有限公司	当阳市玉阳端直街29号	张烈平	13307200761	444100
193	当阳市金润达小额贷款有限责任公司	当阳市玉阳办事处子龙路37号	李颜军	13607205136	444100
194	当阳市瑞泽尔小额贷款有限公司	当阳市王店镇王店村五组	赵大河	13872498631	444100
195	当阳市鑫盛小额贷款有限责任公司	当阳市玉阳办事处环城东路金叶小区门面	黄家松	0717-3228811	444100
196	当阳市恒升小额贷款有限责任公司	当阳市玉阳办事处子龙路36号	曹功新	0717-3237766	444100
197	枝江市玖安鑫小额贷款有限责任公司	枝江市马家店迎宾大道102号	蒋红星	0717-4229363	443200
198	枝江市步步升小额贷款有限公司	枝江市马家店迎宾大道95号	李厚春	13907204182	443200
199	宜昌市国信小额贷款有限责任公司	宜昌市宜昌开发区城东大道10号	伍启月	13807204498	443000
200	宜昌市鼎信小额贷款有限公司	宜昌市宜昌开发区珠海路8号10楼A区（南苑科技创业园）	史启贵	13477187707	443000
201	宜昌市财源小额贷款有限公司	宜昌市宜昌开发区发展大道7号	李晓荣	13329802020	443000
202	宜昌市九顺小额贷款有限公司	宜昌市宜昌开发区大连路33号（清华科技园宜昌分园展示中心内）	文成	13886625778	443000
203	宜昌市九合小额贷款有限责任公司	宜昌市宜昌开发区发展大道55号	周道春	13307205009	443000
204	宜昌市润合小额贷款有限公司	宜昌市宜昌开发区深圳路2号	柳敢银	13886695555	443000
205	宜昌市大众小额贷款有限公司	宜昌市宜昌开发区大连路9号	肖玉	0717-6220362	443000
十堰（20家）					
206	十堰市茅箭区融利丰小额贷款股份有限公司	十堰市北京中路42栋10号	刘艺	0719-8882916	442000
207	十堰市茅箭区商汇小额贷款股份有限公司	十堰市人民南路118号	赵开忠	18607285566	442000
208	十堰市张湾区汇成小额贷款有限责任公司	十堰市公园路109号工商银行东汽支行3楼	任传成	0719-8665480	442000

续表

序号	机构名称	地址	负责人	电话	邮编
209	十堰市张湾区三和小额贷款股份有限公司	十堰市张湾区车城街办东岳路59-1号9栋	况建明		442000
210	郧县政信小额贷款有限责任公司	郧县城关镇新区街中心巷居委会	胡庆方	13872759528	442500
211	郧县诚鑫小额贷款股份有限公司	郧县金沙路8号	周伟	13907281778	442500
212	郧西县京华小额贷款有限责任公司	郧西县环城北路郧西宾馆1楼	黄杰	0719-8692129	442600
213	竹山县佳裕小额贷款有限责任公司	竹山县城关镇纵横大道19号	郑敬东	15007286999	442200
214	竹山县郧商小额贷款有限责任公司	竹山县城关镇振武路18号	梁晓军	15926150153	442200
215	竹溪县汇金小额贷款有限责任公司	竹溪县城关镇人民路21号	胡家明	0719-2725588	442300
216	房县诚和小额贷款有限责任公司	房县城关镇房陵大道142号恒通商务7楼	喻秀珍	13872763339	442100
217	丹江口市民信小额贷款有限责任公司	丹江口市渡口路滨江小区一区	李丹晶	0719-5230908 18772862762	442700
218	十堰市武当山旅游经济特区众信小额贷款有限责任公司	十堰市武当山旅游经济特区剑河一路87号2单元102号	刘靓	13397291666	442714
219	十堰市武当山旅游经济特区奥斯小额贷款股份有限公司	十堰市武当山旅游经济特区元和观朱家洼B栋	陈鹏	13508682350	442714
220	十堰市武当山旅游经济特区金昌源小额贷款有限公司	十堰市武当山旅游经济特区武当路6-1号	魏天华	13872839788	442714
221	十堰市经济开发区加能小额贷款股份有限公司	十堰市经济开发区白浪中路39号	匡翠平	13972457968	442000
222	十堰市经济开发区政惠小额贷款股份有限公司	十堰市经济开发区白浪汽配物流广场40B-1室	张雯	13508680977	442000
223	十堰市经济开发区诚达小额贷款股份有限公司	十堰市经济开发区白浪街办堰湖桥居委会	熊军	13907285316	442000
224	十堰市经济开发区辰泰小额贷款有限责任公司	十堰市白浪街办马路村居委会	夏荣福	15327968888	442000
225	十堰市经济开发区华信小额贷款股份有限公司	十堰市白浪东路33号	胡庆方	15271445157	442000
孝感(30家)					
226	孝感市孝南区鼎鑫小额贷款股份有限公司	孝感市长征路17号	晏军	18608629933	432000

续表

序号	机构名称	地址	负责人	电话	邮编
227	孝感市孝南区金淦小额贷款有限责任公司	孝感市文化东路39号办公楼4楼	夏华林	0712-3269606	432000
228	孝感市孝南区华云小额贷款有限责任公司	孝感市长征路14号	周云华	0712-2011059	432000
229	孝感市孝南区春晖小额贷款有限责任公司	孝感市北京路58号国贸大厦3楼	谭伦蔚	15272797585	432000
230	孝昌县汇农小额贷款有限责任公司	孝昌县东洪花大道192号	涂少彪	13907133269	432900
231	孝昌县嘉成小额贷款有限责任公司	孝昌县建行办公楼	张华	15826827699	432900
232	孝昌县宝利来小额贷款有限责任公司	孝昌县陡山乡进峰村	戴艳华	0712-4797555	432900
233	云梦县楚王云都小额贷款有限责任公司	云梦县城关文化路特1号	陈清明	0712-4337733	432500
234	云梦县坤泰小额贷款有限责任公司	云梦县城关镇楚王城大道312号	邹春林	13607294789	432500
235	云梦县富力小额贷款有限公司	云梦县伍洛镇桥头街16号	陈俊华	13807290265	432500
236	大悟县银鑫小额贷款有限公司	大悟县城关镇兴华路67号	胡先应	15971182233	432800
237	大悟县骐骥小额贷款有限公司	大悟县城关镇长征南路38号	舒新国	0712-2366007	432800
238	大悟县盛泰小额贷款有限公司	大悟县城关镇长征路水岸尚品6栋A单元301号	夏功艳	13995876288	432800
239	应城市鑫龙小额贷款有限责任公司	应城市经济技术开发区广场大道80号	杨金刚	13797203315	432400
240	应城市银泰小额贷款有限责任公司	应城市古城大道36号广场公寓A栋	高建乐	13707290830	432400
241	应城市宏凯小额贷款有限公司	应城市蒲阳大道35号	程忠德	13657278916	432400
242	应城市合玉峰小额贷款有限责任公司	应城市城北私营开发区（七星桥社区11号）	刘火元	15907293866	432400
243	应城市凯华小额贷款有限公司	应城市黄滩镇兴盛街198号	范国华	13907293240	432400
244	安陆市元大小额贷款有限责任公司	安陆市汉丹路188号	田前发	0712-5237953	432600
245	安陆市才华小额贷款有限公司	安陆市碧涢路208号	周建华	13807298618	432600
246	安陆市泰隆小额贷款有限公司	安陆市李店镇紫阳一街110号	江云青	13972686985	432600
247	汉川市福星小额贷款股份有限公司	汉川市福星街特1号	谭少伟		431600
248	汉川市华诚小额贷款有限责任公司	汉川市经济开发区新正大道36号	向德华	13776225888	431600

续表

序号	机构名称	地址	负责人	电话	邮编
249	汉川市百盈小额贷款有限责任公司	汉川市仙女山街道办事处西湖大道金山公园华府3-20号	侯福来	18995692691	431600
250	汉川市火红小额贷款有限责任公司	汉川市仙女山街道办事处体育馆西路	蔡晓平	18671684286	431600
251	孝感市梦圆小额贷款有限公司	孝感市临空经济区集贸市场92号	何建东	0712-2491028	432000
252	孝感市融成小额贷款股份有限公司	孝感市北京路51号温馨家园2101-2104号	郑端平	0712-2896111	432000
253	孝感市经济开发区金港小额贷款有限责任公司	孝感市文化路84号	夏群林	0712-3229999	432000
254	孝感市经济开发区天圆小额贷款有限公司	孝感市文化东路41号	李兰洲	0712-2845656	432000
255	孝感市经济开发区政和小额贷款有限责任公司	孝感市园林一路6号	王淑华		432000
	荆门（16家）				
256	荆门市东宝区劝业小额贷款股份有限公司	荆门市东宝区白云大道62号	邓德生	13972869690	448000
257	荆门市东宝区汇泉小额贷款股份有限公司	荆门市东宝区象山大道27号	张哲	13093224158	448000
258	荆门市掇刀区五福源通小额贷款有限责任公司	荆门市掇刀区深圳大道东8号	孟传华	13985323012	448000
259	荆门市掇刀区佳和小额贷款股份有限公司	荆门市掇刀区城南新区南国佳苑	熊武		448000
260	荆门市高新区汇通小额贷款股份有限公司	荆门市高新区创业南路康惠小区13-15号门面	陈霞	13177154555	448000
261	荆门市洋丰小额贷款股份有限公司	荆门市高新区创业南路康惠小区32号	杨才学	13797932771	448000
262	京山县金鼎小额贷款有限责任公司	京山县新市镇京源大道3号	田桂兵	0724-7236369	431800
263	京山县宏源小额贷款有限公司	京山县新市镇轻机大道335号	孙友元	13339755166	431800
264	京山县鑫发小额贷款有限公司	京山县钱场镇京钱路	熊海燕	13972884888	431800
265	沙洋县惠业小额贷款有限责任公司	沙洋县荷花路宝丽景国际城5A号楼商业门面109室、110室	张昌荣	15071939898	448200

续表

序号	机构名称	地址	负责人	电话	邮编
266	钟祥市润德小额贷款股份有限公司	钟祥市郢中镇承天中路1号农行大厦3楼	李卫	13469760877	431900
267	钟祥市盛世小额贷款有限责任公司	钟祥市郢中镇莫愁大道47号	陈永全	13807265118	431900
268	荆门市屈家岭管理区富源小额贷款有限公司	荆门市屈家岭管理区创业路54号	唐文君	15337478555	448000
269	荆门市漳河新区泓盛小额贷款股份有限公司	荆门市掇刀区深圳大道	吴艳林	13908699798	448000
270	荆门市漳河新区鸿丰小额贷款有限公司	荆门市漳河新区漳河镇漳河路91号	王纯武	13339771369	448000
271	荆门市漳河新区荆博小额贷款有限公司	荆门市漳河新区象山大道南端西侧	冯文	13807268600	448000
	黄冈（19家）				
272	黄冈市黄州区融信小额贷款有限责任公司	黄冈市黄州区东门路56号	谢斌	13807257408	438000
273	黄冈市黄州区弘创小额贷款有限责任公司	黄冈市黄州西湖一路20-1号	徐蓓	0713-8820933	438000
274	黄冈市黄州区金佰汇小额贷款有限责任公司	黄冈市黄州区宝塔大道98号	周忠平	13871616299	438000
275	英山县楚丰小额贷款有限责任公司	英山县温泉镇朝阳路莲花小区A2商铺	吴燕春	13871992967	438700
276	浠水县兴昌小额贷款有限公司	浠水县清泉镇丽文大道358号	胡昌平	18607253477	438200
277	浠水县汇晟小额贷款有限责任公司	浠水县清泉镇车站大道146号	江立勇	0713-4280518	438200
278	黄梅县至信小额贷款有限责任公司	黄梅县黄梅镇黄梅大道吉祥花园	赵海峰	13807256060	435500
279	黄梅县瑞邦小额贷款有限责任公司	黄梅县小池镇沿江路108号	梅正杰	18972730005	435500
280	罗田县和贵小额贷款有限责任公司	罗田县凤山镇义水北路	张国和	13581233668	438600
281	黄冈市黄州区源涛小额贷款有限责任公司	黄冈市黄州区新港大道19号	罗汉涛	18986537288	438000
282	团风县钢之毅小额贷款有限责任公司	团风县城北工业园	刘恒珍	15971468475	438000
283	团风县鼎诚小额贷款有限责任公司	团风县团黄大道锦绣华府临街门面	丰建斌	13986195029	438000
284	蕲春县昌泰小额贷款有限责任公司	蕲春县漕河镇蕲春大道375号	郑璋贵	0713-7219898	435300

序号	机构名称	地址	负责人	电话	邮编
285	黄梅县融诚小额贷款有限责任公司	黄梅县黄梅镇五祖大道265号农行大楼10楼	张家宏	13972463765	435500
286	红安县大别山小额贷款有限责任公司	红安县城关镇小北街10号	成立彬	15072359609	438400
287	麻城市新融通小额贷款有限责任公司	麻城市将军路73号	丁明怀		438300
288	麻城市长信小额贷款有限责任公司	麻城市将军南路16号	桂正祥	15971371666	438300
289	武穴市亚星小额贷款有限责任公司	武穴市栖贤路32号	陈生国	15802788888	435400
290	黄冈市龙感湖管理区鑫荣小额贷款有限责任公司	黄冈市龙感湖工业园区28号	王正国	13907255347	435503
咸宁（8家）					
291	咸宁市咸安区金源小额贷款有限责任公司	咸宁市咸安区长安大道69号	陈婉莲	0715-8313001	437000
292	咸宁市咸安区中金鼎小额贷款有限责任公司	咸宁市咸安区长安大道84号咸安区工行1楼	林端辉	0715-8288888	437000
293	通山县兴业小额贷款有限责任公司	通山县通羊镇古塔社区兴工小区396号（老水泥厂旁）	侯紫英	13807248030	437600
294	崇阳县嘉信小额贷款有限责任公司	崇阳县天城镇中津村（金城大道）	刘水怒	13387160986	437500
295	通城县鼎盛小额贷款有限责任公司	通城县隽水镇民主路168号	黎俊文	13907244209	437400
296	赤壁市国强伟业小额贷款有限责任公司	赤壁市河北大道152号	龚呈伟	13797253888	437300
297	咸宁市经济开发区兴银小额贷款有限责任公司	咸宁市咸宁大道202-1号	李永申	15997929731	437100
298	咸宁市经济开发区博仁小额贷款有限责任公司	咸宁市温泉滨河东路丹桂大厦1楼	陈华	18972819198	437100
随州（12家）					
299	随州市曾都区裕丰小额贷款有限责任公司	随州市交通大道189号	雷于国	13908660288	441300
300	随州市曾都区银丰小额贷款有限责任公司	随州市沿河大道特3号北端	朱大才	0722-7098988	441300
301	随州市曾都区金泰小额贷款有限责任公司	随州市迎宾大道48号	邹首蔚	0722-3591329	441300

续表

序号	机构名称	地址	负责人	电话	邮编
302	广水市众元小额贷款有限公司	广水市应山办事处迎宾大道14号	周勇	13908668303	442700
303	广水市楚北小额贷款有限责任公司	广水市供销社3楼	唐国清	0722-6240088	442700
304	随县汇利小额贷款有限公司	随县厉山镇东镇街道居委会	杨环成	13908665698	441300
305	随县永丰小额贷款有限公司	随县神农大道169号	谌述兰	13451293388	441300
306	随县天星小额贷款有限公司	随县经济开发区1989号	姚凯	0722-4593777	441300
307	随州市经济开发区程力小额贷款有限公司	随州市交通大道99号	程阿罗	0722-3330666	441300
308	随州市经济开发区及时雨小额贷款有限公司	随州市交通大道特8号	周晓波	13886882748	441300
309	随州市山川小额贷款有限公司	随州市大洪山风景名胜区	丁国华	13908667403	441300
310	随州市银兴小额贷款有限公司	随州市迎宾大道138号	姜存军	13797889888	441300
	恩施（20家）				
311	恩施市民丰小额贷款股份有限公司	恩施市施州大道49号（州民政局旁）	陈可忠		445000
312	恩施市天地源小额贷款有限责任公司	恩施市施州大道155号金安大厦1楼	田涛		445000
313	恩施市金恩小额贷款股份有限公司	恩施市金桂大道花果山小区1-5楼	王章银	18971881111	445000
314	恩施市清源小额贷款股份有限公司	恩施市武陵国际装饰城B0222室	江喜敏	13607240405	445000
315	恩施市和润小额贷款股份有限公司	恩施市施州大道66号恩施福星城8号楼105室	张良	13581200777	445000
316	恩施市龙凤镇双盈小额贷款有限公司	恩施市龙凤镇八龙坪13组	廖明勇	13635754818	445000
317	利川市金元小额贷款有限责任公司	利川市清源路陵阳花园1号	牟来平	0718-6446666	445400
318	利川市国泰小额贷款有限公司	利川市体育路19号	王道胜	13636296708	445400
319	利川市利铭小额贷款有限责任公司	利川市解放西路96号	雷育鸣	0718-7285931	445400
320	利川市祥瑞小额贷款有限公司	利川市南环大道88号	吴克静	15171967029	445400
321	建始县友邦小额贷款有限责任公司	建始县邺州镇邺州大道212号	史德俊	0718-3018888	445300
322	建始县鑫瑞小额贷款股份有限公司	建始县邺州镇广润社区223号	吴清立	13972420296	445300
323	咸丰县金晟鑫小额贷款有限责任公司	咸丰县高乐山镇楚蜀大道81号金寓康小区	夏启军		445600

机构名录

续表

序号	机构名称	地址	负责人	电话	邮编
324	咸丰县鑫中楚小额贷款有限责任公司	咸丰县高乐山镇解放路383号	刘正中	13907266166	445600
325	巴东县鑫源小额贷款有限责任公司	巴东县信陵镇楚天路89号	汪永明	13907265686	444300
326	来凤县恒祥小额贷款有限责任公司	来凤县翔凤镇凤北路160号1栋	于祥飞	13971880594	445700
327	宣恩县丹峰小额贷款有限责任公司	宣恩县珠山镇兴隆小区	周显武	18623293888	445500
328	鹤峰县鑫诚小额贷款有限责任公司	鹤峰县容美镇中坝街38号	吴远红	18971870719	445800
329	恩施州经济开发区迪添泰小额贷款有限责任公司	恩施市东风大道209号	薛奎		445000
330	恩施州经济开发区鑫汇小额贷款有限责任公司	恩施市施州大道66号福星城2号楼2-114号、2-210号、3-201号	王丹阳	13367187777	445000
鄂州（3家）					
331	鄂州市中金国投小额贷款有限责任公司	鄂州市古城路48号	谈桂银	0711-5905877	436000
332	鄂州市华容区东银小额贷款有限责任公司	鄂州市华容区楚藩大道127号	徐武东	13886341788	436000
333	鄂州市瑞鑫小额贷款有限责任公司	鄂州市经济开发区旭光大道2号	王枭	13972950758	436000
仙桃（5家）					
334	仙桃市麦肯特小额贷款有限责任公司	仙桃市仙桃大道2-56号	汤正涛	13997998008	433000
335	仙桃市金信盛小额贷款有限责任公司	仙桃市仙桃大道中段12号	谢大波	0728-3322536	433000
336	仙桃市国城小额贷款有限责任公司	仙桃市钱沟路特1号	胡治云	13607226666	433000
337	仙桃市民丰小额贷款有限责任公司	仙桃市龙华山办事处仙源大道59号	姚金海	18995981355	433000
338	仙桃市元亨小额贷款有限公司	仙桃市龙华山办事处何李路20号	杜彪	13907190444	433000
潜江（3家）					
339	潜江市华山小额贷款有限责任公司	潜江市园林办事处章华中路82号	漆雕良仁		433100
340	潜江市兴民小额贷款有限责任公司	潜江市园林办事处东风路39号	郑玉林	15871890717	433100
341	潜江市泰民小额贷款有限责任公司	潜江市园林办事处章华南路22B号	沈黎明	13997960313	433100
天门（3家）					
342	天门市金楚小额贷款有限责任公司	天门市竟陵办事处西湖路150号	沈方勇		431700
343	天门市玖融小额贷款有限公司	天门市人民大道与西寺路交汇处	张新平	13907222851	431700

续表

序号	机构名称	地址	负责人	电话	邮编
344	天门市金鹏小额贷款有限公司	天门市竟陵人民大道中116号	李鹏	13802997617	431700
神农架林区（1家）					
345	神农架林区世明小额贷款有限责任公司	神农架林区松柏镇中心街5号	王世明	13339867399	442400

表23　　湖北省主要股权投资机构名录

序号	机构名称	地址	负责人	电话	邮编
1	湖北省高新技术产业投资有限公司	武汉市洪山区珞喻路716号华乐商务中心12楼	佟德瑞	13517266841	430074
2	武汉华工创业投资有限责任公司	武汉市东湖新技术开发区华工科技园创新基地5号楼	陈倩	13871077557	430223
3	武汉东湖创新科技投资有限公司	武汉市汉口发展大道271号发展大厦5楼	黄彦	13907112749	430015
4	硅谷天堂创业投资有限公司武汉分公司	武汉市汉阳区琴台艺术中心古建筑群A区8号	项凯	027-84842218	430050
5	武汉科技创新投资有限公司	武汉市东湖新技术开发区华工科技园创新企业基地2栋B单元4楼	邓妮	027-65692470	430223
6	武汉固德银赛创业投资管理有限公司	武汉市武昌区徐东二路2号SBI创意园201-312号	梁好	13657216177	430062
7	武汉高科农业集团有限公司/武汉高农生物创业投资有限公司	武汉市洪山区珞狮南路517号	余振华	13387522801	430070
8	华人创新集团有限公司	武汉市东湖新技术开发区珞喻路光谷国际广场A座22楼	刘录虎	13667162050	430074
9	北京君联资本管理有限公司	武汉市武昌区积玉桥临江大道96号万达中心写字楼17楼02-03室	毕静	18908642862	430062
10	湖北量科高投创业投资有限公司	武汉市洪山区珞喻路716号华乐商务中心12楼	胡靖	13720374588	430074
11	武汉九派创业投资管理有限公司	武汉市武昌区中北路109号湖北银行大厦B座6楼	刘强	13638600146	430071
12	湖北盛世高金创业投资有限公司	武汉市洪山区珞喻路716号华乐商务中心	佟德瑞	13517266841	430074
13	湖北高和创业投资管理有限公司	武汉市洪山区珞喻路716号华乐商务中心	张宜	15827303673	430074

续表

序号	机构名称	地址	负责人	电话	邮编
14	武汉红土成长创业投资有限公司	武汉市东湖新技术开发区关山大道20号中国光谷创意产业基地	刘敏	13307180205	430079
15	湖北红土创业投资有限公司	武汉市东湖新技术开发区关山大道20号中国光谷创意产业基地1号楼308室	王世菊	13907174504	430074
16	武汉科技担保有限公司	武汉市汉口发展大道164号武汉科技大厦8楼	李超	13339983255	430023
17	武汉武大创新投资有限公司	武汉市洪山区珞喻路716号华乐商务中心1801室	黄建汉	13297037412	430074
18	湖北奥信创业投资有限公司	武汉市江岸区云林街31号中环大厦A座M层	张喜群	027-83316511-810	430015
19	湖北楚银投资控股有限公司	武汉市硚口区解放大道634号新世界中心写字楼B1507室	李江	027-87618838	430032
20	武汉光谷创投基金管理有限公司	武汉市东湖新技术开发区关东园路华光大道18号高科大厦3楼	龚楠	13720398088	430074
21	武汉光谷联合产权交易所	武汉市东湖新技术开发区鲁巷光谷街1号光谷广场3楼	龚波	13995554771	430074
22	武汉火炬科技投资有限公司	武汉市江汉区新华路25号伟业大厦10楼	周芸	13487079700	430022
23	武汉开元科技创业投资有限公司	武汉市江岸区香港路145号远洋大厦1606室	蒋晓川	027-81698700	430015
24	武汉722科技有限公司	武汉市江夏藏龙岛开发区藏龙大道3号产业发展部	代博兰	027-87456667	430205
25	武汉一道创业投资有限公司	武汉市东湖新技术开发区光谷创业街3栋7楼701室	徐玮	18971013909	430074
26	武汉科技创业咨询服务中心	武汉市洪山区珞喻路312号双恒创业园东研楼3楼	胡晓	027-87321687	430074
27	武汉汇泉行投资管理有限公司	武汉市武昌区中南路80号中南大厦南楼306-308室	曹明	15307169869	430071
28	武汉中部发展创业投资中心	武汉市汉口解放大道1340号常阳永清城3-3-3201、3204室	谌启凯	18907105856	430010

续表

序号	机构名称	地址	负责人	电话	邮编
29	武汉光谷烽火科技创业投资有限公司	武汉市洪山区邮科院路 88 号	陈继哲	13871333279	430074
30	中国宝安创新科技园有限公司	武汉市洪山区珞喻路 546 号武汉科技会展中心 15 楼	杨旻	13986050366	430079
31	武汉融众投资管理有限公司	武汉市汉口建设大道 568 号新世界国贸大厦 40 楼 4001 室	刘骐鸣	13971095210	430022
32	武汉东湖新技术创业中心	武汉市东湖新技术开发区 SBI 创业街 7 号楼 2 楼	彭涛	0714 – 6355058	430074
33	黄石磁湖科技创业服务中心	黄石市杭州西路 89 号	翟志刚	13995772121	435003
34	武汉长城创新科技园有限公司	武汉市东湖新技术开发区长城创新科技园	马骏	027 – 87526590	430223
35	武汉市洪山科技创业种子资金管理有限公司	武汉市洪山区珞喻路 424 号洪山科技创业中心 4168 室	李竹	13908615700	430074
36	荆州高新技术产业开发区创业服务中心	荆州市江津东路 155 号	白剡	13006119256	434000
37	武汉广土创业投资有限公司	武汉市江岸区发展大道五洲大厦 B – 1507 室	李珂	15972996681	430024
38	成长企业创新投资有限公司	武汉市武汉经济技术开发区东风三路 5 号东合中心 B 座 2 楼	胡彬	13476017983	430056
39	湖北高金生物科技创业投资基金	武汉市洪山区邮科院南望山西路 6 号	佟德瑞	13517266841	430074
40	贝祥投资集团	武汉市汉口建设大道 568 号新世界国贸大厦 I 座 3315 室	高谞	13607106161	430022
41	湖北联丰投资有限公司	武汉市汉口建设大道 518 号招银大厦 2102 室	孙浩	027 – 87319187	430022
42	湖北中企投资担保有限公司	武汉市武昌区洪山路 64 号湖光大厦 7 楼	刘红芳	15072393334	430071
43	上海博润投资管理有限公司武汉分公司	武汉市东湖新技术开发区高新大道 666 号光谷生物城 B1 栋 5 楼	李璟璟	18627006977	430223
44	武汉金融超市投资管理有限公司	武汉市洪山区珞喻路 889 号光谷中心花园 B 座写字楼 6 楼	王海琴	13297984632	430074

机构名录

续表

序号	机构名称	地址	负责人	电话	邮编
45	武汉普罗顿创投基金管理有限公司	武汉市武汉经济技术开发区振华路红楼特1号4楼402室	万琳	13971681801	430056
46	湖北博森投资有限责任公司	武汉市洪山区珞喻路456号光谷国际大厦B座2007室、2008室	章国卿	13907170353	430074
47	武汉科技投资有限公司	武汉市汉口发展大道164号科技大厦9楼1室	李竹	13476130573	430023
48	湖北楚鼎创业投资管理有限公司	武汉市硚口区解放大道1045号宝丰时代20楼5号	叶小勇	027-83609055	430035
49	北京约瑟投资有限公司湖北办事处	武汉市汉口沿江大道160号时代广场1号楼1504室	邵佳媛	027-82798480	430010
50	武汉创富天源投资发展有限责任公司	武汉市江岸区香港路145号1606室	王建华	027-86441062	430015
51	武汉德创投资顾问有限公司	武汉市江岸区香港路145号1606室	李晓明	027-82440931	430015
52	武汉中富创业投资管理有限公司	武汉市江岸区香港路117号华美国际大厦1110室	王以蒙	027-85556827	430015
53	丝宝集团创业投资中心	武汉市汉口黄浦大街260号丝宝国际大厦	李轩	027-87793900	430019
54	湖北赣商创业投资管理有限公司	武汉市江汉区江汉北路九运大厦22楼	邹科龙	027-85559891	430014
55	凯信联合资本管理武汉有限公司	武汉市汉口建设大道518号招银大厦9楼3-8室	郭鹏	027-85743302	430022
56	科华银赛创业投资有限公司	武汉市武昌区徐东二路2号SBI创意园201-312号	岳蓉	027-59817377	430062
57	湖北九派创业投资有限公司	武汉市武昌区中北路109号湖北银行大厦B座6楼	钱斌	027-59339179	430071
58	湖北长江资本（股权）投资基金管理有限公司	武汉市洪山区珞南街小洪山东区34号	曾炜	027-87872165	430071
59	湖北新能源投资管理有限公司	武汉市东湖新技术开发区吴家湾96号光谷国际大厦21楼	赵民强	027-86621110	430074
60	武汉光谷风险投资基金有限公司	武汉市东湖新技术开发区关山一路光谷软件园A5栋4楼	汪志忠	027-87880580	430074

续表

序号	机构名称	地址	负责人	电话	邮编
61	武汉海山投资集团有限公司	武汉市武昌区中北路24号龙潭国际广场A座24楼	严海强	027-87810035	430071
62	武汉中科信创业投资管理有限公司	武汉市武昌区中北路楚天都市花园D座23楼	张宏翔	027-87896979	430071
63	湖北新海天投资有限公司	武汉市武昌区洪山路30号好苑新海天大厦7楼	邓揆	027-59822197	430071
64	武汉高特投资顾问有限责任公司	武汉市武昌区中北路66号金穗大厦B座2606室	朱彪	027-87326963	430071
65	武汉华工科技企业孵化器有限责任公司	武汉市洪山区珞喻路243号华工科技产业大厦12楼	方伟	027-87522618	430074
66	湖北融信博联投资有限公司	武汉市青山区和平大道1244号810室	桂丽芳	027-68869123	430081
67	武汉高睿投资管理有限公司	武汉市洪山区珞喻路716号华乐商务中心12楼	佟德瑞	027-87440849	430074
68	武汉高晖创投管理顾问有限公司	武汉市洪山区珞喻路716号华乐商务中心12楼	周海江	027-87440849	430074
69	武汉瑞兴创业投资有限公司	武汉市洪山区关山街前庄村	宋征	027-87740697	430074
70	襄阳创新资本管理有限公司	襄阳市高新区创业服务中心A座503室	杨林春	0710-3721838	441057
71	襄阳高新区风险投资中心	襄阳市追日路2号襄阳创业中心	路辉	0710-3752269	441000
72	深圳达晨创业投资有限公司	武汉市东湖新技术开发区珞喻路光谷国际广场A座2303室	廖敏	13071292951	430074
73	武汉中部建设投资中心（有限合伙）	武汉市武汉经济技术开发区中心区2-8地块联发大厦302室	王文静	027-65608484	430056
74	三井物产（上海）贸易有限公司	武汉市硚口区解放大道634号新世界中心写字楼A座2403室	王童谣	18672996804	430032
75	武汉承胜创业投资有限公司	武汉市东湖新技术开发区华工科技园创新企业基地2栋A单元2楼203室	李轩	027-87793900	430223
76	武汉光谷生物产业创业投资基金有限公司	武汉市东湖新技术开发区珞喻路546号科技会展中心二期东17楼	王琼	18627811055	430074

续表

序号	机构名称	地址	负责人	电话	邮编
77	武汉光谷高新成长创业投资管理有限公司	武汉市洪山区邮科院南望山西路6号	张宜	027-87734201	430074
78	武汉市科创天使投资基金管理有限公司	武汉市洪山区邮科院南望山西路6号	毛超	027-87734202	430074
79	武汉东湖创新投资管理有限公司	武汉市东湖新技术开发区光谷软件园五期F2栋1401室	谢帆	027-87056266	430079
80	武汉华工科技投资管理有限公司	武汉市东湖新技术开发区华中科技大学科技园华工科技本部大楼3楼	张安冬	15172476305	430079
81	武汉东湖创新投资有限公司	武汉市东湖新技术开发区光谷软件园五期F2栋1401室	万婧丽	027-87456683	430079
82	武汉东湖百兴创业投资中心（有限合伙）	武汉市东湖新技术开发区光谷软件园五期F2栋1401室	谢帆	027-87056266	430079
83	长瑞星润投资有限公司	武汉市武昌区东湖路楚天181产业园	毕小强	027-88118678-11	430079
84	湖北长江资本股权投资一期基金（有限合伙）	武汉市东湖新技术开发区高新大道999-2号	沈薇	027-87262068	430079
85	武汉百瑞普提金股权投资基金中心（有限合伙）	武汉市东湖新技术开发区东信路数码港E栋	田晓童	027-86771971	430079
86	中投百瑞（武汉）投资管理有限公司	武汉市东湖新技术开发区东信路数码港E栋	张晟嘉	027 86771971	430079
87	武汉承胜创业投资有限公司	武汉市东湖新技术开发区华工科技园创新企业基地2栋A单元2楼203号	文力	18971364773	430079
88	武汉辅仁成长创业投资中心（有限合伙）	武汉市东湖新技术开发区高新科技园关山二路特1号国际企业中心3楼1号	程杰君	027-67120545	430079
89	武汉钟山雷石天衡股权投资合伙企业（有限合伙）	武汉市东湖新技术开发区高新大道666号311室	柴朝明	010-84584798	430079
90	武汉雷石瑞丰股权投资合伙企业（有限合伙）	武汉市东湖新技术开发区高新大道666号315室	林云飞	010-84584798	430079
91	武汉雷石鼎瑞股权投资合伙企业（有限合伙）	武汉市东湖新技术开发区高新大道666号312室	饶晖	010-84584799	430079

续表

序号	机构名称	地址	负责人	电话	邮编
92	武汉迈迪医疗投资中心（有限合伙）	武汉市东湖新技术开发区高新大道666号光谷生物城九峰创新基地B1栋5楼	罗志勇	027-87205969	430079
93	武汉迈迪投资管理有限公司	武汉市东湖新技术开发区高新大道666号B1栋	陈莉莉	13871382960	430079
94	湖北省万牧投资管理有限公司	武汉市东湖新技术开发区鲁巷绿化广场东南侧光谷资本大厦	熊磊	027-87575680	430079
95	武汉红月创业投资有限公司	武汉市东湖新技术开发区华中科技大学科技园六路	朱长明	027-87805780	430079
96	武汉硅谷天堂瑞焱创业投资基金合伙企业（有限合伙）	武汉市东湖新技术开发区汤逊湖北路33号华工科技园创新基地7栋201室	李冀武	027-84844886	430079
97	硅谷天堂资产管理集团股份有限公司武汉分公司	武汉市东湖新技术开发区珞喻路546号科技会展中心二期	潘悦	027-84844886	430079
98	武汉光谷大成创业投资管理有限公司	武汉市东湖新技术开发区关山一路1号IT服务中心1楼	黄培	13476819798	430079
99	武汉光谷博润生物医药投资中心（有限合伙）	武汉市东湖新技术开发区高新大道666号	李璟璟	027-87205917	430079
100	武汉光谷创业投资有限公司	武汉市武昌区武路路628号B座23楼	高华讯	027-87640833	430079
101	武汉建元产业投资中心（有限合伙）	武汉市洪山区邮科院路88号	刘志刚	027-87694366	430070
102	仙桃九派创业投资有限公司	武汉市东湖新技术开发区资本大厦	李浩诚	18963957560	430079
103	中航高投武汉股权投资基金	武汉市洪山区邮科院南望山西路6号	周军	13995501365	430074
104	武汉光谷新三板股权投资基金	武汉市洪山区邮科院南望山西路6号	杨东升	13386078133	430074
105	武汉融和科技资本管理股份有限公司	武汉市东湖新技术开发区鲁巷光谷街1号光谷广场1楼	张少华	18971382862	430074
106	武汉东湖长瑞投资管理有限公司	武汉市东湖新技术开发区光谷软件园五期F2栋1401室	谢帆	15994279619	430074
107	湖北楚天汇通投资管理有限公司	武汉市武昌区临江大道96号万达中心1701室	陈锋	027-87262289	430062

机构名录

表 24　　湖北省融资性担保机构名录

序号	机构名称	地址	负责人	电话	邮编
省直（4 家）					
1	湖北中企投资担保有限公司	武汉市武昌区东一路 7 号	王含冰	027-87319165	430071
2	湖北省农业产业化信用担保股份有限公司	武汉市武昌区武路路 519 号农业事业大楼 15 楼	陈珂	027-87667231	430070
3	湖北银丰汇富投资担保有限公司	武汉市汉口青岛路 7 号	赵辉	13507139262	430014
4	湖北亿利金源融资担保有限公司	武汉市洪山区关山一路 100 号	陆宝华		430074
武汉（180 家）					
5	武汉信用担保（集团）股份有限公司	武汉市洪山区卓刀泉南路学雅芳邻 5 号楼 1 单元 901 室	熊伟	13277080798	430079
6	武汉东创投资担保有限公司	武汉市江汉区唐家墩路 32 号国资大厦 A 座 6、7 楼	李军	027-82260165	430015
7	武汉科技担保有限公司	武汉市江汉区发展大道 164 号科技大厦 8 楼 2 室	周乘风	027-65962157	430023
8	武汉市融众投资担保有限公司	武汉市汉口建设大道 568 号新世界国贸大厦 I 座 50 楼	陈艺萍	027-85558181	430022
9	湖北银鼎投资担保有限公司	武汉市江汉区新华路 186 号福星城市花园 4 栋 8 楼 10 号	鲜开琼	15107164196	430022
10	武汉中小企业信用担保有限公司	武汉市江汉区发展大道 164 号科技大厦 8 楼 1 室	熊伟	13277080798	430023
11	湖北中硕投资担保有限公司	武汉市江汉区江汉北路九运大厦 A2302 室	张磊	18986245843	430015
12	武汉信用风险管理有限公司	武汉市江汉区新华路 25 号伟业大厦 10 楼	熊伟	13277080798	430022
13	湖北力邦投资担保有限责任公司	武汉市江岸区洞庭街 33 号 2、3 楼	王建新	13807199070	430010
14	湖北中财担保有限公司	武汉市汉口沿河大道 236-237 号 11 楼	边锡明	027-68850661	430030
15	湖北长立投资担保有限公司	武汉市江岸区沿江大道 159 号 1 号楼 22 楼 6 室	张立	13476824563	430014
16	湖北天信华成投资担保有限公司	武汉市武昌区民主路 782 号洪广宝座 12 楼 D 号、E 号	邵毅	18907160777	430071
17	湖北鑫之源投资担保有限公司	武汉市黄陂区武湖农场汉施路 39 号	刘恒珍	15827089005	430345

续表

序号	机构名称	地址	负责人	电话	邮编
18	武汉众一投资担保股份有限公司	武汉市硚口区古田二路汇丰企业总部4号楼A座4楼	芦英武	13907139918	430035
19	武汉市东西湖区中小企业担保有限公司	武汉市东西湖区革新大道2号	汤明越	027-83267699	430040
20	武汉友芝友投资担保有限公司	武汉市东湖新技术开发区高新大道666号	袁谦	027-59107291	430075
21	武汉盛德行投资担保有限公司	武汉市江汉区青年路378号万景国际15楼	兰杰	027-82619878	430022
22	湖北浦惠投资担保有限公司	武汉市江汉区新华路316号良友大厦13楼	黄河	13367245071	430022
23	武汉奥信投资担保有限公司	武汉市江岸区云林街31号中环大厦A座3楼	徐波	027-85550880-8024	430015
24	湖北汇成投资担保集团有限公司	武汉市江岸区车站路6号怡东大厦31楼	贺跃辉	027-82777841	430030
25	武汉同城惠寓投资担保有限公司	武汉市江岸区大智路123号大智公寓B栋705室	石国兴	027-65601601	430014
26	武汉钢联投资担保股份有限公司	武汉市江岸区花桥三期天梨阁北苑1单元6楼3室	鲁新学	027-82918066	430014
27	武汉方立伟业投资担保有限公司	武汉市江汉区南京路12号	蔡立波	13971677996	430014
28	武汉融汇投资担保有限公司	武汉市江岸区云林街31号中环大厦A座13楼1204室	申志江	13871000056	430015
29	武汉中利担保有限公司	武汉市江岸区云林街31号中环大厦A座2704室	王红林	13971129591	430015
30	湖北鸿瑞融资担保有限公司	武汉市武昌区中南二路16号安逸新居1楼4号	陈祖鸿		430071
31	湖北丰达凯莱融资担保有限公司	武汉市江岸区永清街常阳永清城2栋1单元30楼3号房	袁达浒	027-82223385	430010
32	湖北诚信服企投资担保有限公司	武汉市江岸区高雄小区3栋3单元6楼2号	李国桥	13871226623	430015
33	湖北中腾动力融资担保有限公司	武汉市武昌区武珞路442号新时代商务中心主楼8楼1号	曾洋	027-87317778	430071

续表

序号	机构名称	地址	负责人	电话	邮编
34	武汉市农业担保有限公司	武汉市江汉区发展大道176号琼楼里588号怡景商务大厦7楼	钟细明	027-85310849-8566	430022
35	武汉光谷投资担保有限公司	武汉市东湖新技术开发区关东科技工业园华光大道18号高科大厦11楼	范晓玲	027-87592047	430074
36	湖北利钊融资担保有限公司	武汉市武昌区武路路456号新时代商务中心2407室	汪初萍	027-87737760	430071
37	武汉东创投资担保有限公司光谷分公司	武汉市东湖新技术开发区珞喻路889号武汉光谷中心花园A座1208-1210号		027-82260165	430074
38	武汉仁信投资担保有限公司	武汉市硚口区崇仁路41-43号1-4号	吴咏思	18908650333	430030
39	湖北鑫泰担保有限公司	武汉市江岸区黄孝河路特1号	景虹	027-82633330	430015
40	武汉双龙投资担保有限公司	武汉市汉阳区汉阳大道139号2栋9楼8室	李保桃	13971202693	430050
41	武汉信发投资担保有限责任公司	武汉市汉南区纱帽街紫薇轩14-1-602号	黄九陵	13971227190	430090
42	武汉聚富投资担保有限公司	武汉市江岸区开明路5号金冠大厦附楼4楼	张冬云	13907188522	430015
43	湖北德恒信融资担保股份有限公司	武汉市武汉经济技术开发区沌口小区长江路459号	汪建新	027-84705947	430056
44	湖北龙鑫华泰担保有限责任公司	武汉市江汉区新华下路396号民生大厦30楼	鲁顺林	13294167616	430015
45	湖北众钢联融资担保股份有限公司	武汉市汉口解放大道航天商务广场A座26楼	李全学	027-82923866	430012
46	武汉市翰龙融资担保有限公司	武汉市江汉区青年路378号万景国际B座12楼4-6室	刘燕桥	027-85709715	430022
47	武汉嘉锐投资担保有限公司	武汉市武昌区临江大道武汉万达中心写字楼13楼07-10单元	王小虎	13995604084	430062
48	湖北君泰融资担保有限公司	武汉市江岸区建设大道976号新光大厦13楼8室	赵岚	027-82620900	430015

续表

序号	机构名称	地址	负责人	电话	邮编
49	湖北国众担保有限公司	武汉市汉口建设大道518号招银大厦2801室	宋生华	027-85495376-815	430022
50	武汉民生担保投资有限公司	武汉市江岸区沿江大道162号设计艺术中心B201室	邓玲	13971391717	430014
51	武汉品诚融资担保有限公司	武汉市江岸区高雄路128号平安苑二期3单元2楼4室	蔡汉芬	18607100500	430015
52	武汉力天投资担保有限公司	武汉市江岸区二七路89号东立国际二期17栋2单元1楼2室	唐顺	13554278990	430012
53	武汉久联鑫融资担保股份有限公司	武汉市江汉区上海街青岛路7号国际青年大厦10楼A、B、P室	夏锋	13638617704	430020
54	武汉晋商科美融资担保有限公司	武汉市江岸区球场街融科天城T1-2604室	张晶	13647232615	430019
55	湖北安然投资担保有限公司	武汉市江岸区云林街31号中环大厦B座12楼1105室	王旭东	027-85780005	430015
56	湖北融鸿达投资担保有限公司	武汉市汉口黄浦大街258号	定明海	15827616540	430019
57	武汉市创业担保有限责任公司		胡贤敖	13277080798	430000
58	湖北慧丰投资担保有限公司	武汉市汉阳区龙阳大道特3号欧景苑3栋1单元501室	胡翔	13971206878	430056
59	武汉中融信投资担保有限公司	武汉市江汉区洞庭街84号4号楼	夏虹	13807138766	430010
60	湖北中亚投资担保有限公司	武汉市汉阳区彭家岭366号14栋1楼	石重强	027-84461500	430051
61	湖北汇昌投资担保有限公司	武汉市洪山区珞喻路716号华乐商务中心3楼	陈阳焱	027-87680868	430074
62	湖北佳亿德投资担保有限公司	武汉市汉口解放大道339号汉宝大厦1楼	殷新霞	13886372161	430030
63	湖北力汇融资担保有限公司	武汉市武昌区徐东路7号凯旋门广场A单元15楼A-15-E/F室	荣文珍	027-51111011	430062
64	湖北鸿源投资担保有限公司	武汉市武昌区水果湖街汉街1单元26楼2室	郑远	18627876732	430071
65	武汉金正合融资担保有限公司	武汉市江岸区永清路21号枫丹白鹭大厦B单元21楼A室	王昆	13995655147	430010

续表

序号	机构名称	地址	负责人	电话	邮编
66	湖北天诚投资担保有限公司	武汉市洪山区珞南街珞珈山路19号高科技产业大楼（中科开物）17楼	谢义明	13971152339	430072
67	武汉源兴担保有限公司	武汉市江汉区建设大道538号同成广场A座4单元2903室	江国军	18963988768	430022
68	武汉联众世纪融资担保有限公司	武汉市江汉区建设大道418号中奇大厦4楼D室	熊飞	15971452006	430022
69	武汉启航投资担保有限公司	武汉市汉南区纱帽街纱帽正街	顾启国	027-51871477	430090
70	成长企业创新担保有限公司	武汉市硚口区幸乐一村特1号综合楼7、8楼	刘宇东	027-87127777	430033
71	武汉金通源投资担保有限公司	武汉市硚口区解放大道634号新世界中心A座17楼A2号	黄河	15807117860	430032
72	富登投资信用担保有限公司湖北分公司	武汉市硚口区武胜路72号泰合广场5楼10室	程耀辉	027-85512625	430033
73	武汉亚飞担保有限责任公司	武汉市硚口区解放大道1127号富商大厦12楼	周文翔	13317183999	430030
74	武汉汉口北担保投资有限公司	武汉市黄陂区盘龙城经济开发区楚天大道特1号	王丹莉	027-61883026	430300
75	武汉世纪源投资担保有限公司	武汉市江岸区金桥大道特1号4楼4007号	陈凌	027-85552227	430024
76	武汉金汇和投资担保有限公司	武汉市江岸区陈家台33号1栋B单元3楼2室	陈汉英	13986191300	430015
77	武汉承诚投资担保有限公司	武汉市汉阳区王家湾十升路特1号顶琇广场14楼	杨鹏	027-82606050	430056
78	湖北天行融资担保有限公司	武汉市武昌区武珞路456号新时代商务中心22楼	库焱祥	027-87739512	430071
79	湖北鑫海林投资担保有限公司	武汉市武昌区武珞路586号江天大厦13楼	熊召坤	027-87655505	430070
80	武汉银城担保投资有限公司	武汉市江岸区香港路145号科技综合楼B栋15楼1室	陈华木	027-82441117	430019
81	武汉同和融资担保有限公司	武汉市武昌区公正路216号平安国际金融大厦17楼	王红菊	027-87890971	430071

续表

序号	机构名称	地址	负责人	电话	邮编
82	湖北东金融资担保有限公司	武汉市东湖新技术开发区珞喻路889号	胡劲松	13907158985	430074
83	武汉天安担保有限公司	武汉市江汉区江汉路26号正信大厦17楼	李太敏	13995655147	430014
84	武汉睿和融资担保有限公司	武汉市汉口建设大道562号国贸新都22楼	周玉虎	13307196667	430022
85	湖北融昌投资担保有限公司	武汉市武昌区友谊大道纺机路江南花园	吴开兴	15337152201	430063
86	湖北金久投资担保股份有限公司	武汉市江岸区解放大道2159号航天星都C1B座1512室	罗刚	13638617704	430012
87	湖北乾源融资担保有限公司	武汉市江岸区解放大道2159号航天星都C1-2-810室	郑瑞庄	13986009651	430012
88	湖北利元盛投资担保有限公司	武汉市青山区建设八路11号	陈义	13387500813	430080
89	湖北顺济担保有限公司	武汉市江岸区沿江大道150号时代广场1栋7楼1-7室	夏召友	027-82741889	430014
90	武汉思源投资担保有限责任公司	武汉市武昌区徐东大街50号东湖春树里1-1-1704室	张文	027-88398103	430077
91	武汉银丰企担保有限公司	武汉市青山区工人村都市工业园	郑嫩英	027-86210162	430082
92	湖北中州投资担保有限公司	武汉市汉口建设大道715号银泉大厦12楼	栾盛元	027-85774736	430015
93	武汉经开担保有限公司	武汉市武汉经济技术开发区绿岛大厦	李阳	027-84958761	430056
94	武汉市洪山天诚信用担保有限公司	武汉市洪山区珞南街珞珈山路19号高科技产业大楼（中科开物）17楼	谢义明	13971152339	430072
95	武汉鑫浩景投资担保有限责任公司	武汉市江岸区云林街中环大厦B座704-706室	郑闽	027-59520275	430015
96	武汉信泰投资担保有限公司	武汉市江岸区车站路怡东大厦23楼	曹永明	027-82810213 13507172492	430010
97	湖北伟业投资担保有限公司	武汉市汉口黄浦大街258号	曾庆玲	027-82915456	430019
98	武汉融生融资担保有限公司	武汉市硚口区解放大道168号3栋2803室	夏胜庭	13907150767	430034

续表

序号	机构名称	地址	负责人	电话	邮编
99	武汉黑羊投资担保有限公司	武汉市武昌区中南路99号保利广场12楼	陈剑宏	18607119039	430070
100	湖北宝峰投资担保有限公司	武汉市江岸区沿江大道228号江景大厦B座601室	余慧峰	027-82860999	430014
101	武汉诺鑫投资担保有限责任公司	武汉市青山区和平大道1244号	邓玮	13507166737	430081
102	湖北光谷高新技术投资担保有限公司	武汉市武昌区中南路1号国际金融贸易大厦13楼	张建平	027-87208005	430070
103	武汉世纪中元担保有限责任公司	武汉市蔡甸区蔡甸街黄陵村新天大道36号3楼	刘超	13476853936	430100
104	武汉市云海投资担保有限公司	武汉市硚口区汉正街281号3楼	金永阳	15607119697	430032
105	湖北浙企联合担保有限公司	武汉市汉口解放大道1131号	何明东	13072789598	430032
106	湖北誉益融资担保有限公司	武汉市硚口区操场角特198号	干发林	18627723777	430032
107	武汉鑫鼎安投资担保有限公司	武汉市江岸区台北一路23号环亚艺术家B栋1单元802室	王智勇	13797005217	430015
108	武汉焱鑫投资担保有限公司	武汉市江汉区新华西路三金大武汉1911公寓酒店2单元7楼16号	徐枫	027-82761376-807	430024
109	武汉泰来投资担保有限公司	武汉市江岸区香港路263附15号	肖筱珍	027-65600243	430015
110	湖北众信投资担保有限公司	武汉市江岸区开明路金冠大厦	詹继承	13329715222	430015
111	武汉山石投资担保有限公司	武汉市汉口解放大道557号2605 2606号	梅敏	13971696295	430022
112	武汉宏信投资担保有限公司	武汉市汉口火车站兴城大厦1608室	刘开祥	13907135460	430024
113	武汉银融融资担保有限公司	武汉市洪山区街道口鹏程国际A-2506室	高艾华	18971222988	430070
114	湖北安旭投资担保有限公司	武汉东湖新技术开发区珞喻路889号光谷国际广场B座22楼	徐六六		430074
115	湖北华生投资担保有限公司	武汉市青山区111街38门10号	张玉娥	13307171712	430080
116	湖北金泰源融资担保有限公司	武汉市洪山区北港工业园书城路40号2栋1楼	杜威	13006354961	430070
117	湖北楚商融资担保有限公司	武汉市江岸区云林街中环大厦A座1704室	胡象应	13886179222	430015

续表

序号	机构名称	地址	负责人	电话	邮编
118	武汉如华投资担保有限公司	武汉市硚口区解放大道586号同馨花园二期28栋2楼商铺	王太如	027-83359897	430022
119	湖北融汇投资担保集团有限公司武汉分公司	武汉市武昌区中北路148号东湖壹号D-1栋2504室	付学斌	027-86654682	430071
120	湖北沃邦融资担保有限公司	武汉市东湖新技术开发区光谷大道54号国际企业中心四期701室	丁保东	18627097188	430074
121	武汉佳易捷投资担保有限公司	武汉市江岸区金宝大厦11楼G室	吴英	18986253438	430014
122	湖北成升担保有限公司	武汉市武昌区胭脂路39号	梁勇	13871219925	430060
123	武汉国亚投资担保有限公司	武汉市江汉区新华路凯盟大厦1205室	宋承杰	13872203979	430015
124	湖北众盈利达融资担保有限公司	武汉市汉口解放大道1127号富商大厦1303、1305室	范国文	027-59235912	430032
125	武汉世纪信达投资担保有限公司	武汉市武昌区友谊大道2号2008新长江广场A座1004-1006室	李鑫平	027-88937137	430061
126	湖北银企投资担保有限公司	武汉市武昌区中南一路嘉园大厦1栋	王君	18972200631	430071
127	武汉泽林世纪投资担保有限公司	武汉市武昌区中南路14号世纪广场B座20楼J室	程操	027-87712066	430071
128	湖北宏洋融资担保有限公司	武汉市江汉区葛洲坝国际广场北区11号楼A1-1号商铺	高学英	13871181198	430033
129	武汉市银安担保有限公司	武汉市江岸区香港路218号华氏花园F栋1601号	孙炜	13807186862	430015
130	武汉太和翔担保有限公司	武汉市江汉区万松园路同成广场A栋2单元1002室	熊献忠	13995530505	430022
131	湖北青年创业投资担保有限公司	武汉市江汉区新华下路294号IFC国际金融中心11-456室	魏蓉	13476056684	430024
132	武汉昕誉投资担保有限公司	武汉市汉口解放大道1328号中原大厦19楼E座	刘威		430010
133	湖北瑞盈融资担保有限公司	武汉市江岸区解放公园小区20栋605号	李红卫	027-82733199	430010
134	武汉盛唐投资担保有限公司	武汉市江汉区江汉路181号俊华大厦B座29、30楼2905、2906、2908室	汉南	027-82755577	430014

续表

序号	机构名称	地址	负责人	电话	邮编
135	武汉汇隆丰投资担保有限公司	武汉市江岸区香港路90号农行综合大楼507室	余静	15802788057	430015
136	湖北汇融丰投资有限公司	武汉市硚口区宝丰路23号时代天骄9栋2单元601室	姚琼		430032
137	武汉市迅速投资担保有限责任公司	武汉市江汉区新华下路17号新华豪庭1504室	徐霞	13871010968	430017
138	湖北浦银融资担保有限公司	武汉市武昌区东湖路东湖宾馆怡园别墅7号楼	刘险峰	18971419945	430077
139	武汉长和投资担保有限公司	武汉市江汉区新华下路222号阳光大厦8楼808室	郑胜峰	18607180222	430015
140	武汉银港投资担保有限公司		郭永国	13871447879	430000
141	武汉昱昌投资担保有限公司	武汉市江汉区新华路取水楼民生银行大厦29楼	刘韵	13308622520	430022
142	武汉信安投资担保有限公司	武汉市东湖新技术开发区光谷大道77号金融港后台服务中心一期A4栋5楼01室	吕恒良	027-81938888 13971120260	430074
143	瀚华担保股份有限公司湖北分公司	武汉市江汉区新华路396号民生银行大厦35楼08-11号	张国祥	027-59351700	430022
144	武汉汉北联合融资担保有限公司	武汉市江岸区二七路航天双城C1A座22楼	肖利军	13907185575	430012
145	湖北容大融资担保有限责任公司	武汉市江汉区青年路378号万景国际B座1604室	程立	027-85563219	430022
146	武汉江畅融资担保有限公司	武汉市汉口中山大道1129号	霍伊疆	18672922064	430014
147	湖北国大融资担保有限公司	武汉市江岸区台北一路环亚大厦B座1302室	曾曦	13545374906	430015
148	湖北正兴中企投资担保有限公司	武汉市东湖新技术开发区东信路SBI创业街1栋14楼	袁华林	18627850066 027-87189159	430073
149	湖北省悦启投资担保有限公司	武汉市汉口中山大道1206号	余琴	027-82821833	430014
150	武汉邦利得投资担保有限公司	武汉市江岸区黄浦大街黄浦东宫B座2703室	何尚根	15071477187	430012
151	湖北天合融资担保有限公司	武汉市武昌区丁字桥路27号	库焱祥	027-87899018	430070

续表

序号	机构名称	地址	负责人	电话	邮编
152	武汉融创投资担保有限公司	武汉市江汉区新华路139号8楼809号	罗传俊		430015
153	湖北大地投资担保有限公司	武汉市硚口区解放大道634号新世界中心写字楼B座1906室	余小峰	13507132768	430032
154	武汉中信担保投资有限公司	武汉市汉经济开发区创业路绿岛大厦A206、207室	涂帆	027-84896880	430056
155	湖北长润投资担保有限公司	武汉市江岸区洞庭街107号怡东大厦19楼B座	何伟业	027-82777981	430010
156	武汉中喆融资担保有限公司	武汉市硚口区古田二路汇丰企业总部6栋A座1015-1019号	黄大华	15827157817	430035
157	湖北嘉鸿融资担保有限公司	武汉市武汉经济技术开发区东风大道武汉经开万达广场6栋21楼5室	周晓毛	15072344916	430056
158	武汉鑫富利投资担保有限公司	武汉市江汉区建设大道562号国贸新都B座21楼G室	张峰	13071275797	430022
159	武汉三春投资担保有限公司	武汉市武昌区东湖路329号东湖香榭水岸1栋1单元17楼1702-1703室	王滨	15327236800	430077
160	武汉华明达融资担保有限公司	武汉市汉口建设大道648号雷王金融中心12楼	叶正明	15827539618	430015
161	武汉金石磊融资担保有限公司	武汉市汉口建设大道715号	林志军	027-85663658	430015
162	湖北汇兑通融资担保有限公司	武汉市黄陂区盘龙城经济开发区盘龙一路办公楼1-6楼	张永建	027-61882959	430300
163	武汉杰鹏投资担保有限公司	武汉市江汉区常青路294号	陈志锋	15927131675	430023
164	武汉楚天时代创业投资担保有限公司	武汉市江汉区江汉路26号正信大厦25楼	傅连山	027-82703385	430014
165	湖北湘商融资担保有限公司	武汉市硚口区古田二路汇丰企业总部2号楼A座604室	颜帅勇	027-51301111-9826	430035
166	湖北瑞丰源融资担保有限公司	武汉市江岸区香港路121号安和九龙阁3单元6楼2室	程旋	027-85556760	430015
167	湖北汇亨利融资担保有限公司	武汉市洪山区和平乡园林场金鹤园小区市场大楼110栋3楼	傅晓云	15327178686	430081
168	湖北恒盈融资担保公司	武汉市洪山区友谊大道948号4栋10楼	易黎明	027-86538999 15652307325	430080

机构名录

续表

序号	机构名称	地址	负责人	电话	邮编
169	武汉积众成融资担保有限公司	武汉市洪山区珞狮南路高农大厦2栋2301室	姚宗啟	027-87660700	430070
170	武汉兆通投资担保有限公司		余朝孟	13545042488	430000
171	湖北乐樽融资担保有限公司	武汉市江岸区云林街中环大厦A座1806室	赵公坦	18952980000	430015
172	武汉天成投资担保有限公司	武汉市汉口建设大道518号招银大厦7楼	赵曙熠	027-85743667	430022
173	民信信用担保有限公司	武汉市汉口中山大道171号	郑象国	13135691172	430030
174	武汉建业融资担保有限公司	武汉市阳逻经济开发区余泊北路新港国际大酒店13楼1388号	陶加喜	15927268350	430415
175	武汉弘刚融资担保有限责任公司	武汉市洪山区武青四干道团结村紫金苑2栋2单元8楼2-802室	林汉文	18627064139	430062
176	武汉大诚致信融资担保有限公司	武汉市武汉经济技术开发区创业路10号建设银行10楼	纪幸	13476220722	430056
177	武汉天恒信融资担保有限公司	武汉市蔡甸区蔡甸街树藩大街1560号雄达商住楼1号楼1单元5楼1室	刘国胜	18907120188	430100
178	武汉中盈恒昌融资担保有限公司	武汉市武昌区水果湖红山路64号湖光大厦2楼	冯俊嘉	15907158702	430071
179	武汉金弘投资担保有限公司	武汉市江汉区建设大道568号新世界国贸大厦I座4005室	谢小青	027 85558178	430022
180	湖北定邦融资担保有限公司	武汉市洪山区珞狮南路200号	周一新	15327197615	430070
181	武汉广运融资担保有限公司	武汉市洪山区洪山乡卓刀泉村名都花园南区二期611栋8楼A号	郝来广	13971608887	430070
182	湖北国恩融资担保有限公司	武汉市东湖新技术开发区珞喻路鲁巷广场光谷中心花园A座1008号	周盛来	13657214000	430074
183	重庆市三峡担保集团有限公司武汉分公司	武汉市武昌区公正路216号安顺家园平安国际6楼	张意		430071
184	湖北元太融资担保有限公司	武汉市江岸区台北一路157号8楼F室	李文萍		430015
		黄石（14家）			
185	黄石市中小企业信用担保有限责任公司	黄石市杭州东路146号	马克和	0714-6355293	435000

续表

序号	机构名称	地址	负责人	电话	邮编
186	黄石市金良投资担保有限责任公司	黄石市湖滨大道778号中央华府E栋4D室	何中富	0714-6309555	435000
187	阳新县德力信投资担保服务有限公司	阳新县工业园太垴村泰鑫集团	宋杰	0714-7339500	435200
188	黄石阳光投资担保有限公司	黄石市下陆区政府机关院内右侧	袁明卿	0714-5317680	435005
189	大冶市龙裕中小企业融资担保有限公司	大冶市东岳路办事处下叶巷12号	石海鹏	13971765998	435100
190	黄石市恒信担保有限公司	黄石市黄石大道259号	王利前	0714-6281997	435000
191	湖北涛源担保有限公司	大冶市七里路金贸大厦B座4楼	郑海涛	0714-8764975	435100
192	湖北融韬投资担保有限公司	黄石市杭州西路159号	柯森洪	18071868029	435000
193	黄石市侨鑫投资担保有限公司	黄石市黄石大道191号	翁国龙	13971753592	435000
194	大冶市长青融资担保有限公司	大冶市金湖大道69号地税公寓	周光成	0714-8844881	435100
195	大冶市中小企业信用担保有限责任公司	大冶市新冶大道1-15号	余新文	0714-8899878	435100
196	武汉承诚投资担保有限公司黄石分公司	黄石市西塞山区环湖路39号精英大厦12楼	杨晓涛	13871054787	435000
197	黄石东楚金桥担保有限公司	黄石市杭州西路208号15楼	高国专	0714-6266035	435000
198	黄石市龙瑞投资担保有限公司	黄石市杭州西路91号金山大楼4楼	李鹏	0714-6368438	435000
	十堰(11家)				
199	十堰政信投资担保有限公司	十堰市朝阳北路9号	曾文华	0719-8685910	442000
200	郧西县金信担保有限责任公司	郧西县城关镇环城北路7号	张玉明	0719-6236399	442600
201	丹江口鑫诚实业信用担保有限公司	丹江口市车站路中国银行7楼	郭元洲	0719-5225192	442700
202	郧县信达投资担保有限公司	郧县城关镇新区街中心巷居委会(农行办公楼)	谢吉俊	13986901045	442500
203	竹溪县成合信用担保有限公司	竹溪县城关镇人民路54号	杞晓耕	0719-2733828	442300
204	湖北鑫安融资担保有限公司	丹江口市均州一路244号	王培红	0719-5223982	442700
205	湖北武当融资担保有限公司	十堰市人民路大都会2号楼21-22号	王小非	0719-8690668	442000
206	竹山县海川特色产业担保有限公司	竹山县城关镇人民路90号	喻允松	0719-4227700	442200
207	房县中小企业信用担保中心	房县财政局院内	孙仁德	0719-3230052	442100
208	十堰市汽车产业担保有限公司	十堰市浙江路和昌国际城C-12室	刘凌	0719-8642596	442000

续表

序号	机构名称	地址	负责人	电话	邮编
209	湖北安旭投资担保有限公司十堰分公司	十堰市朝阳北路2号金城大厦22楼	程杨迅		442000
荆州（17家）					
210	湖北大正投资担保有限公司	荆州市荆东路54号	罗云龙	0716-8466735	434020
211	湖北金嘉投资担保有限公司	荆州市沙市区江津中路碧波花苑A栋1楼9号	黄正昕	0716-8239855	434000
212	松滋市金财投资担保有限公司	松滋市金松大道28号	覃文忠	0716-6269448	434200
213	松滋市三农担保有限公司	松滋市新江口镇金马路45号	黄年平	15827752399	434200
214	湖北银莎担保有限公司	松滋市新江口镇林园路40号	冉永权	13872387966	434200
215	公安县民生担保有限公司	公安县青年路2号	肖冬祥	0716-5228114	434300
216	石首市兴业担保有限公司		夏光宏	0716-7297826	434400
217	监利县丰利中小企业信用担保有限公司	监利县容城镇天府大道	金晖	0716-3324749	433300
218	洪湖市开源投资担保有限公司	洪湖市柏枝一巷特1号	胡柏儒	13507261777	433200
219	湖北万佳富邦融资担保有限公司	江陵县工业园区	黄金波	0716-4732187	434100
220	荆州市中小企业信用担保有限公司	荆州市荆州区荆中路118号	汤红新	0716-4128888	434000
221	荆州市诚信投资担保有限公司	荆州市沙市区豉湖路58号	赵瑞丰	0716-8560958	434000
222	荆州市天盛担保有限公司	荆州市人民路27号	危惊涛	0716-8433268	434020
223	石首市同兴担保有限公司	石首市笔架办事处山口街25号	童祖元	0716-7288688	434400
224	荆州市创业担保有限责任公司	荆州市沙市区太岳东路8号	李佑虎	13507215739	434000
225	湖北湘金融资担保有限公司	荆州市沙市区江津东路116号	陈诚	15572183996	434000
226	荆州市源泉融资担保有限公司	荆州市荆州区荆沙路32号	何文泉	18908615866	434000
宜昌（31家）					
227	宜昌市中小企业担保投资有限公司	宜昌市发展大道7号	周菊芝		443000
228	湖北东立融资担保有限责任公司	宜昌市夷陵区夷兴大道71号	黄爱明	0717-4835678	443001
229	宜昌市九鼎投资担保有限公司	宜昌市沿江大道97号	史启贵	0717-6229839	443000
230	湖北金东山融资担保有限公司	宜昌市万达广场C栋28楼032806室	翟国华	0717-6557508	443000
231	湖北金泰投资担保有限公司	兴山县古夫镇高阳大道58号	张晓兰	15171861451	443700
232	远安县弘信担保有限责任公司	远安县鸣凤镇凤鸣大道83号	石仙春	0717-3817779	444200
233	当阳鑫阳投资担保有限公司	当阳市南正街3号	胡华	0717-3251098	444100
234	宜昌天泽担保有限公司	远安县鸣凤镇航天路8号	别平	0717-6331625	444200

续表

序号	机构名称	地址	负责人	电话	邮编
235	宜昌创优投资担保有限公司	宜昌市西陵一路2-1-0109号	吴蒙	13329801427	443000
236	湖北骏信融资担保有限公司	宜昌市开发区发展大道56号半山酒店2楼	王俊	18607208298	443005
237	宜昌益诚投资担保有限公司	宜昌市西陵区西陵一路2号美岸长堤10楼	袁定忠	13907202018	443000
238	宜昌银瑞投资担保有限公司	宜昌市二马路11号	卢安顺	13469813427	443000
239	湖北博财融资担保有限公司	宜昌市夷陵路308号	刘永贵	15972728753	443000
240	湖北兴恒融资担保有限公司	宜昌市发展大道41-11号	王兴枢	0717-6069116	443000
241	宜昌平湖投资担保有限公司	宜昌市夷陵区黄金路26号	胡金桥	18671600972	443100
242	长阳汇丰和中小企业投资担保有限公司	长阳县龙舟坪镇何家坪村八组	韩必政	0717-5321308	443500
243	湖北温商投资担保有限责任公司	宜昌市珍珠路109号24楼	吴绍达	0717-6235576	443000
244	秭归县金桥担保有限责任公司	秭归县茅坪镇平湖大道	余志训	0717-2883937	443600
245	湖北省信达投资担保有限公司	宜昌市沿江大道万达广场写字楼C座29楼	蔡宏柱	13872620166	443000
246	湖北省盛合投资担保有限公司	宜昌市城市大道2-1-177号	靳二平	0717-6696108	443000
247	宜昌江南联合融资担保有限公司	宜昌市点军区岚雾街36号	刘应华	13545759435	443000
248	宜昌市盛邦融资担保有限公司	宜昌市猇亭区猇亭大道180号	张烈平	15997535430	443000
249	湖北日日红投资担保有限公司	宜昌市夷陵大道58-2-2084号	张鹏	18727212777	443000
250	当阳市国信担保有限公司	当阳市子龙路1号当阳市财政局	李士忠	0717-3285939	444100
251	枝江市金祥投资担保有限责任公司	枝江市马家店胜利路27号	杨玉娥	0717-4220575	443200
252	远安佳信融资担保有限公司	远安县鸣凤镇航天路8号	邵长青	13872495598	444200
253	宜都市丰源投资咨询担保有限责任公司	宜都市陆城长江大道76号	汪方平	0717-4827466	443000
254	五峰长信担保有限责任公司	五峰县渔洋关镇南北二路	黄直萍	15997515158	443413
255	宜昌华鼎万诚融资担保有限责任公司	宜昌市西陵区沿江大道52号1楼	杨明孝	15071776633	443000
256	湖北致诚担保有限公司	宜昌市沿江大道特168-6号万达广场	曹生海	13487219297	443000
257	宜昌诚功融资担保有限责任公司	宜昌市夷陵区双虹大道16号家旺国际广场	朱宏玉	13507200079	443000

机构名录

续表

序号	机构名称	地址	负责人	电话	邮编
襄阳（44家）					
258	襄阳市中小企业投资担保有限责任公司	襄阳市春园西路4号	赵何伟	0710-3228331	441002
259	襄阳市农业产业化投资担保有限公司	襄阳市檀溪路18号	刘树成	13508661089	441021
260	湖北华康信达投资担保有限公司	襄阳市春园路33号	杨忠选	15570630666	441000
261	湖北华诚融资担保有限公司	襄阳市长虹北路万达广场	卜崇斌	0710-3498516	441021
262	湖北政泰投资担保有限公司	襄阳市春园东路1号	吴军	13886266833	441003
263	湖北城投投资担保有限公司	襄阳市襄城区檀溪路62号	陈波	0710-3753329	441000
264	湖北宝融担保有限公司	襄阳市襄州区奔驰大道朱庄物流园本昌建材城A区3号	陈椿	15172610888	441000
265	襄阳高盛投资担保有限公司	襄阳市高新区春园西路8号	樊廷军	0710-3240168	441000
266	襄阳海任投资担保有限公司	襄阳市襄州区荣华路5号	鄢长清	0710-2829989	441000
267	枣阳市金盆担保有限公司	枣阳市人民路17号	牛学元	0710-6189879	441200
268	老河口市财扶担保有限责任公司	老河口市中山路3号	席小松	15971125696	441800
269	湖北融汇投资担保集团有限公司	谷城县经济开发区过山口街27号	付学斌	0710-7332977	441700
270	湖北国行投资担保有限公司	襄阳市长虹北路万达写字楼18楼	王国华	0710-3728869	441000
271	保康九鼎担保投资有限公司	保康县城关镇迎宾路69号（县财政局内）	龚永勇	13908677234	441600
272	湖北鑫惠赢融资担保有限公司	襄阳市樊城区春园西路民发公寓C座1303室	王静	13707274328	441000
273	襄阳中洋投资担保有限公司	襄阳市襄城区东街17号	彤友林	13177224880	441021
274	湖北裕景担保有限公司	襄阳市大庆东路22号	何易恒	0710-3723566	441000
275	湖北鑫元投资担保有限公司	襄阳市朝阳路12号	郝建忠	15972265989	441000
276	湖北浙盟投资担保公司	襄阳炮铺街格林威治5楼F座	董应词	18907272970	441000
277	宜城市金博信用担保有限公司	宜城市振兴大道262号	杨重义	0710-4223968	441400
278	湖北融誉担保有限责任公司	南漳县木林村三组	陈洪勇	0710-5311399	441500
279	湖北华融嘉和投资担保有限公司	襄阳市樊城区沿江大道36号汉江明珠城7-2号、7-3号楼	张开杰	13907271588	441000
280	湖北融森投资担保有限公司	襄阳市樊城区春园路领秀中原写字楼15楼	谢远忠	13972292105	441000
281	襄阳恒旺投资担保有限公司	襄阳市樊城区长虹路43号	张文秀	0710-3246001	441000

续表

序号	机构名称	地址	负责人	电话	邮编
282	武汉奥信投资担保有限公司襄阳分公司	襄阳市襄城檀溪路唐家巷1栋	徐红	13098878883	441000
283	中鑫同洲融资担保有限公司	襄阳市樊城区春园西路民发盛特区6-9-41-2号	王建工	15997233869	441000
284	襄阳鼎邦担保有限公司	襄阳市襄城区虎头山路6号	杨家军	13907278781	441021
285	湖北诚元投资担保有限公司	襄阳市高新区七里河路9号	王元山	15972247338	441003
286	湖北长远融资担保有限公司	襄阳市长虹路34号	郑文孝	0710-3807567	441000
287	襄阳佰汇融资担保有限公司	襄阳市高新区长虹北路32号清夫新城国际3楼	刘家祥	0710-3707791	441000
288	武汉承诚投资担保有限公司襄阳分公司	襄阳市樊城区春园西路8号汇升苑综合楼5楼	邱桥	15607188188	441002
289	湖北润诚融资担保有限公司	襄阳市樊城区新华路铁道大厦	方百灵	0710-3241869	441000
290	湖北帮农融资担保有限公司	襄阳市高新区长虹北路民发天地8-103号	史桂升	18671066399	441000
291	湖北省华凯融资担保有限公司	襄阳市高新区春园路15号火炬大厦3楼	闫有海	13671046184	441000
292	湖北融博投资担保有限公司	襄阳市高新区邓城大道49号襄阳科技城	张德财		441000
293	湖北宏天投资担保有限公司	襄阳市樊城区丹江路30号	王玉芳	13554166199	441000
294	湖北君科融资担保有限公司	襄阳市高新区长虹北路1栋	张承明	13387589450	441000
295	湖北虹通融资担保有限公司	襄阳市襄城区盛丰路2号	熊华庆	13797655518	441000
296	湖北嵘景投资担保有限公司	襄阳市高新区春园西路186号	康剑	13972225178	441000
297	湖北李行投资担保有限公司	襄阳市襄州区钻石大道288号	李永强	15271018377	441000
298	湖北合富金帝投资担保有限公司	襄阳市樊城区炮铺街1号开放广场B栋1007室	孟子路	0710-2100888	441000
299	湖北和盛行融资担保有限公司	襄阳市樊城区前进路65号1、2楼	张杰	13797650207	441000
300	湖北盛琪融资担保有限公司	襄阳市樊城区丹江路12号	耿梦飞	13886190395	441000
301	湖北亚兴昌融资担保有限公司	襄阳市襄城区环城东路87号1栋1、2楼	王开兵	0710-3227290	441000
鄂州（7家）					
302	鄂州市中小企业信用担保有限公司	鄂州市滨湖南路11号	陈海兵	0711-5910618	436000
303	湖北华松投资担保有限公司	鄂州市银监局3楼	祝发文	0711-3868518	436000

机构名录

续表

序号	机构名称	地址	负责人	电话	邮编
304	湖北宏科信投资担保有限公司	鄂州市广播电视总台4楼	张志宏	15608682839	436000
305	湖北德生利投资担保有限公司	鄂州市花湖开发区振兴大道168号	陈梅	13886462883	436054
306	湖北众达利投资担保有限公司	鄂州市明塘路39号1栋1楼东户	桂天娥	0711-3265808	436000
307	武汉人信商华投资担保服务有限公司	鄂州市葛店开发区创业服务中心	左钢	18995659903	436000
308	湖北永广隆担保有限公司	鄂州市滨湖南路北侧丹桂路黄金水岸21-25号楼裙楼1-15间	陈铃章	18665337188	436000
荆门（19家）					
309	荆门市中小企业信用担保有限责任公司	荆门市掇刀城南新区南国佳苑小区3号、4号楼	李健生	0724-8602288	448000
310	湖北百信投资担保集团有限公司	荆门市金宁路2号	杜树	0724-2362269	448000
311	荆门市农业产业化信用担保投资有限公司	荆门市金宁路1号	张磊	0724-2369880	448000
312	湖北钟祥金财投资担保有限公司	钟祥市财政局大楼1楼	张士群	0724-4244269	431900
313	荆门市汇银投资担保有限公司	荆门市象山大道38号	王菊梅	13986991855	448000
314	荆门市高盛投资担保有限公司	荆门市海慧路9号	沈忠良	0724-2334499	448000
315	荆门市鑫成信用担保投资有限公司	荆门市泉口路丁香园小区	袁家群	18772722288	448000
316	京山县诚信担保有限公司	京山县新市镇火车站以南公路管理局4楼	何永斌	15972603019	431800
317	京山金点投资担保有限公司	京山县新市镇新市大道工行6楼	宋敦胜	0724-7333436	431800
318	湖北金砖担保有限公司	荆门市象山二路3号	叶锋	0724-2348634	448000
319	荆门星球投资担保有限公司	荆门市虎牙关大道星球路18号	艾星球	0724-6800808	448124
320	荆门市民兴投资担保有限公司	荆门市掇刀区龙井大道90号	杨才超	0724-2483669	448000
321	湖北荆门中银信担保投资有限公司	荆门市象山大道88号	曾德军	13607260088	448000
322	湖北盛银投资担保有限公司	荆门市月亮湖路88号	刘佳	13908698365	448000
323	荆门市金池投资担保有限公司	荆门市泉口一路49号	刘勇	13197117763	448000
324	沙洋县华融投资担保有限公司	沙洋县洪岭大道北1号	张哲	13135976816	448200
325	中富投资担保有限公司	荆门市塔影一路8号	黄普	13908692610	448000
326	湖北长银融资担保有限公司	沙洋县汉津大道9号	陈杰	13409604820	448200
327	钟祥龙锦德担保有限公司	湖北中原磷化有限公司综合楼5楼	邵光文	15827209433	431900
黄冈（19家）					
328	黄冈市中小企业投资担保有限责任公司	黄冈市黄州区西湖一路20号	徐久平	0713-8359358	438000

续表

序号	机构名称	地址	负责人	电话	邮编
329	武穴市中小企业融资担保有限责任公司	武穴市民主路201号	吕树盛	0713-6265616	435400
330	黄梅县中小企业融资担保有限责任公司	黄梅县黄梅镇二环路	何永红	0713-3366735	435500
331	武穴市农业信用担保有限公司	武穴市天宝路60号	刘平川	0713-6264968	435400
332	团风县中小企业融资担保有限责任公司	团风县团方大道山河集团2楼	樊纲	0713-6150718	438800
333	湖北国银融资担保有限公司	红安县将军大道11号	徐久高	0713-5257520	438400
334	麻城市中小企业信用担保有限责任公司	麻城市陵园路70号	李景涛	0713-2957088	438300
335	罗田县中小企业信用担保有限公司	罗田县凤山镇义水北路181号县建行7楼	罗玉春	0713-5057995	438600
336	蕲春财建中小企业信用担保有限公司	蕲春县本草纲目生物科技园区	陈普生	0713-7219333	435300
337	湖北大别山融资担保有限公司	黄冈市宝塔大道70号	程继强	13971702750	438000
338	湖北帝豪融资担保有限公司	黄梅县大众路232号	叶锦雄	0713-3358659	435500
339	英山县兴源中小企业融资担保有限公司	英山县财政局办公楼13楼	汤友生	13872010116	438700
340	浠水县正晴中小企业融资担保有限公司	浠水县清泉镇车站大道305号	熊旺林	0713-4267830	438200
341	湖北国鹏中小企业融资担保有限公司	黄梅县古塔西路165号	毛军红	0713-3369888	435500
342	湖北卓越融资担保有限公司	浠水县丽文大道312号	冯盛伟	0713-4239919	438200
343	湖北宏旺融资担保有限公司	蕲春县漕河镇四路	高维东	13117088996	435300
344	黄冈翔达投资担保有限责任公司	黄冈市龙感湖管理区农工商大道17号	章杰	0713-3951010	435503
345	湖北乾道嘉融资担保有限公司	麻城市将军南路16号	桂明祥	13986533658	438300
346	龙感湖管理区中小企业融资担保有限责任公司	黄冈市龙感湖管理区农工商大道17号	李进	18062820333	435503
	孝感（19家）				
347	孝感市政和中小企业信用担保投资有限公司	孝感市园北路（董永公园后门）	王淑华	0712-2847726	432000

续表

序号	机构名称	地址	负责人	电话	邮编
348	孝感银泰中小企业信用担保投资有限公司	孝感市长征路 225 号	金益新	0712-2315828	432000
349	孝感融汇丰中小企业信用担保有限公司	孝感市长征二路信合 9 楼	严俊丽	13607295088	432000
350	湖北钱源中小企业信用担保投资有限公司	孝感市槐荫大道 191 号	钱运年	0712-2856615-8006	432000
351	孝感金泰中小企业信用担保投资有限公司	孝感市槐荫大道 464 号	郑赛毅	0712-2852788	432000
352	湖北银山融资担保有限公司	大悟县西岳大道 76 号	胡东明	15272008668	432800
353	湖北宝信融资担保有限公司	应城市弘锦创业园	周文	18605533636	432400
354	湖北新信悟中小企业融资担保有限公司	大悟县城关西岳大道中行 2 楼	熊荣华	13227198838	432800
355	孝感新兴农牧担保有限公司	孝感市长征路 11 号	吉崇星	0712-2862031	432000
356	孝感市金誉投资担保有限责任公司	孝感市交通中路 6 号	张凤桥	0712-2328367	432000
357	孝感天应中小企业信用担保投资有限公司	孝感市城站路 110 号	张樵意	0712-2329317	432000
358	孝感市金利源中小企业信用融资担保有限公司	孝感市长征路 118 号	曾萍	0712-2581666	432000
359	安陆市信达中小企业信用担保有限责任公司	安陆市汉丹路 265 号	徐保成	0712-5255678	432600
360	汉川市中小企业信用担保有限责任公司	汉川市北桥工业园区水厂路特 1 号	喻小平	0712-8389692	432300
361	湖北华隆融资担保有限公司	孝感市理丝路 17 号	龙涛	13035153796	432000
362	湖北融邦中小企业信用担保有限公司	孝感市后湖闸 18 号	肖春凤	13995850748	432100
363	云梦县恒源中小企业信用担保投资有限公司	云梦县城关梦泽大道西侧楚王城商业广场 5 栋 3 号	陈清明	13797184923	432500
364	湖北金大昌中小企业融资担保有限公司	孝昌县花园大道 23 号	刘贵明	13807293977	432900
365	云梦县泽源担保有限责任公司	云梦县城关镇曲阳东路 8 号	操焰平	0712-4330928	432500
	咸宁（16 家）				
366	湖北九环融资担保有限公司	咸宁市经济开发区长江产业园	王成林	15872029098	437000

续表

序号	机构名称	地址	负责人	电话	邮编
367	崇阳县金信担保有限公司	崇阳县天城镇工业园区	甘景煌	13807243176	437500
368	湖北金石担保有限公司	通山县通羊镇新城社区农行办公楼2楼	舒诚景	13476952051	437600
369	湖北鼎裕融资担保有限公司	通山县犀港工业园	许细娥	13971812265	437600
370	崇阳金思特融资担保有限公司	崇阳县天城镇前进路68号桃溪兴业大厦B栋2505室	彭德祥	13117167766	437500
371	湖北沪惠商担保有限公司	通山县通羊镇洋都大道61号	华愿生	0715-2363988	437600
372	嘉鱼县中小企业信用担保有限公司	嘉鱼县鱼岳镇发展大道124号	熊武华	0715-6355038	437200
373	湖北咸宁金桥信用担保有限公司	咸宁市咸安区长安大道175号	程刚	0715-8342806	437000
374	湖北华茂投资担保有限公司	咸宁市银泉大道619号	刘欣	0715-8149995	437100
375	湖北时泉投资担保有限公司	咸宁市温泉旗鼓大道1号	王用新	0715-8272686	437100
376	湖北金晟融资担保有限公司	赤壁市沿河大道银河花园城C座2楼	徐海	13797223496	437300
377	通山县中小企业信用担保有限公司	通山县财政局1楼	方先见	13807242622	437600
378	咸宁市中小企业投资融资担保有限责任公司	咸宁市温泉咸宁大道246号（市防汛通信大楼13楼）	陈跃明	18907248567	437100
379	湖北赤岸融资担保有限公司	赤壁市子敬路96号	王中平	13950555168	437300
380	湖北金泉投资担保有限公司	通山县洋都大道85号3-2-1室	王能习	13972832288	437600
381	赤壁市诚信担保有限公司	赤壁市河北大道229号	叶文华	0715-5335066	437300
	仙桃（5家）				
382	仙桃市中小企业信用担保有限公司	仙桃市仙桃大道中段12号科技局2楼	张野	0728-3322536	433000
383	湖北荣鼎融资担保有限公司	仙桃市龙华山办事处沔阳大道以南三号路以东	刘雪琴	0728-8202345	433000
384	湖北博四通融资担保有限公司	仙桃市宏达路特1号	戴婧雅	0728-3246188	433000
385	仙桃市财源担保有限责任公司	仙桃市经管局	丁克勤	13997990011	433000
386	仙桃市金凌融资担保有限公司	仙桃市仙源大道60号	付娜	13429999999	433000
	潜江（2家）				
387	潜江市汇桥投资担保有限公司	潜江市杨市办事处章华南路特1号	张成松	18972199518	433100
388	潜江卓信担保有限公司	潜江市园林办事处章华南路22B号	肖作军	0728-6288886	433100
	神农架（1家）				
389	神农架林区中小企业信用担保公司	神农架林区松柏镇连峰街	谷正斌	0719-3338630	442400

机构名录

续表

序号	机构名称	地址	负责人	电话	邮编
恩施（12家）					
390	恩施州农发信用担保股份有限公司	恩施市清江东路5号	肖作文	0718-8236146	445000
391	恩施金源融资担保有限公司	恩施市施州大道41号	秦亢	0718-8269626	445000
392	建始县聚信担保有限责任公司	建始县邺州镇人民大道57号	程明清	0718-3229076	445300
393	巴东恒信担保有限公司	巴东县信陵镇楚天路	薛昌斗	0718-4262083	444324
394	鹤峰金桥担保有限责任公司	鹤峰县容美镇胜利路1号	苏勇	0718-5281553	445800
395	来凤县中小企业贷款担保有限公司	来凤县武汉大道龙凤夏威夷小区	邓波	18995922208	445700
396	咸丰县中小企业信用担保有限责任公司	咸丰县高乐山镇南门商城I栋	邱恩	0718-6891480	445600
397	宣恩贡水融资担保有限公司	宣恩县珠山镇民族路22号	李川	0718-5820468	445500
398	利川市宏财信用担保有限公司	利川市南环大道人民银行	张显举	0718-7266509	445400
399	恩施市宝利通融资担保有限公司	恩施市施州大道155号	程文学	0718-8463102	445000
400	湖北鼎恒融资担保有限公司	鹤峰县连升路5号	林惠兵	13907263048	445800
401	湖北翔跃融资担保有限公司	恩施市航空路16号金帝国际2单元B座1606室	谭国勇	15171889966	445000
天门（3家）					
402	天门市兴天投资担保有限公司	天门市竟陵镇钟惺大道特53号	李建中	18672841066	431700
403	天门恒丰融资担保有限公司	天门市竟陵接官路16号	余杏娥	18672868345	431700
404	天门汇金融资担保有限公司	天门市竟陵办事处陆羽大道（西）15号	唐卫军	13872992666	431700
随州（21家）					
405	随州市中兴投资担保有限公司	随州市迎宾大道48号	丁立志	0722-3591329	441300
406	随州市银桥中小企业担保有限公司	随州市神农大道39号	李方	0722-3243036	441300
407	湖北银润融资担保有限公司	随县神农大道经信局4楼	刘飞	0722-3282789	441315
408	随州敖东投资担保有限公司	随州市汉东路288号	敖小东	0722-3246399	441300
409	随州大地投资担保有限公司	随州市沿河大道特3号	朱大才	0722-3232068	441300
410	银华融行投资担保有限公司	随州市交通大道265号	肖红	15997919777	441300
411	随县富桥投资担保有限公司	随县厉山镇神农大道107号	刘飞	0722-3338899	441315
412	随州市钱庄投资担保有限公司	随州市清河路汇通大厦1楼	齐建强	13886889869	441300
413	随州裕祥投资担保有限公司	随州市交通大道186号	雷雷	15826778967	441300
414	随州市中信投资担保有限公司	随州市乌龙巷5号	李国寿	0722-3238060	441300
415	广水市泰成金融担保投资有限公司	广水市应山办事处迎宾大道	李卫明	0722-6398555	432700

续表

序号	机构名称	地址	负责人	电话	邮编
416	随州市聚盛投资担保有限公司	随州市汉东路169号	钟先勇	15271332099	441300
417	随州市文信融资担保有限公司	随州市明珠路上城明珠小区	马文兰	13849296110	441300
418	随州市信德投资担保有限公司	随州市舜井道南端文峰小区东侧	罗三平	13177181998	441300
419	随州市富泰投资担保有限公司	随州市交通大道283号	王进	0722-3590466	441300
420	湖北嘉隆金融担保有限责任公司	随州市季梁大道9号	陈丽	13135735955	441300
421	随州市曾都区友丰投资担保有限公司	随州市曾都区烈山大道136号	吴友翠	0722-3289666	441300
422	随州融盛中小企业投资担保有限公司	随州市开发区管委会办公大楼201-208室	魏儒虎	0722-3584388	441300
423	湖北随州山川投资担保有限公司	随州市解放路98号	丁国华	13908664236	441300
424	随州市泓泰担保有限公司	随州市迎宾大道	晏先荣	13872863939	441300
425	随州市福兴融资担保有限公司	随州市延河大道（随州宾馆院内）	林高云	0722-3326188	441300

注：湖北省融资性担保机构共425家，其中，法人机构416家，分支机构（分公司）9家。

表25　　　　　　　　　　湖北省典当业机构名录

序号	机构名称	地址	电话	邮编
1	武汉市裕发典当有限责任公司	武汉市汉口中山大道479号	027-82223746	430021
2	武汉市汉正典当行有限责任公司	武汉市汉阳区北城路17-19号	027-85700108	430050
3	武汉市五洲典当行有限责任公司	武汉市江汉区江汉四路20号	027-82802147	430014
4	武汉市台北典当行有限责任公司	武汉市江岸区台北路3号	027-85780639	430015
5	武汉市和泰典当行有限责任公司	武汉市汉口中山大道975号（江岸区华清园2-3栋商铺6号1、2楼）	027-82863351	430016
6	武汉市江瀚典当有限责任公司	武汉市武昌区新民主路730号	027-87303602	430071
7	武汉市汉口典当有限责任公司	武汉市江岸区胜利街315号六合新界2栋1楼2号	027-82831609	430014
8	武汉华泰典当有限责任公司	武汉市汉口建设大道933号禧邦可广场大楼A区11楼	027-82620396	430015
9	湖北金旺典当有限公司	武汉市武昌区中北路水果湖街107-25号	027-59007677	430071
10	武汉同盈典当有限责任公司	武汉市汉口大智路929号1-7室	027-51227316	430014
11	武汉君泰典当有限公司	武汉市硚口区利济北路80号财源大厦西附楼1楼2号	027-85831886	430022
12	武汉瀚洋典当有限公司	武汉市江汉区新华西路三金鑫城国际润雅D商2栋1楼6号	027-85555229	430024

续表

序号	机构名称	地址	电话	邮编
13	武汉老管典当有限责任公司	武汉市汉口中山大道246号	027-83733045	430031
14	湖北开泰典当有限责任公司	武汉市武昌区秦园东路水岸星城G11-1-1-5室	027-86708845	430062
15	武汉福源典当有限责任公司	武汉市江汉区北湖西路6号凤凰城门面1106室	027-85555228	430015
16	武汉恒信典当有限责任公司	武汉市江岸区胜利街128号新源公寓1606室	027-85766650	430014
17	武汉市中盛典当有限公司	武汉市江岸区京汉大道41号融科天城	027-82213229	430019
18	武汉诺宇典当有限公司	武汉市汉阳区江城大道6-2号	027-84582388	430050
19	武汉融众典当有限公司	武汉市江汉区航侧村葛洲坝国际广场10栋1单元3号、4号商铺	027-83798699	430033
20	湖北华生典当有限公司	武汉市东西湖区金银湖街5号	027-83917239	430040
21	湖北银丰典当有限公司	武汉市汉口沿江大道144号	027-59220855	430014
22	武汉弘丰金磐典当有限责任公司	武汉市江岸区西马路293号中奇香港花园4号门面	027-82762199	430015
23	武汉民众典当有限公司	武汉市江岸区长春街48-54号	027-82772228	430010
24	武汉金汇源典当有限公司	武汉市武昌区丁字桥路55号城市印象6号商铺	027-87262700	430070
25	武汉融信达典当有限公司	武汉市青山区和平大道1244号	027-68869160	430081
26	湖北环球典当有限公司	武汉市武昌区中南路10号	027-87126070	430071
27	武汉惠远典当有限责任公司	武汉市武汉经济技术开发区神龙大道8号惠远大厦	027-84288416	430056
28	湖北鼎通典当有限公司	武汉市汉口沿江大道141号	027-82210039	430014
29	湖北聚鑫典当有限公司	武汉市汉口京汉大道特1号未来家园1楼门面	027-82725722	430012
30	武汉隆华典当有限公司	武汉市江汉经济开发区江兴路17号	027-83566193	430023
31	湖北瑞恒典当有限责任公司	武汉市武昌区积玉桥和平大道108-6号	027-88219588	430060
32	武汉君友典当有限责任公司	武汉市汉阳区汉阳大道139号汉商集团715室	027-85816058	430050
33	湖北华中银泰典当有限公司	武汉市汉口中山大道352号1楼6号	027-85680205	430022
34	湖北融泰典当有限公司	武汉市武昌区首义路95号首义名居1栋1楼7室	027-87827899	430060
35	武汉世纪金源典当有限公司	武汉市江岸区香港路238号长福公寓门面	027-82613922	430015

续表

序号	机构名称	地址	电话	邮编
36	武汉市联丰银楼典当有限公司	武汉市江汉区新华下路新华西美林公馆9栋1、2楼7室	027-85743976	430015
37	武汉国泰君安典当有限公司	武汉市江岸区台北二路金融花园10号楼1楼	027-85762168	430015
38	武汉天久典当有限公司	武汉市武昌区东湖西路116号东湖熙园3号	027-87835955	430070
39	武汉聚义典当有限公司	武汉市汉口沿江大道236号	027-86538888	430010
40	武汉通融典当有限公司	武汉市硚口区解放大道329号香港印象18号商铺	027-83424166	430035
41	武汉诚盛典当有限公司	武汉市汉口解放大道1578号（工贸家电旁）	027-82900236	430015
42	武汉中利典当有限公司	武汉市江岸区台北路72号	027-85767337	430015
43	武汉金溢典当有限公司	武汉市东湖新技术开发区珞喻东路76号卧龙剑桥春天11栋3室	027-87056788	430074
44	武汉盈科典当有限公司	武汉市江汉区二道桥特1号	027-85883716	430012
45	湖北蓝海典当有限公司	武汉市武昌区临江大道35号九通集团	027-88910885	430061
46	武汉富生典当有限公司	武汉市江汉区发展大道179号天梨豪园A、B栋临街连体商铺1楼	027-85577967	430023
47	湖北福金典当有限公司	武汉市江岸区澳门路125号澳门银座1栋1楼	027-82865922	430015
48	湖北众信泰安典当有限公司	武汉市江汉区青年路64-11号门面	027-85888088	430022
49	湖北聚仁典当有限公司	武汉市武昌区纺机路43号	027-51018059	430063
50	武汉新业典当有限公司	武汉市江汉区发展大道299号顶琇晶城7-1-2-2室	027-85315975	430024
51	武汉天盟典当有限公司	武汉市东西湖区金珠港湾二期17栋1楼1室	027-85763397	430040
52	武汉凯信典当有限公司	武汉市汉口建设大道518号招银大厦905室	027-65608484	430022
53	武汉鸿鑫典当有限公司	武汉市蔡甸区汉阳大街新林业局旁	027-69904418	430100
54	湖北三合典当有限公司	武汉市江汉区香港路326号	027-85587377	430015
55	湖北中财典当有限公司	武汉市硚口区沿河大道236-237号中财大厦1楼	027-85266853	430032
56	湖北快捷典当有限公司	武汉市硚口区硚口公园2-6号楼1楼1号、2号	027-51352622	430033
57	武汉永利典当有限责任公司	武汉市洪山区珞南街珞狮南路296号狮龙花苑6-1室	027-87302088	430070

机构名录

续表

序号	机构名称	地址	电话	邮编
58	武汉谦和典当有限公司	武汉市硚口区解放大道1007号兴隆大厦16楼	027-59008523	430030
59	武汉森泰典当有限公司	武汉市江岸区永清路21号枫丹白鹭大厦	027-83621897	430010
60	湖北金字塔典当有限公司	武汉市武昌区和平大道666号1-商8号	027-88398656	430062
61	武汉大融合典当有限公司	武汉市武昌沙湖路特1号友谊国际二期6栋1-1号、1-2号	15827190888	430062
62	武汉嘉诚典当有限责任公司	武汉市江汉经济开发区江兴路8号	027-83564655	430024
63	武汉泓鼎典当有限公司	武汉市江岸区胜利街168号	027-82798026	430014
64	湖北汇济典当有限公司	武汉市武昌区姚家岭星海虹城4栋1单元101号	027-87716795	430071
65	武汉诚鑫典当有限公司	武汉市江岸区胜利街315号六合新界1栋1楼4室	027-82791811	420014
66	湖北楚丰典当有限责任公司	武汉市汉口解放大道1409号	027-85776429	430013
67	武汉市永泰典当有限责任公司	武汉市汉阳区二桥头汉江世纪星城1栋1-3楼	027-84526961	430051
68	武汉旭源典当有限公司	武汉市东西湖区吴家山四明路137号	027-86772655	430040
69	武汉汇泉典当有限公司	武汉市武昌区中南路1号国际贸易金融大厦1518室	027-87711488	430070
70	武汉海汇佳和典当有限公司	武汉市江汉区发展大道213号锦江之星1楼门店	027-85386885	430024
71	湖北富禧典当有限公司	武汉市硚口区中山大道190号崇仁新都1楼9号	027-88188813	430030
72	湖北恒利源典当有限公司	武汉市汉口建设大道562号A门12楼	027-85352740	430022
73	湖北省宏嘉典当有限公司	武汉市东湖新技术开发区关山一路552号中建康城16栋6室	027-87800608	430073
74	湖北零壹典当有限公司	武汉市江岸区黄孝河路花桥一村康乐大厦4楼	027-82613009	430015
75	湖北鑫融典当有限责任公司	武汉市江岸区京汉大道1038号附18号	027-82268177	430032
76	湖北中金泰富典当有限公司	武汉市汉南区月亮湾路左岸凤凰城1-9号铺	027-85449400	430090
77	湖北瑞德福祥典当有限公司	武汉市江岸区中山大道1541号金阳新城B栋1楼8、9室	027-82287138	430013

续表

序号	机构名称	地址	电话	邮编
78	武汉天下大成典当有限公司	武汉市汉南区纱帽街兴一路 251 号钰福威尼斯阳光 2 栋 1、2 楼 1 室	13277086259	430090
79	武汉鑫鼎典当行有限公司	武汉市武昌区友谊大道三角花园办公楼（王家湾小区）	027 – 59829588	430062
80	武汉东方易合典当有限公司	武汉市东西湖区常青花园 1 区 50 栋 1 楼 6 号商网	027 – 83953877	430040
81	武汉融润典当有限责任公司	武汉市汉口建设大道 568 号新世界国贸大厦 3107 室	027 – 83560287	430022
82	武汉信邦典当有限公司	武汉市东湖新技术开发区珞喻路米兰映像 E02 栋 2 单元 1 楼 11 – 12 号	010 – 64196536	430074
83	武汉宝威典当有限公司	武汉市江汉区复兴新村小区 15 栋 2 单元 101 号	027 – 83779519	430023
84	武汉合生典当有限公司	武汉市江岸区工农兵路 151 号新大地花园 2 期 1 栋 1 楼商 1、商 2 室	027 – 82899059	430012
85	湖北邦发典当有限公司	武汉市武昌区紫沙路东龙世纪花园 3 组团 C 区商铺 1、2 楼 6 号	027 – 87261188	430071
86	武汉市怡生典当行有限责任公司	武汉市武昌区东湖路 10 号水果湖大厦	027 – 87836269	430071
87	黄石市嘉旺典当有限公司	黄石市武汉路 20 号	0714 – 6518333	435000
88	黄石市海鑫典当有限公司	黄石市颐阳路 60 号	0714 – 6267276	435000
89	黄石市聚德典当有限责任公司	黄石市天津路 129 号	0714 – 3285188	435000
90	黄石顺捷典当有限责任公司	黄石市黄石大道 593 号	0714 – 3290999	435000
91	黄石市金润典当有限责任公司	黄石市团城山开发区桂林南路 129 – 3 – N 号	0714 – 6372222	435003
92	黄石市金海典当有限责任公司	黄石市颐阳路 41 – 105 号	0714 – 6309777	435000
93	湖北嘉弘达典当有限公司	黄石市杭州西路 98 号	0714 – 6353388	435000
94	大冶市新世界典当有限公司	大冶市大泉路以东七里界以南 12 号	0714 – 8728888	435100
95	黄石市金山典当有限责任公司	黄石市黄石港区华新路 10 – 10 号、10 – 11 号	13986596969	435000
96	黄石市茂源典当有限公司	黄石市湖滨西路 61 号地上一层 109 号	0714 – 6033939	435000
97	大冶市兴业典当有限公司	大冶市东岳路办事处湖滨路 39 号	0714 – 8738133	435100
98	鄂州市民生典当有限责任公司	鄂州市南浦北路 23 号	0711 – 3222656	436000
99	鄂州宝利典当有限公司	鄂州市滨湖北路 13 号	0711 – 3217608	436000
100	湖北汇通典当有限公司	鄂州市凤凰南路莲花山风景区武昌鱼集团 6 楼财务处	0711 – 3876001	436000

机构名录

续表

序号	机构名称	地址	电话	邮编
101	湖北宝刚典当行有限公司	鄂州市滨湖南路北侧文松花园综合楼1-3楼	13972972757	436000
102	湖北邦利典当有限公司	鄂州市江碧路309号（鄂州新火车站旁）	0711-3350888	436000
103	湖北金叶典当有限公司	鄂州市花湖开发区花湖大道34号	0711-6251555	436000
104	湖北和义胜典当有限公司	武汉市武昌区三层楼融侨华府6-3110室	027-88771188	430062
105	黄冈利丰典当有限责任公司	黄冈市黄州区八一路30号	0713-8103791	438000
106	湖北聚圆典当有限公司	浠水县城关南门十字横街88号	0713-4282568	438200
107	湖北义水典当有限公司	罗田县凤山镇义水南路29号	0713-5052986	438600
108	湖北鼎记典当有限公司	黄冈市黄州大道138号	0713-8353899	438000
109	湖北鑫兴典当有限公司	黄梅县黄梅大道56号（武汉市东西湖区舵落口大市场8区16号）	0713-3351329	438000
110	湖北久泰典当有限公司	黄冈市黄州区西湖一路20号	0713-8387716	438000
111	红安县鼎金典当有限公司	红安县三清源小区特1号商铺	0713-5367999	438000
112	湖北宏威典当有限公司	黄梅县黄梅大道皇家公馆2号108铺	0713-8516999	438000
113	荆州市金丰典当有限公司	荆州市沙市区北京西路311号	0716-8270896	434000
114	荆州市宏大典当有限责任公司	荆州市沙市区公园路6店堂	0716-8850689	434000
115	荆州市金池典当有限公司	荆州市景明观路80号荆州花园	0716-8426286	434000
116	荆州市鑫德典当有限公司	荆州市荆北路16-14号	0716-4119868	434000
117	荆州市鑫盛典当有限公司	公安县斗湖堤镇长江路58号	0716-5239053	434300
118	荆州燕鑫典当有限公司	荆州市荆州开发区三湾路特1号	0716-3262913	434000
119	荆州市诚鑫典当有限公司	荆州市荆东路26号富帝里娅咖啡厅	0716-4307855	434000
120	荆州市鑫宏典当有限公司	江陵县工业园区宏凯油脂	0716-4735260	434100
121	荆州金鑫典当有限公司	松滋市新江口镇乐乡大道（金松驾校旁）	0716-6218898	434200
122	荆州市利民典当有限公司	石首市笔架办事处东方大道58号	0716-7288800	434100
123	荆州市洪盛典当有限责任公司	荆州市沙市区园林路17号	13886578822	434000
124	洪湖金汇丰典当有限公司	洪湖市玉沙路23号	13507261187	433200
125	荆州市明鑫典当有限公司	公安县斗湖堤镇潺陵区潺陵大道楚韵天下1栋1楼107-109室	0716-5207786	434300
126	湖北鑫发典当有限公司	公安县斗湖堤镇长江路14-15号	0716-5669999	434300
127	宜昌华中典当有限责任公司	宜昌市隆康路18-11号	0717-6220623	443000
128	宜昌市源丰典当有限责任公司	宜昌市东山大道105号	0717-6222999	443000
129	湖北宜昌晟信典当有限公司	宜昌市西陵区沿江大道104号	0724-2362289	443000

续表

序号	机构名称	地址	电话	邮编
130	湖北宜昌信立典当有限公司	宜昌市夷陵大道147号	0717-6484200	443000
131	宜昌大有典当有限公司	宜昌市伍家岗区白沙路8号	0717-6558699	443000
132	宜昌鑫泰典当有限公司	宜昌市西陵区夷陵路38号美岸长堤01-0122-0197-010102号	0717-6454268	443000
133	宜昌首信典当有限公司	宜昌市沿江大道148-1号	0717-6567055	443000
134	宜昌唐仕典当有限公司	宜昌市开发区深圳路38-19号	0717-6287888	443000
135	宜昌福林典当有限责任公司	宜昌市沿江大道120-1号（海事局旁）	0717-6320061	443000
136	宜昌茂源盛德典当有限责任公司	宜昌市发展大道97号	0717-7531896	443000
137	湖北宝典典当有限公司	宜昌市夷陵区三峡路1号香山凤凰城1314楼1单元2楼2-33室	0717-7859688	443000
138	荆门市利生典当有限责任公司	荆门市海慧路35号	0724-2361818	448000
139	荆门市百信典当有限公司	荆门市金宁路1号民政局大楼1楼	0724-2362289	448000
140	湖北华铭典当有限公司	荆门市长宁大道23号	0724-2360149	448000
141	湖北润德典当有限责任公司	钟祥市郢中镇承天大道20号（安陆府西路55号）	0724-4968600	431900
142	京山金桥典当有限公司	京山县经济开发区新阳大道（机动车城）	0724-6500222	431800
143	湖北荆门五福源丰典当有限责任公司	荆门市掇刀区深圳大道8号	0724-6926666	448000
144	湖北王府典当有限责任公司	钟祥市镜月湖大道御景园8-2号	0724-4221313	431900
145	天门佳盛典当有限公司	天门市元春街1号	0728-5245533	431700
146	天门市祥生典当有限公司	天门市竟陵镇钟惺大道侨乡客运站西楼	18972625699	431700
147	天门茂升圆典当有限公司	天门市经济开发区创业大道49号	13349700638	431700
148	仙桃市正泰典当有限责任公司	仙桃市仙桃大道中段15号	0728-3259598	433000
149	仙桃鑫诚典当有限公司	仙桃市仙桃大道中段27号（市公安局对面）	0728-8202036	433000
150	湖北天源典当有限公司	仙桃市钱沟南路亿美国际公馆136号门栋	0728-3222699	433000
151	潜江市汇通典当有限公司	江市章华南路9号	0728-6240000	433100
152	潜江市东颢典当有限公司	潜江市章华中路68号（老棉花公司3楼）	0728-6242588	433100
153	潜江市潜诚典当有限公司	潜江市西城市场路3号	0728-6289098	433100
154	孝感福鑫元典当行有限责任公司	孝感市交通中路孝棉医院旁	0712-2323129	432000
155	孝感市中良典当有限责任公司	孝感市建设路100号孝感市武装押运公司	0712-2319949	432001
156	湖北正得利典当有限公司	孝感市长征路243号	0712-2838068	432000

续表

序号	机构名称	地址	电话	邮编
157	湖北农腾典当有限公司	武汉市东湖新技术开发区高新大道888号湖北神丹公司	027-86729976	430206
158	湖北省灵骥典当有限公司	大悟县城关镇兴华路23号	0712-7222888	432000
159	随州炎帝典当有限公司	随州市沿江大道2号（市工电局对面）	0722-7098888	441300
160	湖北星满楼典当有限公司	随州市舜井大道21号	0722-3236266	441300
161	随州市人人典当有限责任公司	随州市擂鼓墩大道中段阳光水岸小区10号楼门面	0722-3262666	441300
162	襄阳福归堂典当有限责任公司	襄阳市建设路5号	0710-3442469	441000
163	襄阳聚银典当有限责任公司	襄阳市炮铺街1号	0710-3489011	441000
164	湖北众晶典当有限公司	襄阳市春园路20号	0710-3455555	441000
165	湖北通鉴典当有限公司	襄阳市高新区追日路3号（湖北泰和电气有限公司办公楼临街1楼）	0710-3381968	441003
166	谷城融金典当有限公司	谷城县康乐路人事局对面	0710-7236808	441700
167	襄阳贵仁典当有限公司	襄阳市高新区春园路春园大厦1楼	0710-3539333	441000
168	襄阳美亚典当有限公司	襄阳市朝阳路12号	0710-3818111	441000
169	襄阳铭丰典当有限公司	襄阳市长征东路60号	0710-3435878	441000
170	襄阳亿金典当有限公司	襄阳市春园路8号	0710-3234088	441002
171	襄阳宝隆典当有限公司	襄阳市樊城区襄阳铁路大道6号	0710-3259571	441000
172	湖北鑫漳典当有限公司	襄阳市樊城区长虹北路6号广景碧云天402室	0710-3230877	441000
173	湖北大汉通宝典当行有限公司	襄阳市高新区东风汽车大道特1号锦绣汽配城营销中心3楼办公室	0710-3232023	441000
174	湖北中鼎大成典当有限公司	襄阳市樊城区长虹北路5号广景碧云天1栋5楼1室	0710-3287878	441000
175	湖北斗金典当有限公司	襄阳市襄城区檀溪路	0710-3616917	441000
176	湖北巨材典当有限公司	襄阳市襄城区檀溪路襄阳人家	0710-3516908	441000
177	湖北楚鑫源典当有限公司	枣阳市光武路1号	0710-6315988	441200
178	湖北朗曼典当有限公司	襄阳市高新区长虹北路20号	0710-3239898	441000
179	襄阳百洋典当有限公司	襄阳市襄州区航空路11号	0710-5188888	441000
180	湖北亿诺典当有限公司	襄阳市樊城区大庆西路6号	0710-3452222	441000
181	十堰市嘉泰典当有限责任公司	十堰市人民北路41号	0719-8674201	442000

续表

序号	机构名称	地址	电话	邮编
182	十堰市宝利盛典当有限责任公司	十堰市茅箭区人民南路10号	0719-8884313	442000
183	十堰天元典当有限公司	十堰市人民中路71号2楼	0719-8658510	442000
184	十堰市融通典当有限公司	十堰市公园路60号	0719-8212679	442000
185	十堰市乾宝典当有限公司	十堰市朝阳中路8号科器大厦6楼	0719-8681588	442000
186	十堰大升典当有限公司	十堰人民南路52号金桂庭院2号楼	0719-8871618	442000
187	十堰市奥达典当有限公司	十堰市老虎沟路8号	0719-8673828	442000
188	十堰市鼎信典当有限公司	十堰市人民中路26号	0719-8778866	442000
189	十堰市和信茂元典当有限公司	十堰市人民中路18号6楼	0719-8690158	442000
190	十堰市圣林典当有限公司	十堰市张湾区公园路88号	13477066023	442001
191	十堰德坤典当有限公司	十堰市人民路13-1号	0719-8899099	442000
192	十堰宝汇典当有限公司	十堰市公园路26号	0719-8879988	442000
193	丹江口鑫诚典当有限公司	丹江口市沿江路72号	0719-5228759	442700
194	恩施州天宝典当有限责任公司	恩施市航空大道121-4号	0718-8248008	445000
195	恩施州金源典当有限公司	恩施市施州大道41号	0718-8251877	445000
196	利川市银泰典当有限责任公司	利川市龙船大道15号	0718-7266706	445400
197	巴东金盛典当有限公司	巴东县信陵镇巴山路202号	0718-4330166	444300
198	恩施佳兴典当有限公司	恩施市施州大道一巷2号	0718-8416122	445000
199	宣恩县福港典当有限责任公司	恩施市东风大道23号（恩施市日报社斜对面波司登）	13403066665	445000
200	建始县宏兴典当有限公司	建始县工业园文庙路7号	0718-3011111	445300
201	来凤九鼎典当有限责任公司	来凤县翔凤镇民族路（农发行1楼）	0718-6277776	445700
202	咸宁市顺意典当有限公司	咸宁市桂花路172号	0715-8259088	437100
203	咸宁市融信典当有限公司	咸宁市咸宁大道86号	0715-8150800	437100
204	咸宁鸿运典当有限公司	咸宁市咸安区双溪桥镇麻纺路1号3楼	0715-8180482	437100
205	湖北家鑫典当有限公司	咸宁市温泉路88号	0715-8212078	437100
206	湖北昊元典当有限公司	咸宁市咸安区长安大道56号	0715-8828971	437100
207	湖北华昌典当有限公司	咸宁市咸安区长安大道84号	0715-8184666	437100

表 26　　湖北省主要资本要素市场机构名录

序号	机构名称	地址	负责人	电话	邮编
1	武汉光谷联合产权交易所	武汉市东湖新技术开发区鲁巷光谷资本大厦 5 楼	徐春江	027 - 67885696	430074
2	武汉股权托管交易中心	武汉市东湖新技术开发区鲁巷光谷资本大厦 5 楼	龚波	027 - 87575666	430074
3	湖北华中文化产权交易所	武汉市东湖新技术开发区鲁巷光谷资本大厦 5 楼	程家忠	027 - 67885613	430074
4	湖北环境资源交易中心	武汉市东湖新技术开发区鲁巷光谷资本大厦 5 楼	张钢	027 - 87875293	430074
5	湖北碳排放权交易中心	武汉市东湖新技术开发区鲁巷光谷资本大厦 5 楼	刘汉武	027 - 67885686	430074
6	武汉知识产权交易所	武汉市东湖新技术开发区鲁巷光谷资本大厦 5 楼	徐春江	027 - 67885686	430074
7	武汉城市矿产交易所	武汉市青山区冶金大道 54 号青山火炬大厦 1 楼	孟宪良	027 - 86682102	430080
8	武汉农畜产品交易所	武汉市东湖新技术开发区鲁巷光谷资本大厦 5 楼	沈忠	027 - 87575611	430074
9	武汉农村综合产权交易所	武汉市江岸区金桥大道 117 号（市政务服务中心）3 楼	孙晓燕	027 - 65770326	430013
10	武汉金融资产交易所	武汉市东湖新技术开发区鲁巷光谷资本大厦 5 楼	谌赞雄	027 - 87575582	430074
11	武汉航运交易所	武汉市硚口区沿河大道 237 号	王长青	027 - 83803516	430030
12	湖北华中文化产权交易所宜昌有限公司（武汉光谷联合产权交易所宜昌分公司）	宜昌市发展大道 55 号	董淼焱	0717 - 6330725	443005
13	湖北九汇贵金属经营有限公司	宜昌市珍珠路 69 号盈嘉大厦 25 楼	张喜	0717 - 6926578	443000

金融表彰

2012年度"湖北省金融信用市（州）、县"名单

湖北省人民政府鄂政函〔2013〕162号

一、金融信用市（州）（13个，按考评得分排名）

咸宁市、黄石市、宜昌市、鄂州市、襄阳市、武汉市、随州市、十堰市、荆门市、恩施州、孝感市、荆州市、黄冈市

二、金融信用县（市、区）（73个，含省直管市、林区，按考评得分排名）

大冶市、汉川市、夷陵区、秭归县、竹山县、恩施市、通山县、红安县、建始县、当阳市、老河口市、枣阳市、新洲区、崇阳县、天门市、丹江口市、巴东县、五峰县、宣恩县、远安县、咸安区、江夏区、沙洋县、保康县、孝南区、鄂城区、襄州区、郧县、阳新县、赤壁市、黄陂区、嘉鱼县、仙桃市、宜都市、梁子湖区、安陆市、大悟县、应城市、荆州区、曾都区、长阳县、南漳县、蔡甸区、谷城县、孝昌县、钟祥市、石首市、黄州区、麻城市、公安县、蕲春县、宜城市、利川市、神农架林区、枝江市、监利县、洪湖市、华容区、江陵县、兴山县、松滋市、云梦县、广水市、东宝区、京山县、黄梅县、咸丰县、汉南区、潜江市、竹溪县、房县、随县、武穴市

2012年度湖北省"保险先进县（市、区）"名单

湖北省人民政府鄂政函〔2013〕163号

武汉市江夏区、黄陂区、大冶市、郧县、房县、宜城市、保康县、宜昌市夷陵区、秭归县、江陵县、监利县、鄂州市华容区、孝感市孝南区、孝昌县、红安县、蕲春县、赤壁市、通山县、随州市曾都区、恩施市、鹤峰县、仙桃市、

天门市、潜江市

2013年度支持湖北经济发展突出贡献奖名单

湖北省人民政府鄂政发〔2014〕7号

中国人民银行武汉分行、湖北银监局、湖北证监局、湖北保监局、国家外汇管理局湖北省分局；

国家开发银行湖北省分行、中国工商银行湖北省分行、中国建设银行湖北省分行、中国农业银行湖北省分行、中国银行湖北省分行、中国农业发展银行湖北省分行、交通银行湖北省分行、中信银行武汉分行、招商银行武汉分行、民生银行武汉分行、兴业银行武汉分行、浦发银行武汉分行、光大银行武汉分行、平安银行武汉分行、中国进出口银行湖北省分行、中国邮政储蓄银行湖北省分行；

长江证券股份有限公司、天风证券股份有限公司、中信证券股份有限公司湖北分公司、海通证券股份有限公司湖北分公司；

中国人民财产保险股份有限公司湖北省分公司、中国出口信用保险公司湖北分公司、长江财产保险股份有限公司、中国人寿保险股份有限公司湖北省分公司、合众人寿保险股份有限公司、中国平安人寿保险股份有限公司湖北分公司。

大事记

2013 年湖北省金融十件大事

一、省政府制订《武汉金融改革创新总体方案》

省政府组织制订《武汉金融改革创新总体方案》，并已上报国务院审批。《方案》提出以武汉城市圈为主体，以深化产业与金融融合为主线，以推动武汉建设中部地区金融中心为主题，以健全多层次金融机构和金融市场体系为核心，以推进科技金融、消费金融、物流金融、绿色金融等创新业务为重点内容，通过5到7年的努力，把武汉建设成为中部地区的金融中心和全国重要的金融机构高端后援服务基地。

与之相配套，武汉市政府制订了《武汉区域金融中心空间布局规划》，以汉正街作为未来金融中心，强化汉口建设大道、王家墩 CBD 与武昌中南路、中北路"两核"的辐射带动作用，打造光谷金融后台和科技金融创新基地，形成"一心、两核、一谷"的规划空间结构。

二、全省社会融资规模突破 6000 亿元

全省信贷投放继续实现"四个高于"目标，各项贷款余额 21902.55 亿元，较年初新增 3001.96 亿元，同比增长 15.8%，高于全国和中部平均增幅，涉农和小微企业贷款增幅分别高于全部贷款增幅 3.1 个百分点和 3.3 个百分点。全省企业在资本市场直接融资总额达到 1021 亿元。全省社会融资规模 6114 亿元，居中部首位，比上年同期多增 1273 亿元。金融业增加值达到 1006 亿元，金融服务业成为全省第 13 个千亿产业。

三、"新三板"和四板市场试点成效显著

武汉东湖高新区 36 家企业在全国中小企业股份转让系统（"新三板"）挂牌，总股本 10 亿股，总市值 37.7 亿元。全省 160 家企业在武汉股权托管交易中心（四板市场）挂牌，总股本 39.01 亿股，总市值 306.98 亿元，364 家企业登

记托管，1765家企业挂牌展示，累计为挂牌、托管企业融资55.9亿元。

长江证券获批券商柜台交易业务试点资格。武汉金融资产交易所实现交易额2269亿元。武汉农畜产品交易所累计实现交易额107亿元，武汉农村综合产权交易所累计组织交易1669宗，交易额99.69亿元，涉及农村土地面积98.16万亩，惠及16万户农户，为农业企业、专业合作社和科技示范户发放抵押贷款11.43亿元。11家资本要素市场创新发展，规范运作。

四、保险资金投资取得新突破

中国保监会与省政府联合在武汉举办保险资金与湖北投资项目对接活动，20余家保险公司与省级重点项目对接。合众人寿保险公司合众优年生活养老社区在武汉市蔡甸区启动，是国内首个实物养老保障计划，首创了"保单+实物对接"模式。2013年，全省实现保费收入651.3亿元（新口径）。保险资金在全省新增意向投资达1300亿元，累计到位投资超过500亿元，投资领域包括保障房、地铁、城际铁路、高速公路、机场、专业园区开发等。

五、引进美国史带金融财团

美国史带金融财团董事局主席格林伯格先生于2013年10月24日应邀专程出席第六届中国·武汉金融博览会，与省委、省政府主要领导会谈，接受王国生省长的聘任，担任省长特别经济顾问，与省政府签署战略合作协议，武汉市授予其武汉市荣誉市民称号。

武汉是美国史带金融财团在中部地区合作的第一座城市，美国史带金融财团将发挥专业化、国际化优势，与湖北省在保险、金融中介、科技金融、消费金融、基金、规划咨询、人才培养、资本要素市场建设等方面开展全面合作，共同推进武汉区域金融中心建设。

六、金融创新亮点纷呈

武汉获批消费金融公司试点，对扩大消费和建设武汉区域金融中心将起到重要促进作用。大冶有色集团财务公司获中国银监会批复筹建，搭建了产融结合新平台。2013年，全省新增股份制商业银行市（州）分行5家，新增农村商业银行14家、村镇银行24家，武汉农商行"扫街式"服务模式在国务院小微金融服务电视电话会上推广。

海通证券于2013年10月29日成功发行了武汉地铁集团有限公司23亿元可续期公司债（永续债），这是全球第二只、国内首例永续债。新设立小额贷款公司107家，新增资本金173.67亿元，总量达到345家，资本金总额387.17亿元，累计发放贷款 1382.72 亿元。

七、县域金融服务不断改善

金融支持县域经济发展"五个一工程"和农村金融服务全覆盖工作深入推进。全省县域法人金融机构达到 110 家，行政村转账电话覆盖率达到 100%。县域贷款同比增长 21.7%，高出同期全部贷款增幅 5.9 个百分点，县域贷存比为 43.29%，同比提高 1.32 个百分点。全年共培植中小企业信用客户 2330 家，全省信用企业达到 10.9 万家。

全省推广"双基双赢合作贷款"支农新模式，通过加强基层党组织和基层信贷机构的优势对接，打通基层金融服务"最后一公里"，试点一年来，全省建立村级（社区）信贷工作室 522 个，发放贷款 30.4 亿元。

八、跨境人民币和外汇集中运营试点顺利

全省跨境人民币结算自 2010 年开展试点，至 2013 年底结算量突破千亿元大关。2013 年 5 月，国家外汇管理局批准湖北省开展跨国公司外汇资金集中运营管理试点，是中西部地区唯一获批开展试点的省份，武钢集团成为湖北省开展外汇资金集中运营管理的第一家企业，今后将按照"成熟一家、推进一家"的原则，吸纳更多的跨国公司参与。

九、渤海银行武汉分行设立

中国银监会于 2013 年 10 月 9 日批准渤海银行在武汉设立分行。

渤海银行是国务院批准设立的全国性股份制商业银行，也是第一家在发起设立阶段就引入境外战略投资者的中资商业银行。渤海银行武汉分行是渤海银行在全国设立的第 15 家分行，也是四年来湖北省引进的又一家全国股份制商业银行。截至目前，全国 12 家股份制商业银行来湖北省设立分支机构已达 10 家，居中西部地区首位。

十、第六届中国·武汉金博会成功举办

2013 年 10 月 24~26 日，第六届中国·武汉金融博览会暨中国中部（湖北）创业投资大会在武汉成功举办。

科技部、中国人民银行、中国银监会、中国证监会、中国保监会等中央部门领导，全国 100 多家银行、证券、期货、保险业金融机构总部领导，国内外 200 多家知名创投机构和 500 多家企业负责人出席相关活动。会上，中国工商银行、中国太平保险集团、太平洋保险集团、中国信达集团、美国史带集团与省

政府签署全面战略合作协议。本届金博会在战略合作、论坛主题以及金融国际化方面特色鲜明，进一步提升了武汉金融的影响力和辐射力。

大事记

1月

1月10日，省委常委、常务副省长王晓东到中国银行湖北省分行、中国建设银行湖北省分行、交通银行湖北省分行、招商银行武汉分行调研金融服务实体经济工作。

1月16日，全国中小企业股份转让系统揭牌仪式在京举行，东湖高新区10家企业挂牌。

1月25日，湖北省反洗钱促进会第一次会员代表大会在汉召开。

1月29日，渣打银行（中国）分行行长会议在汉召开。

1月29日，2013年湖北省地方法人金融机构信贷调控指导专题会在汉召开。

1月30日，省长王国生、省人大副主任王建鸣、副省长张通、省政府秘书长王祥喜与在鄂金融机构负责人座谈，听取金融机构服务"五个湖北"建设的意见和建议。

1月30日，武汉股权托管交易中心举行2013年首批9家企业挂牌仪式。

2月

2月1日，张通副省长会见中国华融资产管理公司董事长赖小民一行。

2月4～5日，张通副省长到中国人民银行武汉分行、湖北银监局、湖北证监局、湖北保监局调研金融工作。

2月5日，长江证券获批券商柜台交易试点资格。

2月19～20日，张通副省长到国家开发银行湖北省分行、中国农业发展银行湖北省分行、中国进出口银行湖北省分行、中国农业银行湖北省分行、中国银行湖北省分行、交通银行湖北省分行调研金融工作。

2月21日，省委书记李鸿忠、省长王国生、省委常委、省委秘书长傅德辉、副省长张通、省政府秘书长王祥喜会见中国建设银行行长张建国、副行长庞秀生一行。

2月21日，省委书记李鸿忠、省长王国生、省委常委、省委秘书长傅德辉、副省长张通、省政府秘书长王祥喜会见中国农业银行董事长蒋超良、副行长郭浩达一行。

2月25日，张通副省长到中国工商银行湖北省分行、平安银行武汉分行调研金融工作。

2月25日，张通副省长会见兴业银行副行长林章毅一行。

2月26~27日，张通副省长到湖北银行、湖北省农信联社、长江证券、天风证券调研金融工作。

3月

3月1日，张通副省长会见中国民生银行行长洪崎一行。

3月4日，王国生省长、张通副省长、武汉市市长唐良智在中国银监会与尚福林主席等举行工作会谈。

3月4日，2013年度湖北省金融生态建设工作座谈会在汉召开。

3月5日，张通副省长在京分别与中国农业发展银行行长郑晖、中国工商银行副行长李小鹏、中金公司总裁朱云来、中信证券董事长王东明及总裁程博明等举行工作会谈。

3月6日，张通副省长在京分别与长安责任保险公司董事长刘智、中国邮储银行行长吕家进等举行工作会谈。

3月7日，省委书记李鸿忠、省长王国生、副省长张通、武汉市市长唐良智在中国人民银行与周小川行长等举行工作会谈。

3月9日，省政府成立打击和处置非法集资工作领导小组，张通副省长任组长，办公室设在省政府金融办。

3月13日，张通副省长会见国家外汇管理局副局长尚晓飞一行。

3月14日，张通副省长在京与全国社保基金理事会理事长戴相龙、中投公司董事长楼继伟等举行工作会谈。

3月15日，张通副省长在京分别与中国人保集团董事长吴焰、中国人寿董事长杨明生等举行工作会谈。

3月20~26日，省政府分别在鄂州、黄冈、黄石、荆门、荆州举行"金融支持地方经济发展早春行"活动，召开银政企对接会，张通副省长出席并讲话。

3月29日，招商银行在汉举行"千鹰展翼"推介会，李鸿忠、王国生、张昌尔、傅德辉、张通等省领导会见招商银行行长马蔚华一行。

4月

4月2日，张通副省长出席全省整顿规范保险市场秩序电视电话会议并讲话。

4月7日，张通副省长会见太平洋财险公司董事长吴宗敏、纪委书记张德富一行。

4月9日，张通副省长到东湖高新区调研金融工作，并在武汉区域金融中心建设座谈会上讲话。

4月10日，2013年湖北省重点项目与金融单位资金对接会在汉召开。

4月12日，张通副省长出席第一季度全省金融形势分析会并讲话。

4月15日，张通副省长会见全国中小企业股份转让系统有限责任公司总经理谢庚一行。

4月16日，张通副省长会见中国人民银行纪委书记王华庆一行。

4月17日，省政府举行恩施州政银企对接会暨重点产业项目推介会，张通副省长出席并讲话。

4月19日，省政府金融办、湖北证监局、省上市办、省商务厅在汉举办2013年全省企业海外上市工作座谈会。

4月19日，建信人寿保险有限公司湖北分公司在汉开业。

4月19日，长江中游城市群四省城市商业银行首届战略发展研讨会在汉举行，汉口银行承办此次研讨会。

4月24日，张通副省长会见中国进出口银行副行长朱鸿杰一行。

4月25日，省政府举行金融支持随州经济社会发展政银企合作对接推进会，张通副省长出席并讲话。

4月26~27日，张通副省长在京分别与中国保监会副主席李克穆、中国证监会副主席庄心一、国家开发银行董事长胡怀邦等举行工作会谈。

4月28日，张通副省长在京与中国银行李礼辉行长举行工作会谈。

5月

5月6日，中国人民银行武汉分行、湖北证监局在汉签署《关于加强证券期货监管合作、共同维护金融稳定的合作备忘录》。

5月8日，省政府举行金融支持咸宁经济社会发展政银企对接推进会，张通副省长出席并讲话。

5月9日，省政府举行金融支持孝感跨越式发展促进会，张通副省长出席并讲话。

5月10日，全省打击非法集资宣传月启动，张通副省长出席启动仪式并讲话。

5月14日，张通副省长会见中国证监会主席助理吴利军一行。

5月22日，国家外汇管理局批复湖北为跨国公司总部外汇资金集中运营管理试点地区。

5月23日，王国生省长、张通副省长会见上海浦东发展银行行长朱玉辰一行，省政府与浦发银行签署战略合作协议。

5月24日，中国保监会与省政府在汉举办保险资金与湖北投资项目对接会。省委书记李鸿忠、省长王国生、副省长张通会见出席会议的中国保监会副主席陈文辉、泰康人寿保险公司董事长陈东升一行。

5月27日，省政府金融办刘美频主任被聘为上海证券交易所上市委员会委员。

5月30日，张通副省长会见渣打银行董事长黎达诗一行。

5月30日，省委书记李鸿忠、省长王国生、副省长张通会见交通银行董事长牛锡明一行。

5月31日，交通银行企业家财富论坛在汉举行，张通副省长出席。

6月

6月1~2日，中共中央政治局委员、国务院副总理马凯来鄂调研金融支持实体经济发展情况，到中国银行武汉经济技术开发区支行、武汉农村商业银行经济技术开发区支行、中国建设银行光谷支行、汉口银行科技金融服务中心、瀚曦小额贷款公司等金融机构及部分企业实地察看，并与企业负责人进行座谈。国务院副秘书长肖亚庆、中国银监会主席尚福林、中国人民银行副行长潘功胜、中国银监会主席助理杨家才、省长王国生、常务副省长王晓东、副省长张通、武汉市市长唐良智、省政府秘书长王祥喜等参加调研和座谈会。

6月4日，张通副省长会见新华保险董事长康典一行。

6月6日，张通副省长会见韩国企业银行（中国）行长李根燮一行。

6月6日，湖北省开通12363电话，统一受理全省金融消费者对金融机构提出的相关咨询和投诉。

6月8日，省政府与中国邮政储蓄银行在汉签署战略合作协议。省委书记李鸿忠、省长王国生、省委常委、省委秘书长傅德辉、副省长张通、省政府秘书长王祥喜及中国邮政储蓄银行董事长李国华、行长吕家进等出席签约仪式。

6月13~15日，张通副省长在京分别与中国工商银行董事长姜建清、中国进出口银行董事长李若谷、全国中小企业股份转让系统有限责任公司董事长杨晓嘉及总经理谢庚、中国银行间市场交易商协会秘书长时文朝等举行工作会谈。

6月17日，省政府成立资本市场建设工作领导小组，张通副省长任组长，省政府金融办主任刘美频、湖北证监局局长芮跃华任副组长。

6月18日，省政府与中国平安保险（集团）股份有限公司在汉签署战略合作协议。省委书记李鸿忠、省长王国生、副省长张通、省政府秘书长王祥喜及平安银行董事长孙建一等出席签约仪式。

6月21日,第十三届华创会在汉举行金融论坛,张通副省长出席并致辞。

6月25日,省政府常务会研究《武汉金融改革创新总体方案》和《关于加快多层次资本市场建设的若干意见》,王国生省长主持会议。

7月

7月8~11日,张通副省长率湖北省金融代表团赴香港、深圳学习考察金融工作。在港深期间,考察了香港交易所、香港金融管理局、香港证监会、中国工商银行(亚洲)有限公司、中国银行(香港)有限公司、招商银行、深圳证券交易所、中国太平保险集团等,省政府与香港交易所签订战略合作协议,进一步深化金融业合作交流。

7月12日,美国史带集团战略合作伙伴钮小鹏总裁受集团主席格林伯格先生委派,率团到湖北考察金融业发展情况,张通副省长会见考察团一行。

7月13日,第十届中国保险精英圆桌大会在汉召开,张通副省长出席并讲话。

7月13日,张通副省长会见安信证券董事长牛冠兴、副总裁李启亚一行。

7月17~18日,中国人民银行行长助理郭庆平一行在鄂调研金融扶贫和科技金融工作,张通副省长会见。

7月18日,张通副省长出席2013年上半年全省金融形势分析会并讲话。

7月22日,习近平总书记考察武汉农村综合产权交易所。

7月30日,张通副省长会见中国建设银行监事长张福荣一行。

8月

8月1日,张通副省长会见华夏银行行长樊大志一行。

8月3日,省政府印发《关于加快多层次资本市场建设发展的若干意见》。

8月8日,全省第一家社区银行——湖北银行百步亭社区支行成立。

8月13~15日,张通副省长赴上海考察中国金融期货交易所、上海证券交易所、交通银行、中国太平洋保险集团、上海浦东发展银行、海通证券股份有限公司等。其间,张通副省长与上海市常务副市长屠光绍举行工作会谈。

8月28日,全省资本市场建设工作会议在汉召开,中国证监会副主席姚刚、常务副省长王晓东、副省长张通等出席会议并讲话。

8月29日,中国证监会副主席姚刚考察武汉股权托管交易中心。

9 月

9月2日，中国人民银行在湖北省内 ACS 系统正式上线。

9月3日，大冶有色集团财务公司获中国银监会批复筹建。

9月6日，省政府举行银行业支持红安革命老区跨越式发展暨"双基双赢"现场推进会，张通副省长出席并讲话。

9月11日，中美碳排放权交易研讨会在汉举行。

9月13日，武汉股权托管交易中心券商推荐企业挂牌暨银行、证券机构与区域股权市场对接活动在汉举行，张通副省长出席并讲话。

9月13日，张通副省长出席"构建中部金融 PE 力量"高峰论坛并讲话。

9月16～17日，张通副省长在京向马凯副总理汇报工作，并分别与中国人民银行纪委书记王华庆、中国银监会副主席阎庆民、中国证监会副主席姚刚、中国保监会副主席李克穆等举行工作会谈，介绍《武汉金融改革创新总体方案》。

9月25日，省政府金融办、省台办、中国人民银行武汉分行、湖北银监局印发《湖北省中小台资企业金融服务手册》。

9月27日，中国银监会宣布新增武汉等10个城市参与消费金融公司试点工作。

9月29日，湖北省上市公司协会第一次会员大会暨成立大会在汉举行，张通副省长出席并讲话。

9月29日，湖北省跨国公司总部外汇资金集中运营管理试点工作启动座谈会在汉召开。

9月30日，中国保监会主席项俊波一行在汉调研保险工作情况并考察合众人寿公司养老社区。省委书记李鸿忠、省长王国生、省委常委、省委秘书长傅德辉、副省长张通、武汉市市长唐良智与项俊波主席举行工作会谈。

10 月

10月8日，央行第二代支付系统在湖北省成功上线运行。

10月14日，张通副省长主持召开全省金融形势分析会和全省信用环境建设领导小组会议。

10月18日，省政府表彰2012年度"湖北省金融信用市（州）、县"。

10月20日，省政府表彰2012年度湖北省"保险先进县（市、区）"。

10月23日，张通副省长会见中国邮政储蓄银行副行长张学文一行。

10月24日，省政府与中国工商银行、美国史带集团、中国太平保险集团、太平洋保险（集团）、中国信达资产管理公司签署战略合作协议，省长王国生、常务副省长王晓东、副省长张通、省政府秘书长王祥喜、武汉市市长唐良智出席签约仪式。

10月24日，美国史带集团格林伯格主席来汉考察金融业发展情况，王国生省长、张通副省长、武汉市市长唐良智会见，并授予格林伯格主席"省长特别经济顾问"和"武汉市荣誉市民"证书。

10月24~26日，第六届中国·武汉金融博览会暨中国（中部）湖北创业投资大会在汉成功举办。王国生、王晓东、张通、郭跃进、唐良智、王祥喜等省及武汉市领导出席，常务副省长王晓东、科技部原党组成员张景安、中国人民银行原副行长马德伦、中国保监会原副主席魏迎宁、国务院发展研究中心原副主任侯云春、国家统计局原总经济师姚景源、中国银监会政策法规部副主任刘晓勇等发表主题演讲，各金融机构总部负责人出席相关活动。

10月25日，省政府在汉举办地方金融发展专题研讨班，张通副省长出席并讲话，各市（州）、县政府分管金融工作的负责人参加。

10月26日，张通副省长率湖北省经济友好代表团启程赴英国、冰岛、乌克兰等国访问。期间，分别与乌克兰基辅州、粮食集团进出口部、乌克兰天然气银行，冰岛国家投资促进局、冰岛中央银行、英国英中贸易协会、伦敦证券交易所、汇丰集团、苏格兰皇家银行等机构负责人举行会谈。

10月29日，法国沛丰金融集团副主席万诺一行来汉考察金融业发展情况，拟在武汉设立沛丰金融集团中国总部，省政府资政段轮一会见并举行座谈。

11月

11月15日，张通副省长在中国人民银行与潘功胜副行长等举行工作会谈。

11月20日，张通副省长出席全省"新三板"扩容工作培训会并讲话。

11月21日，鄂渝湘黔四省（市）信贷政策工作座谈会在恩施州召开。

11月25日，工银安盛人寿保险有限公司湖北分公司在汉开业。

11月27日，张通副省长会见中国进出口银行党委委员张松涛一行。

11月30日，第二届风险管理与农业高端论坛在汉举行，张通副省长、农业部副部长陈晓华、中国证监会副主席姜洋等出席论坛并发表主旨演讲。

12月

12月4日，全国政协副主席、中国人民银行行长周小川来鄂调研。

12月10日，张通副省长主持召开全省金融形势分析会。

12月12日，首届长江国际金融论坛在汉举行，由芝加哥交易所集团、奥美集团、毕马威集团、麦迪逊保险集团和芝加哥戴利市长家族企业多尔集团等著名国际金融机构组成的史带集团金融代表团出席。

12月13日，第二届中三角资本市场论坛在汉举行，湖北、湖南、江西、安徽等省金融监管部门和政府金融办负责人出席。

12月14日，省委书记李鸿忠、省长王国生、省委常委、省委秘书长傅德辉、副省长张通、武汉市市长唐良智会见美国史带集团金融代表团一行。

12月18日，武汉股权托管交易中心举行"企业展示板"启动仪式，张通副省长出席并与部分创投机构负责人座谈。

12月19～20日，省政府金融办组织各市（州）金融办负责人赴上海参加上海证券交易所"共建蓝筹"金融干部研修班学习。

12月20日，张通副省长会见中华联合保险控股股份有限公司董事长陈景耀一行。

12月26日，湖北省农民工工资卡试点首发仪式在汉举行。

12月31日，张通副省长到部分银行业金融机构调研并慰问。

12月31日，省监察厅、省政府金融办、湖北证监局联合印发《湖北省国家工作人员接触上市公司内幕信息管理办法》。

2013年湖北省作为全国6个试点省市之一，启动了小额贷款公司和融资性担保公司接入征信系统工作。